Everaldo Cescon
Paulo César Nodari
(organizadores)

Filosofia, ética e educação

Por uma cultura da paz

Dados Internacionais de Catalogação na Publicação (CIP)
(Câmara Brasileira do Livro, SP, Brasil)

Filosofia, ética e educação : por uma cultura da paz / Everaldo Cescon, Paulo
César Nodari (organizadores). – São Paulo : Paulinas, 2011. – (Coleção
philosophia)

ISBN 978-85-356-2763-3

1. Conduta de vida   2. Direitos humanos   3. Educação
4. Ética   5. Filosofia moral   6. Justiça   7. Multiculturalismo   I.
Cescon, Everaldo.   II. Nodari, Paulo César.   III. Série.

11-00087   CDD-172.42

Índice para catálogo sistemático:
1. Cultura e ciência da paz : Filosofia, ética e educação   172.42

1ª edição – 2011
1ª reimpressão – 2014

Direção-geral:	Flávia Reginatto
Editores responsáveis:	Luzia M. de Oliveira Sena e Afonso M. L. Soares
Copidesque:	Cirano Dias Pelin
Coordenação de revisão:	Marina Mendonça
Revisão:	Ruth Mitzuie Kluska
Assistente de arte:	Sandra Braga
Gerente de produção:	Felício Calegaro Neto
Projeto gráfico:	Manuel Rebelato Miramontes

Nenhuma parte desta obra poderá ser reproduzida ou transmitida
por qualquer forma e/ou quaisquer meios (eletrônico ou mecânico,
incluindo fotocópia e gravação) ou arquivada em qualquer sistema ou
banco de dados sem permissão escrita da Editora. Direitos reservados.

Paulinas

Rua Dona Inácia Uchoa, 62
04110-020 – São Paulo – SP (Brasil)
Tel.: (11) 2125-3500
http://www.paulinas.org.br – editora@paulinas.com.br
Telemarketing e SAC: 0800-7010081

© Pia Sociedade Filhas de São Paulo – São Paulo, 2011

Sumário

Apresentação
Os organizadores 5

1. Educação e cultura da paz: à luz do esboço kantiano
   À paz perpétua (*Zum ewigen Frieden*), ainda é possível
   pensar uma cultura da paz?
   Paulo César Nodari 15

2. A paz perpétua e a educação:
   uma análise sobre o projeto kantiano
   Celso de Moraes Pinheiro 43

3. Ética e alteridade: a educação como *sabedoria da paz*
   Nilo Ribeiro Júnior 73

4. Cultura urbana e educação como desafios à teoria de
   Habermas do agir comunicativo
   Federico Altbach-Nuñez 117

5. Luta pela civilização: condições e exigências de uma
   educação da humanidade para a paz em Blondel
   Álvaro Mendonça Pimentel 147

6. A paz como uma virtude? Algumas reflexões sobre
   educação e moralidade na filosofia de Alasdair MacIntyre
   Helder Buenos Aires de Carvalho 173

7. Hannah Arendt e a questão da paz
SÔNIA MARIA SCHIO 201

8. Multiculturalismo, educação e paz
DANIEL LOEWE 219

9. Educação para a paz e novas tecnologias
IRINEU REZENDE GUIMARÃES 249

10. Ética da reconciliação universal
como condição da paz verdadeira
MANFREDO ARAÚJO DE OLIVEIRA 279

11. Fundamentação dos direitos humanos e paz
WELLISTONY C. VIANA 319

12. Rawls e a prioridade do justo sobre o bem
THADEU WEBER E KEBERSON BRESOLIN 341

13. Direitos humanos na educação: superar os desafios
KAREN FRANKLIN 373

14. O fundamentalismo religioso e a paz
EVERALDO CESCON 401

15. "Bem-aventurados os construtores de paz" (Mt 5,9)
MAURO MERUZZI 439

Apresentação

A paz é fruto indissociável da justiça, da solidariedade e da educação responsável. É atitude comportamental. É processo educacional. Caracteriza-se pela busca contínua do diálogo. É enfrentamento de conflitos. É tentativa incansável da resolução dos conflitos sem causar mais violência às partes envolvidas. A paz não é simples *slogan* de passeatas nem apenas ausência de guerras; tampouco é simples estado de espírito. É compromisso inadiável, responsável e solidário com a cultura da paz.

A realidade complexa de violência, em escala crescente, questiona a todos nós. Não é possível simplesmente aceitar a situação de violência em que nos encontramos atualmente sem, no mínimo, problematizar tal realidade e buscar o porquê de tanta violência e de tanto desrespeito aos direitos humanos numa época de avanços outrora inimagináveis. Não é possível aceitar explicações simples seja por parte de quem for, das instituições de ensino, da política governamental, das Igrejas ou do senso comum. É urgente analisar o fenômeno da violência como problema de investigação na tentativa de compreensão da natureza humana em sua totalidade.

Assim, é necessário fazer da paz um objeto de investigação e aprofundamento, sendo este o propósito do trabalho que ora se apresenta.

A paz é a tentativa de compreensão do problema em sua totalidade, não sendo a violência uma invenção ou acontecimento isolado do século XXI. Ao longo da história da humanidade, sempre houve uma preocupação pela convivência pacífica, não obstante, no decorrer dos séculos, a compreensão não tenha sido a mesma. Especialmente a partir da Modernidade, tem-se a compreensão de que a paz não é natural. Constitui-se uma construção racional possível sobre o alicerce do direito e da justiça.

A paz é um processo progressivo, ainda que inatingível em sua plenitude. A paz não é, por conseguinte, um conceito estático. Não é simplesmente ausência de guerra, pois nenhuma paz está ao abrigo de toda a ameaça de guerra. É um processo dialógico e não violento de respeito e construção coletiva. É a capacidade de instauração do diálogo incansável. Significa dizer que trabalhar pela paz implica engajamento, esforço, sacrifício. É compromisso inadiável de cada um e de todos. É a capacidade de assumir com responsabilidade os conflitos existentes e emergentes, buscando resolvê-los sem causar mais violência. Significa assumir com convicção e paixão a educação como possibilidade de instauração da paz.

Para contribuir com o debate, a reflexão e a investigação, especialmente junto à comunidade acadêmica, resolveu-se reservar e dedicar o terceiro número de 2009 da revista *Conjectura: filosofia e educação*, da Universidade de Caxias do Sul (UCS) à temática da *cultura da paz*, intitulando-a "Paz, justiça, direitos humanos e educação!". A partir de tal dossiê, no intento de ampliar o âmbito da repercussão, pensou-se em reunir mais alguns textos e organizar a presente obra.

O livro reúne quinze textos de autores renomados em suas áreas específicas de formação e atuação, vinculados a diferentes instituições de ensino superior do Brasil e do exterior.

O primeiro artigo é escrito pelo Prof. Dr. Paulo César Nodari, da Universidade de Caxias do Sul, e busca estabelecer argumentos que sustentam a urgência de uma *cultura e ciência da paz*, esboçando, em linhas gerais, a importância do contexto moderno, especialmente do texto kantiano *À paz perpétua*, sobretudo porque Kant fundamenta a ideia de que a paz é projeto de construção da razão alicerçado no direito, acenando para o segundo texto e para futuras pesquisas.

Com essa explanação introdutória à temática, o Prof. Dr. Celso de Moraes Pinheiro, da Universidade Federal do Paraná (UFPR), no segundo artigo, analisa os textos *À paz perpétua* e *Sobre a pedagogia*, mostrando que a teoria da paz, apresentada por Kant, tem, ainda hoje, uma importância fundamental nos debates acerca das relações internacionais, sobremaneira no que diz respeito à defesa dos direitos humanos como a base para a validade de leis internacionais e para a legitimação da soberania nacional e as regras do Estado.

Dando continuidade à temática, buscando a fundamentação e a colaboração de pensadores mais próximos aos nossos dias, destacamos a relevância de cinco artigos. Nesse segundo bloco, o Prof. Nilo Ribeiro Júnior, da Universidade Católica de Pernambuco (Unicap), escreve seu artigo versando sobre a intriga entre ética e alteridade a partir do enigma do rosto do outro no pensamento de Emmanuel Levinas, partindo do fato de que a visitação do rosto inaugura uma *sabedoria* mais antiga e mais original do que a do saber e do pensamento provenientes da razão, mostrando, nesse sentido, que o conteúdo da ética da alteridade, associado à *lição do rosto*, veicula uma nova concepção de paz, a qual se constrói como solidariedade contra a exacerbação do individualismo. O artigo seguinte é escrito pelo Prof. Dr. Federico Altbach-Nuñez, do Instituto Superior de Estudos Eclesiásticos da Arquidiocese da Cidade do México (ISEE), e centra-se na significativa contribuição de Jürgen Habermas para a compreensão tanto do mundo urbano como, também, para as ciências da educação, mostrando que uma educação orientada comunicativamente pode ser um elemento decisivo para fazer da racionalidade comunicativa uma opção considerável para construir uma sociedade urbana melhor. O artigo escrito pelo Prof. Dr. Álvaro Mendonça Pimentel, da Faculdade Jesuíta de Filosofia e Teologia (FAJE), centra-se no exame das contribuições do pensamento social de Maurice Blondel para a promoção de uma paz duradoura entre as nações. A partir da crítica blondeliana dos totalitarismos e dos regimes liberais, o autor destaca algumas características da ação humana histórica e concreta, individual e social, que fundamentam uma concepção social e política favorável à pluralidade das culturas e à colaboração entre os povos.

Na sequência, neste segundo bloco de textos, o Prof. Dr. Helder Buenos Aires de Carvalho, da Universidade Federal do Piauí (UFPI), inicia afirmando que a temática da paz não tem sido um objeto privilegiado da reflexão ético-filosófica ocidental em sua trajetória histórica desde os gregos, enquanto o conflito tem tido muito mais espaço na discussão filosófica por parte dos pensadores. Apesar de com MacIntyre não se passar algo diferente, Carvalho defende a tese de que na filosofia moral de MacIntyre a teorização sobre a moralidade não pode ser vista como separada de um engajamento educacional, isto é, o seu projeto teórico não visa a um exclusivo esclarecimento conceitual da linguagem e da vida moral, mas implica um aperfeiçoamento moral do próprio indivíduo que realiza a reflexão filosófica pelo fato mesmo desse trabalho reflexivo. Isso significa que sua filosofia moral é um projeto cultural, isto é, ela tem um propósito prático-educacional de combate ao individualismo, à violência e à destruição da genuína autonomia dos agentes morais, que identifica como fatos endêmicos na vida das sociedades liberais capitalistas contemporâneas. Como último artigo desse bloco, partindo do pensamento de Hannah Arendt, a Profa. Dra. Sônia Maria Schio, da Universidade Federal de Pelotas (UFPel), sustenta que se pode questionar os motivos da eleição dos conceitos de progresso e de uma "liga das nações" para a obtenção da paz. Além disso, investigar por que a paz e a não violência são questões políticas, momento em que é necessário conciliar as posições do ator e do espectador no cidadão que tem o mundo como principal preocupação, e para o qual a cultura da paz é imprescindível.

Num terceiro bloco de reflexões, temos três artigos muito importantes para a reflexão da *cultura da paz*. A primeira dessas três reflexões é escrita pelo Prof. Dr. Daniel Loewe, pesquisador de filosofia política da Escola do Governo da Universidade Adolfo Ibáñez, em Santiago do Chile. Ele descreve três tipos de conflitos que usualmente podem ser identificados nas sociedades culturalmente diversas e sustenta que um modelo de educação multicultural, denominada por ele Educação Multicultural Inclusiva, pode ser o gestor do entendimento, da interação e da cooperação social. A segunda reflexão é escrita pelo Dr. Irineu Rezende Guimarães, monge beneditino – foi prior do Mosteiro da Anunciação do Senhor, Goiás, morando atualmente na França, na Abbaye Notre Dame Tournay. Segundo ele, não obstante os meios de comunicação exponham as diversas faces da violência, o fato é que se está vivendo em todos os cantos do mundo um período de muito interesse, criatividade e empenho na luta pela paz. E para explicitar isso seu texto buscará articular quatro pontos: 1) estabelecer a questão fundamental da educação e da cultura de paz, discernindo seu objetivo e escopo fundamental; 2) delinear a habilidade fundamental a ser desenvolvida no processo de educação para a paz, a formação da competência comunicativa; 3) descrever as características fundamentais da metodologia da educação para a paz: a formação de comunidade, o espaço do debate e a ação para a paz; 4) relacionar, finalmente, esses aspectos da educação para a paz com as novas tecnologias. A terceira reflexão é escrita pelo Prof. Dr. Manfredo Araújo de Oliveira, da Universidade Federal do Ceará (UFC). Para o autor, é urgente efetivar a reconciliação universal entre os seres humanos precisamente através do reconhecimento, traduzido nas relações interpessoais e nas instituições fundamentais da vida coletiva, que efetivem os direitos de todos, da dignidade incondicional de todo ser humano, que é portador, no universo, do valor intrínseco supremo enquanto ser racional e livre. Dessa forma, revela-se como exigência ética suprema a construção de uma intersubjetividade simétrica e transitiva, isto é, de uma humanidade reconciliada, portanto a exigência de humanização da sociedade e de suas instituições. A ação ética é o esforço de traduzir o universal nas situações, o que significa efetivar a *reconciliação universal*, isto é, dos seres humanos entre si através de uma configuração solidária da vida social e dos seres humanos com o universo.

O quarto bloco é constituído por três artigos. O texto do Prof. Dr. Wellistony C. Viana, do Instituto Católico de Estudos Superiores do Piauí, critica três formas de fundamentação filosófica dos direitos humanos: aquelas de Habermas, de K.-O. Apel e de Vittorio Hösle. Aquele mundo chamado ocidental se depara hoje com tradições e culturas que não passaram pelas experiências históricas fundantes dos direitos humanos. O desafio para o Ocidente dá-se na tentativa de justificar a crença de que tais direitos têm validade universal independentemente da raça, cor, sexo, religião ou cultura. Do sucesso dessa empreita intelectual depende a convivência pacífica e justa entre os povos, uma vez que os direitos humanos constituem aquele mínimo ético indispensável para se construir uma aldeia global. A fundamentação de tais direitos torna-se um passo essencial nesse processo. No texto seguinte, os professores Dr. Thadeu Weber e Ms. Keberson Bresolin, da Pontifícia Universidade Católica do Rio Grande do Sul (PUCRS), procuram demonstrar a primazia do justo sobre as várias concepções de *bem* presentes na sociedade democrática. Para Rawls, as partes, na posição original, escolhem os princípios da justiça sem levar em consideração arbitrariedades. Disso resulta uma concepção política de justiça que é indiferente a qualquer doutrina abrangente. Assim, a justiça possui prioridade e antecedência às concepções de *bem*. Isso, contudo, não impede que tais concepções sejam defendidas e vividas pelos cidadãos. A concepção política e pública de justiça é, na concepção rawlsiana, a melhor escolha para a estrutura básica da sociedade, dado o fato do pluralismo razoável. A reflexão seguinte é escrita pela Profa.

Dra. Karen Franklin, da Universidade Federal do Paraná (UFPR). A autora argumenta acerca das dificuldades e dos desafios da educação diante da questão dos direitos humanos, apresentando algumas concepções necessárias para a conquista do conceito de humanidade através da convivência ética e pacífica.

O quinto bloco contém dois textos que se direcionam à problemática da paz e da religião. Em seu texto, o Prof. Dr. Everaldo Cescon, da Universidade Estadual Vale do Acaraú, procura caracterizar o fenômeno do fundamentalismo religioso, distinguindo-o de categorias como integrismo, integralismo, tradicionalismo e conservadorismo. Do fundamentalismo judaico, passando pelo fundamentalismo cristão, até o fundamentalismo islâmico, trata-se de um fenômeno caracterizado pela reação à Modernidade, promovendo o retorno a um passado mítico como reação a ela. Fundamentalismo significa voltar a pensar que seja possível restituir à religião a função de integração social que exercia no passado. Não mais a religião como esfera relativamente autônoma e separada de outras esferas sociais, mas sim pôr novamente no centro das sociedades modernas o primado da lei religiosa sobre a legislação positiva.

Por último, apresentamos um texto escrito pelo Prof. Dr. Mauro Meruzzi, da Pontifícia Università Urbaniana de Roma. Ele intenta mostrar que o tema da paz em nossos dias se aproxima muito do conceito bíblico de *shalom*. Segundo ele, a paz é realização gradual do projeto criacional de Deus. É a construção de um modo de viver social que garanta estímulos de autêntica humanização para cada um e para todos.

Para finalizar, resta agradecer aos editores da revista *Conjectura: filosofia e educação* por cederem os direitos autorais, bem como aos respectivos autores dos textos, que, por acreditarem que a paz é possível, prontamente enviaram suas contribuições para a construção de uma *ciência da paz.*

Boa leitura!

OS ORGANIZADORES.

Educação e cultura da paz: à luz do esboço kantiano *À paz perpétua (Zum ewigen Frieden)*, ainda é possível pensar uma cultura da paz?[1]

*Paulo César Nodari**

Ao lermos o título e o subtítulo deste trabalho, deparamo-nos com alguns conceitos, os quais, por um lado, são por demais conhecidos, mas, por outro lado, questionam-nos sempre de novo. Seria descuido grosseiro pensar que os conceitos educação, cultura e paz possuem compreensão unívoca. Em primeiro lugar, no decorrer da reflexão esboçaremos a tese

---

[1] Meu agradecimento especial à Humboldt-Stiftung pela bolsa de estudos que possibilitou minha estadia e pesquisa em Tübingen, Alemanha, nos meses de janeiro e fevereiro de 2009, bem como pelo acompanhamento na pesquisa por parte do Prof. Dr. hc. Otfried Höffe. Além disso, registro também minha gratidão e reconhecimento aos professores Dr. Draiton Gonzaga de Souza e Dr. Daniel Loewe.

* Universidade de Caxias do Sul.

da educação para a paz, tentando compreender os conceitos de educação, de cultura e de ciência, apresentando argumentos de sustentação para a declaração da urgência da *cultura da paz*. Para tanto, em segundo lugar, analisaremos o esboço kantiano *À paz perpétua* (*Zum ewigen Frieden*), sobretudo no que se refere aos seis artigos preliminares, bem como aos três artigos definitivos, para ser possível fundar uma *constituição civil* capaz de garantir a justiça e a paz na convivência entre os seres humanos, para que, por fim, à luz das contribuições kantianas do texto de 1795, seja possível sustentar a fundamentação da urgência da educação para a paz e para a não violência na atual fase da chamada globalização.[2]

Educação e *cultura da paz*

Entendemos por educação o processo de ensino-aprendizagem a que uma pessoa está submetida. Significa dizer que tal processo não compreende apenas o processo formal, isto é: não se identifica tão somente com o tempo determinado em que alguém frequenta as diversas etapas ou períodos, os cursos sejam eles quais forem, a saber: nas creches, nas escolas de educação infantil, nas escolas de ensino fundamental, nas escolas de ensino médio, nas instituições de ensino superior, ou, então, nos cursos de qualificação profissional. Também não entendemos educação simplesmente como aquele momento ou aquela etapa que se identificaria com a

---

[2] As implicações mais detalhadas e sistematizadas da valiosa contribuição kantiana com seu esboço *À paz perpétua* não serão trabalhadas neste artigo. E isso, sobremaneira, por dois motivos: primeiro, porque haverá uma reflexão do Prof. Dr. Celso de Moraes Pinheiro sobre a mesma temática, intitulada "A paz perpétua e a educação: uma análise sobre o projeto kantiano"; segundo, porque uma análise mais pormenorizada do referido esboço com as respectivas implicações será ocasião de um estudo de pós-doutoramento, que esperamos seja em breve.

educação recebida dos pais, ou, então, com a convivência familiar, ainda que ela seja de eminente relevância para a formação salutar de alguém. Com isso afirmamos não entender a educação só na sua dimensão de ensino-aprendizagem de uma exclusiva busca de alguém com objetivo de sua formação e realização. Tampouco entendemos a educação somente como experiência de vida que alguém possa ter no decorrer de seus anos de vida. Assim sendo, se dissemos não entender a educação como processo de ensino-aprendizagem a valorização de uma modalidade ou de um momento isolado da vida de alguém, afirmarmos, então, que entendemos a educação como o processo de ensino-aprendizagem e formação de alguém, seja enquanto a busca de alguém, pelo auxílio dos pais e da família, seja pela colaboração das mais diversas instituições, capaz de fazê-lo sentir-se, enquanto ser humano, na medida em que é dotado de direitos e deveres, autônomo e responsável pela sua realização, ainda que não a tenha prévia e rigorosamente garantida,[3] na medida em que é presença para si mesmo, presença com os outros e presença no mundo.

Como sabemos, nós somos da natureza, seres culturais. Nascemos com a vocação e a tarefa de construir nossa existência. Não nascemos prontos de uma vez por todas. Nem sequer tivemos a oportunidade de escolher o tempo e o lugar de nascimento. Isso significa afirmar, por um lado, sermos uma vida de dependência de outros. Dependemos, por exemplo, de nossos pais para vir ao mundo num momento e época determinados. Somos também, enquanto temos necessidades naturais básicas de sobrevivência, de certo modo, dependentes da natureza. Sendo assim, é impensável crer-nos totalmente

---

[3] Cf. OLIVEIRA, Manfredo Araújo de. *Desafios éticos da globalização*. São Paulo: Paulinas, 2001, p. 280.

independentes da natureza, de tudo e de todos. Porém, por outro lado, enquanto capazes de reflexão, ou seja, capazes de transcender o espontaneamente dado, cremo-nos seres livres e damos à própria natureza um tratamento cultural, ou seja, mediante nossa inteligência e criatividade elaboramos, construímos um ambiente com características próprias nossas. Poderíamos dizer que, enquanto ser capaz de reflexão e enquanto presença cultural, o ser humano voltar-se-ia sobre si mesmo como movimento de retorno do pensamento sobre si mesmo. O ser humano, enquanto capaz de interrogar-se a si mesmo acerca de sua presença e da presença dos outros seres, dos quais cada um é também presença para si mesmo, e para os outros, age no mundo, aqui e agora, que é o que é na medida em que tem um passado, constitui-se no presente e, enquanto tal, tem a perspectiva de futuro, ainda que esse futuro seja tão só enquanto possibilidade, porque nenhuma geração, nenhuma época e nenhuma realidade, seja ela passada, seja também presente, por maiores que sejam os avanços, pode outorgar-se o direito de proclamar-se ou definir-se como a totalidade, ou, então, realização em plenitude de todas as possibilidades.

A ciência tem um lugar eminentíssimo na cultura humana. No decorrer da história não houve sempre consenso e unanimidade acerca do lugar hierárquico exato que ciência deveria ocupar. Houve momentos áureos, e, mesmo, de eminente efusão diante das descobertas científicas. Entretanto, existiram também momentos de profundos questionamentos acerca do lugar e da eminência da voz que a ciência ocuparia na cultura humana. Embora não seja o intento desta reflexão pesquisar qual é o lugar da ciência no espaço cultural, pensamos ser suficiente afirmar, por ora, a imprescindibilidade da ciência para a compreensão da humanidade como tal.

A ciência tem o objetivo de pesquisa. Ela problematiza as coisas, os fatos, os acontecimentos, desde os mais simples até os mais complexos. Ela não corrobora o pensamento do senso comum. Por característica que lhe é intrínseca, a ciência não aceita explicações provindas da tradição e herança culturais do tipo "sempre foi e será assim". A ciência não se atrela às explicações conformistas. Ela não pode deixar as coisas acontecerem para, em seguida, iniciar sua pesquisa. A ciência precisa ao mesmo tempo estar "com", "na" e "à frente" da própria sociedade como tal. Com isso queremos afirmar que a ciência tem relação direta *com* a sociedade e *com* o "mundo da vida" do seu tempo, mas, concomitantemente, precisa, também, estar "à frente" do seu tempo. Afirmamos, com isso, no que se refere à ciência, por um lado, a urgência de todos pensarmos na importância da ciência, ou seja: da pesquisa científica, mas, também, por outro lado, de termos em mente alguns critérios para o prosseguimento de nossa reflexão. A seguir, apresentaremos alguns pontos que, segundo nos parece, são muito importantes para fundamentarmos a ideia de que a ciência é parte intrínseca da cultura e, sendo assim, constitui-se como âmbito e referência essencial para sustentar a tese de que a *cultura da paz* é muito mais que uma sensação momentânea, é muito mais que passeatas e *slogans* a favor do pacifismo. Numa palavra: afirmamos ter feito esta breve e resumida incursão acerca da compreensão de ciência a fim de fundamentar a tese de que a *cultura da paz* exige uma busca criteriosa acerca de seus fundamentos, pressupostos e objetivos, constituindo-se, por conseguinte, como uma *ciência da paz.*

Nessa perspectiva, afirmamos existir um procedimento científico subjacente à busca da argumentação da *cultura da paz*, na medida em que ela se apresenta muito mais do que uma simples sensação momentânea e de época ou um mero sentimento de compaixão e solidariedade com milhões de pessoas, famílias, grupos étnicos e povos, que são vítimas das mais diversas formas e modalidades de violência, seja ela de qual natureza for. Como dissemos, porque a ciência não se conforma com o sentimento de compaixão, não aceita simplesmente a realidade violenta dos acontecimentos e fatos como nos são apresentados, ela *desconfia* da veracidade de nossas certezas, de nossa adesão imediata às coisas, da ausência de crítica e da falta de curiosidade em buscar as verdadeiras causas da violência. A ciência *não aceita* as coisas como aparecem e sem questionamento. Ela *busca*, por sua vez, *problematizar* e *compreender* as causas da propensão do ser humano à violência e à guerra. Por isso, sabendo que a ciência é conhecimento que resulta de todo um trabalho racional, que tem a finalidade de descrever e explicar a realidade como tal, que há muitas maneiras de encontro com a realidade, desde a presença física na percepção sensível até a ausência formal da privação, passando por todos os graus e formas de intuição, da apreensão conceitual e da simples menção, examinaremos em que medida o opúsculo kantiano de 1795, *À paz perpétua (Zum ewigen Frieden)*, se constitui um texto importante para quem tem a pretensão de fundamentar plausivelmente a tese de que há toda uma tradição reflexiva acerca do estudo da propensão humana para a guerra, mas também, por sua vez, uma disposição para a paz.

Nenhuma época teve noções tão variadas e numerosas sobre o ser humano como a atual. Época alguma conseguiu, como a nossa, apresentar o seu conhecimento acerca do ser humano de um modo tão eficaz e fascinante, nem comunicá-lo de um modo tão fácil e rápido. Mas também é verdade que nenhuma época soube menos que a nossa quem de fato é o ser humano. Nunca como hoje o ser humano assumiu um aspecto tão problemático.[4] Alcançamos uma idade áurea no que diz respeito, especialmente, às comodidades de infraestrutura da vida cotidiana, às facilidades de transações financeiras, à rapidez de comunicação, às invenções tecnológicas em todos os segmentos e áreas científicas, às especializações do saber até nos seus mínimos detalhes, às publicações impressas e digitais sobre todas as áreas do conhecimento.

Todavia, por outro lado, vivemos, talvez, uma das mais notáveis crises – evidentemente, não nos referimos, aqui, apenas e exclusivamente, à *crise financeira* que assolou o mercado financeiro no ano de 2008 e continua a afetá-lo nos anos seguintes, cujas consequências são preocupantes –, mas nos referimos, sobremaneira, à época em que vivemos, caracterizando-se como uma das épocas mais angustiantes do ser humano como tal, sobremaneira com respeito tanto à sua identidade e ao seu destino como também ao rebaixamento do ser humano a níveis antes insuspeitados. Vivemos uma época de conhecimentos e crescimento na consciência dos valores humanos fundamentais, mesmo sabendo da importância da efetivação dos direitos humanos, já oficializados na *Declaração Universal dos Direitos Humanos*, mas, *paradoxalmente*, vivemos uma época em que cada vez mais vemos progredir e se alastrar mundo afora o desrespeito, a

---

[4] Cf. OLIVEIRA, Manfredo Araújo de. *Ética e racionalidade moderna*. São Paulo: Loyola, 1993. p. 153-173.

intolerância, os mais diversos fundamentalismos, as agressões, os atentados, as guerras civis e militares.[5]

Perguntamo-nos, então, por quê? Para essa pergunta, como sabemos, não há resposta e resolução simples. É uma resposta que muitos, no decorrer da história da civilização humana, buscaram. Muitas tentativas foram feitas, sendo que algumas obtiveram mais e outras menos êxito. Não temos, por isso, a ambição de apresentar a solução para tal resposta, mas situamo-nos na linha de pensamento que afirma ser possível a fundamentação da *ciência da paz* e, consequentemente, da *cultura da paz*. Antes de adentrarmos a análise do texto kantiano, gostaríamos de lembrar alguns aspectos recentes que fazem referência importante à determinação da *ciência da paz*. Lembramos, especialmente, no final do século XIX e no século XX, os diversos estudos por ocasião tanto da Primeira quanto da Segunda Guerra Mundial. Citamos, aqui, entre outros, os estudos de alguns filósofos muito conhecidos e os textos por eles escritos: Max Scheler (1874-1928), *A ideia da paz perpétua e o pacifismo*; Maurice Blondel (1861-1949), *A luta pela civilização e filosofia da paz*; Karl Jaspers (1883-1969), *Verdade, liberdade e paz*, e também *A bomba atômica e o futuro do homem*; Ortega y Gasset (1883-1955), *Quanto ao pacifismo*; Bertrand Russel (1872-1970), em diversos artigos por ele escritos a favor, demonstrando e fundamentando o porquê de seu engajamento em favor da paz. A partir de tais textos e também da situação existencial da humanidade como tal, depois de 1945 constitui-se uma ciência para estudar a paz, a guerra e os conflitos. Essa nova ciência foi denominada *polemologia* por alguns ou *irenologia* por outros,

---

[5] ARENDT, Hannah. A condição humana. 10. ed. Rio de Janeiro: Forense Universitária, 2004. p. 281.

ou, ainda, por seu nome inglês, *peace research*, constituindo--se, por conseguinte, a pesquisa sobre a paz. Diversos centros de pesquisa e avanços foram sendo assinalados na direção dessa temática. Sinais muito significativos e expressivos da efervescência da *cultura da paz* foram as duas resoluções da Assembleia Geral das Nações Unidas, respectivamente a Resolução 52/125, de 20 de novembro de 1997, declarando o ano de 2000 como o *Ano internacional por uma cultura da paz*, e a Resolução 53/25, de 10 de novembro de 1998, declarando 2001-2010, a *Década internacional para uma cultura de paz e não violência para as crianças do mundo.*[6] Certamente, nem todos sabíamos da declaração, por parte da Assembleia Geral das Nações Unidas, de que a década de 2001-2010 seria a década internacional para a cultura da paz. Não vem ao caso, aqui, lamentarmos ou buscarmos saber de quem foi e de quem é a culpa se não fizemos/fazemos tudo quanto podíamos/podemos ter feito/fazer e colaborado/colaborar para o projeto da paz. Mais importante é tomar consciência de que precisamos nos capacitar para discutir a urgência da *cultura da paz*, não obstante vivamos em tempos difíceis, em que o próprio ato de educar torna-se um processo complexo e problemático, exatamente porque a complexidade no ambiente educacional vem aumentando continuamente, tanto por fatores internos (diversidade cultural dos estudantes, choque de valores entre os diferentes setores da comunidade educacional, expansão das teorias tecnocráticas etc.) como por fatores externos que acompanham e condicionam o processo educacional (diversidade social e cultural,

---

[6] Certamente, no Brasil, o trabalho mais completo acerca dos dados históricos da formação e educação para a *cultura da paz* é a tese de doutoramento de Marcelo Rezende Guimarães junto ao Programa de Pós-Graduação em Educação da UFRGS. Cf. GUIMARÃES, Marcelo Rezende. *Educação para a paz*. Sentidos e dilemas. Caxias do Sul: Educs, 2005.

perda do valor da educação em amplas camadas da sociedade, relativismo niilista, perda de valores, consumismo, aumento da exclusão social, insegurança urbana, precarização do trabalho, incerteza social etc.).[7]

De início, curiosamente, tanto os simpatizantes como os não simpatizantes de Kant poderiam nos perguntar: mas por que Kant e não tantos outros autores que refletiram e escreveram sobre a paz? Tentaremos, no decorrer de nossa análise, apresentar alguns argumentos que dão sustentação à tese: *Kant é estação imprescindível e insubstituível para quem pesquisa e busca aprofundar e inteirar-se a respeito da cultura da paz.*

Tanto o conceito como também o pensamento sobre a paz não são novos para Kant. Não obstante não aprofundemos a análise do pensamento, gostaríamos apenas de lembrar alguns autores que, de um modo ou de outro, pensaram a paz, ainda que como ideal político. Platão, por exemplo, pensa uma utopia política como modelo fundamental, sem, todavia, pensar a ligação e a fundamentação jurídica com outras cidades-Estado (*República*, 373e-374a). Aristóteles, no seu livro sobre a *Política*, defende a doutrina da *guerra justa* em caso de desforra de um direito ou no caso de autodefesa (*Política*, II, 1267a; VII, 1534a-1535a). Por sua vez, no Império Romano, além de dar continuidade à compreensão da *guerra justa* em caso de desforra de um direito e de autodefesa, tem-se a compreensão de que a paz provém do Estado, isto é: como concessão e desejo do Estado, e, numa palavra, significa segurança, estabilidade e ordem. Para Santo Agostinho, a paz só pode ser alcançada com a vontade de cada um encontrar a verdadeira posição na ordem hierárquica do mundo, concedendo o reconhecimento

---

[7] Cf. JARES, Xesús R. *Educar para a paz em tempos difíceis*. São Paulo: Palas Athena, 2007. p. 11.

do emprego da violência bélica como meio para restabelecer e manter a paz (*Cidade de Deus*, XIX, 12). Para Santo Tomás, a verdadeira paz só pode estar no bem e em relação aos verdadeiros bens (*Suma teológica*, II, 2, qu. 29, art. 2), ou seja: a verdadeira paz não deve estar apenas ligada às ações, mas também à alma do ser humano, que deve conhecer os bens verdadeiros, e, ao perguntar-se se a guerra é sempre pecado, responde que há uma tríplice condição: a autoridade do príncipe, uma causa justa e uma intenção reta de promover o bem e evitar o mal (*Suma teológica*, II, 2, qu. 40). No período do humanismo renascentista, encontramos alguns nomes muito importantes. Nicolau de Cusa escreve o *De pace fidei* em 1453, momento em que a maioria esboçava uma reação cristã no contexto da conquista otomana de Constantinopla, texto escrito a fim de estimular não a guerra, mas o diálogo. Erasmo de Roterdã, em seu texto *Querela pacis*, de 1517, deixa a própria paz reclamar e interpelar a humanidade sobre a razão de fazer guerras, uma vez que a guerra é contrária à natureza e contrária à religião. Aproximando-nos da época de Kant, encontramos Hugo Grotius, que escreve, em 1625, *De jure belli ac pacis* e postula um direito comum a todos os povos, válido para a guerra e na guerra, de forma que ela só possa ser desenvolvida de acordo com normas explícitas, argumentando, assim, contra a doutrina da *guerra justa* e possibilitando a doutrina da mediação e da arbitragem nas questões de guerra e paz, estabelecendo, portanto, um direito de paz para toda a humanidade.[8] Por fim, ainda antes de Kant, lembramos Thomas Hobbes e John Locke. Hobbes, ao escrever o *Leviatã* em 1651, formula sua conhecida teoria da autoridade do Estado. A paz é a predominância da não

---

[8] Cf. MERLE, Jean-Christophe. Zur Geschichte des Friedensbegriffs. In: HÖFFE, Otfried (Hrgs.). *Immanuel Kant. Zum ewigen Frieden.* Zweite Auflage. Berlin: Akademie Verlag, 2004. p. 34.

violência e isso significa não apenas a ausência de violência, mas também a proteção contra a iminência e o risco de uma guerra de todos contra todos, a paz sendo, por isso, compreendida e possível tão somente no contexto do Estado, pois no Estado Natural reina a guerra de todos contra todos. Em Hobbes é inconcebível a paz sem o Estado.[9] Locke escreve o *Segundo tratado sobre o governo civil* e dá ênfase ao papel do Estado na consecução da paz, ou seja: o Estado tem a obrigação e o objetivo de zelar pela paz, segurança e bem comum do povo.[10] Evidentemente, há outros autores importantes para citar, mas cremos ser possível perceber o contexto no qual Kant se situa e com o qual ele se depara.[11]

O projeto rumo à *paz perpétua* em Kant

Kant não é um pacifista romântico da paz, tampouco um sonhador utópico ingênuo da paz. Kant quer fundar a paz como um dever jurídico do gênero humano. O objetivo do direito kantiano é fundar a justiça e a paz como alicerce e garantia à vida de cada ser humano.[12] Viver conjuntamente em paz no Estado e sob o Estado, bem como com os povos,

---

[9] Para Hobbes, o Estado de Natureza é o estado de guerra de todos contra todos: "bellum omnium contra omnes". Cf. HOBBES, Thomas. *Leviatã ou Matéria, forma e poder de um estado eclesiástico e civil*. São Paulo: Abril Cultural, 1979. p. 75.

[10] Cf. LOCKE, John. *Segundo tratado sobre o governo civil*. São Paulo, Abril Cultural, 1973. §§ 124-126.

[11] Para uma síntese geral das concepções e tradições de paz, cf.: GUIMARÃES, *Educação para a paz*. Sentidos e dilemas, p. 92-128. Para um contraponto rápido de autores que buscaram refletir sobre a paz até Kant, cf.: MERLE, *Zur Geschichte des Friedensbegriffs*, p. 31-42.

[12] Cf. LABERGE, Pierre. Von der Garantie des ewigen Friedens. In: HÖFFE, Otfried (Hrgs.). *Immanuel Kant. Zum ewigen Frieden*. Zweite Auflage. Berlin: Akademie Verlag, 2004. p. 149.

é o objetivo elevado À *paz perpétua*.[13] Kant, nesse sentido, por um lado, buscará mostrar que é preciso seguir a tradição dos que defendem a paz e opor-se a quaisquer tentativas de possibilidade de justificação da *guerra justa*, mas, por outro lado, seguindo sua transformação no modo de pensar, mostra-se totalmente favorável à fundamentação legal da paz no direito. Parafraseando o ditado latino "Si vis pacem, para bellum" ["Se queres a paz, prepara-te para a guerra"], para Kant vale o seguinte lema: "Si vis pacem, para iustitiam" ["Se queres a paz, preocupa-te com a justiça"].[14] Trata-se, portanto, de mostrar que a grande contribuição de Kant está em ligar a guerra e a paz ao direito.

O tema tratado por Kant no opúsculo de 1795, *Zum ewigen Frieden*, poderia muito bem soar, numa leitura superficial, como um texto de cunho ou *melancólico*, na medida em que nunca se conseguirá atingir a possibilidade da paz, ou *romântico*, no sentido de visão e de criação românticas e de quase nenhuma efetivação no mundo da vida, ou *pacifista*, na perspectiva de ser um movimento e uma bandeira de luta através de palavras de ordem, de passeatas e *slogans* de luta, ou *utópico*, na compreensão de que a paz nunca terá lugar definido, sendo, sempre, por conseguinte, um *não lugar*, ou, ainda, *celeste*, no sentido,[15] lembrando, aqui, Santo Agostinho, da *aeterna pax* ["paz eterna"], isto é: a saudosa lembrança ou alegre esperança alcançável apenas na vida

---

[13] Cf. BRANDT, Reinhard. Vom Weltbürgerrecht. In: HÖFFE, Otfried (Hrgs.). *Immanuel Kant. Zum ewigen Frieden*. Zweite Auflage. Berlin: Akademie Verlag, 2004. p. 148.

[14] Cf. HÖFFE, Otfried. Einleitung: Der Friede – ein vernachlässigtes Ideal. In: *Immanuel Kant. Zum ewigen Frieden*. Zweite Auflage. Berlin: Akademie Verlag, 2004. p. 21.

[15] Cf. GERHARDT, Volker. *Immanuel Kants Entwurf 'zum ewigen Frieden'*. Eine Theorie der Politik. Darmstadt: Wissenschaftliche Buchgesellschaft, 1995. p. 43.

eterna junto a Deus (*Cidade de Deus*, XIX, especialmente 1-13 e 26-28). Além disso, antes de prosseguirmos, frisamos que o adjetivo "eterno" [*ewig*], para Kant, não está ligado ao significado teológico. Ele está conectado a algo que deve ser produzido sem limitação de tempo e lugar. A paz deve se tornar realidade enquanto vontade correspondente a uma determinação política e jurídica. Nesse sentido, superando leituras descontextualizadas e buscando compreender o contexto em que está inserido o referido opúsculo de 1795, consideramos sustentável considerá-lo pertencente à filosofia política de Kant.[16]

Não obstante, na introdução ao opúsculo de 1795, Kant faça referência à inscrição satírica em uma tabuleta numa pousada holandesa, em que estava pintado um cemitério, com o dizer referindo-se *à paz perpétua*, podemos considerar muito mais prudente e muito mais plausível supor que o aspecto fundamental subjacente é o contexto do final do século XVIII, no contexto da Revolução Francesa, com seus novos princípios e ideais tanto filosóficos como políticos, apesar de ainda predominarem, naquele momento histórico, as guerras das monarquias armadas e os colonialismos, como, por exemplo, na América Latina. Nesse ambiente político, poderíamos, mesmo, pensar que Kant tinha diante dos olhos o Tratado de paz de Basileia (5 de abril de 1795), imposto à Prússia e à Espanha pelos exércitos da França. Em 1795, por ocasião do Tratado de Basel entre a França e a Prússia, Kant escreveu seu tratado *À paz perpétua*, propondo uma federação de nações, talvez começando na Europa, mas expandindo-se a todas as nações da Terra, cujo objetivo era eliminar tanto a guerra quanto os preparativos para a guerra, que Kant

---

[16] Cf. HÖFFE, Einleitung: Der Friede – ein vernachlässigtes Ideal, p. 6.

julgava como desvirtuando os esforços coletivos da humanidade em direção a um futuro que valorizaria a dignidade humana.[17] Numa palavra: poderíamos afirmar a preocupação política kantiana em ver a eficácia da razão na organização e efetivação de um projeto mundial de paz alicerçado sobre o direito e a justiça. A questão que se coloca neste escrito é saber como se comporta, como age a razão na natureza histórica do ser humano, ou, dito de outro modo, como pode o saber do ser humano se tornar prático. Dois pontos são, aqui, muito importantes na discussão. O primeiro diz respeito aos princípios da ação pública, ou seja: à legitimidade da ação, na medida em que se procura justificar as ligações e exigências da ligação entre as normas políticas e as normas legais. O segundo faz referência, por sua vez, à definição de política na perspectiva de saber qual é a função da política na relação e respeito com outras áreas de ação, como a moral, o direito e a economia, porque o opúsculo de 1795 não é apêndice ou uma menção à parte de sua filosofia política. Ele está, pelo contrário, ligado não apenas à sua concepção de filosofia política, mas também à sua filosofia prática.[18] Nesta reflexão não faremos uma análise exaustiva do opúsculo de 1795, mas buscaremos analisar a primeira e a segunda secção, que versam, respectivamente, sobre os seis artigos preliminares e os três artigos definitivos *à paz perpétua* entre os Estados, porque,

---

[17] WOOD, Allen W. *Kant*. Introdução. Porto Alegre: Artmed, 2008. p. 210.

[18] Cf. GERHARDT, *Immanuel Kants Entwurf 'zum ewigen Frieden'*. Eine Theorie der Politik, p. 11. *Zum ewigen Frieden* está em continuidade com o projeto crítico kantiano. Não é um apêndice ou uma menção à parte de sua filosofia política (cf. ibid., p. 6). Segundo Cavallar, Kant busca dar dois passos importantes. O primeiro passo é a fundação legal e filosófica da paz e o segundo passo é a reflexão histórica das chances de realização do projeto de paz perpétua. Cf. CAVALLAR, Georg. *Pax Kantiana*. Systematisch-historische Untersuchung des Entwurfs "Zum ewigen Frieden" (1795) von Immanuel Kant. Wien/Köln/Weimar: Böhlau, 1992. p. 12.

sobretudo na segunda secção, se estabelece a grande validade e contribuição de Kant para o projeto da paz em nossos dias.

Kant, ao escrever os seis artigos preliminares, tem a clareza de que a paz é o objetivo de toda a ação política. Todavia, a paz não é um presente recebido dos deuses nem um simples decreto monárquico, tampouco um processo de efetivação com garantia de uma vez por todas. É, por sua vez, um processo de produção humana. É uma fundação jurídica. Por isso a seguridade da paz deve ser uma das tarefas principais da política. O projeto de *paz perpétua* em Kant se situa na tradição clássica da filosofia política e procura traçar as premissas de fundação da política da paz.[19] Mas para que isso seja possível, em primeiro lugar, observando a realidade e o contexto da Europa e do mundo, é preciso tomar em consideração seis condições prévias exigidas para a produção e efetivação progressiva de um projeto de paz mundial. Não é mais possível aceitar a tese de que os povos, para se protegerem e se fortalecerem, precisam produzir armas de guerra, e, então, em nome da proteção, da invenção e do desenvolvimento, justificar as guerras, e, mesmo, nomeá-las *guerras justas*. Assim, para Kant, apesar das estruturas já existentes, apesar das armas já inventadas e desenvolvidas, devemos buscar justificar a fundação da paz.

Com esse intento, busca Kant estabelecer as condições preliminares para a fundação da *paz perpétua*:[20]

1. "Não deve considerar-se como válido nenhum tratado de paz que se tenha feito com a reserva secreta de elementos para uma guerra futura." Um tratado de paz deveria cancelar por completo as causas possíveis de uma futura guerra, e

---

[19]   Cf. Ibid., p. 32.

[20]   Cf. Ibid., p. 41.

isso implicaria o fim de todas as hostilidades, a eliminação de todas as restrições sobre velhas pretensões, sobretudo de crescimento do poderio por quaisquer meios.

2. "Nenhum Estado independente (grande ou pequeno, aqui tanto faz) poderá ser adquirido por outro, mediante herança, troca, compra ou doação." Estado não é patrimônio de alguém. É uma sociedade de homens submetidos a legislação própria. É uma sociedade de pessoas livres. Constitui-se como que uma pessoa moral, sendo assim não pode ser tratado como uma coisa, como um simples meio. O Estado é fim em si mesmo. É um tronco que possui raízes próprias e não pode ser enxertado em um outro tronco qualquer. Incorporar um Estado a outro, enxertando-o, por assim dizer, nele, significa anular sua vida de pessoa moral e fazer desta pessoa uma coisa. Todo Estado é, portanto, uma sociedade de pessoas livres. Ele não pode ser usado a bel-prazer de alguém, como se o Estado fosse semelhante à posse de alguma outra coisa qualquer. E isso acabaria ferindo a ideia do próprio contrato originário. Kant, na *Sétima Proposição*, defende a tese de que o inevitável antagonismo do gênero humano o levou a procurar um Estado de tranquilidade e segurança, ou seja: um Estado Civil.[21]

3. "Os exércitos permanentes (*miles perpetuus*) devem, com o tempo, desaparecer totalmente." Os exércitos permanentes constituem-se uma ameaça de guerra constante a outros Estados, pois os Estados acabam por estar sempre prontos para a guerra. A lógica da guerra é a lógica de quem é mais forte, e nesse sentido os Estados buscam, indubitável e incessantemente, superarem-se uns aos outros no quesito

---

[21] KANT, Immanuel. Ideia de uma história universal com um propósito cosmopolita. In: *A paz perpétua e outros opúsculos*. Lisboa: Edições 70, 1995. p. 30.

do arsenal e das condições favoráveis de armamento. Não é justo ter pessoas como saldo de morte ou de vida, porque elas estariam sendo usadas como meios, como coisas nas mãos do Estado, e deixariam, por isso, de ser tratadas com dignidade, passando a ter valor mercadológico. Diferentemente seria a convocação periódica de exércitos militares para defender a pátria contra os ataques possíveis do adversário exterior.

4. "Não se devem emitir dívidas públicas em relação com os assuntos de política exterior." A criação de dívidas que o Estado busca como ajuda, dentro ou fora de suas fronteiras, para fomentar a economia da nação não tem nada de suspeito e pode ser um modo de alavancar a própria economia e desenvolvimento do Estado. Mas se o mecanismo da dívida externa é usado como meio de dependência estratégica e fonte de riqueza para subjugar o Estado como tal, então isso se caracterizaria como um obstáculo *à paz perpétua*. É um obstáculo extremamente poderoso contra a paz. A facilidade de fazer guerra somada à facilidade do ser humano de querer deter sempre mais poder em suas mãos parece ser congênita à natureza humana.[22] Se tal fosse o caso, deveria haver, então, um artigo preliminar, a fim de evitar a bancarrota do Estado, mas também para evitar a lesão pública de outros Estados.

5. "Nenhum Estado deve imiscuir-se pela força na constituição e no governo de outro Estado." Não é bom que um povo deprecie a lei e viva na ausência da lei. É ruim para si mesmo e mau exemplo para outros. Contudo, ainda assim, estando um Estado dividido internamente, nenhum Estado

---

[22] Cf. KANT, Immanuel. À paz perpétua. In: *A paz perpétua e outros opúsculos*. Lisboa: Edições 70, 1995. p. 123. A esse respeito parece que Kant, de certo modo, aproxima-se de Hobbes no sentido de haver na natureza humana a facilidade para a discórdia, sendo necessário, para administrar tal propensão, passar ao Estado Civil. Cf. HOBBES, *Leviatã ou Matéria, forma e poder de um estado eclesiástico e civil*, p. 75.

tem o direito de interferir na resolução dos problemas internos, pois a intromissão externa seria uma violação do direito de um povo, isto é: seria a violação dos direitos de uma nação livre. Intervenção na vida interna de um Estado causaria escândalo e colocaria em perigo a autonomia de todos os Estados.

6. "Nenhum Estado em guerra com outro deve permitir tais hostilidades que tornem impossível a confiança mútua na paz futura, como, por exemplo, o emprego, no outro Estado, de *assassinos (percussores)*, *envenenadores (venefici)*, *a rotura da capitulação, a instigação à traição (perduellio)* etc." A guerra nunca é o melhor modo para resolver as divergências, na compreensão de Kant. Não há justificação possível para a guerra, ainda que, para Kant, a guerra seja o motor do progresso e da busca do estabelecimento seguro da paz. Isso poderia parecer um paradoxo. Todavia, sobre isso comentaremos adiante, ao falarmos da *insociável sociabilidade.* Urge lembrar que, para Kant, mesmo na guerra deve haver uma confiança e uma responsabilidade ética, porque, se nem ao menos houvesse essa tal possibilidade, talvez que essa ausência caracterizaria o fim da possibilidade da convivência comum pública, bem como da *paz perpétua.* Mesmo em guerra deve existir certa confiança na consciência responsável do adversário. De outro modo, jamais poderiam ajustar-se à paz, e as agressões e hostilidades degenerariam em guerra de extermínio total do gênero humano. Uma guerra que levasse ao aviltamento, ao aniquilamento e à anulação de todo o direito colocaria como consequência trágica a impossibilidade da paz perpétua.

Há dois grupos de leis tidos como condicionais prévios para o estabelecimento da paz definitiva. O primeiro grupo, cuja obrigação deve ser imediatamente aceita, constitui-se da primeira, da quinta e da sexta lei. Essas devem ser rigorosamente aceitas e praticadas imediatamente. Esse grupo refere-se à possessão atual e assume valor de universalidade imprescindível. O segundo grupo, cuja observação pode mesmo levar mais tempo, constitui-se da segunda, da terceira e da quarta lei. Esse grupo constitui-se das leis de aceitação com alguma demora em sua compreensão e devida aplicação e tende a conter o compromisso de efetuar um ato ao qual a ninguém se pode obrigar. Refere-se mais à proibição unicamente ao modo futuro de adquirir um direito. Urge, por conseguinte, a compreensão de que a única maneira de erradicar a guerra passa por estabelecer condições de justiça e igualdade permanentes em todas as ordens normativas.[23] Ou seja: buscar permanentemente as condições de estabelecimento da paz é a única maneira de tentar erradicar a guerra, sendo, então, os artigos preliminares, em seu conjunto, regras mínimas e indispensáveis para o propósito da paz ainda que como tais insuficientes.[24]

A paz, para Kant, não é um Estado Natural entre os seres humanos, uma vez ser o Estado Natural mais propenso às guerras e às hostilidades. O Estado Natural é de constante ameaça. Os que vivem juntos podem dar-se seguridades mútuas, por isso o ingresso ao Estado Civil dá aos indivíduos algumas seguridades indispensáveis. Como já vimos, para Hobbes a produção da paz deveria ser a mais importante lei da natureza sobre a qual o Estado se basearia, pois a política deveria conduzir os Estados à segurança pacífica. Para Kant,

---

[23] Cf. SANTIAGO, Teresa. Función y crítica de la guerra en la filosofía de I. Kant. Barcelona/México: Anthropos/Universidad Autônoma Metropolitana, 2004. p. 128.

[24] Cf. Ibid., p. 139.

a paz deve ser instaurada, não sendo, por conseguinte, natural, mas, por sua vez, uma construção da razão. A paz não é um presente dado à humanidade. É uma substância política e deve ser fundada. É uma instituição de direito. Kant concebe a guerra como força que obriga os homens a pactuar para formar a ordem civil. Nessa perspectiva, não há dúvidas de que o pensamento acerca da guerra tem muita importância no pensamento político de Kant. O estado de natureza é um estado de conflitos permanentes e obriga os seres humanos a inaugurarem a ordem civil. Contudo, longe de serem apenas vistos como aspecto negativo, os conflitos impulsionam a busca da justiça e do direito. A guerra pode ser vista como um motor do progresso moral, já que se vive em conflitos. Kant não sugere a permanência nas guerras, prognostica, no entanto, uma possibilidade de viver sem guerras. É a fundação da paz, alicerçada na busca da justiça e fundamentada no direito. Pode-se, então, dizer que a natureza dispõe o ser humano para a guerra, o ser humano, porém, deve eleger e construir a paz. Sendo assim, para Kant a única forma de erradicar a guerra passa por estabelecer condições de justiça e igualdade permanentes em todas as ordens normativas.[25]

Para tanto, Kant estabelece três artigos denominados de base definitiva para a efetivação do projeto rumo *à paz perpétua*. Os três artigos dizem respeito, respectivamente: em primeiro lugar, à relação dos cidadãos com o Estado, isto é, a relação do Estado com os cidadãos e destes com o Estado (*ius civitatis*); em segundo lugar, à relação entre as nações, ou seja, o direito das nações em suas relações entre si (*ius gentium*); e, em terceiro lugar, ao direito dos cidadãos no mundo enquanto seres humanos (*ius cosmopoliticum*). Em

---

[25] Cf. Ibid., p. 128.

outras palavras, Kant traz presente três teses definitivas para a instauração da paz: a constituição de todos os Estados deve ser *republicana*; a Federação de Estados, livres; a hospitalidade, universal. Enquanto os artigos acerca das condições prévias da paz definitiva são condições para a paz entre os Estados, os artigos definitivos têm uma imposição para a paz definitiva.

O primeiro artigo definitivo, *a constituição civil em cada Estado deve ser republicana*, diz respeito ao direito dos cidadãos em um Estado. A constituição, para ser republicana, deve tomar em consideração três princípios fundamentais: o *princípio de liberdade* dos componentes que forma enquanto fins em si mesmos uma sociedade; o *princípio de dependência*, em que todos se encontram sob a única e comum legislação; e o *princípio de igualdade* de todos os cidadãos. Para Kant, a constituição republicana, além de sua pureza originária, que emana da clara fonte do conceito de direito, tem a vantagem de ser a mais apropriada para lograr o fim desejado, a saber: *a paz perpétua*. Na constituição republicana requer-se o consentimento dos cidadãos para declarar guerra e nela o povo não fica à mercê de um Chefe do Estado, que declara guerra de acordo com seu gosto e a partir de suas razões, sejam elas quais forem, porque ele se constitui em Chefe de Estado e não em proprietário do Estado. Na constituição republicana, sabendo-se que a guerra depende do consentimento dos cidadãos, estes pensarão pormenorizadamente nos custos, nos perigos, nos sofrimentos e nas consequências das guerras antes de declarar uma guerra.[26] Pode-se afirmar que Kant está preocupado com a condição para que os Estados todos se encaminhem definitivamente

---

[26] Cf. KANT, À paz perpétua, p. 129.

para a paz global. Entre Estados despóticos nenhuma paz pode ordenar-se e sustentar-se. Urge, por conseguinte, uma ordem de direito e a mesma significa fundamentalmente a constituição de um Estado legal. Logo, para Kant, a forma de governo não é o ponto mais importante. Mais relevante é o que sustenta o Estado, a saber: os princípios e as leis, fundamentados na razão,[27] que sustentam uma constituição republicana. Nesse sentido, podemos dizer serem dois os princípios básicos que fundamentam tal constituição. *A liberdade é o primeiro e o mais elevado princípio da constituição republicana e a principal condição da paz.*[28] A origem do direito do ser humano é a liberdade. Sobre a liberdade todo o mais e toda ação é fundamentada. A constituição republicana funda-se no princípio do agir livre do cidadão, que, para Kant, tem o sentido cidadão de direito, ou seja: aquele capaz de dar a si próprio o fundamento de sua própria ação e movimento. *O segundo princípio da constituição republicana é a dependência de todos à mesma legislação.* Todos são iguais perante a lei, portanto dependentes da constituição. Kant acentua sobremaneira a dependência de todos à constituição. Já na *Quinta Proposição* do texto de 1784, afirma Kant: "O maior problema para a espécie humana, a cuja solução a natureza a obriga, é alcançar uma sociedade civil que administre universalmente o direito".[29] Nesta mesma proposição, logo em seguida, Kant acentua uma vez mais a importância da *constituição civil*:

---

[27] Cf. GERHARDT, *Immanuel Kants Entwurf 'zum ewigen Frieden'.* Eine Theorie der Politik, p. 80.

[28] Cf. Ibid., p.81.

[29] KANT, I. *Ideia de uma história universal de um ponto de vista cosmopolita.* 2. ed. São Paulo: Martins Fontes, 2004. p. 10.

[...] assim, uma sociedade na qual a *liberdade sob leis exteriores* encontra-se ligada no mais algo grau a um poder irresistível, ou seja, uma *constituição civil* perfeitamente *justa*, deve ser a mais elevada tarefa da natureza para a espécie humana, porque a natureza somente pode alcançar seus outros propósitos relativamente à nossa espécie por meio da solução e cumprimento daquela tarefa.[30]

Ele realça a igualdade de dependência de todos à legislação.[31] Segundo Cavallar, o princípio da igualdade jurídica de direito permite uma observação decisiva. Todos os cidadãos, sem exceção, estão subordinados à legislação da mesma constituição.[32] Para tanto, segundo Kant, a constituição deve ter caráter duradouro, não se baseando, por isso, apenas em eventos históricos e contingentes e costumes.[33] Nesse sentido, a constituição que melhor responde a tais requisitos, segundo Kant, é a constituição republicana. Segundo Terra,

> a constituição republicana está de acordo com a razão, tem caráter essencial, e deve contar com instituições que garantam continuamente a realização do direito. Ela insiste no sistema representativo, que é apresentado como governo republicano, e aprofunda o sentido dessa exigência com uma ampla visão de um Estado de Direito. O elemento essencial na diferenciação com o despotismo são os princípios sobre os quais se funda a constituição; o que está em causa é a defesa dos direitos dos homens.[34]

---

[30] Ibid.

[31] Cf. Ibid., p. 87.

[32] Cf. CAVALLAR, *Pax Kantiana*. Systematisch-historische Untersuchung des Entwurfs "Zum ewigen Frieden" (1795) von Immanuel Kant, p. 147.

[33] Cf. TERRA, Ricardo R. *A política tensa*. Ideia e realidade na filosofia da história de Kant. São Paulo: Iluminuras, 1995. p. 69.

[34] TERRA, Ricardo R. *Kant & o direito*. Rio de Janeiro: Jorge Zahar Editor, 2004. p. 45.

O segundo artigo definitivo, *o direito das gentes deve fundar-se numa federação de Estados livres*, diz respeito ao direito das nações em suas relações mútuas. Todo Estado se constitui num povo e deve consolidar sua seguridade própria. Todo Estado, por maior ou menor que seja, deve ser respeitado como um fim em si mesmo, não podendo, por conseguinte, ser tratado como um meio, mas tão somente como um fim em si mesmo. Neste segundo artigo é importante não perder de vista a correspondência que Kant trabalha entre o ser humano enquanto corpo e o Estado enquanto também tem um corpo. É interessante observar, neste aspecto, a proximidade entre Hobbes e Kant. Para Hobbes, o Estado Natural só pode ser superado com a união legal no Estado Civil. Teoricamente falando, trata-se do nascimento do Estado. Assim, a fundação do Estado é, para Kant, bem como para a sua época, algo muito importante, sendo o direito, por assim dizer, o fundamento do Estado. O direito, por sua vez, tem a função de produzir a paz, que, em outras palavras, não é senão afirmar ser a paz fruto da justiça (cf. Is 32,17). Kant, todavia, não se satisfaz com a consolidação da constituição republicana de cada Estado. Ele requer com os demais Estados a formação de uma constituição política que garanta o direito de cada um dos Estados. Trata-se de uma sociedade de nações que respeite a autonomia de cada povo. É uma Federação de Estados e não um Estado sobreposto ou justaposto a outros Estados e com base no direito. Deve-se, então, pensar a Federação dos Estados como uma legitimação dos direitos do sujeito, a saber: a liberdade, a igualdade e a autonomia. Nesse sentido, a cultura política não pode ser pensada sem a pluralidade dos Estados e sem o respeito à soberania de cada

Estado, que são, portanto, condições para ser possível pensar a paz.[35] Para Terra,

> as relações entre os Estados assemelham-se às relações dos homens no estado de natureza, vigorando a ausência de justiça pública. Para escapar a essa situação de guerra latente, Kant propõe uma solução análoga à constituição do estado jurídico pelo contrato social, com o estabelecimento das nações. As dificuldades, entretanto, serão maiores nesse caso. Um homem pode forçar um outro a se associar consigo para a formação do estado civil, onde o que é de cada um é garantido por um poder supremo, ficando assim todos em segurança. Mas um Estado não pode forçar um outro da mesma maneira, pois um poder supremo acima dos mesmos não garantiria a independência de cada Estado.[36]

Sendo assim, se houvesse um poder supremo mundial, as soberanias nacionais seriam destruídas, consequentemente haveria uma espécie de tirania universal. Tal associação dos Estados deveria ser, por conseguinte, uma Federação de Estados livres, na qual a autonomia dos Estados fosse respeitada, sendo a mesma consolidada progressivamente.[37]

O terceiro artigo definitivo, *o direito cosmopolita deve limitar-se às condições da hospitalidade universal*, diz respeito ao direito dos cidadãos do mundo como seres humanos. Não se trata aqui de filantropia, mas de direito. Traça as condições de hospitalidade universal referente ao tratamento dos cidadãos de um Estado quando visitam outro Estado. Hospitalidade é o direito de um estrangeiro não receber um

---

[35] Cf. GERHARDT, *Immanuel Kants Entwurf 'zum ewigen Frieden'*. Eine Theorie der Politik, p. 97.

[36] TERRA, *Kant & o direito*, p. 48.

[37] Cf. TERRA, *A política tensa*. Ideia e realidade na filosofia da história de Kant, p. 71.

tratamento hostil ao chegar em outro país. Não se deve hostilizar o estrangeiro. Ele tem direito de ser hóspede. Intenção kantiana é instaurar uma *constituição cosmopolita*, não pela conquista ou pela força. Deduz-se que a ideia de um direito de cidadania mundial não é uma fantasia jurídica. É um complemento necessário do código não escrito em benefício *à paz perpétua.* Tal direito universal é condição indispensável para que se possa guardar a esperança de uma contínua aproximação a um estado progressivamente mais pacífico, mesmo que o mesmo seja plenamente irrealizável. "A paz perpétua é uma tarefa a ser cumprida passo a passo, mesmo que nunca seja atingida; é uma ideia que se articula com outras ideias político-jurídicas que também são princípios para a direção da ação, os homens devendo agir 'como se' fossem realizáveis."[38]

Referências

ARENDT, Hannah. *A condição humana.* 10. ed. Rio de Janeiro: Forense Universitária, 2004.

BARRETO, Vicente de Paulo; CULLETON, Alfredo. *Dicionário de filosofia política.* São Leopoldo: Unisinos, 2010.

CAVALLAR, Georg. *Pax Kantiana.* Systematisch-historische Untersuchung des Entwurfs "Zum ewigen Frieden" (1795) von Immanuel Kant. Wien/Köln/Weimar: Böhlau, 1992.

DEKENS, Olivier. *Compreender Kant.* São Paulo: Loyola, 2008.

GERHARDT, Volker. *Immanuel Kants Entwurf 'zum ewigen Frieden'.* Eine Theorie der Politik. Darmstadt: Wissenschaftliche Buchgesellschaft, 1995.

GUIMARÃES, Marcelo Rezende. *Educação para a paz.* Sentidos e dilemas. Caxias do Sul: Educs, 2005.

HOBBES, Thomas. *Leviatã ou Matéria, forma e poder de um estado eclesiástico e civil.* São Paulo: Abril Cultural, 1979.

HÖFFE, Otfried (Hrgs.). *Immanuel Kant. Zum ewigen Frieden.* Zweite Auflage. Berlin: Akademie Verlag, 2004.

JARES, Xesús R. *Educar para a paz em tempos difíceis.* São Paulo: Palas Athena, 2007.

---

[38] Cf. Ibid., p. 73.

KANT, Immanuel. *A paz perpétua e outros opúsculos*. Lisboa: Edições 70, 1995.

LOCKE, John. *Segundo tratado sobre o governo civil*. São Paulo, Abril Cultural, 1973.

OLIVEIRA, Manfredo Araújo de. *Desafios éticos da globalização*. São Paulo: Paulinas, 2001.

_____. *Ética e racionalidade moderna*. São Paulo: Loyola, 1993.

NOUR, Soraya. *À paz perpétua de Kant*. Filosofia do direito internacional e das relações internacionais. São Paulo: Martins Fontes, 2004.

SANTIAGO, Teresa. *Función y critica de la guerra en la filosofía de I. Kant*. Barcelona/México: Anthropos/Universidad Autônoma Metropolitana, 2004.

WOOD, Allen W. *Kant*. Porto Alegre: Artmed, 2008.

2

A paz perpétua e a educação: uma análise sobre o projeto kantiano

*Celso de Moraes Pinheiro**

A história da paz, fundada no cumprimento da ideia de um direito humano, encontra sua pedra basilar no parágrafo primeiro do estatuto da *Société de la Paix de Genève*, em que podemos ler seu objetivo maior: "Esclarecer a opinião pública sobre o mal da guerra e sobre os melhores meios de obter uma paz geral e duradoura". Ora, desde logo mostra-se clara a intenção de fundar a paz como meio de desenvolvimento da justiça no mundo. Sem paz, a justiça é uma simples quimera. A busca pela ordenação pacífica do mundo é, então, necessária para uma melhor condição de vida para toda a humanidade. A noção que percorre o ideal norteador para a fundação da *Société de la Paix de Genève* é a de um direito válido universalmente. A partir da ideia de um direito que

---

*   Universidade Federal do Paraná.

seja o mesmo para toda a humanidade, encontramos a possibilidade de desenvolvimento da paz total. Paralela à procura da fundação da paz como meio promotor da justiça no mundo encontra-se a necessidade da educação para a paz. Sem a publicidade requerida e sem a compreensão necessária, a paz corre o risco de tornar-se utópica.

Não podemos deixar de perceber que um dos pontos centrais nos atuais debates e discussões sobre política internacional é, sem dúvida, a questão da paz global. E ninguém melhor para nos indicar os caminhos seguros para uma análise sobre a questão da paz do que Immanuel Kant. Pedra de toque e fundamento de sua filosofia política, a paz se apresenta como a finalidade última da relação entre Estados e os povos. Através da paz é possível o estabelecimento de uma sociedade justa, sociedade essa que será palco para o pleno desenvolvimento da razão através do processo de esclarecimento. Apenas uma sociedade fundada nos princípios legais da paz pode garantir aos seus membros a condição necessária para uma vida calcada no respeito, na igualdade e na liberdade. Ora, tais pressupostos são os fundamentos do Estado republicano, que, segundo Kant, é a melhor e mais perfeita forma de Estado, pois aqui as leis são oriundas de cada cidadão e de todos ao mesmo tempo. Com isso, vê-se que a paz entre os Estados garante não somente uma situação de não agressão, mas também, e principalmente, a possibilidade de progresso e desenvolvimento da razão dentro de cada Estado. Se a lei de cada Estado é a lei que cada indivíduo daria a si mesmo, então o processo de globalização seria um processo de cosmopolitismo. Cada cidadão seria, ao mesmo tempo, governante e governado. E não apenas de seu Estado, mas de todos os Estados. Assim, a partir desses pressupostos básicos podemos afirmar que uma análise sobre o projeto kantiano da paz perpétua, incluída aqui a questão primordial de uma educação que vise à paz, é, ao mesmo tempo, uma análise sobre os fundamentos determinantes das discussões contemporâneas acerca das relações internacionais e sobre a possibilidade de convivência entre diferentes formas de governo e seu povo.

Quando nos deparamos com as questões atuais, geralmente apresentadas sob a forma de discussão sobre relações internacionais, sobre democracia, sobre direitos humanos, sobre educação, sobre comércio, sobre liberdade religiosa etc., percebemos que os fundamentos filosóficos de tais questões devem vir à tona. É necessário que seja estabelecido o diálogo com a filosofia, sob pena de estacionarmos no senso comum. E, uma vez que tais assuntos se dirigem para a finalidade última do homem em sociedade, então não podemos abandonar ou esquecer as lições deixadas por Kant. Da mesma maneira, as profundas questões filosóficas que devem servir de fundamento nos processos educacionais necessitam levar a sério os debates acerca da paz. Temas primordiais devem ser analisados a fim de estabelecermos a possibilidade de virtudes essenciais para o desenvolvimento de uma sociedade justa. Esquecer o tema da tolerância, da igualdade, do respeito etc. é esquecer que uma sociedade justa deve encaminhar-se, sempre, para a paz.

Sabemos que com Kant a investigação sobre o homem, considerado como fim em si mesmo, atinge seu ápice. A famosa quarta questão, que resume, segundo afirmação de Kant em sua *Lógica*, as três anteriores, bem mostra a importância da compreensão e da análise do conceito de homem na filosofia kantiana. Afastar a questão da educação da filosofia de Kant é, portanto, um engano fatal. O processo de educação procura desvelar esse homem, fundamento para a postulação de uma sociedade que se pretenda justa. A partir disso, podemos afirmar, com certa segurança, que as investigações sobre a possibilidade de uma paz global muito devem aos esclarecimentos indicados por Kant, também em suas análises acerca dos processos de formação do homem ideal.

Antes de adentrarmos em análises propriamente pertinentes às questões da educação em Kant e sua relação com os ideais da paz, é bom considerarmos que o pensamento político de Kant adquire uma nova atualidade no mundo globalizado. Dessa forma, nada é mais oportuno e atual, por exemplo, do que uma leitura dos "artigos preliminares", apresentados por Kant em *À paz perpétua*, em que encontramos estabelecidos critérios necessários para afastar os Estados de uma situação de guerra. Também os "artigos definitivos", que buscam mostrar o caminho para o estabelecimento de uma paz perpétua são de extrema atualidade. Além das considerações políticas acerca do texto *Paz perpétua*, o conhecimento dos artigos apresentados por Kant abre espaço para a compreensão da necessidade de uma educação que tenha a paz como finalidade prática.

Os artigos preliminares

Kant apresenta seis artigos preliminares no texto *À paz perpétua*. Esses artigos podem ser considerados como condições negativas para o estabelecimento da paz perpétua. A partir desses seis artigos temos a formulação kantiana dos princípios de direito internacional, que não esquecem de observar o que é fundamental no pensamento prático de Kant, a saber: que o homem deve sempre ser considerado em si mesmo como fim, jamais como meio. A elaboração dessa ideia de homem, surgida na *Fundamentação da metafísica dos costumes*, serve como pano de fundo para todo pensamento acerca da possibilidade de uma sociedade justa que, em relação com outras sociedades, possa demandar a efetivação de uma paz perpétua.

O primeiro desses artigos preliminares faz uma análise dos tratados de paz que não eliminam as causas da guerra. Ora, o resultado disso, segundo Kant, é o contínuo surgimento de novas guerras. Nesse parágrafo, Kant também nos lembra que há uma diferença muito clara entre o conceito de paz e a ideia de um armistício. Não devemos considerar paz um tratado que apenas provoque um fim temporário das hostilidades. Segundo Kant, um tratado que se ocupasse apenas de um armistício guardaria condições futuras para o restabelecimento do conflito. É necessário, se o que procuramos realmente é a paz, que os tratados busquem solucionar essas lacunas. É preciso que todas as exigências necessárias sejam cumpridas, abolindo-se por completo as chances de novos conflitos. Além disso, Kant chama a atenção para o problema causado pela reserva de pretensões antigas, chamada de *reservatio mentalis*. Essa intenção secreta contraria um princípio fundamental na suposição de uma sociedade justa, isto é, de uma sociedade de paz. E contraria porque se opõe diretamente à ideia de publicidade. Sem publicidade a república não é levada a termo. O caráter da publicidade é fundamental para a postulação da ideia de uma sociedade justa e de paz. E, visto que resguardar uma intenção secreta é contrariar tal princípio, então nega-se, mais uma vez, a validade de um tratado de paz que não se ocupe com uma ideia de paz perpétua.

No segundo artigo provisório, Kant mostra que "nenhum Estado independente deve poder ser adquirido por um outro Estado por herança, troca, compra ou doação". Ora, se compreendermos que há uma analogia entre as pessoas e o Estado, compreenderemos mais facilmente o que Kant quer afirmar nessa segunda proposição. A pessoa é fim em si mesmo, portanto não pode ser considerada como meio para um fim qualquer. Se buscarmos a analogia com o Estado, podemos afirmar que o Estado também não pode ser considerado como meio para um fim qualquer. Não podemos tomar o Estado como uma coisa da qual podemos dispor a nosso "bel-prazer". Ele não é um objeto. Antes, o Estado é o sujeito do direito das gentes. Não há proprietário do Estado, a não ser o próprio povo. Segundo Kant, o Estado "é uma sociedade de homens que ninguém a não ser ele mesmo tem a dispor e ordenar".

A existência de exércitos permanentes é criticada no terceiro artigo provisório de *À paz perpétua*. Ali, Kant nos mostra que os exércitos permanentes devem desaparecer completamente com o tempo. Segundo Kant, a existência desses exércitos significa uma ameaça constante aos outros Estados. Ora, se observarmos homens sempre prontos e dispostos a nos atacar, imediatamente tomamos medidas defensivas para um provável ataque. É isso que Kant nos mostra. Além disso, acrescente-se o fato do custo de manutenção desses exércitos. Como a simples existência deles provoca uma situação de eterna atenção, é inevitável que a melhoria e o aumento de seus membros, de sua capacidade bélica, sejam constantemente uma preocupação. Isso provocaria uma corrida armamentista, gerando um custo altíssimo para o Estado. Kant também mostra que receber salário para matar ou morrer parece conter um uso de homens como máquinas e instrumento na mão de outro. Ou seja: mais uma vez o homem é considerado como meio. De tudo isso poder-se-ia perguntar pela defesa do Estado. Kant afirma que a melhor solução seria a existência de um exército periódico, que seria arregimentado em casos de agressão externa, e sempre com um caráter voluntário.

No quarto artigo provisório, Kant elabora uma crítica às dívidas contraídas para defesa de interesses exteriores do Estado. O Estado não pode, segundo essa crítica, fazer nenhuma dívida pública em razão de interesses exteriores. Ora, um sistema econômico que facilitasse o crédito para a guerra é um incentivador desta. Vemos que, quando é fácil para um Estado financiar suas guerras, mais fácil ainda é supor que deve fazê-las. Se, ao contrário, um Estado não possui crédito para isso, deverá recorrer às suas divisas, o que pode causar grande desagrado ao povo. Assim, qualquer ideia de financiamento externo para gastos com guerras deve ser suprimido. Kant imagina que, não havendo facilidade no crédito, muita guerra pode ser evitada.

O quinto artigo afirma que "nenhum Estado deve imiscuir-se com emprego de força na constituição e no governo de um outro Estado". Nesse artigo é afastada a ideia de intervenção, sobretudo aquela fundada na violência. Segundo Kant, não deve ser permitido que um povo interfira na constituição de outro, principalmente se para esse povo tal constituição lhe parecer boa. O caráter mais alto defendido por Kant nesse quinto artigo provisório é a autonomia de cada Estado. A intervenção em nome de algum pretexto particular deve ser sempre proibida. Não há motivos, mesmo naqueles possíveis "maus exemplos", para uma intervenção interestatal. Cada um é responsável por sua constituição, por suas leis, por sua ordem. Nada justificaria uma intervenção, salvo no caso de uma divisão interna, onde uma das partes, numa situação de caos e anarquia total, implorasse por ajuda, principalmente na defesa das pessoas.

O último artigo provisório trata da questão da existência de um direito, mesmo na guerra. Ora, vimos com os outros cinco artigos que a guerra deve sempre ser evitada. Mas Kant não abandona a realidade, e sabe que, mesmo injusta e ilegítima, a guerra pode existir. Nesse caso, diz Kant, deve existir um direito que permita que uma paz futura não seja impossível. O que é mostrado aqui é a necessidade de um respeito a leis mínimas mesmo na guerra. Ou seja: mesmo durante um conflito algumas regras devem existir, pois somente com a existência dessas será possível a postulação de uma paz futura. Todos os procedimentos considerados desumanos devem ser considerados práticas inadmissíveis, mesmo em tempos de guerra. Algumas atitudes são consideradas por Kant como contrárias a qualquer pretensão de uma paz futura. Entre elas estão o uso de assassinos, de envenenadores, a quebra da capitulação, a instigação à traição no Estado com que se guerreia etc. Esses seriam exemplos de estratagemas desonrosos. E devem ser afastados o máximo possível, pois com o uso deles não há como subsistir alguma confiança no pensamento do inimigo. E se nada resta, então não há possibilidade de uma futura paz. Como, pergunta Kant, acreditar que, após o estabelecimento da paz, esse Estado não descumprirá o estabelecimento e voltará à guerra? Como evitar que uma guerra desse tipo não se transforme num extermínio geral? E esse extermínio permite admitir a paz perpétua apenas no "grande cemitério do gênero humano".

Os artigos definitivos

Após instaurar os seis artigos preliminares para o estabelecimento de uma paz perpétua, Kant elabora três artigos definitivos para a paz perpétua. Esses artigos definitivos tratam, especificamente, das divisões levadas a cabo na *Metafísica dos costumes – Doutrina do direito*, quando analisa as formas de direito. Com isso, os artigos definitivos tratam, diretamente, do direito do Estado, direito das gentes e direito cosmopolita. A fim de compreendermos um pouco essa estrutura, necessária para a postulação de uma paz universal e perpétua, é fundamental que tenhamos consciência de que Kant parte da ideia hipotética (não real ou histórica) de um estado de natureza. Nesse estado de natureza, a situação seria de guerra, mesmo que efetivamente não haja a guerra, ou seja: há uma situação de constante hostilidade entre os homens e entre os Estados. Essa constante ameaça de guerra faz-nos ver que só haveria segurança num estado jurídico, onde a lei obrigasse a coexistência pacífica entre homens e Estados. Em resumo, podemos afirmar que o estado de natureza, segundo Kant, é um estado de ausência de direito. E, a fim de sair desse estado de natureza, o homem cria leis e estruturas jurídicas, que garantem a possibilidade de convivência.

O primeiro passo para o abandono desse estado de natureza é encontrado descrito no primeiro artigo definitivo para a paz perpétua. Nesse artigo Kant analisa o papel da república no processo de paz. Segundo Kant, apenas numa república estariam asseguradas as condições para o estabelecimento da paz. Uma constituição republicana, de acordo com Kant, é uma

constituição instituída, em primeiro lugar, conforme os princípios da liberdade dos membros de uma sociedade (como homens), em segundo lugar, segundo princípios da dependência de todos a uma única legislação comum (como súditos) e, terceiro, segundo a lei da igualdade dos mesmos (como cidadãos).[1]

Daqui podemos compreender o importante papel da autonomia nesse cenário, visto que o poder Legislativo cabe à vontade do povo. As leis da república são leis universais, oriundas da vontade pública. Na república, a lei é a representação da vontade de todos, sempre resguardando a diferenciação entre aquele que dá a lei e aquele que é responsável pelo seu cumprimento. Na república é clara a distinção entre o Legislativo e o Executivo. Não é cabível a mistura ou confusão entre os poderes.

Ora, pelo fato de ser a única constituição onde a expressão da vontade de todos é respeitada, a república não se restringe apenas à garantia da paz interna. Também exteriormente a paz encontra a possibilidade de efetivar-se. Kant utiliza um exemplo prático para fundamentar esse desejo pela paz de maneira universal. Segundo Kant, quando sentimos as dores e os sofrimentos da guerra, é impensável que a desejemos. E, se a constituição do Estado é representação de nossa própria vontade, seria contraditório imaginarmos o desejo de guerra. Ora, se todos os Estados tivessem como fundamento de sua constituição essa vontade de cada um, unida sob o nome de humanidade, então ninguém desejaria seu próprio mal, ou, em outras palavras, ninguém desejaria a guerra. Com isso, o Estado republicano apresenta-se como garantia de possibilidade de uma paz perpétua.

No segundo artigo definitivo, Kant trata do direito das gentes. Aqui, vemos que o direito das gentes deve ser fundado

---

[1]   *ZeF* AK350.

sobre uma associação de Estados livres. Objetivamente, podemos dizer que o direito das gentes ocupa-se da relação entre os Estados, além da relação dos indivíduos de um determinado Estado com os indivíduos de outro Estado. As ideias centrais desse artigo mostram que, na prática, as relações entre os Estados não podem ser consideradas relações jurídicas, visto que se trata sempre de um estado de guerra, onde a palavra de ordem é a lei do mais forte. Para solucionar o problema, Kant propõe uma federação entre os povos. Essa federação não é, entretanto, uma união constitucional, ou seja: não pode ser compreendida como algo indissolúvel. A ideia de federação, em verdade, é uma aliança. E essa aliança deve ser pensada a partir da ideia de um contrato social originário. Não pode haver um poder soberano. Antes, é fundamental que o princípio da federação, ou associação, seja respeitado.

Apenas um contrato entre os povos pode garantir o caminho até um estado de paz. Segundo Kant, "tem de haver uma liga de tipo especial, que se pode denominar liga de paz (*foedus pacificum*), que deveria ser distinta do tratado de paz (*pactum pacis*), em que este simplesmente procura pôr fim a uma guerra, aquela, porém, a todas as guerras para sempre".[2] Com esse contrato a associação dos Estados, em uma federação, garantiria, ao mesmo tempo, a diversidade política e jurídica de cada membro participante. Também a diversidade das culturas é aceita e desejável. Entretanto, existe, nesse vasto campo de diferenças e antagonismos, um caminho único em direção à paz. A ideia que norteia fundamentalmente tal liga de nações é a ideia de uma paz perpétua.

---

[2]   *ZeF* AK356.

O último artigo definitivo apresentado por Kant em *À paz perpétua* é uma novidade no campo do direito e da política. É com esse terceiro artigo que Kant apresenta a ideia de um direito cosmopolita. Essa nova dimensão do direito é o direito dos cidadãos do mundo. Aqui, ao mesmo tempo que permanece membro de seu Estado, o indivíduo é também membro de um Estado mundial, de uma sociedade cosmopolita. E, nesse âmbito, novas leis regem suas ações, deveres e obrigações. A ideia fundamental nesse direito cosmopolita é que cada um possui o mesmo direito que o outro de estar num determinado lugar da Terra. E esse direito deve garantir que cada um possa visitar o lugar que desejar na Terra. Ao final da apresentação do terceiro e último artigo definitivo, Kant afirma que a ideia de um direito cosmopolita não é

> nenhum modo de representação fantasioso e extravagante do direito, mas um complemento necessário do código não escrito tanto do direito de Estado como do direito das gentes para um direito público dos homens em geral e, assim, para a paz perpétua, da qual pode-se aprazer encontrar-se na aproximação contínua somente sob essa condição.[3]

Com a breve apresentação da estrutura do texto *À paz perpétua* podemos, desde já, perceber que uma leitura atenta das questões levantadas por Kant não é tarefa desnecessária. Antes, a efetivação dos processos de globalização e a constante necessidade de um ordenamento jurídico internacional fazem com que os escritos kantianos tornem-se obrigatórios. Negar a validade dos processos contemporâneos de mundialização e globalização não retira a imposição de contarmos com pressupostos filosoficamente bem fundados para a

---

[3] *ZeF* AK360.

análise desses processos. E, nessa tarefa, nada melhor do que contarmos com a ajuda de Kant. Podemos ver, com nossa apresentação dos critérios kantianos para o estabelecimento da paz, como as principais questões encontram-se expostas no texto analisado. Muitas outras importantes questões sobre o tema podem ser achadas em outros textos de Kant, como *Teoria e prática*, *Ideia de uma história universal do ponto de vista cosmopolita*, *Metafísica dos costumes*, *Resposta à pergunta: Que é esclarecimento?*, *Conflito das faculdades* e *Religião nos limites da simples razão*. O que pretendemos mostrar até o momento é a importância de Kant nas análises contemporâneas acerca da possibilidade de pensarmos a paz. As relações internacionais, os direitos humanos, a ideia de homem, são, em verdade, postulados necessários para o desenvolvimento da reflexão filosófica acerca da paz e de uma educação que se dirija a ela como fim.

Educação para a paz

A partir do texto *Sobre a pedagogia* aprendemos que o homem é a única criatura que necessita e depende de sua razão, pois através dela encontra a possibilidade de traçar um plano para sua vida. A espécie humana é, portanto, obrigada a formar, pouco a pouco, por esforço próprio, as qualidades naturais que pertencem a toda humanidade.[4]

Esclarecer o homem em vista da paz é permitir a distinção entre o bem e o mal, pois aqui reside a ideia de um humanismo a serviço da paz. O processo de educação em Kant nos mostra que é preciso que o homem se afaste dos maus hábitos, pois estes possuem tal força que atuam como uma segunda natureza. Ele tem o dever de se colocar a serviço

---

[4] *Ped.* 441.

da inteira humanidade, sempre vendo o outro como fim em si mesmo. Perceber-se como membro da humanidade é perceber, ao mesmo tempo, que todos os outros são dignos de reconhecimento como fins em si.

Através de uma educação que vise também à paz perpétua, os homens podem reconhecer-se como possuidores de uma certa dignidade, que os coloca em uma posição privilegiada diante das outras criaturas, uma vez que possuidores de uma razão capaz de não os deixar sob o império exclusivo dos instintos e determinações da natureza. Essa é a marca da humanidade em si mesmo; o dever para consigo o chama ao dever para com os outros. Perceber-se como humanidade é ver a não diferença entre os seres humanos. É ver a razão como possibilidade universal de uma legislação universal, que pode dirigir a humanidade ao estado de paz. Por isso é possível lermos em *Sobre a pedagogia* que "deve-se inculcar desde cedo nas crianças o respeito e atenção aos direitos humanos e procurar assiduamente que os ponham em prática".[5] Com isso Kant acredita que a criança poderá tornar-se, mais tarde, consciente de seu papel na sociedade e de ser útil ao desenvolvimento e progresso desta em direção à paz. O grande, e talvez o maior desafio proposto por Kant, é fazer com que cada um possa perceber-se como membro do grande conjunto humano, sem, no entanto, perder sua individualidade. Os ideais de tolerância, respeito e, consequentemente, de paz, dependem dessa consciência. O papel da educação é, portanto, fundamental na possibilidade da paz perpétua. Sem educação não há paz. Alargar o horizonte do saber aumenta a esperança da paz em nosso mundo.

Não à toa Kant afirma que

---

[5] *Ped.* 489.

a educação é uma arte, cuja prática necessita ser aperfeiçoada por várias gerações. Cada geração, de posse dos conhecimentos das gerações precedentes, está sempre mais bem aparelhada para exercer uma educação que desenvolva todas as disposições naturais na justa proporção e de conformidade com a finalidade daquelas e, assim, guie toda a espécie humana a seu destino.[6]

Esse destino traz à luz a própria ideia de paz. Cumprir a finalidade humana é possibilitar a vida em uma sociedade justa, onde seja encontrada a paz em todas as áreas, ou seja, tanto no interior dos Estados quanto na relação entre estes.

Entretanto, Kant não deixa de estar atento para as dificuldades dessa "importante experiência" que é a educação. A educação que visa à paz deve se aperfeiçoar a cada geração, progredindo passo a passo, onde cada geração deve poder transmitir à seguinte seus conhecimentos, seus saberes sobre a promoção da paz. Esses saberes acerca da paz são mais bem compreendidos quando dizemos que uma geração deve poder ensinar à outra os modos de prevenir, de resolver ou de restaurar a paz. Não há, segundo Kant, uma certeza de que um dia possamos atingir tal estado na educação. Não há como dizer quantas gerações seriam necessárias para que a paz pudesse, efetivamente, ser implantada nos Estados. A única certeza que Kant nos transmite é que, sendo universal, é possível.

Uma questão bastante pertinente na análise acerca de uma educação voltada para a paz em Kant diz respeito ao papel fundamental da experiência no processo de formação do homem. Apesar de toda carga problemática que a experiência pode trazer no pensamento kantiano, vemos que na

---

[6] *Ped.* 446.

pedagogia ela assume uma função primordial. No projeto pedagógico de Kant, a experiência é a via pela qual é possível ser desenvolvida a ideia de uma educação que se dirija ao fim último do homem.

Justamente por isso é possível afirmar que fazer a experiência de uma educação que vise à paz é colocar-se frente a frente com o problema da natureza humana. Enfim, podemos questionar, somos bons ou maus por natureza? Ora, dessa questão surgem dificuldades e desafios impostos à própria estrutura do processo de formação. Por exemplo: caso admitamos que o homem é bom por natureza, poderíamos perguntar a seguir, então, qual a real necessidade de se educar para a paz? Por outro lado, se considerarmos que a resposta deva ser que somos maus por natureza, então a questão se transforma em: como a paz poderá mudar, tirar o homem de sua natural situação, sem se tornar um fracasso?

Os problemas oriundos dessas questões deverão ser lidos a partir das considerações sobre os dois lados que dividem o homem, a saber: o sensível e o inteligível. Se o sensível aproxima o mal, através dos vícios, maus costumes e até da preguiça, o inteligível é capaz de afastar o homem do mal, dando a ele a consciência de que sua vontade é livre e que é dotado de uma faculdade de razão prática. A análise dessas duas características, sobretudo do caráter inteligível, torna possível a experiência da educação em geral e da educação que visa à paz em particular. A humanidade é boa, integralmente boa para poder cultivar as virtudes da paz. O homem é bom porque toma consciência do fato de ser mau por natureza e decide voluntariamente se converter e dar exemplos aos outros.

No texto *Sobre a pedagogia*, lemos a afirmação de que a pedagogia é a arte da educação. Ela se constitui de duas maneiras: ou mecânica, ou raciocinada. Terá sua origem dita mecânica em função das circunstâncias que fazem que tal ou tal coisa seja prejudicial ou útil ao homem. Segundo Kant, uma pedagogia assim constituída conteria muitos erros e lacunas, uma vez que não haveria aí obediência a um princípio. Por outro lado, a pedagogia raciocinada procura educar as crianças e os jovens em vista de um melhor estado futuro. A ciência deve tomar o lugar do puro mecanicismo. A troca de papéis, proposta por Kant na arte da educação, mostra claramente que a pedagogia, inicialmente fundada no empirismo, na simples intuição sensível, circunstancial, que educa apenas para o presente, deve ser alterada para um estudo, no estrito sentido do termo. Apenas com esse estudo estará garantida a possibilidade de uma educação que se encontre baseada na ideia de humanidade e de sua inteira destinação. Aqui é fundado o princípio que possibilita o pensamento acerca de uma educação que vise à paz.

A pedagogia fundada no ideal da paz deve, portanto, ajudar a criança, através de métodos e técnicas apropriadas, a desenvolver suas virtudes, a facilitar sua inserção na sociedade, no mundo dos adultos. A educação que visa à paz deve sempre ser pensada como um longo processo, onde a criança vai, pouco a pouco, buscando a perfeição, reconhecendo e identificando as causas dos conflitos naturais entre os homens, suas diferenças, buscando a resolução através do diálogo e da negociação, a fim de criar um clima de paz entre os homens e também entre os Estados.

É natural que, a fim de possibilitar uma educação que visa à paz, seja necessário o estabelecimento efetivo de uma pedagogia no seio de uma sociedade. De acordo com Kant, pensar educação é levar em conta, também, o meio onde ela se desenvolve. Basicamente, são dois esses meios: a família e a escola. Kant nos mostra que, tanto em um quanto em outro, o desenvolvimento da criança ou do aluno se dá a partir de ideias como disciplina, instrução e cultura. Não por outro motivo Kant afirma que o homem é infante, educando e discípulo. Dessa maneira, a família e a escola são os locais privilegiados da evolução e da formação do homem pacífico. Durante as diferentes fases da evolução do homem são desenvolvidas suas aptidões para a competição, a cooperação e, principalmente, suas aptidões para a solidariedade, o respeito e a tolerância. Esses últimos são os elementos fundamentais de uma paz durável, que progrida em direção ao melhor, ao fim último da humanidade.

O primeiro momento de uma educação para a paz tem seu início na família, conforme já afirmamos. A família é o local apropriado para o começo do processo de educação em geral e também para a formação fundamental de uma educação para a paz. A família pensada por Kant é um ideal de família, ou seja: pode ser dita como uma "boa família", composta de pais responsáveis e conscientes do valor e da complexidade da tarefa que lhes é devida. Será no seio dessa família que a criança iniciará sua vida em comunidade, aprendendo a reconhecer tanto o amor quanto a disciplina. Enfim, na família a criança terá oportunidade de se preparar com componentes afetivos e intelectuais para a vida em sociedade.

Na família, cabe aos pais conter nas crianças sua animalidade através da disciplina. Lemos em *Sobre a pedagogia* que "o homem é tão naturalmente inclinado à liberdade que, depois que se acostumar a ela por longo tempo, a ela tudo sacrifica". Justamente por isso Kant mostra a fundamental importância da disciplina no processo educacional, ao afirmar que "este é o motivo preciso, pelo qual é conveniente recorrer cedo à disciplina; pois de outro modo seria muito difícil mudar depois o homem". Sem disciplina, resta ao homem seguir prontamente seus caprichos, fazendo apenas aquilo que lhe apraz, sem se importar com o outro. Ora, é óbvia a situação de impossibilidade de paz em um mundo onde não haja o olhar para o outro. Como mostrado acima, sem sentir-se membro da humanidade, o indivíduo não aprende as lições fundamentais do respeito e da tolerância. E, por sua vez, sem essas não há condições para a paz.

O que Kant pretende demonstrar é que, sem polir seu estado de natural selvageria, sem lhes garantir e preparar sua autonomia de futuro adulto, não há garantias de uma verdadeira educação que vise à paz, estabelecendo uma sociedade justa. Esse é o motivo pelo qual é possível dizer que não se deve educar apenas para o presente estado do mundo, mas também, e principalmente, para o futuro. Cabe aos pais tomarem consciência da importância que terá no futuro uma educação que oriente a criança em direção à paz. Mais uma vez Kant vai recorrer à importância dos exemplos que os pais dão aos filhos, uma vez que parece improvável esperar que uma criança se torne pacífica se há violência entre seus pais. O que parece um círculo vicioso, visto que os pais devem ser educados para educar seus filhos, pode ser resolvido quando pensamos que o caminho mais certo para uma educação para a paz passa, necessariamente, pela ideia moral de jamais considerar o outro como meio, mas sempre como fim em si mesmo. A base de uma educação em direção ao fim último do homem sobre a terra, ou seja, em direção a uma sociedade justa, onde reine a paz, é justamente o caráter moral desse imperativo universal.

Mas torna-se óbvio que apenas a família não é suficiente para a completude do processo de educação. É necessária, também, a escola. Essa possui o papel de instruir, formar e disciplinar as crianças. Ela deve cumprir a difícil tarefa de inserir a criança efetivamente no ambiente social. Além disso, deve mostrar a necessidade de obediência às regras. Dessa obediência, inicialmente heterônoma, desenvolver-se-á a autonomia. Não há possibilidade de obediência à lei se não há conhecimento da lei e se não há respeito ao ordenamento. Se considerarmos, por exemplo, que a lei moral nos obriga, seria necessário que concordássemos que, a fim de seguir as determinações dessa, eu compreendesse a ordem e soubesse como cumpri-la. Ora, a escola deve cumprir justamente esse papel, ou seja, ela deve mostrar que a partir da obediência aprendemos a dar a nós mesmos as leis. Em outras palavras: a partir de uma ordem heterônoma atinjo a meta da autonomia.

Cabe à escola, também, participar da preservação da sociedade e da preparação das crianças para a vida futura, para as novidades e alterações que naturalmente irão ocorrer na sociedade. Ao mesmo tempo que ensina, a escola deve também educar. Ela é um dos meios de mudança e de progresso, ao mesmo tempo que busca colocar a criança na segurança da sociedade já estabelecida. A meta de uma escola que se encontre em conformidade com a ideia de uma educação para a paz é buscar estabelecer em bases sólidas e seguras uma sociedade justa. A paz é o fim último, e uma sociedade politicamente justa será o meio para atingirmos essa paz.

Não podemos esquecer, portanto, que o primeiro passo para a possibilidade do estabelecimento da paz, a partir de um processo de educação que estabeleça como fim último sua efetivação, passa pela postulação de uma sociedade politicamente justa. Apenas quando em sociedade o homem estabelece leis. Essas leis são os fundamentos de possibilidade da coexistência entre os indivíduos. Logo, por analogia, é também necessário que tais leis sejam o mais justas possível também nas relações entre os Estados, ou seja, num primeiro momento, a preocupação é dirigida para as relações entre os indivíduos; em seguida, é necessário o estabelecimento de leis que garantam as relações entre os Estados, pois essas também proporcionam a paz interna. A ligação entre o interestatal e o extraestatal faz parte do conjunto de preocupações legislativas de cada Estado e de cada indivíduo. A paz encontra, então, seu início na efetivação de um Estado justo, onde reine a liberdade e a igualdade entre seus membros e entre membros de diferentes Estados. Tal ideia encontra-se fundada na ideia de um reino dos fins.

Ideia de um reino dos fins

A *Fundamentação da metafísica dos costumes* nos indica que um reino dos fins é possível quando todos os seus membros forem, ao mesmo tempo, legislador e súdito. Ora, isso significa uma total coincidência de desejos e obrigações. Apenas sob tais condições é possível, segundo Kant, postularmos uma sociedade justa e igualitária. No mesmo texto, lemos que Kant é ciente da dificuldade da efetivação de tal ideia. Não devemos esquecer que o reino dos fins é apresentado sob a forma de uma ideia, e que, enquanto tal, é possível, mas não necessariamente efetivado. Após definir o reino dos fins como representação da totalidade dos fins da razão pura prática, num sistema que realiza, efetiva, a legislação objetiva, comum, configurando o universo de relações ideais entre os seres racionais, podemos concordar com a afirmação que diz ser o reino dos fins a "representação de uma comunidade de seres de razão atuando universalmente como legisladores, ou seja, decidindo sobre as máximas reguladoras de suas ações segundo a pura forma do imperativo categórico, é, no fundo, uma idealidade".[7]

O Reino dos fins é, desta forma, uma ideia da razão, portanto não pode ser objeto de experiência. Kant conceitua reino dos fins como uma ligação sistemática de todos os seres racionais, sob uma mesma lei, onde "os seres racionais estão todos sujeitos à lei, em virtude da qual cada um deles nunca deve tratar-se a si e aos outros como puros meios, mas sempre e simultaneamente como fins em si".[8] Se cada membro do reino dos fins trata a si mesmo e ao outro como fim em si, então a moral estará garantida, ou seja, se todos os seres racionais se comportam e agem da mesma maneira, considerando a si e ao outro como fim em si, então eles estão de acordo com princípios comuns da moralidade. Ao considerar o outro como fim em si, cada um está admitindo que o outro é também legislador e, portanto, detentor de uma dignidade.

A ideia de um reino dos fins possibilita a fundação do ideal do princípio moral. A relação entre os indivíduos, no reino dos fins, estará sempre baseada na moral e na dignidade. Também a equidade e a liberdade estão garantidas. O reino dos fins abre a possibilidade de vislumbrarmos aquilo que Kant tratará com muito afinco na *Crítica da faculdade do juízo*, a saber: a questão da intersubjetividade.[9] A ideia de

---

[7] BICCA, L. A unidade entre ética, política e história na filosofia prática de Kant (1ª parte). *Filosofia política 4*. Porto Alegre: L&PM, 1987.

[8] *GMS* AK433.

[9] A questão da intersubjetividade é um dos principais problemas tratados por Kant em sua terceira *Crítica*. Em especial, remetemos à primeira parte da obra – Crítica da faculdade de juízo estética §§ 30-42. Também são bons guias para uma compreensão mais ampla da questão da intersubjetividade e

um reino dos fins traz implícita a condição de que todos os seus membros possam dialogar e comunicar seus pensamentos publicamente, sem censura e sem restrições. Dessa comunicação surge a publicidade, necessária para o progresso do homem até o esclarecimento. Os membros desse reino dos fins cumprem com o caminho traçado que os leva ao progresso da espécie e, por consequência, à paz. Podemos dizer que a publicidade que oferece a possibilidade de esclarecimento de um povo é, também, um novo campo de aplicação prática da universalidade e da moralidade. O caráter de publicidade, atingido pela expressão pública de ideias particulares, alcança sua universalidade ao encontrar com o outro que detém subjetivamente o mesmo sentimento pelo pleno desenvolvimento da espécie.

A possibilidade de efetivação do reino dos fins torna o ser racional, enquanto legislador universal, o mandatário da realização desse reino. Ao mesmo tempo que é fim em si mesmo, portanto fim último da moralidade, o ser racional é também o sujeito da máxima que será tomada por legisladora universal. A lei moral determina ao ser racional o dever de cumprir a moralidade, portanto de efetivar o reino dos fins. A comunidade ideal é o passo sensível para a consecução do âmbito da moralidade, visto que essa comunidade deverá seguir a legislação de maneira a possibilitar a relação e o diálogo entre seus membros. A busca pelo fim moral não se detém no âmbito da moralidade, embora esse seja seu principal e fundador campo. O indivíduo necessita, conforme falamos anteriormente, estar em contato com outros seres, para efetivar-se

---

da comunicação, na terceira *Crítica*, as seguintes obras, entre muitas outras: GUYER, Paul. *Kant and the Claims of Taste*. London: Harvard University Press, 1979. CRAWFORD, Donald. *Kant's Aesthetic Theory*. Madison, WI: University of Wisconsin Press, 1974.

como legislador e membro ao mesmo tempo. A publicidade é ponto básico para a aproximação necessária entre o reino da moralidade e o reino da natureza. E essa publicidade depende da sociedade. Portanto, o âmbito da legalidade política será o palco para a instituição de princípios práticos que possam encaminhar a espécie humana em direção ao reino da moralidade e da paz.

A publicidade e o direito como caminhos para a paz

O critério da publicidade é defendido por Kant em *À paz perpétua* de maneira decisiva. Vemos, ali, que Kant procura estabelecer a publicidade como fundamento de possibilidade de uma sociedade justa, de um Estado de paz. A publicidade traz consigo a liberdade. Eis o motivo de tão grande importância. Lembremos que no texto *Que é esclarecimento?* a ideia de liberdade acha-se ligada à possibilidade de cada indivíduo poder expor livremente seus pensamentos. O esclarecimento necessita da publicidade, assim como a paz. A partir da publicidade encontramos, por exemplo, a oportunidade de definir com clareza a diferença entre o moralista político e o político moral. Também o governante, ao deparar-se com opiniões livres, pode refletir e melhor estabelecer o caminho a ser perseguido para a satisfação do povo. Um governo que não ouve corre o risco de cair num totalitarismo. A publicidade favorece a oportunidade de caminharmos para a verdadeira república, onde cada cidadão possa, ao mesmo tempo, sentir-se legislador; onde a coação legal seja compreendida como uma lei moral autônoma, mostrando ao indivíduo sua liberdade.

Lemos em *À paz perpétua* que uma sociedade em que a razão impera não busca a guerra, pois o caminho rumo ao fim último não necessita ser trilhado pelo pior atalho. Do antagonismo entre as forças guerreiras e dominadoras dos Estados surge um estado de paz que é pensado sem problemas pela razão. Assim, entendemos que o pleno desenvolvimento da razão é o caminho fundamental para se atingir o fim último, a paz perpétua entre os Estados e o estado moral entre os homens.

Se entre os indivíduos a sociedade justa pode ser representada como aquela onde reina a igualdade, oferecendo a possibilidade de liberdade para todos os seus membros, nos Estados a situação justa será aquela em que também o direito é o fundamento de possibilidade de igualdade entre as nações. A suposição de uma igualdade entre as nações retira qualquer intenção de poder e coerção entre elas, independentemente de sua força e de seu poder. Da relação entre os poderes e forças surge a necessidade de equilíbrio, tal qual o encontrado entre as diferentes forças de coação entre indivíduos. Cada Estado se ocupará em buscar uma situação na qual possa garantir seus direitos, o que implica que também deverá aceitar os direitos dos outros. Assim, a lei jurídica e o direito se impõem como objetivamente necessários para a convivência entre os povos. Isso favorece a criação de um conjunto de leis que determinam as relações entre os Estados. Ora, tal conjunto de leis é o próprio direito internacional, que possui o mesmo estatuto das leis criadas pelos cidadãos em uma sociedade, leis essas que não permitem que os cidadãos as abandonem. E a cada Estado-membro dessa liga, que une todos sob tais leis, cabe o papel de soberano e súdito dessas leis.

O direito internacional, que garante aos Estados uma situação de menos perigo, dá ao mesmo tempo a cada indivíduo-membro dessa sociedade a segurança de que não voltará ao estado de selvageria em que vivia antes da constituição das leis da sociedade. O direito ajuda a assegurar o processo de desenvolvimento interno dos Estados, pois o indivíduo precisa da garantia de estabilidade interna a fim de permanecer progredindo em direção à finalidade última. Apenas um Estado que não entrava o desenvolvimento, a educação e o esclarecimento de seus membros pode almejar ser um Estado justo. Diz Kant:

> Enquanto os Estados lançam todas as suas forças nos seus projetos de alargamento, inúteis e violentos, enquanto eles entravam, deste modo, constantemente, o lento esforço de formação interior do modo de pensar dos seus cidadãos e, por isso, lhes retiram toda a ajuda em ordem a este fim, não se poderá alcançar um fim semelhante, porque a sua realização exige que cada comunidade forme os seus cidadãos, através de um longo trabalho interior.[10]

Cabe ressaltar aqui que o final da passagem citada, onde se lê sobre a formação de seus cidadãos e sobre o longo trabalho que isso exige, indica que tal tarefa é a finalidade de processo de educação e de esclarecimento. Esclarecimento necessário para a possibilidade de atingirmos, ou ao menos chegarmos mais perto, de uma sociedade humana justa e moral. Esse processo de esclarecimento, essa educação da razão, é o caminho para que o homem saia de sua condição de animalidade e se aproxime da moralidade. O caminho para esse fim moral passa pela cultura, que é o meio empírico para se sair do estado

---

[10] *Idee* A403.

de insociável sociabilidade e entrar no estado moral. Apenas um Estado fundado sobre as normas da lei internacional será meio para consecução do fim último, da sociedade justa e moral. Enquanto os Estados se ocuparem apenas com a guerra, esquecendo e abandonando seus cidadãos, afastando-os da educação e do desenvolvimento de sua razão, poderemos ter indivíduos que são civilizados, mas jamais moralizados.

A ideia de um Estado cosmopolita, que contenha toda a possibilidade de consecução de uma sociedade humana justa, é um plano da natureza, difícil de ser atingido, mas nem por isso impossível.

> Pode-se considerar a história da espécie humana, no seu conjunto, como a execução de um plano escondido da natureza para estabelecer uma constituição que regule perfeitamente a política interna e, também, com esta finalidade, a política externa: é o único estado em que a natureza pode desenvolver completamente todas as suas disposições na humanidade.[11]

A natureza dá a certeza de que precisamos para perseguir e continuar trilhando o caminho rumo ao fim. O julgamento teleológico nos permite ver que a

> natureza humana não pode ficar indiferente, mesmo em relação à época mais afastada que a nossa espécie deve atingir, desde que ela possa ser esperada com certeza. Sobretudo, arriscamo-nos tanto menos a ficar indiferentes a isso quanto parece que poderemos, usando a razão para a preparar, alcançar mais depressa essa época tão feliz para a posteridade. É por isso que os mais leves indícios que nos dizem estarmo-nos aproximando dela contam para nós.[12]

---

[11] Ibid.
[12] *Idee* A404.

De acordo com Kant, o que obtivemos da história é o suficiente para não abandonarmos o caminho que visa ao fim último. A analogia com o sistema celeste nos dá a pista de que há também um "princípio geral da constituição sistemática do mundo" na história da humanidade. Relembremos que, no princípio, nos encontramos num estado de natureza; saímos desse estado e entramos numa sociedade, principalmente caracterizada pela possibilidade de cultura e educação. Seguindo o mesmo processo, os Estados se encontram, originalmente, em um estado de natureza e saem dessa situação até o estabelecimento de uma ordem jurídica internacional que garanta a paz. A ideia que dirige nosso caminho até o fim último é estabelecida por meio da noção que retiramos da certeza de que a natureza nos guia conforme um plano para toda a humanidade. Não nos guiamos por meio de uma simples quimera, antes nos dirigimos, certos de que há uma organização e um sistema na natureza. E o progresso se funda nessa noção de sistema e organização. Ao oferecer ao indivíduo a possibilidade de viver em sociedade, a natureza o coloca numa situação sem volta. O progresso passa a levar tal indivíduo a uma direção em que a finalidade será o desenvolvimento de suas disposições. O Estado deve colaborar para isso. Na medida em que não o fizer, impedirá seu próprio crescimento e desenvolvimento. E essa colaboração é a própria educação.

Da educação ao esclarecimento

Se a finalidade moral é o fim último almejado pelo indivíduo, a finalidade política de um Estado é a situação de paz. Mas, a fim de obter esta, o Estado precisa garantir a cada indivíduo a possibilidade de atingir aquela. E para isso é necessário que o Estado possibilite o esclarecimento, pois é ele o caminho em direção à moralidade. O esclarecimento encontrará sua garantia a partir das bases sólidas da educação. Ao mesmo tempo que o Estado deve garantir o esclarecimento de seus cidadãos, é necessário que seu governante também seja esclarecido. Não devemos esquecer aqui que o soberano passa pelo momento de esclarecimento de maneira diferente, podemos dizer até anterior aos súditos. Esse será um dos motivos, entre outros, que o levará a ser soberano. Apesar de Kant buscar um Estado onde as leis sejam todas oriundas dos cidadãos, ele é ciente de que a aplicação da lei não é levada a termo por todos, o tempo todo, pois muitos são os interesses particulares e egoístas nesse processo. Esse papel cabe ao governante, que imporá a lei, não a sua lei, mas a lei que é de todos os seres racionais.

Entretanto, não devemos descuidar do fato de que tanto o povo quanto o governante necessitam do esclarecimento, portanto da educação. O esclarecimento advém da cultura, que é a saída do estado de selvageria. Ora, a razão não nos é dada de modo a podermos fazer uso de sua inteira disposição de imediato. Há a necessidade de cultivar e educar a razão para dela fazermos um bom uso, independente do fato de sermos governantes ou membros da sociedade. Desse modo, a educação é prioritária para a possibilidade de um bom uso da razão, bom uso este que, no governante, garantirá a possibilidade de esclarecimento de todo o povo e do próprio Estado. Através desse esclarecimento teremos, na terra, por meio de uma sociedade justa, uma aproximação com a ideia de um reino dos fins, onde reine a igualdade, a justiça, a liberdade e a paz perpétua.

O estabelecimento da paz encontra-se, portanto, sob critérios analisados e estudados cuidadosamente por Kant. Com tudo isso podemos afirmar, sem hesitação, que a efetivação de um mundo onde a educação possibilite e fomente a existência de Estados que sejam verdadeiramente republicanos, onde as leis sejam justas, onde os cidadãos sintam-se livres para expor seus pensamentos, e também responsáveis por e dignos de suas próprias leis, onde o respeito seja levado a termo, é a oportunidade real de vislumbrarmos um mundo onde exista a paz.

Referências

BICCA, L. A unidade entre ética, política e história na filosofia prática de Kant (1ª parte). In: *Filosofia política 4*, Porto Alegre: L&PM, 1987.

DUMAS, Denis; LABERGE, Pierre; LAFRANCE, Guy. *L'année 1795 – Kant, essai sur la paix*. Paris: Vrin, 1997.

FERRARI, Jean; GOYARD-FABRE, Simone. *L'année 1796, sur la paix perpétuelle*. Paris: Vrin, 1998.

GOYARD-FABRE, Simone. L'homme et le citoyen dans l'anthropologie kantienne. In: FERRARI, J. *L'année 1789 – Kant, sur l'anthropologie*. Paris: Vrin, 1997.

_____. La notion de souveraineté dans la doctrine kantienne du droit. In: FERRARI, J. *L'année 1797 – Kant, la métaphysique des moeurs*. Paris: Vrin, 2000.

HÖFFE, Otfried. *Introduction à la Philosophie pratique de Kant*. Paris: Vrin, 1993.

KANT, Immanuel. *Crítica da razão prática*. Trad. Valério Rohden. São Paulo: Martins Fontes, 2001. (*KpV*)

_____. *Crítica do juízo*. Trad. Valério Rohden e António Marques. Rio de Janeiro: Forense Universitária, 1993. (*KU*)

_____. *Fundamentação da metafísica dos costumes*. Trad. António Pinto de Carvalho. São Paulo: Companhia Editora Nacional, 1964. (*GMS*)

_____. *Idée d'une histoire universelle d'un point de vue cosmopolitique*. Trad. S. Piobetta. Paris: Flammarion, 1990. (*Idee*)

_____. *La metafísica de las costumbres*. Trad. Adela Ortis y Jesús Sancho. Madrid: Tecnos, 1999. (*MS*)

_____. *Paz perpétua*. Trad. Marcos Zingano. Porto Alegre: L&PM, 1991. (*ZeF*)

_____. *Sobre a pedagogia*. Trad. Francisco Cock Fontanella. Piracicaba: Editora Unimep, 1996. (*Ped*)

NOUR, Soraya. *À paz perpétua de Kant*. São Paulo: Martins Fontes, 2004.

PINHEIRO, Celso de M. *Kant e a educação; reflexões filosóficas*. Caxias do Sul: EDUCS, 2007.

SANTOS, Robinson. *Moralität und Erziehung bei Immanuel Kant*. Kassel: Kassel University Press, 2007.

3

Ética e alteridade: a educação como *sabedoria da paz*

Nilo Ribeiro Júnior *

Introdução

O tema que nos propomos tem como escopo pensar a intriga[1] entre ética e educação a partir do pensamento do filósofo lituano naturalizado francês Emmanuel Levinas, identificado como *sabedoria da paz*.[2] Trata-se, então, de recuperar

---

* Universidade Católica de Pernambuco.

[1] Cf. LEVINAS, E. *Descobrindo a existência com Husserl e Heidegger*. Lisboa: Piaget, 1997. p. 275, n.184. A partir daqui utilizaremos a sigla DEHH no corpo do texto. A palavra "intriga" refere-se à "relação entre termos onde um e outro não são unidos nem por uma síntese do entendimento nem pela relação de sujeito a objeto e onde, no entanto, um pesa ou importa ou é significante para o outro, onde eles são ligados entre si sem que o saber possa esgotá-los ou deslindá-los".

[2] Cf. RIBEIRO JR., Nilo. *Sabedoria da paz*. Ética e teo-lógica em Emmanuel Levinas. São Paulo: Loyola, 2008. A nova semântica da palavra "paz" advém da intriga ética com o rosto. A ética deixa de ser adjetivação da palavra

a nova semântica que a palavra ética assume no contexto da filosofia do *esquecimento do outro* e explicitar o impacto que exerce sobre o significado e alcance da educação concebida na perspectiva da alteridade. Além disso, como ética e alteridade estão intimamente ligadas, a ação de educar assume nesse horizonte uma novidade ímpar enquanto referida ao *enigma do rosto*.[3] Assim, a "instrução" ou o "ensinamento" (*TI*, p. 153) que procede do rosto se plasma como evento de um autêntico "humanismo do outro homem".[4] A responsabilidade emerge como expressão originária da escuta de outrem. Por isso educar não se reduz a uma ação como as demais. Não se está nunca sozinho no agir. Ela, portanto, vincula-se primeiramente à interpelação que vem do rosto humano. A educação adquire no horizonte da ética da alteridade a feição de uma *sabedoria* que, como tal, interrompe e ultrapassa todo saber ou conhecimento *a priori* de cunho teórico ou prático que se pretenda a respeito do outro e do que se deve fazer a ele (*DEHH*, p. 256). Desta *sabedoria*[5] decorre "uma outra modalidade de paz mais antiga do que aquela fundada na *razão* gloriosa da Modernidade"[6] (*EN*, p. 242). A partir deste escrito, ousaremos denominá-la sabedoria como *lição do rosto*. Ora, o liame entre a ética e a *lição* se refere, primeiramente, à relação do face a face com o outro.

---

responsabilidade. A paz é a responsabilidade, e a responsabilidade se identifica com a unicidade da subjetividade como tal. O ser humano "messiânico" é a própria encarnação da paz no cuidado e na substituição do outro.

[3] Cf. LEVINAS, *Descobrindo a existência com Husserl e Heidegger*, p. 261.

[4] Cf. LEVINAS, E. *Humanismo do outro homem*. Petrópolis: Vozes, 1993.

[5] Cf. LEVINAS, E. Transcendance et hauteur. In: *Liberté et commandement*. Paris: Fata Morgana, 1994. p. 52. Utilizaremos a signa TH quando citarmos textos dessa obra levinasiana.

[6] LEVINAS, E. *Entre nós;* ensaios sobre a alteridade. Petrópolis: Vozes, 1997. p. 242. Doravante será usada a sigla EN.

Contudo, do próprio interior da ética como cuidado do outro despontam novos desafios para a configuração da paz. Não se pode abstrair o fato de que o outro se encontre também em contato com o seu próximo, isto é: com o terceiro. A própria intriga ética faz deslocar o foco do face a face para o lado a lado com o outro a partir do advento do terceiro na relação. Aquele que era ensinado pelo rosto passa a ter de aprender a lidar e a se preocupar também com o tratamento que o terceiro recebe do outro com o qual o eu não está no face a face.

Portanto, com a chegada do terceiro, a intriga ética sugere implicações sociais a respeito da Justiça e do Direito, bem como da "Política"[7] e de suas instituições justas que causam forte impacto sobre a educação. Com isso, busca-se garantir não apenas o tratamento igual de todos no espaço público, mas visa-se a assegurar o acesso de todos à justiça fecundada pelo sentido ético, cuja originalidade emerge do encontro com o rosto.

Em suma, nossa reflexão visa a apresentar duas dimensões fundamentais e inseparáveis da paz. Elas correspondem respectivamente à articulação da "ética e do rosto" e à intriga do "terceiro e da Justiça", ambas na ótica do pensamento da alteridade. Em primeiro lugar, a educação emerge como ação ética de testemunhar uma "outra humanidade" do ser humano, movido pela *sabedoria da paz*, na medida em que esta última encontra sua gênese na carne do outro que se faz palavra. Em segundo lugar, a educação se desdobra como "arte de viver a equidade", calcada na relação social – com o

---

[7] LEVINAS, E. *Ética e infinito*. Lisboa: Ed. 70, 1982, p. 72. Utilizaremos a sigla EI no corpo do texto.

terceiro – na qual se consolidam as instituições que asseguram a configuração da paz em consonância com a *lição do
rosto*.

O esquecimento epocal e a identidade narrativa

O marco referencial a partir do qual se põem as exigências
do percurso que faremos encontra sua inspiração no horizonte daquilo que o filósofo francês Paul Ricoeur assimilou do
pensamento heideggeriano e denominou *esquecimento*, marca indelével da crise da civilização ocidental.[8]

A cultura contemporânea parece marcada por uma espécie de esquecimento epocal. Trata-se, fundamentalmente, do "esquecimento da diferença ontológica" (*DMT*, p.
136),[9] o esquecimento da distinção radical ser-ente no pensamento ocidental. Essa diferença foi esquecida por nossa
"época"[10] a ponto de a humanidade ter esquecido que es-
queceu. Entretanto, este esquecimento "não resulta de uma
deficiência psicológica do homem. O próprio Ser se fez ou se
deixou esquecer; velou-se" (*DMT*, p. 136). O esquecimento é
uma "época do ser" (*DMT*, p. 136). Nessa ótica, nada mais
paradoxal para a condição humana, até para o ato de educar e para a realização da paz, do que a perda da memória
vinculada à traição da "promessa".[11] Isso se deve em grande

---

[8] Cf. RICOEUR, Paul. *Memória, história e esquecimento*. Campinas: Ed. da
Unicamp, 2008.

[9] Cf. LEVINAS, E. *Deus, a morte e o tempo*. Coimbra: Almedina, 2003.
Utilizaremos a sigla DMT no corpo do texto.

[10] Cf. LEVINAS, *Deus, a morte e o tempo*, p. 135. "Época não significa aqui
um espaço de tempo, mas certo modo de o Ser se mostrar ou de colocar a
questão sobre o sentido último."

[11] Cf. RICOEUR, Paul. *Percurso do reconhecimento*. Loyola: São Paulo, 2006.
p. 138. Ricoeur recorda que o homem é um "animal de promessa" graças à

medida ao comprometimento da capacidade de "atestação" do ser humano com relação ao dom do ser. Apesar de tudo, "o esgotamento dessa época oferece a chance: a possibilidade de reatar, mas desta feita de um modo maduro, com um tal não dito e não pensado" (*DMT*, p. 136). Emerge daí o "Pensamento do Ser" (*DMT*, p. 141).

Tem-se a impressão de que hoje se vive cortado de tudo aquilo que constituía, até pouco tempo, nosso horizonte de compreensão associado ao *ethos* a partir do qual agíamos com sentido no mundo. Junta-se a isso o enfraquecimento palpável da sensibilidade àquilo que é dado ao ser humano como gratuidade, como algo que advém de alhures[12] e que se torna reconhecido pelo seu "testemunho", ao se apropriar criativa e existencialmente do dom. É como se, aos poucos, deparássemos, bem no seio da cultura hodierna, com o apagamento do ato de crer – entendido não apenas no "sentido fraco" da crença religiosa, mas da crença que acompanha a experiência humana enquanto abertura para o outro além de mim – por causa da perda da capacidade de reconhecimento de si pelo indivíduo. Já não se encontra nele a disposição à acolhida do que o antecede e o move na procura do sentido da existência enquanto ser de linguagem. Por isso, também, enfraquece a capacidade de se reconhecer como ser em relação.

Ora, o reconhecimento de si advém graças ao fato de o indivíduo encontrar-se, desde a sua origem, enlaçado a uma rede infinita de significações mediadas pela linguagem que lhe chega incessantemente da vida compartilhada com os

---

capacidade de valorar a partir de si mesmo, antes de si, ou de dar duração a uma vontade no caos temporal do desejo.

12 Cf. RICOEUR, *Percurso do reconhecimento*, p. 239. Ricoeur retoma a discussão da obra de Marcel Mauss, *Ensaio sobre o dom*.

outros no mundo. Elas vêm das relações reais e afetivas com os que lhe precedem e dos quais ele é "beneficiário" e não mero interlocutor ou sujeito falante.

O enfraquecimento da memória[13] e a perda da capacidade de prometer comprometem o caráter ético, linguístico e hermenêutico não apenas da subjetividade,[14] mas da relação intersubjetiva e da sociedade como conjunto de instituições tecidas pela própria linguagem e pela ação como realização da justiça. Esse enfraquecimento generalizado incide na constituição da "identidade narrativa"[15] de sujeitos e de grupos inteiros ou da história de uma vida enredada na história dos demais.[16] Dessa forma, a identidade tende a se esvair na cultura do imediato e do provisório, como é a nossa. Ora, as questões da temporalidade da condição humana, evocadas a partir do pensamento ricoeuriano, abrem uma vertente fecunda para se pensar e repensar a relação entre ética, educação e a paz.

Contudo, a perspectiva assumida[17] nesse trabalho nos conduz a um desvio pela "questão do outro", aquém do problema da identidade narrativa propriamente dita. Trata-se de pensar, desde a ótica do outro, a significância da paz diante da interpelação de um rosto humano e do terceiro a partir da

---

[13] Cf. RICOEUR, *Percurso do reconhecimento*, p. 125 (p. 173).

[14] Cf. RICOEUR, *Percurso do reconhecimento*, p. 141. Para Ricoeur, "a *ipseidade*, ao contrário da *mesmidade* típica da identidade biológica e de caráter do indivíduo, consiste em uma vontade de constância, de manutenção de si, que coloca sua chancela sobre uma história de vida confrontada à alteração das circunstâncias e às vicissitudes do coração".

[15] Cf. PIERRON, Jean-Philippe. De la fondation à l'attestation en morale: Paul Ricoeur et l'Éthique du témoignage, *RSR* 91/3 (2003) 436. A atestação prolonga no campo da identidade pessoal a atividade testemunhal.

[16] Cf. RICOEUR, Paul. Abordagens da pessoa. In: *Leituras 2. A região dos filósofos*. São Paulo: Loyola, 1992. p. 179.

[17] Cf. RICOEUR, *Percurso do reconhecimento*, especialmente, no capítulo 5: "A luta pelo reconhecimento e os estados de paz", p. 233-258.

condição de *ele* (a eleidade) de outrem. Para tanto, o pensamento de Emmanuel Levinas – denominado por Paul Ricoeur Mestre do Esquecimento –, ao lado de Martin Heidegger e Hannah Arendt, inspira os próximos passos desta reflexão.

O esquecimento do outro

Faz-se necessário, de saída, destacar o que há de concordância entre o pensamento da alteridade e o dos "mestres do esquecimento". Levinas partilha com eles a inquietação e a necessidade premente de tirar o pensamento e a cultura atual da fragmentação, dado que a existência humana passou a ser tratada, na contemporaneidade, de maneira sempre mais atemporal e, portanto, apolítica, antissocial, sem mundo e sem relações. Nesse sentido, eles reconhecem que a existência humana experimentada pelos contemporâneos se fixa em torno da exacerbação do indivíduo entregue ao imediatismo do saber, do conceito, da técnica, do pensar e até mesmo do gozo,[18] enfim, ao que Levinas denomina uma repetição da *mesmidade* sem alteridade.

O indivíduo encontra-se como que chafurdado na *pré-ocupação* com o seu ser e seu bem-estar, sem referência a algo ou alguém que, de alhures, possa interromper esta situação desumana próxima do trágico. Evidentemente, sem ceder lugar à metafísica – clássica ou moderna –, que, aliás, criticam veementemente os mestres do esquecimento, voltam o olhar para o indivíduo apático a tudo que não procede da míope visão do eu que rechaça as metas narrativas e, entretanto, vive sem mundo, sem relações, sem sociedade, sem história. Nada falta ao indivíduo, que já não deseja "aprender". Os mestres

---

[18] Cf. MELMANN, Charles. *L'homme sans gravité*. Jouir à tout prix. Paris: Denöel, 2002. p. 19.

do esquecimento coincidem, portanto, no diagnóstico. A saber: o indivíduo, mergulhado num universo cada vez mais marcado pela tecnociência e pela cultura juridicizante, não deseja arriscar-se nem abdicar da falsa segurança do cálculo e da previsão que lhe oferece essa sociedade de "seguradoras". Elas invadem a vida pessoal e a esfera pública das mais variadas formas e acabam por legitimar a extinção da significância da *memória* e da *promessa* na contemporaneidade.

Nessa perspectiva, a educação como ação pela qual se plasma nossa humanidade – por colocar-nos em contato com a palavra de outrem, com as significações do mundo e do sentido que se condensa na vida – vê-se profundamente desafiada pela cultura e pela sociedade de indivíduos. A paz, por sua vez, perde sua significância ou o ato de significar, pelo fato de engessar-se no signo sem significação. Ela se torna uma paz convencional, formal, vazia ou, quem sabe, no máximo procurada como precaução contra o "homem lobo do homem" (*EI*, p. 72). Nesse caso, o indivíduo renuncia a realizá-la como evento humano partilhado com os outros, isto é, como acolhida da afecção do passado e como abertura ao futuro a partir do presente inscrito nas relações e na cultura feitas de humanidade.

A guerra e o esquecimento do Ser

Há, porém, que se ressaltar a diferença ou a novidade da filosofia levinasiana com relação aos mestres do esquecimento. Sobressai sua preocupação em articular a questão da paz com a desobliteração do rosto humano, de modo a implodir a atemporalidade do indivíduo. Entretanto, ela traça seu caminho na contramão da ontologia, isto é: como evasão do Ser. Ao contrário de Heidegger, ela se nutre da convicção de que o esquecimento do Ser é a chance de o "Não Dito" da alteridade, silenciado pelo Ser, poder Dizer-se no "pensamento de outro modo que o Ser" (*DMT*, p. 140).

Dito de outra forma: embora Levinas reconheça o mérito da filosofia pós-metafísica de Heidegger, sobretudo no que diz respeito à desconstrução da ontoteologia da filosofia ocidental (*EN*, p. 241),[19] não olvida que o anúncio do retorno do Ser coincide, historicamente, com o excesso da gratuidade do mal, praticado contra o rosto do outro pela "moral do hitlerismo".[20] Auschwitz não pode ser visto como apenas um efeito de mais uma guerra entre nações – a Segunda Guerra Mundial. Antes, evoca uma catástrofe que recai sobre a humanidade, não apenas por causa do imaginário ligado ao anúncio do "fim de um mundo" construído sob a égide da *razão*, mas também por causa do seu realismo estarrecedor na "maneira perversa de banir o outro do mundo" (*EN*, p. 139). O desprezo pelo outro expressou, na verdade, a instauração do absurdo da guerra contra a própria "humanidade na sua diferença", na sua unicidade, exterioridade, enfim, na sua alteridade. A alteridade de outrem chegou a ser posta radicalmente em questão pela irracionalidade do mal moral. O mal se manifestou no ódio gratuito e extremado do homem contra o outro, exatamente, no contexto em que o Ser volta do exílio.

Não é à toa que o pensamento da alteridade aponta para certa cumplicidade entre o Ser e o horror do Holocausto, acusando-o de "pertencer à ordem do horrível" ou de "algo

---

[19] Heidegger insiste que o pensamento ocidental se constitui como uma filosofia em que o Ser é tratado como substantivo (o que é o Ser), fazendo com que a filosofia, bem como a teologia, se reduzissem à metafísica.

[20] LEVINAS, E. Quelques reflexions sur la philosophie de l'hitlerisme. In: *Les imprevus de l'histoire*. Paris: Fata Morgana, 1994. p. 27-41. Utilizaremos a sigla LIH para as citações deste texto.

que não pode ser nem reparado nem esquecido" (*LIH*, p. 202). "A ausência do cuidado do outro em Heidegger e sua aventura política pessoal estão ligadas" (*LIH*, p. 209). Nesse sentido, não há exagero em dizer que o assassinato do outro resta como uma ferida "ontológica" aberta na memória da civilização ocidental. Afinal, segundo Heidegger, "o Ser está na origem de todo o Sentido, o que implica que não se pode pensar para além do Ser" (*DMT*, p. 140).

Constata-se, portanto, a partir do pensamento da alteridade, que o esquecimento epocal e a subjacente traição da promessa aparecem associados não tanto ao "esquecimento do Ser" (*DEHH*, p. 207) e à "chance de o Ser se dizer de outro modo" (*DMT*, p. 135), como propugna Heidegger, tampouco à perda da identidade narrativa dos sujeitos, grupos, nações, como afirma Ricoeur. Deve-se, antes, à "redução do Outro ao Mesmo" (*DEHH*, p. 205), que impregna a cultura ocidental marcada pela violência. Esta, que perpassa a sabedoria grega e encontra seu fulgor no século XX, promove a exacerbação da "tranquila e soberana identificação do eu consigo mesmo, fonte de ideias adequadas",[21] e à "assimilação do outro pela guerra e pela administração ou pela hierarquia, pelas quais se instaura e se mantém o Estado e que alienam o Mesmo que elas queriam manter na sua pureza".[22]

Enfim, o esquecimento do outro encontra seu profundo enraizamento na "hipocrisia da civilização ocidental",[23] da qual é filha a própria ontologia. Daí a urgência de evadir-se

---

[21] LEVINAS, Transcendance et hauteur, p. 61.

[22] Ibid., p. 62.

[23] Cf. LEVINAS, E. *Totalidade e infinito*. Lisboa: Ed. 70, 1980. p. 12. Transcendance et hauteur, p. 82. A hipocrisia se deve à maneira como na cultura ocidental aprendemos a referir-nos e a falar do ser humano e de Deus à luz da tradição profética e, ao mesmo tempo, a reivindicar o caráter laico do pensamento filosófico contra a *doxa* ou a opinião (religião).

do Ser e de sua temporalidade. Trata-se de uma "civilização refletida pela filosofia do Mesmo, onde a liberdade cumpre-se como riqueza e onde a razão que reduz o outro se torna uma apropriação e um poder" (*DEHH*, p. 205).

O esquecimento da paz e a *lição do rosto*

Na medida em que a filosofia levinasiana se volta para a visitação do outro, põe em destaque a nova semântica da ética[24] e o impacto sobre a concepção da paz que nasce da *lição do rosto*. De maneira negativa, nota-se a estreita relação estabelecida pelo pensamento levinasiano entre o esquecimento do outro e o comprometimento da paz. Por isso, a íntima relação entre alteridade e paz toca no âmago da questão candente de nossa cultura marcada pela indiferença crescente ao rosto do outro. O esquecimento do outro se deve à hegemonia da "sabedoria da tradição e do pensamento ocidentais. Nela, os indivíduos superam a violência exclusiva de seu *conatus essendi* e da sua oposição aos outros, numa paz que se estabelece pelo saber, cuja Razão assegura a verdade" (*TH*, p. 52). Além disso, o sentido da existência autêntica do ser para si advém do horizonte e da manifestação do Ser. Portanto, na perspectiva da paz que nasce do saber da Razão e da compreensão do Ser, a crítica à filosofia ocidental pode ser sintetizada no axioma levinasiano de que a Razão e o Ser ensinam o indivíduo "a existir e a se pensar como alguém que está sempre em guerra com o outro" (*EN*, p. 241).

Em contrapartida, graças ao evento da visitação de outrem, não apenas a liberdade é conduzida para um aquém do

---

[24] Cf. DERRIDA, Jacques; LABARRIÈRE, Pierre-Jean. *Altérités*. Paris: Ed. Osíris, 1986. p. 70. O filósofo francês J. Derrida, ao referir-se ao pensamento levinasiano, avisa que a palavra "ética" sofre uma transformação semântica pelo fato de ela aparecer associada à alteridade ou ao rosto do outro.

"pensamento do Ser" (*DMT*, p. 138), mas a própria "sabedoria das nações", que a sustenta, é posta em xeque pela *lição do rosto*. O rosto não se deixa enquadrar pela sabedoria do *Logos* grego. O outro está fora do âmbito da Verdade de objeto graças ao Enigma[25] do rosto. Ele escapa à conceptualização e à compreensão ou decifragem do Ser.

Na "epifania do rosto" (*DL*, p. 24), o outro se revela e se esconde no seu Mistério. Por um lado, "o próximo – não vizinhança no sentido espacial – sublinha em primeiro lugar o caráter contingente desta relação" (*DMT*, p. 151). Outrem, próximo, é o primeiro vindo. O próximo como outro "não se deixa preceder por nenhum precursor que pintaria ou anunciaria a sua silhueta" (*AE*, p. 109).

> Absolvendo-se de toda a essência (essância),[26] de todo gênero, de toda semelhança, o próximo, primeiro vindo, concerne-me pela primeira vez – seja ele velho, conhecido, velho amigo, conhecido, velho amor implicado de há muito no tecido das minhas relações sociais – numa contingência excluindo o *a priori*.[27]

Aparece como presença indecifrável graças à sua alteridade *"ab-soluta"* que se retira de qualquer representação ou tematização.

---

[25] Cf. LEVINAS, *Descobrindo a existência com Husserl e Heidegger*, p. 261. O Enigma vem da Eleidade e é a forma de *Ab*-soluto, estranho ao conhecimento. Ele, demasiado velho para o jogo do conhecimento, não se presta à contemporaneidade que faz a força do tempo ligado ao presente. Ele impõe uma versão de tempo totalmente diferente.

[26] Essância utilizada por Levinas para enfatizar a verbalidade do Ser em Heidegger. Ser no gerúndio desubstancializa-o da essência da metafísica clássica.

[27] LEVINAS, E. *Autrement qu'être ou Au-dela de l'essence*. Paris: Martinus Nijhoff, 1994. p. 109. Utilizaremos a partir daqui a sigla AE no corpo do texto.

Por outro, ele fala, se diz e interpela pela Palavra. O acesso a sua *quisnidade* (quem) só se dá pelo acesso "de" seu rosto que "assiste ele mesmo a sua significação".[28] Nesse sentido, como presença/ausência no Dizer, ele se mostra como aquele que já se retira num Passado Imemorial. O contato ou a proximidade do rosto talvez desse margem para pensar na possibilidade de poder retê-lo, de algum modo, pela sua presença. A memória significaria, então, uma maneira de tirar o outro do esquecimento pela consciência, por julgar tê-lo encontrado no mundo do qual se partilha o sentido. E a promessa nasceria da vontade reta de manter-se firme a quem se reconhece como devedor da justiça graças à memória do corpo que me afeta. Entretanto, pelo fato de o rosto se absolver da presença e se retirar como estrangeiro, desmente ou desdiz a consciência na sua pretensão de querer abarcá-lo como extensão do eu. Ora, o rosto "está no vestígio do Ausente, absolutamente revoluto, absolutamente passado, retirado como 'profundo passado, passado jamais suficiente' e que introspecção alguma saberia descobrir em Si" (*HH*, p. 73). Ele se revela na sua "passagem" imemorial uma vez que, ao se passar, é irredutível a qualquer "pensamento do Ser" e a qualquer carícia de Eros. Quando se pensa o outro, ele já se retirou; já se foi e só resta vê-lo de costas e pensá-lo a partir da infinição do infinito.

Pelo fato de o outro se dar na proximidade – na afecção ou no *pathos* de seu corpo de carne – e se retirar na Palavra, no Dizer, duplo movimento do dar e esconder, suscita aquilo que Levinas denomina *desejo do outro*. "Desejo insaciável, não porque responda a uma fome infinita, mas porque não requer alimentos. Desejo sem satisfação que, dessa forma, constata

---

[28] LEVINAS, *Ética e infinito*, p. 78.

a alteridade de outrem. Ele situa-a na dimensão de elevação e de ideal que ele abre precisamente no ser" (*DEHH*, p. 212). Em suma: o "desejo do outro – a socialidade – nasce num ser que não carece de nada ou, mais exatamente, nasce para além de tudo o que lhe pode faltar e satisfazê-lo" (*HH*, p. 56). O eu põe-se em movimento para o outro, de maneira a "comprometer a soberana identificação do eu consigo mesmo, cuja necessidade não é mais que nostalgia e que a consciência da necessidade antecipa" (*HH*, p. 56). O Desejo revela-se bondade. O Desejo do outro, que "nós vivemos na mais banal experiência social, é o movimento fundamental, o elã puro, a orientação absoluta, o sentido" (*HH*, p. 57).

A temporalidade e o rosto do outro

A passagem – na qual se revela a presença/ausência do outro – suscita o desejo naquele que escuta sua Voz vinda de mais longe do que do próprio interior da consciência. Enquanto Passado, o outro passa e se passa pela relação, anunciando e ensinando o sujeito a cuidar do outro. Ele remete o aprendiz a uma Memória em certo sentido I-memorial, cuja passagem desconstrói qualquer representação ou compreensão de quem seja o outro que se passa. Sua passagem interrompe a pretensão do conhecimento que não passe pelo desejo do outro colocado em mim. Desejo jamais saciável e esgotado pelo saber. Por isso desconstrói todo pré-conceito ou conhecimento *a priori* do outro. O desejo, então, se revela na relação com outrem, ser de outra ordem do que a do saber. Poder-se-ia dizer que o cuidado do outro é do regime de uma "ética paradoxal": a visitação do rosto ensina, desorientando. Ela impede o indivíduo de fazer um projeto coerente de sua própria existência,[29] a partir do desejo de ser ou o desejo da liberdade.

Graças à passagem do outro como Desejo, põe-se também, de maneira absolutamente nova, a questão da Promessa. Esta não é recuperada pela vontade ou pela razão por uma simples memória do outro, como a lembrança de um episódio do passado ou a recuperação de um fóssil perdido nos escombros da história. A Promessa emerge da própria "relação sem relação" (*TI*, p. 78) com o outro que se dá e se retira. Trata-se de manter viva a relação na qual o rosto como Palavra – Dizer – não se cansa de interpelar o sujeito à responsabilidade e de lançá-lo na aventura da condescendência ao rosto. Por isso a promessa se cumpre e se mantém no cuidado e na responsabilidade como um dizer-se a si mesmo do eu, como bondade e justiça, ao outro.

Portanto, o outro como Passado *I-memorial* vem de alhures. E esta vinda de alhures "não é um remetimento simbólico a este alhures, como a um termo. O rosto apresenta-se na sua nudez: não é uma forma, ocultando – mas por isso mesmo indicando – um fundo; nem é um fenômeno escondendo – mas por isso mesmo traindo – uma coisa em si" (*HH*, p. 72). Sua irrupção é da ordem da Palavra e do Dizer do rosto. Ele interpela e convoca a ouvi-lo com paixão uma vez que sua passagem suscita afecção naquele que o ouve. Por isso, o rosto emerge como mestre-escola. Ele aparece instruindo, enquanto põe o desejo naquele que se deixa aproximar de seu Enigma. Sua irrupção realiza-se como uma *lição* do outro que desorbita o eu no desejo. E a *lição* consiste precisamente em colocar-se na busca incessante do outro sem jamais

---

[29] Cf. RICOEUR, Paul. Le probleme du fondement de la Morale. *Sapienza* 3 (Juil.-Sept./1975) 335.

saber onde se vai chegar. Sem jamais "antecipar seu advento" (*DMT*, p. 148) nem dominá-lo, feri-lo ou torná-lo refém do Mesmo.

Ele, porém, ensina outra maneira de paz que não é da ordem do irenismo ou da harmonia do reconhecimento entre dois semelhantes. Ao irromper na palavra, dirige-se a mim e suscita o desejo do cuidar da fome, da dor, da precariedade e da solidão em que se encontra o rosto. O cuidado nasce de uma inquietação com relação ao destino do outro e de uma preocupação lancinante pela dor e pela morte do outro. Essa inquietude, em certo sentido, "pacificadora" se traduz na responsabilidade incansável pelo rosto.

A *lição do rosto* significa outro modo de acesso ao outro que não o da mera tentativa de responder às 'demandas' do outro nem o da troca de empatia proveniente da reciprocidade em relação ao seu Enigma. Trata-se da responsabilidade pelo outro que nasce aquém da consciência. Nenhuma consciência pode atualizá-la ou recuperá-la pela memória. A responsabilidade, nesse caso, é uma obsessão. "Outrem me assedia a ponto de pôr em questão o meu *para mim*, o meu *em si*, ao ponto de me fazer refém."[30] É esta a

> incondição sem a qual não se poderia nunca dizer um simples "a seguir a vós, Senhor". O que quer dizer que, na crise atual da moral, apenas permanece a responsabilidade por outrem, responsabilidade sem medida, que não se parece com uma dívida, sempre saudável; porque com outro nunca se está quite. Esta responsabilidade vai até a fissão, até a desnucleação do eu. E aí reside a subjetividade do eu. (*DMT*, p. 152)

---

[30] LEVINAS, *Deus, a morte e o tempo*, p. 152. O grifo é nosso.

Nessa perspectiva, a *lição do rosto* se opõe, frontalmente, à "maiêutica socrática" (*TI*, p. 153) e ao "pensamento do Ser" como advento daquilo que ainda é "da ordem do Não Dito do Ser" (*DMT*, p. 140). O outro não aparece como aquele que porventura vem ensinar o mesmo a descobrir ou tirar o véu daquilo que lhe é inato, e que por algum motivo se perdeu no passado. "Não é que algo estivesse velado e no encontro com outrem, o esquecido tivesse sido recordado como reminiscência da 'ideia do ser'" (*DEHH*, p. 211). Não é também que o outro aparecesse como alguém com o qual se está lado a lado; nem que, no dizer do Ser, o outro fosse arrancado do esquecimento. Do mesmo modo, em relação ao futuro, o outro não pode ser antecipado, como na ontologia para a qual "o Mesmo é ainda o racional, o dotado de sentido" (*DMT*, p. 149). Antes, a visitação do rosto desloca o eu para o reinado de outrem, a saber: para um tempo e espaço que são próprios do advento ou da vinda do Dizer de outrem e não do "reinado do Ser" (*DMT*, p. 137). Nessa economia do outro, tudo é novo porque depende da chegada de alhures. Tudo está por ser ensinado, bem como tudo está por ser aprendido na intriga com o rosto.

> A transitividade do ensino, e não a interioridade da reminiscência, é que manifesta o ser. A sociedade é o lugar da verdade. A relação moral com o Mestre que me julga subtende a liberdade da minha adesão ao verdadeiro, assim como a linguagem. Aquele que me fala e que, através das palavras, se propõe a mim conserva a estranheza fundamental de outrem que me julga; as nossas relações nunca são reversíveis. Esta supremacia coloca-o em si, fora do meu saber e, em relação a esse absoluto, o dado ganha um sentido [...]. O interlocutor não é um Tu, é um Vós. Revela-se no seu senhorio. A exterioridade coincide, portanto, com um domínio. A

minha liberdade é assim posta em causa por um Mestre que a pode bloquear. (*TI*, p. 87)

Definitivamente, a sabedoria[31] que advém do rosto não é, em primeiro lugar, da ordem do pensamento do Ser. O outro está para além do Ser e a *lição* do outro ensina primeiramente a escutá-lo e desejá-lo como outrem. Com isso, o rosto interpela, convida e convoca o indivíduo a evadir-se da guerra implícita à lógica do Ser.

Em suma: com a visitação do rosto, inaugura-se o tempo – escatológico – do outro. Trata-se do tempo da palavra, do desejo, do cuidado do outro. O tempo do outro se opõe à pseudotemporalidade da *"ek-sistência"* (*HH*, p. 117) ou ao êxtase do Ser ou do existente como constante anúncio do dom do Ser. O sujeito se abandona à temporalidade cuja gênese encontra-se na irrupção do rosto como Passado I-memorial – jamais sincronizável pela manifestação do Ser – e na comunicação ou linguagem primeva do rosto como "chamamento daquele que se absolve" de todo discurso (*TH*, p. 64).

A temporalidade ética da subjetividade se traduz na resposta ou na responsabilidade à Palavra como desejo do rosto em mim. Nesse sentido, o outro desinstala o eu da preocupação com seu ser para investi-lo – hábito, *ethos* – de "responsabilidade pelo bem" (*HH*, p. 95) e pela vida do outro. Seu Dizer ensina, educa, o eu a "se dizer" no acusativo do "eis-me aqui" ético ao outro. O eu aprendiz do rosto se apresenta como corpo-palavra e vive de hospedar o outro que lhe vem à ideia como "ideia do Infinito" (*TI*, p. 137).

---

[31] Cf. LEVINAS, Transcendance et hauteur, p. 52. "O rosto como Enigma pode resistir à minha tentativa de investida contra ele não devido à obscuridade ou ao apagamento do tema que ele ofereceria ao meu olhar, mas porque, como Enigma, ele se recusa a entrar num tema. Ele se recusa a se submeter ao olhar graças à eminência de sua epifania."

A ética assume, nesse contexto, a "significância de um aquém ou além da ontologia" (*HH*, p. 64), graças à Palavra e ao Dizer do rosto. Ela se erige como "Filosofia Primeira" (*TH*, p. 72), anterior à ontologia e mais antiga do que ela. Afinal, o outro se situa fora das malhas do Ser e conduz o eu ao inesperado e, em certo sentido, a uma situação absurda, se considerada desde a óptica do Ser. O eu é introduzido e "iniciado" na gesta do outro, de alhures, num "pensamento significante para além do Ser" (*DMT*, p. 138), que correspon-de a um tempo *ana*-crônico e a um lugar, em certo sentido, *an*-árquico – aquém do ser-no-mundo – e mesmo *an*-arqueo-lógico em relação à lógica do Ser.

Graças ao advento do rosto, tempo e lugar deixam de ser reconstituídos pela sincronia e pela *arché* ou sentido na ver-balidade do Ser. Nela, ressoa "o reinado de uma atividade que não enuncia nenhuma mudança, nem de qualidade nem de lugar – mas apenas ser: não inquietude, repouso, identida-de como ato de repouso. Reina um repouso imperturbável. Por detrás de todas as coisas que fazemos há este repouso" (*DMT*, p. 133-134). Ao contrário do Ser, na irrupção do ou-tro se torna impossível o descanso daquele que se aproxima do rosto. Pelo fato de ele provocar um "*desinter*-essamento, uma retirada do reinado do Ser; uma subversão do Ser e a sa-ída do 'essamento' pelo pensamento significante da relação" (*DMT*, p. 138), o eu se torna substituição ou *subjectum* – jo-gado sob a responsabilidade pelo outro.

Em outras palavras: na economia do dom do rosto o in-divíduo aprende, pouco a pouco, a se esvaziar até mesmo da megalomania de ter de ser pastor do Ser. Graças ao cuidado do outro pelo Desejo e pela Palavra, que procedem do Rosto como outro que o Ser, o eu se torna discípulo do mestre sem que seja violentado na sua unicidade de indivíduo. Ora, essa condição *in*-condicionada da relação com o outro repercute imediatamente na maneira de conceber a ética. Por isso a palavra "ética" como tal sofre uma transformação semântica no horizonte da filosofia da alteridade. Associada à intriga do face a face com o rosto, ela se distancia da ideia da filosofia antiga de "*ethos*, ou hábito, ou segunda natureza" (*ALT*, p. 70), bem como da perspectiva heideggeriana na qual a "ética ligada ao Ser é a morada ou habitação do homem".[32] Em suma: o termo

> ética significa o fato do encontro, da relação de um eu ao outro: cisão do ser no encontro e não coincidência. O encontro – proximidade, embora cisão – certamente já não significa a unidade do um, mas a possibilidade de sociedade, e desde então, de um outro modo de paz. (*AS*, p. 28-29)

A *lição do rosto* e a nova semântica da palavra ética

A relação com outro é ética precisamente no face a face. Neste encontro em que outrem põe em mim o Desejo – Dizer – e provoca um inter-Dizer, se pronuncia a Primeira Palavra do rosto: não matarás! Nesse sentido, ele resiste à redução do Mesmo "através da 'ideia de infinito' de que é portador seu rosto" (*TH*, p. 57).

A filosofia da alteridade retoma a intuição cartesiana da "ideia do infinito"[33] e a reveste da significância do Enigma

---

[32] LEVINAS, E. *De Deus que vem à ideia*. Petrópolis: Vozes, 2002. p. 271.

[33] Cf. LEVINAS, Transcendance et hauteur, p. 64. "A resistência do outro ao Mesmo se dá graças ao fato de na relação com o outro ele se manter na sua absolutez retirando-se da relação, pondo em mim a ideia de infinito."

do Rosto como Revelação e como Passado I-memorial. A ideia do Infinito é desformalizada, na medida em que aparece associada agora à irrupção do rosto, à ética, para "além de todo conhecimento e compreensão ontológicos" (*TH*, p. 75). A saber: no face a face, o outro se apresenta e não se deixa reduzir à plasticidade de seu rosto.[34] Ele fala e interrompe qualquer significação ou verdade que se pretenda a seu respeito.

O "conhecimento tende a classificar e tomar posse de seu objeto, ou seja: possuir, na medida em que nega e o mantém" (*DL*, p. 20). A palavra, ao contrário, dirige-se a um rosto. Já o rosto é inviolável. O "rosto, cujos olhos são absolutamente sem proteção, a parte mais nua do corpo humano, oferecem uma resistência absoluta à posse" (*DL*, p. 20). Nessa condição incondicionada da irrupção do rosto emerge a possibilidade de matar o outro. Entretanto, o fato de o outro resistir veementemente à violência do Ser e à tentativa de investida do eu se deve não à "obscuridade do tema que ele oferece a minha visão, mas pela recusa de entrar no tema, de submeter ao olhar graças à eminência de sua epifania" (*DL*, p. 24). Nesse caso, a "relação consiste em abordar um ser absolutamente exterior e onde a exterioridade do ser infinito manifesta-se na resistência absoluta, que pelo seu aparecimento se opõe a todos os meus poderes" (*DEHH*, p. 210).

Em última instância, o encontro com "o absolutamente outro é resistência daquilo que não tem resistência – resistência ética" (*DEHH*, p. 210). E a "resistência ética é a presença do infinito porque o outrem não é simplesmente outra liberdade diferente da minha. Para que aconteça uma espécie de saber da injustiça da minha liberdade em tratar o outro como

---

[34] LEVINAS, E. *Dificile liberté*. Essais sur le judaisme. Paris: Albin Michel, 1976. Utilizaremos a sigla DL ao citarmos artigos desta obra.

igual, é preciso que o seu olhar me venha de uma dimensão do ideal" (*DEHH*, p. 211).

O outro se apresenta como outrem, mostra um rosto, abre a dimensão de Alteza, isto é, transborda infinitamente a medida do conhecimento porque se retira a um Passado I-memorial. Ele é um Dizer irredutível a qualquer dito da liberdade. O que significa positivamente que o outro coloca em questão a liberdade que tenta assimilá-lo; se expõe pela sua nudez à negação total do assassinato. Assim, a resistência se traduz "no interdito do outro pela linguagem original de seus olhos sem defesa".[35]

Por paradoxal que possa parecer, é exatamente pela "resistência absoluta" do rosto enquanto infinito que "se inscreve a tentação do assassinato: a tentação de uma negação absoluta. O outro é o único ser que se pode tentar matar. Essa tentação do assassinato e essa impossibilidade do assassinato constituem a visão mesma do rosto. "Ver um rosto já é escutar: 'não matarás'. E escutar 'não matarás' é escutar: justiça social" (*DL*, p. 21). Ora, o assassinato é possível. Mas só é possível quando não se encara o outro face a face. A "impossibilidade de matar não é real, ela é moral" (*DL*, p. 22). O olhar moral mensura, no rosto, o infinito intransponível onde a intenção assassina se aventura e se obscurece. É por isso, precisamente, que ele nos conduz para além de toda experiência e de todo olhar. O "infinito só é dado ao olhar moral: ele não é *conhecido*, ele está em *sociedade conosco*" (*DL*, p. 23).

O pensamento e a representação do Saber são implodidos pela exterioridade do outro que escapa de toda tematização. A "ideia do infinito consiste em pensar mais do que se pensa"

---

[35] LEVINAS, Transcendance et hauteur, p. 52-53.

(*TH*, p. 70). No encontro com o outro, seu rosto, a exemplo do *ideatum* da ideia de infinito, implode o conteúdo da ideia do rosto (*DEHH*, p. 209). "A intencionalidade que anima a ideia de Infinito não se compara a nenhuma outra; ela visa àquilo que não pode abarcar, nesse sentido, precisamente, o Infinito. A alteridade do infinito não se anula, não amortece no pensamento que o pensa. Ao pensar o infinito, o eu, imediatamente, pensa mais do que pensa. O infinito não entra na ideia do infinito, não é apreendido; essa ideia não é um conceito. O infinito é o radicalmente, o absolutamente outro. Em suma: a ideia do infinito torna possível o pensamento da transcendência num sujeito passivo. Trata-se de o "colocar, de uma desmedida, no medido e no finito, através do qual o mesmo sofre sem jamais poder investir o outro. Há, ali, como que uma heteronomia sem violência". Podemos "denominá-la como *inspiração* – e iremos mesmo a ponto de falar de *profecia*, a qual não é uma genialidade qualquer, mas a própria espiritualidade do espírito" (*DMT*, p. 157).

A ideia de infinito é, pois, a única que *ensina* aquilo que se ignora. Essa ideia foi posta em nós. Não é uma reminiscência. "Eis a experiência do sentido radical desse termo: relação com o exterior, com o outro, sem que essa exterioridade possa integrar-se no Mesmo" (*DEHH*, p. 209). O encontro com o outro não se reduz à aquisição de um saber suplementar. Nesse sentido, eu não posso jamais alcançá-lo pela representação. Por outro lado, a responsabilidade em relação a ele, na qual "têm origem a linguagem e a socialidade com ele", ultrapassa o conhecimento (*LIH*, p. 200).

Em suma: a ética que tem origem na relação com o outro corresponde à ideia do infinito no rosto. E consiste no fato de "o eu receber e aprender absolutamente (não no sentido socrático), uma significação que nele não pode se dar precedendo toda significação. 'Significação sem contexto'" (*TI*, p. 11) porque o outro Passado I-memorial submete o eu à obediência – *ob-audire* ou escuta – como "submissão a uma majestade" (*TH*, p. 71). "O outro se apresenta, então, como outrem, mostra seu rosto, abre a dimensão de Altura, ou seja: transborda infinitamente a medida do conhecimento" (*TH*, p. 53) jogando-me numa relação de aprendiz de um Passado e de um Infinito que jamais são contidos ou reconstituídos pela faculdade da memória. Só é possível fazer memória de outrem na responsabilidade graças à afecção que o próprio Rosto, como tênue passagem ou como Passado I-memorial, suscita naquele que escuta sua voz.

> A voz que vem de uma outra margem ensina a própria transcendência. O ensino significa todo o infinito da exterioridade, que não se produz primeiro para ensinar depois – o ensino é a sua própria produção. O ensinamento primeiro ensina essa mesma Altura que equivale a sua exterioridade, a ética. (*TI*, p. 153)

A responsabilidade tem origem e se mantém graças à passagem do outro. Por isso a promessa que fecunda o cuidado pelo outro se deve à ideia do infinito, a partir da qual "penso mais do que penso" no contato com ele. O outro sempre me faz sair na aventura da paz, cujo significado aparece no cuidado do outro sem que possa jamais voltar ao lugar de origem na consciência ou no pensamento do Ser. Mas a impossibilidade de retorno liga-se ao "rigor absoluto de uma atitude sem reflexão, uma retidão primordial, um sentimento no ser" (*HH*, p. 63).

Impõe-se, na "relação com o rosto, ou na reflexão dessa relação, uma inspiração" (*DMT*, p. 157). Esta, porém, não aniquila a autonomia graças à ideia do infinito colocada no interior do eu. A ideia do infinito provoca um movimento positivo de responsabilidade do eu pelo outro e diante do outro. Esse movimento impede o eu de repousar em paz em si mesmo. Com o infinito do outro "a existência se torna um contentamento descontente" (*TH*, p. 72).

O ensinamento do outro altera e provoca uma espécie de hemorragia do Ser no eu satisfeito de si a ponto de fazer com que, doravante, o eu viva de uma paz realizada como destituição de seu afã de ser e que outrora fora transformada em tirania (guerra) contra o outro. Esta paz inquieta que nasce do contato com o rosto, Passado I-memorial e ideia de Infinito, se traduz concretamente numa comoção intensa por ter de responder à infinição do outro que jamais cessa de interpelar pelo cuidado. "O eu não pode mais descansar e repousar harmoniosamente sobre si diante do outro" (*TH*, p. 73). O eu mesmo se sente e se diz ordenado a cuidar do outro. A responsabilidade infinita se mostra como resposta a uma superioridade que se impõe absolutamente sem aniquilar o eu. "Não se impõe aqui a violência da alienação neste rebentar do Mesmo por sob o golpe do outro? Responder-se-ia positivamente se a autossuficiência do idêntico devesse ser o sentido último do pensável e do racional. Mas o outro intervém como traumatismo" (*DMT*, p. 159). Nisso reside seu modo próprio. A subjetividade dever-se-ia, então, "pensar como despertar do despertar, como o despertar deste despertar. Ela seria profecia, não no sentido da genialidade, mas como despertar pelo outro" (*DMT*, p. 160). Em outras palavras: o traumatismo do outro que passa por mim faz com

que o eu único esteja ávido da Palavra desconcertante e deso-
rientadora do rosto que move (mandamento) a interioridade
a se tornar um-para-o-outro.

A *lição do rosto* e a *sabedoria da paz*

A nova semântica da palavra "ética" é inseparável da relação com outrem. Dessa forma, a "paz emerge como relação
com o outro na sua alteridade de absoluto, reconhecimento
no indivíduo da unicidade da pessoa" (*EN*, p. 246).

A *lição do rosto* tece um ensinamento da paz que deflagra
dois movimentos fundamentais na *mesmidade*.

Por um lado, por colocar em questão a concepção de indivíduo fundado na liberdade, educado no horizonte do Ser
e acostumado a enxergar o outro como possível opositor, o
outro interdita-o, na aventura de uma identidade violenta e
conquistadora (*DL*, p. 23). Ao chegar de alhures, ele anuncia antecipadamente sua partida, afastando-se imediatamente das mãos usurpadoras daquele que pensa atingi-lo pelo
contato na pele. Nesse sentido, desejo e interdito são duas
faces da paz que tem origem no face a face com o outro. Ele
se apresenta na "proximidade" de um rosto que afeta – é da
ordem do *pathos* ou da empatia – e, ao mesmo tempo, por
retirar-se como estrangeiro, graças à extraterritorialidade e
ao Passado I-memorial de rosto, outrem se dá e se ausenta na
relação, se opondo, pela Palavra, a toda e qualquer violação
de sua face. Graças a esse movimento, já intrínseco ao desejo,
irrompe o interdito de capturar o outro.

A ideia de infinito no rosto do outro como desejo se transforma em aprendizagem incansável da paz. Dito de maneira
negativa, a paz consiste na deposição do eu que vive no limite
entre o deixar-se seduzir pela acolhida irrecusável da bondade

do outro e a contínua tentação de antipatia que o rosto lhe causa devido à constante escapada das mãos daquele que, podendo acariciá-lo, pretenda no mesmo gesto dominá-lo e aprisioná-lo como posse. Portanto, a paz que se aprende com o outro é "significância" (*HH*, p. 64), enquanto promoção do bem de outrem na busca vigilante de não violentá-lo no seu Enigma. Trata-se de promovê-lo na sua alteridade e unicidade como estrangeiro, bem como de protegê-lo de qualquer investida violenta que tenda a considerá-lo como um mero igual. Ele não é jamais meu semelhante. Ele é o que o "eu" não pode ser: alteridade absoluta.

Portanto, na "inspiração" (*DMT*, p. 157) que vem do rosto, o indivíduo "aprende a desaprender" ou a esvaziar-se da guerra. A partir do inter-Dizer original do outro (*TH*, p. 53) – Dizer que inspira o eu no desejo ético e somente num segundo momento é imperativo – o eu aprende a despreocupar-se com o Ser para cuidar do outro que o Ser. O desejo brota da deferência e da conversação com outrem. O comércio de palavras ensina a evadir-se da preocupação com o Ser. Nisso consiste o sentido ou a gênese da paz. Seu sentido vem da ética do desejo como escuta (*ob-audire*) da Palavra do outro aquém de qualquer reverência pelo Ser como dom da linguagem.

O interdito da paz aparece em vista de proteger o desejo, a fim de não deixá-lo perverter-se em desejo mimético que pode desembocar no assassinato do outro. Desse modo, a origem pré-original da paz passa pelo confronto entre a inspiração como "suavidade e doçura" da passagem do outro (*TH*, p. 52) e a resistência ao assassinato que esta passagem suscita. Nesse sentido, a inspiração e o desejo ético são mais originais do que a própria violência, ou seja, mais antigos do que a própria condição da liberdade e do Ser.

Em suma: se, por um lado, emerge a "obra da paz" como deposição da violência fundada no inter-Dizer e na resistência do rosto à invasão e à tentação do assassinato, por outro lado sobressai o caráter originante da paz suscitada pelo outro como Bem ou bondade do rosto. Nesses termos, "o acolhimento do rosto é de imediato pacífico porque corresponde ao Desejo inextinguível do Infinito e de que a própria guerra é apenas uma possibilidade – de que ela não é de modo algum a condição" (*TI*, p. 134).

A ideia do infinito – que se apresenta no rosto – acentua que o outro é revelação antes de ser manifestação do Ser. E, ao revelar-se na nudez de um rosto, a ideia de infinito evoca a bondade primeva do sujeito fora do Ser. Brota do acolhimento um pensamento do outro como "pensamento do infinito" (*DMT*, p. 167).

A *paz*, nesse sentido, está associada à *lição do rosto*, que, ao revelar-se ao eu fora do Ser, o faz ensinando-o sobre sua bondade pré-original de único responsável pela salvação do outro. Sua identidade aparece intimamente associada ao ser "pastor do outro" na sua vulnerabilidade de rosto exposto. Em contrapartida, pelo fato de ser salvo pelo rosto – na sua separação de estrangeiro – da tentação de negar a bondade de sua unicidade de "cuidador", o eu aparece na condição de aprendiz da paz graças ao dom do outro que o arranca constantemente do risco de transformar o outro em objeto de usurpação.

A educação da paz e o humanismo do outro homem

Entende-se, na perspectiva apresentada anteriormente, que nossa reflexão não poderia se distanciar do fato de que, ao tirar o outro do esquecimento, a filosofia possa atribuir ao rosto humano a gênese da paz. Ela, portanto, se esclarece a partir da própria situação de conflito gerada pela diferença do outro que não se deixa reduzir ao reconhecimento de iguais, e que, no entanto, não pode não ser reconhecido como tal senão graças à epifania do rosto. Nesse caso, o reconhecimento *sui generis* que tem origem na relação assimétrica se expressa no cuidado do outro. E chega mesmo até à substituição de outrem no padecimento e na injustiça, seja ela sofrida pelo outro ou praticada pelo outro.

O cuidado ou a estima de si não encontra sua fonte na reflexividade do sujeito que se percebe capaz de falar, de narrar e de agir e, portanto, capaz também de acolher o outro na solicitude. Ao contrário, graças ao contato a afecção do outro que me antecipa na reflexão com seu ato da fala e na sua ação me altera e lança-me na responsabilidade pelo outro como Desejo de outrem. Somente a partir dessa anterioridade do rosto o eu que fala e age pode chegar ao cuidado de si como ipseidade ética. Esta é já antecipada no cuidado do outro que lançou o eu para fora de si ou da compreensão do Ser.

A solicitude ou a bondade para com o outro chega antes mesmo que o indivíduo possa dar-se conta da sua capacidade de se querer bem ou de poder abrir-se para acolher o outro. Nesse sentido, a relação com o outro se mantém no regime do aquém do Ser. O reconhecimento pré-original do outro como cuidado repercute imediatamente na concepção da paz. Ela só pode ser concebida como "ensinamento" que advém da proximidade do próximo e da palavra do outro que me esvazia do pensamento do Ser. Palavra indissociável do rosto. Ela aparece como possibilidade de julgamento da história da guerra construída pela ideia do Ser.

Nessa perspectiva a relação ética conjuga a ideia escatológica do julgamento – diferente da concepção hegeliana do juízo da História – e a ideia da paz como cuidado, deferência, promoção e proteção do rosto sempre indefeso no seu mistério e, por isso, em desvantagem em relação ao eu, ou a paz como substituição em prol do outro, vítima ou algoz. Em outras palavras: a ética significa que os seres têm uma identidade "antes" da eternidade, antes da conclusão da História, antes de os tempos serem volvidos, enquanto ainda há tempo, enquanto os seres existem em relação, sem dúvida, mas a partir de si e não a partir da totalidade. A *paz* é gerada como inspiração e na aptidão à palavra. Na óptica do cuidado e da responsabilidade do rosto, a visão escatológica rompe a totalidade das guerras e dos impérios em que não se fala e não se escuta. Não visa ao fim da História no Ser compreendido como totalidade – mas põe em relação com o Infinito do Ser, que ultrapassa a totalidade (*TI*, p. 11).

A educação, por sua vez, nessa esteira, não se reduz a mera transmissão de ideias e conteúdos da paz apreendidos pela razão prática e pela política, nem se reporta ao pensamento do Ser como se este fosse expressão e manifestação da possibilidade ontológica da *existência* da paz. Antes, a educação advém do "ensinamento" desorientador da *ética para-doxal* que tem origem no encontro hiperbólico com o Rosto do outro. Ser educado é deixar-se inspirar pelo Dizer do outro, diante do qual não possuo poder algum. Sendo outrem alteza na sua Passagem pelo rosto, ele é mestre.

> Assistência do ser à sua presença – a palavra é ensinamento. O ensino não transmite simplesmente um conteúdo abstrato e geral, já comum a mim e a Outrem. Não assume apenas uma função, no fim de contas, subsidiária, de fazer um

espírito dar à luz, já portador do seu fruto [...]. A tematização como obra da linguagem, como uma ação exercida pelo
Mestre sobre mim, não é uma misteriosa informação, mas
o apelo dirigido à minha atenção [...]. A escola, sem a qual
nenhum pensamento é explícito, condiciona a ciência. É lá
que se afirma a exterioridade que contempla a liberdade em
vez de a ferir: a exterioridade do Mestre. (*TI*, p. 85-86)

Entretanto, nessa condição incondicionada da dissimetria
entre nós – somos (des)iguais – por causa da distância entre
o Dizer e o Dito do indivíduo, há que se cuidar da relação a
fim de que jamais o outro se torne objeto de manobra de seu
discurso.

Portanto, a educação consiste, em primeiro lugar, na própria experiência da vida ética paradoxalmente vivida – para
além de qualquer *doxa*, êxtase da quietude do Ser – na relação de aprendizagem da justiça e do amor com o rosto.
Ela conjuga, por um lado, a inspiração pela ideia do infinito
como aventura na busca infinita do rosto, o não concordismo
pacífico com aquilo que já foi "pensado a partir do Ser" a
respeito do rosto, e, por outro lado, o abandono sistemático
da violência que, no reino das liberdades, está sempre sujeito
à expropriação do desejo suscitado pelo outro, tendo em vista sua dominação. Desse modo, a educação da e para a paz
consiste na aceitação da interrupção que o outro, como diferente, provoca no eu e na sua pretensão de tentar assimilar o
outro a si mesmo.

Em segundo lugar, a educação é evento ou acontecimento "testemunhal" pela atestação da passagem do outro que
ensina o eu a perder-se na relação e na renúncia à redução
do outro ao Mesmo. O testemunho como atestação liga-se
à inspiração e à palavra do outro e lança-nos no cuidado

do outro. Ele supõe o abandono do pensamento do Ser. O testemunho tem origem no desejo, graças ao qual posso me dizer como "eis-me aqui" ao outro. E a atestação se realiza na duração da relação como cuidado pelo rosto nas obras da paz, da justiça e do amor, cumpridas no corpo de carne e na unicidade do indivíduo inspirado pelo outro. Em suma: a educação é inseparável da primazia da alteridade que põe em questão o poder do eu sobre o outro e da ética paradoxal sobre a ontologia sem ética. A responsabilidade pelo outro antecipa qualquer construção da existência autêntica do eu, lado a lado com o outro, em função do horizonte das possibilidades do pensamento do Ser.

Em última instância, visto sob a óptica do desejo suscitado pelo interdito do rosto, o sujeito é *in*-vestido – hábito, *ethos* – de cuidado, de pastoreio, de promoção e proteção, a ponto de identificar-se até mesmo como substituição do outro. No face a face, o sujeito, na sua unicidade ética, já não resistiria a assistir indiferente ao padecimento e à paixão que sofre o outro sem lançar-se na defesa de sua vida ameaçada. Mas, além disso, não suportaria ver o outro tornar-se algoz do seu próximo. Só assim o "cuidado" do outro, cujo significado imediato é ético, desemboca concretamente num "outro humanismo" da paz.

A ética paradoxal e hiperbólica, como evento do cuidado do outro e até da substituição do outro, abre caminho para o "pensamento" de outro humanismo. Graças ao Dizer do outro, o humanismo pode ser pensado ao inverso do humanismo da liberdade. Nele, a significância da paz revela-se no âmago da ética. Quando, no estado de guerra e de violência absurda, impera a hipérbole do mal na sua radicalidade moral e quando, diante dele, não há sequer a possibilidade de reconhecimento dos direitos do outro, não resta para o sujeito senão a entrega de si como oblação de um corpo feito de carne, que diz "eis aí meu corpo" entregue pela vida (paz) do outro.

Trata-se de uma paz que nasce de humanidade extravagante capaz de se tornar martirial pelo "testemunho" da justiça e pela encarnação do desinteressado amor ao outro. Guiado pela inspiração que vem do rosto e pela força de seu sopro, que tira o humano do "repouso do Ser" (*DMT*, p. 153) e o arranca da antipatia ou da reação que a ausência do outro provoca no eu, o sujeito esvaziado do Ser se torna "corpo entregue", contra toda violência que poderia, em princípio, impingir-se ao rosto.

De tudo o que dissemos brota a convicção de que a paz não assume, na filosofia da alteridade, a visão conservadora da ausência de conflito. No entanto, levando em conta a pré-originalidade da relação de Desejo com o outro, sem, contudo, descartar a possibilidade do mal radical do Ser, o "pensamento do outro" conduz ao extremo da ética paradoxal do rosto como substituição do outro diante da morte e do assassinato. Mas, nesse caso, deve ficar claro que não se pode separar a ética do desejo e da hospitalidade (convicção) da ética da substituição (responsabilidade) ou daquilo que a ética da alteridade possui de paradoxal quando se põe o problema da morte do rosto.

Dado que a relação com o rosto se caracteriza cotidianamente pelo cuidado, pela hospitalidade e pela responsabilidade, e não necessariamente pelo regime de exceção do mal contra o outro, a ética põe-se a questão de suas mediações institucionais para o cumprimento da justiça e da equidade. Tanto a hospitalidade como a violência, que têm origem no desejo mimético, devem ser pensadas a partir do espaço público e das instituições justas. Elas se incumbem de promover, proteger e manter viva a paz enquanto asseguram os direitos de todos na vida social. Ela, porém, é movida pela economia ou segundo a dinâmica do reinado que inaugura a visitação do rosto.

A obra da paz e o Terceiro

O outro, como salienta a "fenomenologia do não fenomênico" do rosto, não é um tu, mas ele (eleidade). Intrínseca à intriga ética emerge sempre a figura do terceiro "na" relação. Além disso, o outro com quem o eu está em relação encontra-se, também ele, em relação com o seu próximo, o terceiro "da" relação, não redutível ao eu-rosto. Com a entrada do terceiro na relação despontam novos desafios para a configuração da *paz* no próprio bojo da ética. Porém, como avisa Levinas, "se a análise da relação interpessoal procurava mostrar a significância original do direito do indivíduo na proximidade e unicidade do outro homem, isto não significa que a relação interpessoal possa abstrair-se do político" (*EN*, p. 247). Antes, visa a insistir que o Político e o Estado recubram seu sentido a partir da significância da ética e da paz que nasce da *lição do rosto*. A referência ao rosto de outrem preserva a ética do Estado e mantém viva a atenção à justiça e à Política.

A partir dessas considerações, desponta um segundo nível na abordagem da paz, visto que a ação educativa não se restringe à relação eu-outro. Ela se abre ao âmbito eminentemente público das relações humanas. Na verdade, com a entrada do terceiro, a relação com o outro, que já desde sua origem se caracterizava pela triangulação eu-tu-ele, amplia e estende-se à pluralidade dos indivíduos que pertencem à extensão do gênero humano. O terceiro aparece afectado agora não apenas pela ação de um determinado eu, mas pela ação do outro próximo, assim como o outro se torna igualmente passivo da ação do terceiro e não apenas da ação do eu.

A questão da *paz* assume dimensões sociais. A multiplicidade humana "não permite ao Eu – digo não me permite – 'esquecer' o terceiro que me arranca da proximidade do outro: da responsabilidade prejudicial ao próximo, na sua imediatidade de único e de incomparável, da socialidade pré--original" (*EN*, p. 247).

Com a chegada do terceiro, desloca-se o Dizer da relação ética do face a face na responsabilidade e na substituição para o Dito da relação lado a lado com o outro. Nela, os sujeitos aparecem como "cada um" da relação social ou o face a face sem rosto. Nessa situação introduz-se a comparação, a reciprocidade, a paridade de modo a assegurar a igualdade e o reconhecimento de todos para com "cada um" em sociedade. A promoção e a proteção da paz se configuram no espaço público como justiça social. A "troca, a repartição, a forma de igualdade e de circulação da palavra entre os humanos que a justiça torna possível, são o evento da paz e relações sãs" (*LIH*, p. 206).

Em última instância, a relação social suscita exigências concretas para a Justiça, o Direito, bem como para a Política e suas instituições, a fim de garantir o tratamento igual de todos na esfera pública. Entra-se, aqui, no âmbito institucional da justiça. "Uma medida se sobrepõe à extravante generosidade do 'um-para-o-outro', a seu infinito. Aqui, o direito do único, o direito original do homem postula o julgamento e, consequentemente, a objetividade, a tematização, a síntese" (*EN*, p. 247).

Há necessidade de instituições que arbitrem e uma autoridade política que a sustente. A justiça exige e funda o Estado. Há ali, certamente, a "redução indispensável da unicidade humana à particularidade de um indivíduo do gênero humano, à condição de cidadão" (*EN*, p. 248).

Mas graças à ética da alteridade, cujo rosto ensina o "amor do próximo e seu direito pré-original de único e incomparável" (*EN*, p. 247), a responsabilidade pelo institucional – considerando que neste nível da vida social o eu tem de responder pela multiplicidade de indivíduos únicos, bem como passa a ser tratado como "outro reconhecido pelos outros" –, faz apelo à Razão que seja capaz de comparar os incomparáveis. Assim, a *sabedoria da paz* aponta para a novidade que deve conter a igualdade na vida social e institucional. A igualdade não se reduz à Razão – a universalidade formal e necessária da justiça –, mas está marcada pelo desejo pelo bem do outro. É a significância ética ou o Dizer do rosto que permite ressignificar o sentido da justiça como equidade.

Em outras palavras: o Estado e as instituições políticas não se reduzem à formalidade da igualdade, expressa no Dito ou no discurso social, mas só se configuram como tais movidas pelo Dizer da *lição* do outro, ou seja, pela *sabedoria da paz* ensinada pelo Enigma do rosto. A igualdade sai da universalidade abstrata e articula-se com a unicidade de cada rosto graças ao Desejo, ao inter-Dizer, ao cuidado e à responsabilidade pelo rosto subjacente nas relações sociais da vida pública. Ela assume a significância da equidade uma vez que esta contempla o caráter genuinamente afeccional – *pathos*

– da ética do rosto recriado no espaço e na esfera pública da vida institucional da sociedade.

Por um lado, a sabedoria do outro não se restringe à empatia, à amizade e ao amor que nasce do Desejo do outro e nem à paz que acontece nesse nível intersubjetivo como desinter*essa*mento do Ser ou como cuidado do outro (bem ao outro), tampouco à proteção de seu rosto contra a antipatia e a violência que a resistência pode suscitar, graças à alteridade irredutível de outrem. Ela se configura no espaço público em que o "cuidado" pelo rosto banha as relações sociais e a responsabilidade infinita como apelo do rosto perpassa a vida social. Somente assim os indivíduos que são únicos e sujeitos da e na palavra deixam de ser reduzidos ao discurso anônimo da sociedade sem rosto. Por isso, todo discurso institucional, político, jurídico ou social pode ser constantemente desdito pelo Dizer do Rosto. O Não Dito do rosto inspira novos ditos ou discursos do político e do social.[36]

Por outro lado, o público ou o lugar onde acontecem de fato as relações sociais e institucionais não podem perder a significância ética que provém da originalidade da relação com o rosto. Nesse caso, o rosto inspira e instiga o surgimento de "outro pensamento da humanidade" que seja da ordem do pensamento do infinito. Ele suscita continuamente o aparecimento de "outro tipo de responsabilidade" dos indivíduos no nível da vida pública. A saber: ela não se reduz ao significado da imputação moral do pensamento kantiano, porque responsabilidade é sinônimo da própria unicidade

---

[36] Cf. LEVINAS, *Ética e infinito*, p. 80. Levinas recorda que sempre distinguiu, "no discurso, o Dizer e o Dito. Que o Dizer deve implicar um dito é uma necessidade da mesma ordem que a que impõe uma sociedade, com leis, instituições e relações sociais. Mas o Dizer é o fato de, diante do rosto, eu não ficar simplesmente a contemplá-lo, respondo-lhe. É necessário falar, mas falar, responder-lhe e já responder por ele".

dos sujeitos em sociedade, nem se reduz ao "pensamento do ser" e seus novos ditos advindos da desobliteração do Ser.

O "ensinamento", portanto, agora se volta para a "cidadania", a fim de que, inspirada pelo Dizer ético, se configure como "evento" estável, fruto da promessa inesgotável de cuidar e promover os outros na esfera pública. O indivíduo, movido pela "ideia de infinito do rosto", aprende a "dizer a si mesmo" na duração do tempo da própria configuração da cidadania como evento. Esta, porém, não se reduz mais a um episódio ou a um dito (discurso) da justiça, cujo significado proceda de uma noção essencialista ou meramente criacionista do "valor" da Justiça e do Direito. Antes, é recriada pessoal e socialmente pelos atores sociais a partir da significância do Dizer do rosto. Ela é partilhada na vida com os outros e para os outros no exercício do poder no espaço público estruturado na esfera pública das instituições.

A sociedade – com os outros e para eles, nas instituições justas – se erige como lugar no qual irrompe a significância ética da justiça e por isso também se mostra como lugar social do constante aprendizado educativo "da" e "na" cidadania. Nela se reconfigura constantemente a ideia do rosto como "ideia do Infinito", e a sociedade, sendo da ordem da recriação infinita da significância ética, nasce do cuidado do outro. Não há cidadania se ela não for ensinada – Dizer – pelo outro e aprendida – Dito – pelo indivíduo no espaço público. Portanto, a cidadania é o aprendizado do reconhecimento do lugar ético da vida pública como lugar das alteridades. É como se, no exercício da cidadania, o indivíduo tivesse de aprender a paz como ato significante do reconhecimento dos iguais, mas considerando os concidadãos como se fossem sempre únicos, isto é: outros não redutíveis ao mesmo. De igual modo, o indivíduo tem de aprender na arte da Política – como irrupção ou nascimento do espaço público – a tratar os indivíduos não apenas como semelhantes, mas como diferentes, graças ao fato de que o rosto inspira a ver no "igual" alguém também outro e diferente que nasce pela ação como alteridade.

Outra consideração igualmente significante a respeito da *sabedoria da paz* – seu impacto sobre a esfera pública ou da vida institucional posto pelo pensamento da alteridade – aparece na passagem da ética ao Direito e da ética à Política. Do ponto de vida da relação institucional, a justiça aparece como "obra" da paz, isto é, como "construto ético infinito" que se estrutura nos ditos e se refaz nos desditos das instituições. Os constantes ditos visam a garantir a promoção e a proteção dos indivíduos como cidadãos, opondo-se à banalidade do mal social. Em outras palavras: a fim de que a cidadania ganhe estatura social, a promoção institucional da paz tem de ser constantemente retroalimentada pela *lição do rosto*. O contato com o Enigma do rosto sempre será evocado para que o cidadão não se contente com aquilo que as instituições já propiciaram em termos de realização dos valores socialmente partilhados, tais como justiça, fraternidade, igualdade ou outros, em função da busca de segurança ou bem-estar social. O mesmo vale para o incorformismo que por vezes assola os atores sociais e que tende a desembocar na desistência do desejo que move a vida pública. A saber: a tendência em voga em muitos de nossos contemporâneos no que tange ao cansaço da Política e da vida pública. Já não acreditam que essas instâncias de poder possam, de fato, promover a paz numa sociedade marcada pela exclusão social.

Nesse caso, a arte da política como exercício da equidade, cuja gênese encontra-se na *lição do rosto* ou no cuidado do outro, aparece como lugar "sapiencial" privilegiado (*EI*, p. 72) para a recuperação da Memória – do Imemorial – e da redescoberta da Promessa – messianismo – numa cultura de anônimos e de ausência da palavra, como a nossa. Trata-se de recuperar, por meio da política, uma cultura que restabeleça o "comércio de palavras" entre cidadãos, a ponto de provocar a "aparescência" dos indivíduos através da ação em meio à despersonalização generalizada e reinante na burocratização da Política e do Estado contemporâneos. Ora, na "sociedade de indivíduos" tende-se a substituir a Memória Imemorial do Rosto pela avalanche do virtual sem face. O imediatismo da sociedade da imagética e midiática bem como o frenesi avassalador das informações, da informática e da tecnociência tendem a esvaziar o sentido da ética do rosto que privilegia a palavra – o Dizer – o contato, o corpo a corpo e o face a face.

A ética é a instância crítica do formalismo e da exterioridade da comunicação ou do Dito e, sobretudo, se opõe à concepção da linguagem, em que o ato de falar acaba por se perder no Dito sem conteúdo carnal existencialmente partilhado na sociedade. Nesse sentido, o Dizer ético sempre interpela os ditos a se desdizerem para se dizerem novamente como outra maneira de tirar o rosto do outro do esquecimento.

Do mesmo modo, nossa cultura tende a abandonar a novidade de certo messianismo ao qual só temos acesso no encontro com o Enigma do Rosto. Ela opta, ao contrário, pela secularização do social pela Razão, pelo Saber ou pelo Ser, mas se esconde numa imanentização do escatológico. E mais. Diante dos desafios e do desencanto — das utopias, da política e da ressacralização do sagrado — a entrada do terceiro a partir da relação com o rosto evoca a urgência de recriar o espaço público, em que instituições sejam construídas a partir do reconhecimento social, centrado no paradigma da alteridade e do Dizer da *lição do rosto*.

Na sociedade de indivíduos em que a memória e a Promessa tendem a desaparecer e o tecido social, a se esgarçar pelo afã exacerbado da "preservação do ser" dos indivíduos em detrimento do social, a ética da alteridade articula a lição do rosto e a *lição* do terceiro, como a *sabedoria da paz* instiga o processo educativo, centrado no cuidado do outro e, graças a ele, o cuidado da "coisa" pública. Como se trata de uma Sabedoria que nasce do Dizer da responsabilidade e da substituição pelo outro, a vida pública e suas instituições são interpeladas a passar do cálculo frio da igualdade para a promoção da solidariedade que nasce da empatia e da bondade que advém da ideia do infinito, de que é portador o rosto humano. Trata-se de sair da banalização do mal, cuja face contemporânea mais aviltante se mostra na crescente indiferença ao padecimento do outro. Esta, por sua vez, não está dissociada da crescente indiferença e descaso pela vida pública, tão evidente como na atual sociedade de indivíduos.

À guisa de conclusão

Urge, pois, retomar o processo educativo que vai além da dinâmica do dito sem Dizer ou da mera comunicação de conteúdos abstratos sobre a paz, a solidariedade, a justiça e a equidade, além de outros valores do humanismo ocidental que não passam pela revisão das instituições políticas e jurídicas onde têm vigência. Tal dinâmica tem origem no "amor à sabedoria" proveniente do pensamento grego. Em contrapartida, a irrupção do outro ou a *sabedoria da paz*, que dela procede, supõem uma inversão radical na experiência do significado da humanidade do humano. A sabedoria que procede do rosto do outro traz consigo o apelo e a possibilidade da construção de um "outro mundo" possível calcado no anelo do cuidado e da responsabilidade com a vida pública e pelo futuro das gerações vindouras.

Em suma: trata-se de ser educado segundo a ética paradoxal do rosto para desdizer e redizer a acolhida da humanidade a partir da escuta atenciosa daquele que não tem sido ouvido na cultura do indivíduo: o outro como Dizer. O Enigma do rosto e a ideia do infinito como Palavra e Desejo do outro ecoam num rosto concreto e ressoam na sociedade de indivíduos onde a Memória e a Promessa estão ávidas de ser tiradas do esquecimento. Esta nova humanidade é, em certo sentido, devedora da incansável visitação do outro e, portanto, evoca a íntima relação entre o ensinamento – em certo sentido desorientador com relação aos ditos – do rosto e o evento da paz. A nova humanidade nasce da ética da alteridade, e esta, por sua vez, se erige como nova morada da paz.

Referências

DERRIDA Jacques; LABARRIÈRE, Pierre-Jean. *Altérités*. Paris: Ed. Osíris, 1986.

LEVINAS, Emmanuel. *Autrement qu'être ou Au-delà de l'essence*. Paris: Martinus Nijhoff, 1994.

_____. *De Deus que vem à ideia*. Petrópolis: Vozes, 2002.

_____. *Descobrindo a existência com Husserl e Heidegger*. Lisboa: Piaget, 1997.

_____. *Deus, a morte e o tempo*. Coimbra: Almedina, 2003.

_____. *Dificile liberté*. Essais sur le judaïsme. Paris: Albin Michel, 1976.

_____. *Entre nós;* ensaios sobre a alteridade. Petrópolis: Vozes, 1997.

_____. *Ética e infinito*. Lisboa: Ed. 70, 1982.

_____. *Humanismo do outro homem*. Petrópolis: Vozes, 1993.

_____. Quelques reflexions sur la philosophie de l`hitlérisme. In: *Les imprévus de l`histoire*. Paris: Fata Morgana, 1994.

_____. *Totalidade e infinito*. Lisboa: Ed. 70, 1980.

_____. Transcendance et hauteur. In: *Liberté et commandement*. Paris: Fata Morgana, 1994.

MELMANN, Charles. *L'homme sans gravité*. Jouir à tout prix. Paris: Denöel, 2002.

PIERRON, Jean-Philippe. De la fondation à l'attestation en morale: Paul Ricoeur et l'Éthique du témoignage. *Recherches en science religieuse* 91/3 (2003) 436-450.

RICOEUR, Paul. Abordagens da pessoa. In: *Leituras 2. A região dos filósofos*. São Paulo: Loyola, 1992.

_____. Le problème du fondement de la Morale. *Sapienza* n. 3 (Juil.-Sept./1975) 335-338.

_____. *Memória, história e esquecimento*. Campinas: Ed. da Unicamp, 2008.

_____. *Percurso do reconhecimento*. São Paulo:Loyola, 2006.

4

Cultura urbana e educação como desafios à teoria de Habermas do agir comunicativo[1]

*Federico Altbach-Nuñez**

O pensamento de Habermas contribuiu consideravelmente tanto para os estudos urbanos quanto para as ciências da educação. Neste artigo abordarei o fenômeno urbano como desafio à racionalidade comunicativa. Habermas propõe uma teoria de acordo com a qual a construção da ordem social deverá embasar-se em processos comunicativos consensuais mediante a força do melhor argumento, fomentando, ao mesmo tempo, a participação de todos os interessados nos processos sociais. Por um lado, a busca consensual da verdade destaca

---

[1] Tradução do espanhol para o português por Elsa Mónica Bonito Basso e Simone Viapiana.

* Instituto Superior de Estudios Eclesiásticos – Arquidiócesis de México (ISEE), Cidade do México (México).

o caráter intersubjetivo de todo conhecimento objetivo. Por outro lado, os processos consensuais, quando considerados todos os possíveis participantes de uma sociedade na tomada de decisões segundo um modelo democrático, permitem fomentar o desenvolvimento da subjetividade dos indivíduos, uma vez que esses devem exercitar-se e cultivar-se como sujeitos capazes de argumentar, de interagir socialmente e dar razões de suas afirmações e ações. No entanto, desde a perspectiva da cultura urbana aparecem diversos problemas. Pode-se falar de um conceito de racionalidade que sirva como ponto de referência nas tomadas de decisões coletivas dos habitantes de uma megalópole? A diversidade de parâmetros de verdade e de valores, até certo ponto irreconciliáveis entre si, não será algo característico da cultura urbana Pós-Moderna? É possível, nessa situação, chegar a consensos sobre planejamento, democracia, justiça e princípios éticos, com os quais se sustente o desenvolvimento e a vida comum na cidade?

A vida urbana, nas grandes cidades latino-americanas, se manifesta, de certa forma, como um caos, refletido em uma confusão de opiniões, no qual muitas pessoas adotam atitudes apáticas e individualistas, pelo qual é difícil esperar que atuem de forma comunicativa, discursiva e argumentativa, para conseguir consensos, através dos quais se possa construir uma melhor realidade urbana. Charles Taylor fala da sociedade atomizada, na qual os indivíduos estabelecem cada vez menos laços interpessoais e não se comprometem pelo crescimento da sua sociedade. "As pessoas parecem considerar suas relações mais passageiras. O aumento no índice de divórcios mostra parcialmente o aumento de rupturas [...] Mais pessoas parecem menos enraizadas em suas comunidades de origem e parece haver uma queda na participação como cidadão."[2]

Além disso, nas cidades latino-americanas a violência e a criminalidade são um verdadeiro lastro que dificulta a convivência entre os cidadãos. A pobreza é uma fonte de marginalização social e cultural, de modo que é difícil esperar que muitas pessoas tenham a competência linguística necessária para poder participar em processos argumentativos consensuais para o planejamento urbano e para a tomada de decisões no campo político. Todos esses fatores, e muitos outros, representam um sério obstáculo para a realização de um projeto social fundamentado na racionalidade comunicativa. No entanto, existem experiências que demonstram a viabilidade de um projeto semelhante. Martin Coy[3] descreve o modelo de planejamento urbano de Porto Alegre. A cidade foi dividida em dezesseis regiões econômicas, cujos representantes formam o *Conselho do Orçamento Participativo*. Também foram criados cinco foros temáticos para a tomada participativa de decisões. Esse tipo de iniciativas mostra a viabilidade de uma renovação das cidades latino-americanas orientada comunicativamente, mesmo nos lugares onde há fenômenos como a explosão demográfica, uma economia globalizada, pobreza crescente e acúmulo de riqueza em um grupo reduzido de pessoas. Também Klaus Frey relaciona a experiência da criação de uma política pública em algumas cidades como Porto Alegre com o conceito de democracia discursiva ou comunicativa, a qual parte do fato de que a comunicação aberta eleva a possibilidade do entendimento mútuo e da

---

2 TAYLOR, C. The Ethics of Authenticity. Cambridge/ Massachusetts/ London: Harvard University Press, 1991. p. 76.

3 COY, M. Jüngere Tendenzen der Verstädterung in Lateinamerika. *Lateinamerika Jahrbuch* 11 (2002) 9-42.

prevalência do melhor argumento em processos de tomadas de decisão para a melhora da vida na cidade.[4]

No presente artigo coloco que a teoria do agir comunicativo de Habermas pode contribuir de forma importante à organização e desenvolvimento das sociedades urbanas. Na primeira parte, delinearei algumas características das grandes cidades latino-americanas, ressaltando aqueles aspectos que aparentemente colocam em dúvida a viabilidade da aplicação dessa teoria. Em um segundo momento, farei uma exposição de algumas das ideias principais do pensamento de Habermas, levando em consideração a possibilidade de colocá-las em prática na organização e na vida das grandes cidades. Esses dois pontos deixarão à mostra a distância entre os princípios ideais de comunicação que Habermas propõe e a realidade das grandes cidades latino-americanas com todas as suas deficiências sociais, que fazem com que seja pouco provável supor que a maioria de seus habitantes teria a capacidade e a vontade de participar adequadamente em processos comunicativos consensuais como os que exige a teoria habermasiana. No entanto, o fator decisivo que faria possível uma aproximação entre o pensamento de Habermas e a vida urbana é a educação dos habitantes das cidades no agir comunicativo. Esse ponto será exposto na terceira parte.

A cidade como desafio à racionalidade comunicativa

A cultura urbana em geral e especificamente as megalópoles latino-americanas apresentam sérios problemas para o

---

[4] Cf. FREY, K. Deliberative Demokratie und städtische Nachhaltigkeit. Konzeptionelle Überlegungen und Erfahrungen aus der brasilianischen Kommunalpolitik. *Lateinamerika Analysen* 156 (2002) 103.

conceito de racionalidade comunicativa como elemento-chave para conseguir o entendimento e a cooperação no mundo urbano. Uma das características mais salientes das grandes cidades é a enorme pluralidade de jogos linguísticos e de códigos simbólicos. A cidade é o lugar de máxima densidade interativa. A quantidade de processos comunicativos influi também sobre a qualidade da comunicação, originando-se, por um lado, novas formas de intercâmbio e de competências de interação social, e gerando, por outro lado, conflitos próprios da cultura urbana, como, por exemplo, a falta de vínculo que provoca a mobilidade, que acarreta contatos menos pessoais e casuais, no lugar de relações frente a frente e mais intensas, como era comum em tempos antigos.[5] O fenômeno da globalização e o avanço dos meios de comunicação (ou informação), assim como as tecnologias informáticas, possibilitaram um grande intercâmbio de signos e de códigos. A velocidade com que se dão esses intercâmbios, com a qual surgem novos complexos de significado, parece, com frequência, ultrapassar a capacidade que os sujeitos têm de discernir e criticar adequadamente toda essa estimulação. Fala-se da *whoa generation*,[6] inserida em uma atmosfera Pós-Moderna de ceticismo e carência de sentido. As crenças e os critérios de valorização são diferentes. Nas cidades se formam inúmeros grupos urbanos com diversos instrumentais simbólicos. Alguns deles, no meio das transformações desatadas pela globalização, tentam resgatar suas raízes e tradições. Néstor García Canclini descreve o processo de hibridização cultural nos ambientes urbanos.[7] Muitas pessoas

---

[5] Cf. MELA, A. Ciudad, comunicación, formas de racionalidad. *Diálogos de la comunicación* 23 (1989) 10-16.

[6] Cf. ELLIN, N. *Postmodern Urbanism*. New York: Princeton Architectural Press, 1999. p. 2.

[7] GARCÍA CANCLINI, N. *Hybrid Cultures;* Strategies for Entering and Leaving Modernity. Minnesota: University of Minnesota Press, 1995.

adotam símbolos procedentes de diversos grupos culturais, falam, por exemplo, a linguagem da Modernidade ao mesmo tempo que utilizam elementos de culturas indígenas e são seguidores do *hip-hop*.

O desenvolvimento dos meios de comunicação e de transporte impulsionou a formação de habitantes urbanos multiterritoriais e multilinguísticos, capazes de usar diferentes códigos culturais pertencentes a vários lugares e cenários da cidade. No mundo urbano existem muitos jogos de linguagem que refletem estilos de vida próprios.

Os meios de comunicação, a expansão da internet, o desenvolvimento de uma economia que investe fortemente no *design* de seus produtos, no marketing e na criação de modas gerou um processo de estetização crescente da população urbana. Dá-se muita importância à encenação de estilos de vida e à expressão estética dos indivíduos e grupos sociais. Há uma criação original e estética da própria identidade, que frequentemente é associada a um combate contra a adaptação social.[8] Isto é fácil de ver na forma de vestir e de aparecer dos grupos juvenis, como os *darketos* ou *neopunks*, ou as encenações de alguns grupos de homossexuais. Esse fato pode estar relacionado com uma "estetização da consciência e da realidade"[9] na sociedade, que tem a ver com a relativização de princípios epistemológicos e com a perda das fontes de sentido na cultura. As perguntas pelo sentido da vida, o valor das coisas, os critérios gerais de verdade e de justiça são frequentemente desqualificadas e, como consequência, o fundamento epistemológico e valorativo da linguagem como meio de entendimento e consenso entre os indivíduos fica anulado.

---

[8] Cf. TAYLOR, *The Ethics of Authenticity*, p. 63.

[9] WELSCH, W. Das Ästhetische: Eine Schlüsselkategorie unserer Zeit? In: WELSCH, W. (Hrsg.). *Die Aktualität des Ästhetischen*. München: Wilhelm Fink, 1993. p. 43.

A complexidade das urbes latino-americanas aparece, ainda, no fenômeno da cidade fragmentária,[10] que consiste na expansão de colônias ou bairros com moradias de luxo cercadas por muros e diversos sistemas de segurança e de controle (*privatopias*),[11] incluindo complexos habitacionais de classe média ou classe baixa fechados. A isso somam-se projetos de construção de moradias do tamanho de uma pequena cidade, como os *megaempreendimentos* de Buenos Aires. A cidade aparece, assim, como um mosaico de microcidades com características muito diversas entre si. Trata-se de ambientes urbanos com símbolos e códigos linguísticos próprios. Os habitantes desses ambientes se inter-relacionam de diversas formas e com diversas intensidades.

Outra característica das cidades latino-americanas é a pobreza e a marginalização. A explosão demográfica nessas megalópoles, a violência e a criminalidade, o desemprego e o trabalho informal, assim como a pobreza ou miséria em que vivem seus habitantes estão relacionados, entre outras muitas coisas, com um baixo nível de educação, o qual apresenta a pergunta se essas pessoas teriam a competência necessária para participar em processos embasados no princípio da racionalidade comunicativa, segundo o qual todos devem contribuir para a geração de um consenso que sustente a cooperação e o diálogo. Segundo Charles Artur Willard, há duas condições necessárias para obter um argumento: 1) que aqueles que argumentam tenham uma competência comunicativa adequada para formar e utilizar intersubjetivamente expressões compreensíveis e 2) que conheçam as regras de

---

[10] Cf. BÄHR, J.; BORSDORF, A.; JANOSCHKA, M. *Die Dynamik stadtstrukturellen Wandels in Lateinamerika im Modell der lateinamerikanischen Stadt. Geographica Helvetica* 57 (2002/4) 300-310.

[11] Cf. DEAR, M. *The Postmodern Urban Condition*. Oxford: Blackwell, 2000. p. 143ss.

um sistema conversacional.[12] Além disso, necessita-se, entre outras coisas, de certa paridade entre os interlocutores que lhes permita interagir como sujeitos que se reconhecem mutuamente, capazes de um assumir a perspectiva do outro, com a habilidade de adaptar sua linguagem e conhecimento social a certas circunstâncias nas quais acontece uma argumentação, para produzir realmente um processo comunicativo. Mas basta dar uma olhada na realidade urbana da América Latina para pôr em dúvida a plausibilidade de que essas condições entre todos ou a maioria de seus habitantes ocorra. As *favelas* no Rio de Janeiro, as *barriadas* em Lima, as *villas miseria* na Argentina, as *callampas* no Chile ou as *colonias de paracaidistas* no México etc. são lugares de extrema pobreza e marginalização.[13] De acordo com a teoria do agir comunicativo, todas essas pessoas deveriam poder participar, juntamente com os demais habitantes da urbe, de processos consensuais, como coautores nas tomadas de decisões e das transformações requeridas pela cidade. Isso só é possível, do meu ponto de vista, mediante uma educação para o diálogo, a argumentação e a busca de consensos, o que já representaria, por si só, um elemento decisivo para o combate à discriminação e à pobreza na cidade. Mas antes de tratar desse assunto é necessário termos presentes algumas das ideias fundamentais do pensamento de Habermas.

---

[12] Cf. WILLARD, C. A. A Theory of Argumentation. Tuscaloosa: University of Alabama Press, 1989. p. 45.

[13] Cf. BÄHR, J.; MERTINS, G. *Die Lateinamerikanische Grossstadt;* Verstädterungsprozesse und Stadtstrukturen. Darmstadt, 1995. p. 127.

A teoria do agir comunicativo como uma contribuição para o desenvolvimento da vida urbana

Jürgen Habermas apresenta uma teoria que resulta de grande importância para o estudo do fenômeno urbano. O filósofo alemão coloca à disposição elementos para desenvolver processos de entendimento e cooperação baseados em acordos obtidos argumentativamente, o que é sumamente relevante em um ambiente tão variado e complexo como a urbe latino-americana. Obviamente, é necessário estabelecer uma ponte entre os princípios ideais de sua teoria social-comunicativa e a realidade das cidades latino-americanas. Em ambientes de criminalidade, de analfabetismo ou baixos níveis de educação, de pobreza extrema, de corrupção política e administrativa, de manipulação ideológica etc., parece difícil implementar um processo de diálogo para chegar a um consenso. Todavia, não devemos esquecer que a vida urbana tem sido um espaço no qual tem-se desenvolvido a opinião pública e a democracia,[14] que são realidades relacionadas com o princípio de racionalidade comunicativa, o qual é tratado por Habermas, fundamentalmente, em sua obra *Theorie des kommunikativen Handelns*.

O filósofo alemão critica o conceito de verdade segundo o realismo ingênuo, bem como o conceito de verdade transcendental.[15] A verdade objetiva não se conhece simplesmente porque a mente de um indivíduo capta a essência e os

---

[14] Cf. HABERMAS, J. *Strukturwandel der Öffentlichkeit*. Frankfurt: Suhrkamp, 1990.

[15] Cf. HABERMAS, J. *Nachmetaphysiches Denken;* philosophische Aufsätze. Frankfurt: Suhrkamp, 1992. p. 18-60.

atributos de uma coisa. Isso pode assegurar, no máximo, a certeza de uma percepção. Alguém pode estar certo de captar um objeto de cor verde, mas a percepção pode ser equivocada, porque talvez ele tenha um problema de visão ou a luminosidade tenha provocado uma distorção em sua percepção. Por outro lado, a verdade objetiva também não é o resultado da reflexão transcendental de um sujeito. A verdade objetiva, segundo Habermas, é, antes de mais nada, intersubjetiva. Com Pierce, pode-se dizer que a verdade é pública e que tende a um *catholic consent*.[16] O desenvolvimento cognitivo da teoria do agir comunicativo representa uma descentralização de uma concepção do mundo egocêntrica, a qual é substituída por uma interpretação cooperativa da realidade. A verdade é fundamentalmente comunicável e consensuável; não pode ser a conquista de um indivíduo isolado, pois ele só pode corroborar que seu conhecimento é verdadeiro se ele for confirmado por outros. A objetividade do mundo está entrelaçada com a intersubjetividade do entendimento sobre algo no mundo.[17] Esse é um princípio fundamental epistemológico e, também, da aprendizagem. Uma criança aprende a usar a linguagem quando descobre e interioriza que certas afirmações são usadas regularmente sob determinadas circunstâncias por uma comunidade linguística. Sua mãe lhe diz "isto é verde". E essa relação é confirmada por cada pessoa que expressa a mesma afirmação corretamente, seguindo o uso normal da linguagem e referindo-se à mesma realidade. A linguagem, que expressa o ser, manifesta a consensualidade da verdade. Se somente a mão dissesse "isto é verde",

---

[16] Cf. HABERMAS, J. *Erkenntnis und Interesse*. Frankfurt: Suhrkamp, 1973. p. 130.

[17] Cf. HABERMAS, J. *Kommunikatives Handeln und detranszendentalisierte Vernunft*. Stuttgart: Reclam, Ditzingen, 2001. p. 34.

enquanto as demais pessoas se referissem à mesma realidade dizendo "isto é café", a criança viveria uma confusão e não seria possível falar em uma afirmação objetiva.

De fato, Habermas toma como paradigma de verdade uma afirmação que se refere a dados objetivos no mundo. Sua racionalidade depende de sua relação com o conteúdo de seu significado e com as condições de validade que, em cada caso, possam ser expostas para justificar sua pretensão. O juízo que se faça da validade de uma afirmação tem de ser aceitável para qualquer observador.[18] Desse modo, a verdade não é o resultado da inquisição de um indivíduo, mas o fruto do consenso obtido em uma comunidade linguística, que aceita algo como verdadeiro. Em princípio, todo conhecimento ou toda intervenção técnica no mundo são falíveis, pois suas razões de validade podem ser problematizadas sempre com o avanço do saber humano. De qualquer maneira, Habermas não postula a problematização de toda a realidade. Os processos argumentativos se baseiam no mundo vital, isto é: no horizonte no qual se movimentam os atores comunicativos que consta daqueles elementos culturais e linguísticos que se consideram implicitamente como válidos. Esse mundo vital pode ser transformado por uma mudança estrutural da sociedade.[19] Contudo, existe o problema se Habermas defende uma postura relativista, já que a verdade dependeria do comum acordo de uma *determinada* comunidade linguística e daquilo que considerar como verdade *suficientemente* fundamentada. Mas ele diz explicitamente que "uma afirmação

---

[18] HABERMAS, J. *Theorie des kommunikativen Handelns*. Frankfurt: Suhrkamp, 1999. Band 1: Handlungsrationalität und gesellschaftliche Rationalisierung, p. 27. [Daqui em diante, TKH I.]

[19] Cf. HABERMAS, J. *Theorie des kommunikativen Handelns*. Frankfurt: Suhrkamp, 1999. Band 2: Zur Kritik der funktionalistischen Vernunft, p. 182. [Daqui em diante, TKH II.]

encontra a aceitação de todos os sujeitos racionais porque é verdadeira; ela não é verdadeira porque seja o conteúdo de consenso alcançado de forma ideal".[20] Por outro lado, para enfrentar o problema do contextualismo, Habermas propõe o ideal de uma comunidade linguística universal. Toda busca da verdade deve tender a obter um *consenso idealizado*,[21] obtido pela força do melhor argumento, que possa ser aceito por qualquer possível participante nesse processo comunicativo argumentativo. Com o intuito de respeitar a pluralidade, levando em conta a complexidade das culturas e das comunidades linguísticas, Habermas fala em um mínimo de princípios fundamentais que deveriam ser aceitos por todos, com base em um consenso sustentado racionalmente, para possibilitar um agir coordenado e comunicativo em uma sociedade determinada ou até mesmo em âmbito globalizado.[22] "Podemos nos unir, então, em um tolerar recíproco de formas de vida e visões de mundo, que significam um desafio existencial mútuo, quando temos uma base de convicções comuns para esse 'agree to disagree'."[23] Um exemplo desses princípios fundamentais ou convicções comuns seriam os direitos humanos.

Outra ideia muito importante em seu pensamento é a distinção entre o uso instrumental da linguagem e seu uso comunicativo. Esse último é próprio da racionalidade comunicativa. Os sujeitos devem se caracterizar por sua capacidade de fundamentar suas asseverações e sua intenção

---

[20] Cf. HABERMAS, *Kommunikatives Handeln und detranszendentalisierte Vernunft*, p. 36.

[21] Cf. TKH II, p. 111.

[22] Cf. HABERMAS, J. *Die postnationale Konstellation;* politische Essays. Frankfurt: Suhrkamp, 1998.

[23] HABERMAS, J. *Die Einbeziehung des Anderen;* Studien zur politischen Theorie. Frankfurt: Suhrkamp, 1999. p. 334.

de não empregar a linguagem com fins diferentes à busca do consenso, como poderia ser o caso que alguém minta ou manipule outra pessoa para obter um proveito próprio. O mundo adquire objetividade quando é o mesmo mundo para uma comunidade de sujeitos capazes de falar e de agir.[24] Daí que todo dissenso significativo para uma sociedade representa um desafio. Os sujeitos de uma comunidade linguística agem racionalmente ao dar razão de suas afirmações e de suas ações e ao orientar-se de acordo com critérios de validade sancionados intersubjetivamente.

A linguagem desempenha um papel proeminente na filosofia habermasiana como meio de captação e interpretação da realidade. O entendimento linguístico se torna um meio da coordenação do agir e da construção de um mundo interpretado socialmente.[25] Habermas não só considera as afirmações de verdade que se referem ao mundo objetivo; também leva em conta a racionalidade das normas. As ações podem se considerar como corretas quando são justificadas por normas estabelecidas mediante um consenso que determina a legitimidade das relações interpessoais.[26] Isso tem grande relevância para os estudos urbanos, pois a teoria habermasiana não só foca o aspecto intersubjetivo da verdade, mas debate, também, sobre suas implicações sociais. Um modelo de organização urbana sustentado nessa teoria seria, assim, um modelo que promova a participação dos habitantes das cidades na construção de sua realidade. Em terceiro lugar, Habermas introduz as afirmações expressivas, que se referem a vivências subjetivas e que devem se caracterizar pela sua veracidade. É

---

[24] TKH I, p. 31.
[25] TKH I, p. 141.
[26] TKH I, p. 82.

um agir dramatúrgico,[27] com o qual os sujeitos que interagem desvelam até certo ponto e de modo autêntico sua interioridade. As normas pertencem ao âmbito do dever, enquanto as afirmações expressivas têm a ver com a manifestação da subjetividade. A teoria habermasiana, como veremos mais adiante, contém muitos elementos sobre o desenvolvimento da subjetividade das pessoas e de suas capacidades comunicativas como elemento indispensável para a cristalização do agir comunicativo. Daí se desprende a hipótese que a efetividade de uma organização urbana segundo o modelo do agir comunicativo exige uma formação dos indivíduos em suas competências linguísticas, simbólicas e argumentativas.

À guisa de resumo, pode-se dizer que as ações reguladas por normas, automanifestações expressivas e expressões avaliativas (que têm a ver com juízos de valor), completam as sentenças de constatação para formar uma praxe comunicativa que, sobre o fundamento de um mundo vital concreto, tendem à educação para o consenso, bem como à sua conservação e renovação.[28] Os diferentes aspectos da racionalidade que se referem à objetividade de afirmações sobre o mundo, à retidão das normas, à veracidade das expressões subjetivas e sua inteligibilidade se encontram entrelaçados entre si. Em um processo comunicativo, uma afirmação objetiva sobre um fato supõe o seguimento de certas regras para falar e discutir, o propósito de dizer a verdade e o fato de fazê-lo mediante uma linguagem inteligível para todos.[29] Os participantes de um processo comunicativo têm o desafio de conseguir um comum acordo sobre a validade de juízos com respeito ao

---

[27] TKH I, p. 128.

[28] TKH I, p. 37.

[29] Cf. HABERMAS, J. *Vorstudien und Ergänzungen zur Theorie dês kommunikativen Handelns*. Frankfurt: Suhrkamp, 1995. p. 83-126.

mundo objetivo, ao mundo do dever e ao mundo subjetivo, como realidades vinculadas.[30]

Essa praxe requer que os sujeitos envolvidos ajam de acordo com certos princípios próprios de uma *ética comunicativa*: ninguém que possa oferecer uma contribuição à definição de uma controvérsia deve ser excluído; todos os participantes de um processo consensual devem ter a mesma oportunidade de expressar sua opinião; cada indivíduo deve emitir juízos de forma imparcial, esforçando-se sempre para alcançar um consenso mediante processos argumentativos,[31] em todo momento tem-se de levar em consideração a necessidade de convencer com argumentos a um auditório universal como pressuposto para alcançar um acordo comum motivado racionalmente.[32] Os sujeitos que agem comunicativamente devem ter o direito de emitir um juízo afirmativo ou negativo, ou, ainda, de abster-se de dar sua opinião, se considerarem não ter elementos suficientes para tomar uma decisão; devem evitar qualquer imposição, salvo a do *melhor argumento*, que possa ser sustentado racionalmente, com a finalidade de evitar qualquer relativismo.

É claro que aqui se suscita uma dificuldade séria. Habermas renuncia a qualquer fundamentação da verdade com princípios últimos. Aceita uma forma mais fraca de condições de possibilidade para sua teoria e para o conhecimento em geral. Segundo isso, a razão comunicativa pressupõe: a comum aceitação da existência de um mundo independente dos objetos existentes; a aceitação recíproca de racionalidade ou responsabilidade dos sujeitos que se comunicam; a

---

[30] TKH I, p. 157.

[31] HABERMAS, *Kommunikatives Handeln und detranszendentalisierte Vernunft*, p. 45.

[32] Cf. TKH I, p. 49.

incondicionalidade das pretensões de validade que vão além de qualquer contexto, como a verdade e a conformidade moral; e as condições exigentes da argumentação que impele os participantes de um processo comunicativo à descentralização de suas perspectivas interpretativas para se envolver em um processo comunicativo intersubjetivo de busca da verdade.[33] Todavia, a falta de aceitação de princípios inalienáveis parece levar Habermas a um círculo argumentativo, já que a justificativa de qualquer consenso basear-se-ia seja em conhecimentos aceitos e não problematizados em um mundo cultural específico, seja em conhecimentos aceitos com base em um consenso prévio. Segundo Habermas, todo princípio pode ser falível. Mesmo os postulados fundamentais da filosofia poderiam ser mais bem formulados no futuro.

> O conceito discursivo da verdade deveria, por um lado, corresponder ao fato que a verdade de uma afirmação – sem a possibilidade de um acesso direto a condições de verdade não interpretadas – não pode ser medida com "evidências cortantes", mas somente com razões que devem ser justificadas, mas que jamais são definitivamente "obrigatórias".[34]

A pretensão de Habermas de alcançar um consenso ideal, bem como sua falta de ênfase em aspectos comunicativos não verbais e na consideração da corporeidade, foram alvo de críticas. Também tem-se criticado que Habermas apresenta uma teoria otimista demais no que concerne à comunicação humana e à capacidade de cada indivíduo de levar adiante processos consensuais. Charles A. Willard afirma: "Vejam

---

[33] HABERMAS, *Kommunikatives Handeln und detranszendentalisierte Vernunft*, p. 13.

[34] HABERMAS, J. *Wahrheit und Rechtfertigung*. Frankfurt: Suhrkamp, 2004. p. 49.

o objetivo quixotesco de Habermas de uma sociedade cujos processos 'racionais' são completamente transparentes para o indivíduo e, portanto, pontos de concordância ou contratos sociais reflexivamente atingidos".[35] Ao mesmo tempo, parece não aprofundar suficientemente na complexidade da atividade argumentadora do ser humano.

Habermas é consciente da problemática própria de todo processo comunicativo (ainda que pareça ser um tema que não tenha sido explorado suficientemente). Junto à possibilidade de entendimento, existe a alternativa da incompreensão, do mal-entendido ou do engano mediante o emprego instrumentalizante da linguagem. Existe a séria possibilidade de que cada consenso seja o fruto não de um autêntico processo comunicativo, mas o resultado de uma pseudocomunicação mediante diversas formas de repressão, violência ou patologias conscientes ou inconscientes.[36] A teoria do agir comunicativo apresenta o ideal que os dissensos possam ser dirimidos com a contribuição de razões que fundamentem um consenso. Os sujeitos que participam nesse processo devem se caracterizar por sua capacidade de dar razão não somente de seus atos, mas também de suas afirmações e juízos, nos três níveis de conhecimento, de modo que ajam crítica e autocriticamente como sujeitos epistêmicos no campo do conhecimento objetivo, como sujeitos práticos no campo do conhecimento normativo e como sujeitos práticos no campo do

---

[35] WILLARD, *A Theory of Argumentation*, p. 139.

[36] Cf. HABERMAS, J. Der Universalitätanspruch der Hermeneutik. In: *Kultur und Kritik;* verstreute Aufsätze. Frankfurt: Suhrkamp, 1973. p. 296. "No caso da pseudocomunicação [...] os participantes não reconhecem nenhum problema de comunicação. A pseudocomunicação produz um sistema de pseudoconsenso recíproco." HABERMAS, J. Toward a theory of communicative competence. In: DREITZEL, H. (Ed.). *Recent Sociology 2*. New York: Macmillan, 1970. p. 117.

conhecimento subjetivo.[37] O filósofo alemão fala, também, em virtudes próprias dos sujeitos responsáveis que agem comunicativamente. Entre elas estão a força de vontade, a credibilidade e a confiabilidade, como capacidades cognitivas, expressivas e prático-morais de alguém que age orientado por princípios de validade.[38] Desse modo, Habermas afirma o seguinte:

> Sob o aspecto funcional do entendimento, o agir comunicativo serve à tradição e à renovação do saber cultural; sob o aspecto da coordenação do agir, serve à integração social e ao estabelecimento da solidariedade; sob o aspecto da socialização, finalmente, o agir comunicativo serve à formação de identidades pessoais. As estruturas simbólicas do mundo vital se reproduzem sobre o caminho da comunicação do saber válido, da estabilização da solidariedade dos grupos e da formação de atores responsáveis.[39]

O mundo urbano, com toda a sua pluralidade e seus aspectos caóticos, pode apresentar-se, todavia, como um espaço no qual parece impossível conseguir uma adequada comunicação de acordo com as exigências da racionalidade comunicativa. Gary Gridge propõe a ideia de uma *racionalidade transacional* nas comunidades e entre comunidades que leve em conta não somente o agir discursivo, mas também o não discursivo, como parte de uma deliberação pública e também de uma racionalidade que implique a improvisação. Trata-se de uma pluralidade de racionalidades mediadora entre o estético e a argumentação social, entre o consenso e o dissenso que existem entre comunidades que convivem juntas,

---

[37] TKH II, p. 117.
[38] Cf. TKH II, p. 270.
[39] TKH II.

mantendo a plausibilidade da relação de posições diversas no espaço urbano.

> O planejamento como argumentação é uma prática insurgente. A negociação de reclamações é etnometodológica (antes que lógica) e por isso deve ser sensível às multiplicidades do espaço urbano e concepções de espaço. Não há uma noção comum de espaço, aqui, como no plano isotrópico da racionalidade cartesiana. Também não há um espaço singular emergente do âmbito público atingido via deliberação para chegar a um consenso (no modelo habermasiano). O que nos restam são concepções múltiplas de espaço que interagem como posturas na argumentação.[40]

A vida urbana apresentaria uma racionalidade mais complexa e mais aberta à pluralidade que a racionalidade comunicativa habermasiana.

> O instrumentalismo cru e a extraordinária experiência estética, a racionalidade comunicativa e a racionalidade instrumental, o sistema e o mundo da vida, o espaço abstrato e vivido – todos existem em um *continuum*, não como esferas separadas. O espaço para melhor entender esse *continuum* é a cidade. É na cidade onde a transição entre os reinos comunicativos é mais possível e onde a diversidade dos mundos da vida (diferença) ainda pode ser encontrada em uma racionalidade transacional de uma experiência mais significativa.[41]

Apesar das críticas que possam ser feitas ao pensamento de Habermas, sua utilidade para a organização da vida urbana é inegável. O conceito de racionalidade comunicativa

---

[40] BRIDGE, G. *Reason in the City of Difference*. Pragmatism, Communicative Action and Contemporary Urbanism. London/New York: Routledge, 2005. p. 145.

[41] Ibid., p. 14.

tem a ver não somente com princípios epistemológicos, mas também com uma teoria social unida a uma ética comunicativa. A pluralidade de códigos linguísticos das urbes deixa em aberto a pergunta se é possível alcançar consensos que permitam não só a transformação da cidade em uma cidade mais justa, mas também se é possível estabelecer critérios de justiça de validade geral que possam ser aceitos, em princípio, por todos. O fato de levar em consideração as pessoas, a quem atingem as decisões e transformações que requerem as cidades, é de grande relevância porque significa reconhecê--los como sujeitos simbólicos, responsáveis por suas afirmações e atos, construtores da vida urbana. O fato de alguém poder participar comunicativamente na busca da verdade e na tomada comum de decisões possibilita seu desenvolvimento como ser humano. A democracia tem a ver com a autodeterminação das pessoas, com sua capacidade de decisão e de crítica etc. É claro que o sucesso de uma ética comunicativa, da democracia e, em geral, do projeto habermasiano aplicado ao mundo das cidades latino-americanas depende essencialmente de um projeto educativo comunicativo.

Educação crítico-comunicativa para a cultura urbana

O próprio Habermas não aborda amplamente o tema da relação entre sua teoria do agir comunicativo e a pedagogia ou as ciências da educação.[42] Todavia, seu pensamento teve um grande impacto nessas disciplinas.

---

[42] Fala, por exemplo, das transformações sociais da formação acadêmica. Cf. HABERMAS, J. *Theorie und Praxis;* sozialphilosophische Studien. Frankfurt : Suhrkamp, 1978.

Habermas não se referiu diretamente à educação como prática social. Nas poucas ocasiões em que Habermas menciona diretamente a educação, menciona-a como um exemplo e não como tema principal. Por esse motivo, a significância do trabalho de Habermas para a educação é vista melhor desde a perspectiva da literatura educacional que aplica as teorias e conceitos habermasianos.[43]

Raymond A. Morrow e Carlos Alberto Torres destacam algumas das objeções que se dirigem à teoria crítica da sociedade e do agir comunicativo:

> A teoria crítica e as formas relacionadas da sociologia da educação e da pedagogia crítica foram tradicionalmente alvo de pelo menos cinco tipos de ataques que são, geralmente, bem conhecidos: (1) da parte da teoria positivista da educação, foi rejeitada por ser considerada não prática, romântica e sem base empírica; (2) a esquerda marxista a condenou por idealismo, subjetivismo e romantismo, uma perspectiva muito comum na América Latina; (3) pela hermenêutica conservadora e abordagens fenomenológicas, foi recebida com ambivalência por causa de sua politização "ocidentalizante" da educação às custas do mundo da vida e da tradição; (4) em nome das críticas ambientalistas radicais, foi acusada de antropomorfismo normativo; e (5) sob o rótulo da teoria pós-modernista, pós-estruturalista e pós-colonial, foi questionada por seu viés racionalista modernista, universalismo normativo, concepção de um sujeito autônomo e falta de atenção a questões de diferenças.[44]

---

[43] EWERT, G. D. *Habermas and education*: a comprehensive overview of the influence of Habermas in educational literature. In: *Review of Educational Research* 61 (1991) 346.

[44] MORROW, R. A.; TORRES, C. A. *Reading Freire and Habermas*; Critical Pedagogy and Transformative Social Change. New York/London: Teachers College Press, 2002. p. 163-164.

Também é necessário levar em conta que a aplicação da teoria habermasiana no mundo urbano tem a ver com a possibilidade de as pessoas terem acesso aos bens necessários para o cultivo de sua subjetividade, de forma que a democracia não se torne no privilégio da minoria dominante, excludente de pessoas oprimidas pela pobreza material e cultural.[45] A falta de igualdade entre os indivíduos das sociedades urbanas latino-americanas, estigmatizadas pela diferença entre ricos e pobres, é um aspecto desafiador para a operacionalização da teoria do agir comunicativo, questão que não foi considerada suficientemente pelo filósofo alemão.[46]

O programa da racionalidade comunicativa aplicada ao planejamento urbano requer a implementação de um sistema educativo que forme os indivíduos como sujeitos capazes de dialogar, de argumentar, de assumir posturas críticas, em suma: de agir comunicativamente. Devem ter a formação suficiente para se contrapor, na medida do possível, à manipulação midiática da propaganda política ou da estetização da consciência, impulsionada, por exemplo, pelo consumismo. Habermas afirma que "a liberdade tem o sentido de liberação mediante uma crítica entendida como autorreflexão e uma praxe guiada criticamente".[47] Sua teoria apresenta o desenvolvimento da subjetividade dos indivíduos em meio à intersubjetividade. Desse modo, a aprendizagem social se torna uma questão de formação da identidade, uma educação para

---

[45] Cf. HABERMAS, J. Zum Begriff der politischen Beteiligung. In: *Kultur und Kritik;* verstreute Aufsätze. Frankfurt: Suhrkamp, 1973. p. 9-60.

[46] MORROW; TORRES, *Reading Freire and Habermas;* Critical Pedagogy and Transformative Social Change, p. 161.

[47] Cf. HABERMAS, J. *Über der Subjekt der Geschichte:* Diskussionsbemerkung zu falsch gestellten Alternativen. In: *Kultur und Kritik;* verstreute Aufsätze. Frankfurt: Suhrkamp, 1973. p. 393.

a maturidade (*Erziehung zur Mündigkeit*).[48] A esse respeito, diz Robert Young:

> Porque, se a virada linguística significa alguma coisa para a teoria social, significa que proferimos nosso próprio devir através do caráter ontogenético (criador de realidade) da conversação da averiguação. Os argumentos importam, os juízos de validade importam. Não são só "acadêmicos", mas também definidores e constitutivos de nossa (efêmera) mutante realidade/identidade pessoal e cultural.[49]

A linguagem, a interação, a busca cooperativa da verdade e da ordem social são elementos que têm a ver diretamente com o desenvolvimento de cada indivíduo e, portanto, com o tema da educação. Segundo Habermas, o saber argumentar e fundamentar as afirmações e ações que se realizam está relacionado com o aprender.[50] É nesse horizonte que ele leva em conta os níveis de desenvolvimento descritos por Kohlberg e Selman, explicando a relação que existe entre o agir comunicativo e a capacidade cultivável dos indivíduos de dialogar e argumentar, abrindo-se à perspectiva do outro e assumindo uma perspectiva descentralizada da realidade.[51] Mas é possível gerar esse nível de competência e de abertura ao outro nos habitantes das cidades latino-americanas com todo seu estresse, violência, complexidade e pluralidade linguística e simbólica, bem como seu relativismo de valores? Como su-

---

[48] Cf. RICHTER, H. *Zwischen Sitte und Sittlichkeit. Elemente der Bildungskritik und pädagogischen Handlungstheorie in Jürgen Habermas' kommunikativer Vernunftheorie*. Berlin: Logos, 2000. p. 365.

[49] YOUNG, R. Habermas and education. In: HAHN, L. E. *Perspectives on Habermas*. Illinois: Open Court, 2000. p. 546.

[50] Cf. TKH I, p. 39.

[51] Cf. HABERMAS, J. *Moralbewusstsein und kommunikatives Handeln*. Frankfurt: Suhrkamp, 1983.

perar o problema do marcado individualismo das sociedades urbanas que fazem parte da *me generation*, regida, também, pela supremacia de interesses econômicos?[52] Como obter estruturas democráticas em ambientes de burocratização extrema, corrupção e dominação política? O ideal da teoria do agir comunicativo está aparentado com concepções idealistas de uma humanidade. Os seres humanos devem trabalhar constantemente para crescer tanto em âmbito pessoal quanto comunitário. E, sem dúvida, é um desafio iniludível, já que toda grande cidade tende a uma humanização progressiva.

Um ser humano não pode se desenvolver solipsisticamente nem desenraizado de um contexto cultural e linguístico específico. Ao mesmo tempo, Habermas insiste, apoiado nas ideias de G. H. Mead, que os seres humanos são inovadores, iniciadores de transformações originais tanto em nível do conhecimento objetivo, de seu mundo social, quanto de sua própria realidade pessoal.[53] Aqueles que participam de processos consensuais devem ser sujeitos capazes de falar, de agir, de dar razão da coerência e da validade de suas afirmações e de suas ações. O valor do pensamento habermasiano para a cultura urbana está, então, no fato de os habitantes das cidades poderem desenvolver modos de organização consensuais, nos quais se expresse o caráter intersubjetivo da verdade, da validade das normas e, também, do desenvolvimento pessoal de cada indivíduo. A teoria do agir comunicativo apresenta ideais que parecem inatingíveis, já que não é fácil conseguir que uma razão formal e abstrata encontre sua aplicação e realização em uma razão concreta. Mas não se pode renunciar ao esforço de reconhecer a verdade como fundamental-

---

[52] Cf. TAYLOR, *The Ethics of Authenticity*, p. 4.
[53] Cf. TKH II, p. 147s.

mente intersubjetiva. A verdade não pode ser algo que tenha valor e caráter vinculante unicamente para alguns. Se fosse assim, cair-se-ia em posturas relativistas ou contextualistas. Isso apresentaria sérios problemas não só com relação à validade do conhecimento objetivo, mas também com relação à validade de princípios morais e de direito. O que é justo? Quais são os direitos inalienáveis de todo ser humano, ou, mais especificamente, dos habitantes de uma urbe? O que é o moralmente correto? O que é que realmente favorece o bem comum em uma cidade? Com isso não se defende um dogmatismo resoluto. Não há autêntica comunicação nem interação humana sem pluralidade e diversidade. Mas a linguagem, o entendimento da realidade e a cooperação necessitam do consenso.

O próprio Habermas, em sua rejeição aos princípios apodícticos ou de validade última, busca evitar qualquer tipo de dogmatismo. Não se trata de impor o que é verdadeiro ou correto, mas de defini-lo em processos de diálogo e argumentação, abertos à pluralidade, mas capazes de gerar pontos de encontro e de comum acordo. "A dimensão prático-normativa se desloca da força emancipadora da reflexão para a comunicação intersubjetiva, na qual a estrutura proposicional da linguagem e a pergunta normativa do entendimento intersubjetivo devem formar uma conexão indissolúvel."[54] É claro que é um problema o fato de Habermas não falar em princípios de validade universal enquanto tais, como aqueles princípios fundamentais da filosofia ou os princípios iludíveis da comunicação humana, como é apresentado por K. O. Apel. De fato, é necessário revisar se os princípios gerais sobre os quais se sustenta a teoria do agir comunicativo po-

---

[54] RICHTER, *Zwischen Sitte und Sittlichkeit...*, p. 64.

dem ser negados sem cometer uma contradição performativa. Assim, será possível identificar aqueles postulados de validade última que não podem ser colocados em dúvida sem interromper o processo comunicativo e argumentativo (como o princípio de não contradição ou a validade intersubjetiva de toda proposição objetiva como pressuposto *a priori* de todo entendimento).[55] Também, é necessário destacar que os seres humanos não podem conformar-se com modelos formais, como o que apresenta Habermas, vazios de conteúdos específicos sobre aquilo que é correto ou incorreto, bom ou ruim. Herrmann Richter explica que a neutralidade da teoria do agir comunicativo corre o risco de não dar nenhuma orientação concreta, não relativa, para o agir humano e para a atividade educativa, em meio a uma sociedade plural. A dificuldade de mediar entre a normalidade e a normatividade dá origem à dificuldade pedagógica de uma mediação de uma prática pedagógica com as exigências críticas de uma educação emancipadora. Necessita-se de um parâmetro objetivo de valor para poder dizer que um processo de socialização está sendo errôneo.[56] Habermas espera que isso seja definido através da teoria formal de comunicação e busca de consenso que ele propõe.

O êxito da democracia urbana e de manifestações fundamentais para a vida da cidade, como são, por exemplo, os movimentos sociais de base (valorizados por Habermas), dependem em grande medida da educação. O agir comunicativo está intrinsecamente ligado à possibilidade de os seres

---

[55] APEL, K. O. Normative Begründung der Kritischen Theorie durch Rekurs auf lebensweltliche Sittlichkeit? Ein transzendentalpragmatischer Versuch, mit Habermas gegen Habermas zu denken. In: HONNETH, A. et al. *Zwischenbetrachtungen;* im Prozess der Aufklärung. Frankfurt: Suhrkamp, 1989. p. 15-65.

[56] Cf. RICHTER, *Zwischen Sitte und Sittlichkeit...*, p. 45 und 83.

humanos que dialogam e interagem contarem com as competências comunicativas suficientes para participar em processos consensuais.

Robert Young se questiona sobre o papel das escolas nos processos de desenvolvimento e emancipação na sociedade. A resposta, ele diz, deve ser tal que permita estruturas apropriadas e processos de ação comunicativa educacional em um nível pedagógico e na formação da subjetividade.[57] Seria um modelo de educação segundo o qual os docentes ajudem os alunos a buscar intersubjetivamente a verdade, o diálogo, o debate fundamentado etc. A educação, nesse sentido, não pode se limitar a um aspecto técnico ou obedecer aos interesses econômicos que promovem estudos mais rápidos e superficiais, mas deve atender a maturação de toda a pessoa:

> A articulação madura envolve um conjunto de virtudes, sendo não menos importantes entre elas a coragem, a prudência e a compaixão. Elas aparecem em uma forma especificamente social ou hermenêutica porque a hermenêutica não é simplesmente uma compreensão cognitiva, mas uma resposta da pessoa como um todo.[58]

A teoria do agir comunicativo requer a formação de instituições adequadas.[59] A educação pode contribuir para que os habitantes de uma grande cidade latino-americana se distingam por sua capacidade de diálogo e de reconhecimento mútuo como sujeitos que dialogam e interagem. A educação

---

[57] Cf. YOUNG, Habermas and education, p. 537.

[58] Ibid., p. 540.

[59] Cf. HABERMAS, J. *Faktisität und Geltung*. Frankfurt: Suhrkamp, 1998. Cf. BARLETT, S. Discursive democracy and democratic way of life. In: HAHN, L. E. *Perspectives on Habermas*. Illinois: Open Court, 2000. p. 367-386.

comunicativa pode se tornar, assim, um fator de esperança para o melhoramento da realidade urbana.[60]

Conclusão

A teoria do agir comunicativo, sustentada em um conceito de racionalidade intersubjetiva, atinge o conceito de verdade, a construção participativa e consensual da vida social e a formação da identidade dos indivíduos através da linguagem e da interação simbólica. O mundo urbano é uma realidade que parece questionar a aplicabilidade da teoria social habermasiana. Contudo a teoria do agir comunicativo pode ser uma ferramenta para promover nas grandes cidades latino-americanas, como espaços que potencializam a comunicação, processos de participação social orientados pela busca comum da verdade e da ordem comum, bem como o desenvolvimento dos indivíduos em suas competências linguísticas e de análise crítica. Para isso, é necessário criar modelos educativos que respondam aos princípios da racionalidade comunicativa, com o apoio de instituições e com políticas de desenvolvimento que façam acessível uma educação adequada a todos os habitantes da cidade, especialmente os mais marginalizados.

Referências

APEL, K. O. Normative Begründung der Kritischen Theorie durch Rekurs auf lebensweltliche Sittlichkeit Ein transzendentalpragmatischer Versuch, mit Habermas gegen Habermas zu denken. In: HONNETH, A. et al. *Zwischenbetrachtungen;* im Prozess der Aufklärung. Frankfurt: Suhrkamp, 1989.

BÄHR, J; BORSDORF, A.; JANOSCHKA, M. Die Dynamik stadtstrukturellen Wandels in Lateinamerika im Modell der lateinamerikanischen Stadt. *Geographica Helvetica* 57 (2002/4) 300-310.

---

[60] Cf. YOUNG, Habermas and education, p. 532.

_____; MERTINS, G. *Die Lateinamerikanische Grossstadt;* Verstädterungsprozesse und Stadtstrukturen. Darmstadt, 1995.

BRIDGE, G. *Reason in the City of Difference.* Pragmatism, Communicative Action and Contemporary Urbanism. London/New York: Routledge, 2005.

COY, M. Jüngere Tendenzen der Verstädterung in Lateinamerika. *Lateinamerika Jahrbuch* 11 (2002) 9-42.

DEAR, M. *The Postmodern Urban Condition.* Oxford: Blackwell, 2000.

ELLIN, N. Postmodern Urbanism. New York: Princeton Architectural Press, 1999.

EWERT, G. D. Habermas and education: a comprehensive overview of the influence of Habermas in educational literature. *Review of Educational Research* 61 (1991) 346.

GARCÍA CANCLINI, Néstor. *Hybrid Cultures;* Strategies for Entering and Leaving Modernity. Minnesota: University of Minnesota Press, 1995. [Ed. bras.: *Culturas híbridas;* estratégias para entrar e sair da modernidade. São Paulo: Edusp, 1997.]

HABERMAS, J. *Die Einbeziehung des Anderen;* Studien zur politischen Theorie. Frankfurt: Suhrkamp, 1999.

_____. *Die postnationale Konstellation;* politische Essays. Frankfurt: Suhrkamp, 1998.

_____. *Erkenntnis und Interesse.* Frankfurt: Suhrkamp, 1973.

_____. Kommunikatives Handeln und detranszendentalisierte Vernunft. Stuttgart: Reclam, Ditzingen, 2001.

_____. *Nachmetaphysisches Denken;* philosophische Aufsätze. Frankfurt: Suhrkamp, 1992.

_____. *Strukturwandel der Öffentlichkeit.* Frankfurt: Suhrkamp, 1990.

_____. Vorstudien und Ergänzungen zur Theorie des kommunikativen Handelns. Frankfurt: Suhrkamp, 1995.

_____. *Theorie des kommunikativen Handelns.* Frankfurt: Suhrkamp, 1999. Band 1: Handlungsrationalität und gesellschaftliche Rationalisierung.

_____. *Theorie des kommunikativen Handelns.* Frankfurt: Suhrkamp, 1999. Band 2: Zur Kritik der funktionalistischen Vernunft.

MELA, A. Ciudad, comunicación, formas de racionalidad. *Diálogos de la comunicación* 23 (1989) 10-16.

MORROW, R. A; TORRES, C. A. *Reading Freire and Habermas;* Critical Pedagogy and Transformative Social Change. New York/London: Teachers College Press, 2002.

RICHTER, H. *Zwischen Sitte und Sittlichkeit. Elemente der Bildungskritik und pädagogischen Handlungstheorie in Jürgen Habermas' kommunikativer Vernunfttheorie.* Berlin: Logos, 2000.

TAYLOR, C. The Ethics of Authenticity. Cambridge/Massachusetts/London: Harvard University Press, 1991.

WELSCH, W. Das Ästhetische: Eine Schlüsselkategorie unserer Zeit? In: WELSCH, W. (Hrsg.). Die Aktualität des Ästhetischen. München: Wilhelm Fink, 1993.

WILLARD, C. A. A Theory of Argumentation. Tuscaloosa: University of Alabama Press, 1989.

YOUNG, R. Habermas and education. In: HAHN, L. E. Perspectives on Habermas. Illinois: Open Court, 2000.

5

Luta pela civilização: condições e exigências de uma educação da humanidade para a paz em Blondel

*Álvaro Mendonça Pimentel**

Em princípios de 1939, pouco antes do início da Segunda Guerra Mundial, o filósofo francês Maurice Blondel (1861-1949), então quase cego, ditava rapidamente um pequeno livro intitulado *Luta pela civilização e filosofia da paz*.[1] Opunha, assim, a luz frágil do pensamento à densa escuridão da guerra nascente e logo total, que se espalharia pela Europa e outros continentes. A edição do livro esgotou-se em poucos meses, escapando por isso à censura dos nazistas, que, cerca

---

* Faculdade Jesuíta de Teologia e Filosofia.

[1] *Lutte pour la civilisation et philosophie de la paix*. Paris: Flammarion, 1939. O texto foi reeditado em 1947, com o mesmo título, algumas notas complementares e uma nova paginação. No presente artigo, utilizaremos a paginação da segunda edição, uma vez que nos valemos também dos acréscimos aí inseridos por Blondel.

de um ano depois, ocupariam o norte da França. Chocado com os rumos da política internacional, crítico em face dos horrores do hitlerismo e da parcialidade dos nacionalismos, de um lado, bem como da insuficiência dos ditos "regimes de liberdade", de outro lado, Blondel propunha naquela época dramática da humanidade, que ainda é em boa parte a nossa época, uma reflexão sobre *as condições e as exigências de uma paz duradoura*, desde que em contínua construção. Ao antecipar as críticas vindouras ao totalitarismo e ao denunciar o imanentismo da cultura contemporânea, o "Mestre de Aix" construiu um diagnóstico das causas profundas da crise civilizatória ocidental, seguindo duas vertentes: a) as soluções incompletas ao problema da existência humana geram ídolos que exigem o sacrifício de vidas e povos, e, na era da ciência, ídolos cuja potência destrutiva alcança o ápice do horror e da violência, sob a aparência da fria racionalidade; b) a filosofia moderna transformou o "método de imanência" por ela seguido numa "doutrina da imanência" e, de forma crescente, fechou-se a toda transcendência real, ao romper o fio que sustenta a condição normal da humanidade. Essas duas faces do mesmo problema se retroalimentam constantemente. Explicações reducionistas do real geram totalidades fechadas, excludentes, condenando a transcendência humana ao esquecimento prático, e tornando impossível uma compreensão mais adequada da vida.

Esse diagnóstico não era novo para Blondel. Desde 1893, quando defendeu sua célebre tese *A ação: ensaio de uma crítica da vida e de uma ciência da prática*,[2] Blondel já colocava como centro dramático da escolha humana uma opção entre

---

[2] L'action: essai d'une critique de la vie et d'une science de la pratique, XXV-492 p. (1893). In: *Oeuvres complètes I:* 1893: les deux thèses. Paris: P.U.F., 1995. p. 1-530.

uma atitude puramente imanente diante da questão do sentido da vida e de nossa destinação e uma atitude de abertura ao outro, ao dom, ao indedutível, cujo *acontecimento*, esperado e confusamente pressentido pelo coração humano, escapa, porém, inteiramente, ao controle de nossa vontade, às possibilidades de nossas realizações sempre finitas e de nosso pensamento enfermo. Essa obra magnífica que, embora não recebendo reedição em vida do autor, seria copiada e multiplicada às centenas em toda Europa, buscava estabelecer justamente as condições necessárias da ação humana, ou o que nós hoje costumamos chamar de existência humana, e conduzir a consciência moderna a uma opção e a uma abertura diante do infinito de Deus. Longe de ser um tratado de moral ou pedagogia, ela estabeleceu, porém, as condições indispensáveis, originais e solidárias ao pleno desenvolvimento do ser humano e, portanto, permite justificar uma educação humana para a paz.[3]

Eis por que, neste breve estudo, pretendo expor alguns elementos essenciais dessa justificação, ao esboçar as consequências da doutrina blondeliana para uma pedagogia e uma educação promotoras da paz. Em primeiro lugar, valendo-me do texto *Luta pela civilização e filosofia da paz*, apresentarei as teses blondelianas que expõem, do ponto de vista político e social, a lógica da violência contida em toda *doutrina da imanência*. A seguir, exporei a tese *contraditória*, ao defender uma transcendência da ação humana que, no entanto, não a fecha à pluralidade das culturas e das nações. Finalmente, sempre refletindo sobre a ação, buscarei demonstrar seu

---

[3] Sobre a fecundidade da filosofia blondeliana como matriz de uma filosofia da educação, leia-se o breve e estimulante artigo de L. VAN AKCER, "M. Blondel et 'l'éducation nouvelle'" (*Études Philosophiques*, Paris, n. 9, p. 163-173, abr./juin 1954).

caráter de comunicação universal e livre, capaz de tender a uma humanidade pacificada, e as consequências pedagógicas e educacionais que este sobrevoo pela filosofia blondeliana parece sugerir.[4]

Um combate espiritual

Luta pela civilização pode ter seus capítulos reunidos em duas partes principais. Como era seu costume, Blondel inaugura o estudo enfrentando as dificuldades que impedem uma correta posição do problema e, com isso, mascaram a solução. Com efeito, ao propor-se uma luta pela *civilização* logo se põe a dificuldade de saber de qual civilização se trata, e se será possível respeitar a diversidade das civilizações. Mas seria um erro iniciar o tratamento do problema pela busca de

---

[4] Blondel foi um filósofo cujo engajamento social e político mereceria ser mais destacado e estudado. O seguinte testemunho de Henri Duméry, por exemplo, o confirma: "Blondel não foi somente um professor. Ele sempre nutriu um vivo interesse, desde seus estudos na École Normale Supérieure, pelo social e mesmo pelo político. Em 1880, ele descobria Le Play" [homem político, engenheiro e economista francês. Grande instigador da sociologia positiva, ao lado de Durkheim e Tarde, dedicado ao estudo de questões ligadas ao operariado de então]. "Ele aderiu a seguir ao catolicismo social e colaborou nas Semanas Sociais da França. Antigo partidário de Dreyfus, republicano e patriota, ele sempre se posicionou como um católico de esquerda [...]. Sustentou um severo combate contra a Ação Francesa, depois contra o Nazismo. Resistente desde 1940, ele pôs em risco sua vida ao acolher e defender as vítimas das perseguições raciais." In: MERLEAU-PONTY (org.). *Les philosophes célèbres*. Paris: Lucien Mazenod, 1956. p. 302-303. (Collection de la Galérie des hommes célèbres.) Após a Segunda Guerra Mundial, Blondel retomou seu apoio favorável ao projeto de uma sociedade das nações que, apesar de fracassada diante do conflito apenas terminado, tendo sido incapaz de evitá-lo, seria, no entanto, o germe da ONU. Em um artigo de 1948, um ano antes de sua morte, Blondel defendia a criação de uma "união europeia" como prelúdio a uma "federação mundial". Não por acaso, Robert Schuman havia lido *Luta pela civilização e filosofia da paz* e escrito ao próprio Blondel para expressar sua viva adesão às ideias do "Mestre de Aix". Sobre o pensamento político de Blondel, consulte-se M.-J. COUTAGNE e P. COINTET (org.), *Maurice Blondel;* dignite du politique et philosophie de l'action) (Langres: Éditions du Carmel-Parole et Silence, 2006).

uma definição qualquer do que seja civilização, para aplicá-la à realidade e julgá-la. Antes, trata-se de recolher a experiência de um tempo, de refletir os conflitos que nele se desenvolvem. Ora, é justamente esse termo "civilização", diz Blondel, que é manipulado constantemente, a favor de interesses menores. Seria necessário, pois, avaliar a pertinência e o sentido provindo do emprego do mesmo termo, ora utilizado para identificar uma "exaltação das pessoas humanas e de sua liberdade voluntariamente disciplinada", ora utilizado como sinônimo de um "unitarismo gregário que, para fundir os indivíduos numa massa esmagadora, esmaga antes as opiniões privadas, a fim de constituir uma força irresistível e invulnerável".[5] Há, portanto, "duas concepções não apenas teoricamente contrárias, mas ativamente antagonistas do que deve ser uma humanidade evoluída e mesmo uma super-humanidade organizada".[6] A partir desse conflito real, que expressa ideais antagônicos, é que o problema pode se colocar com maior clareza. A primeira parte de *Luta pela civilização* tratará, portanto, de determinar detalhadamente essas duas concepções antagônicas e descrever o mecanismo lógico de seu inevitável conflito. Com isso, Blondel leva a cabo uma crítica radical das concepções morais e mesmo metafísicas que são sustentadas nessas duas atitudes contrárias, o que seria a *pars destruens* de seu escrito. A *pars aedificans* tratará, em consequência, das condições que possibilitam uma civilização plural, promotora do sentimento da humanidade e, assim, construtora de uma paz mundial. Para tanto, Blondel defende um papel fundamental do "espírito cristão", não como a adoção de uma solução confessional, que é de

---

[5] BLONDEL, 1947, p. 21.

[6] Ibid.

outra ordem, mas como *inspirador* em seus aspectos razoáveis, em suas riquezas tradicionais e em sua força simbólica e fecundante do pensamento e da ação humana. Trata-se, enfim, de levar a cabo um exame de consciência da civilização ocidental, de suas atitudes diante do problema da vida e de uma necessária elevação espiritual, num tempo em que a potência material e tecnocientífica alcançou possibilidades antes inimagináveis. Neste estágio da investigação, o termo civilização ganha o sentido de uma sociedade que alcançou uma certa unidade histórica e cultural, movida por um ideal propriamente moral, e que se espraia para além das fronteiras de uma nação.

Mas antes de passar brevemente esses estágios da argumentação blondeliana, cumpre compreender um traço característico de seu modo de filosofar e de seu projeto filosófico. Blondel aponta constantemente para a vigência de uma força lógica que ordena a vida humana e social. Além disso, "malgrado o aparente ilogismo de muitas ações, nenhuma vida pessoal ou coletiva escapa à lei segundo a qual os homens agem sob a influência de um ideal ao menos implícito".[7] Em toda ação pessoal ou social, há teses morais e metafísicas implícitas sobre o que *deve ser* a vida humana e social, a partir do que se representa *ser* o homem e a sociedade. Tais teses guiam, de forma necessária, lógica, a tomada de posições e decisões de pessoas, grupos ou países. Mas, quando absolutizadas por uma "tentação ontológica", por uma tentação humana de interromper e enclausurar a história itinerante da humanidade, tentação constante das "doutrinas de imanência", elas tendem a negar, a excluir e mesmo a destruir o que escapa a seu âmbito limitado. "Parcial, bestial", dizia

---

[7] Ibid., p. 17.

a sabedoria dos antigos. A filosofia, no entanto, não pode contentar-se com tal perversão da razão. Como autocompreensão do homem, ela "recolhe, regula, julga todo o dinamismo do pensamento e da ação humana", mas esforçando-se por situá-lo num horizonte ampliado, em que a clausura da imanência encontra-se, na realidade, rompida pela transcendência humana. Blondel sustenta, enfim, que a violência das posturas parciais só poderia ser saneada pelo livre reconhecimento dessa transcendência e por uma atitude de acolhida do dom, o que não implica ainda um ato de fé propriamente religiosa.

É possível agora examinar as forças antagônicas que ainda se encontram em nossa atualidade histórica, para denunciar sua parcialidade e considerar as condições de sua superação. Blondel, já em 1939, denuncia a lógica perversa dos regimes totalitários e trata do totalitarismo como um fenômeno comum ao nazismo, ao fascismo e ao bolchevismo, embora suas análises apoiem-se predominantemente sobre o totalitarismo nazista.[8] Trata-se de uma concepção materialista da história e da destinação humana, que justifica a conquista e a expansão nacional a todo custo, inclusive pela utilização da brutalidade sistemática e da astúcia, para alcançar seus próprios fins. Em seu estreitamento de percepção da realidade, em nome mesmo do projeto a realizar, da pretensa superioridade civilizatória e racial a impor, exclui as liberdades individuais, a dignidade da pessoa, os direitos e os deveres da vida internacional, o senso religioso da transcendência. Em seu paganismo, no entanto, evoca o "culto da raça superior" e a "mística" de um nacionalismo que revestem de caráter pseudorreligioso seu projeto de dominação. Como arma princi-

---

[8] Ibid., p. 59 et seq.

pal, o totalitarismo utiliza o controle de toda informação, a supressão de qualquer oposição, a perseguição a todo pensamento livre e uma propaganda massiva interna e externa.[9]

No oposto extremo desse "gregarismo", situa-se a posição lógica dos "regimes de liberdade". Esses são descritos como uma hipertrofia do capricho individual, apoiada numa visão atomista da liberdade, e, em consequência, conduzindo a uma concepção da convivência social como gerenciamento dos conflitos entre liberdades. Aqui Blondel não teme sequer denunciar os limites da democracia, não como mediação a abandonar, mas em sua insuficiência para o enfrentamento eficaz do totalitarismo e de sua visão materialista da história.[10] A simples democracia não é garantia de um regime de justiça e humanidade, sobretudo quando o tecido social é posto em farrapos por uma concepção individualista. O que está em jogo, portanto, não é apenas um conflito político, mas o sentido da vida humana em seu todo, "a verdade essencial [...] do dever das nações, da ordem internacional e da destinação humana".[11] Ora, quando a liberdade é reduzida ao meramente individual, e esta redução é projetada na relação entre classes e nações, concebem-se a relação social e as relações internacionais como gestão de conflitos. Uma tácita afirmação dos direitos absolutos do indivíduo conduz a uma vida social compreendida como luta de interesses entre indivíduos, entre classes e no interior das mesmas classes. Uma concepção de liberdade como mera *independência*, incapaz de engajar-se nas novas obrigações que se multiplicam na constante inovação da vida humana, nutre uma política internacional regida por frágeis tratados, que se rompem à

---

[9] Ibid., p. 43-71.

[10] Ibid., p. 72-76.

[11] Ibid., p. 13.

medida que os mesmos interesses se modificam. Trata-se, portanto, de um tenso e precário equilíbrio entre potências concorrentes, de *um estado de guerra latente.*

Mas, observa Blondel, é justamente esse estado de conflito que prepara o contragolpe totalitário, seja "de um comitê revolucionário, ou de um homem encarnando sua nação, ou uma plutocracia aliada à força militar".[12] Há uma dialética instável entre, de um lado, os indivíduos isolados e, de outro lado, a necessidade de um "tirano exterior". Indivíduos isolados são a presa fácil para a invasão da propaganda, a ordenação gregária da sociedade e, finalmente, a brutalidade dos controles meramente materiais ou utilitários. E se tais ideais se estendem à ordem das relações exteriores, a mesma dialética parece ressurgir. Eis por que Blondel afirma que *liberalismo e totalitarismo são os extremos de um mesmo gênero,* que tendem a se transformar um no outro num combate dialético sem fim. Eles são, portanto, um no outro, sua própria negação. Nota-se sua instabilidade, por um lado, diante da fragilidade do liberalismo quando se trata de assumir as responsabilidades próprias aos cidadãos e às nações, ou seja, sua deficiência propriamente moral, deficiência decorrente de uma concepção da liberdade como mera independência, e, de outro lado, diante da lógica totalitária de dominação brutal, que é uma lógica suicida e igualmente frágil, em que a redução do outro ao mesmo ou o seu mero extermínio acabam por voltar-se contra o regime, corroendo-o por dentro. A dialética, aliás, poderia prosseguir sem fim, pois à morte do tirano ressurgiriam as individualidades monádicas que logo entrariam em conflito, e o ciclo se reabriria.

---

[12] Ibid., p. 84-85.

Ora, como vencer tal dialética infernal? Uma boa pista é fornecida pela lógica clássica, que nos ensina que dois contrários não podem ser ambos verdadeiros, mas *podem ser ambos falsos*. Nesse caso, seria necessário opor-lhes como alternativa uma solução de gênero *contraditório*, uma solução inteiramente *outra*. Liberalismo e totalitarismo se encontram, em seu materialismo de fundo e em seu esquecimento da transcendência humana, na "busca do maior rendimento humano, do único ponto de vista das potências e das delícias materiais".[13] Ambos empregam a força da ciência positiva, chegando a identificar a "civilização à organização científica da humanidade".[14] Mas a ciência, tomada em si mesma e isolada do fluxo da existência humana, torna-se uma parcialidade, ela não possui em si mesma seu sentido, embora possua suas próprias normas. Ou seja: embora possua suas próprias normas de constituição, a ciência é uma iniciativa movida por motivos que escapam ao que seu método é capaz de estabelecer. Esses motivos, no melhor dos casos, apresentam-se como ideais morais fornecidos pela cultura, presentes no *ethos* de uma dada sociedade. Isolada desses ideais, a ciência torna-se presa fácil de interesses menores, fins utilitários, nem sempre ordenados ao bem comum e à promoção da paz. Em consequência, o projeto de uma exclusiva "organização científica da humanidade" se expõe, inevitavelmente, a uma utilização ideológica, seja para encobrir a arbitrariedade do individualismo ou, no plano da política internacional, de uma vontade nacional isenta de qualquer compromisso moral, seja para servir à brutalidade totalitária, com seu delírio conquistador e exterminador dos adversários. Na reedição de *Luta pela*

---

[13] Ibid., p. 79.
[14] Ibid., p. 102.

civilização e filosofia da paz, Blondel acrescenta em nota de rodapé duas aplicações tétricas dessa lógica, recolhidas ao fim da guerra: os campos de extermínio, próprios à lógica totalitária, e a utilização da bomba atômica, sinal inequívoco de uma arbitrariedade irresponsável e imoral.[15]

Contraditória, *em autêntica alteridade*, à visão pessimista e mutilante dos contrários totalitarismo-liberalismo, anterior a toda possibilidade de se pensar seja a associação humana, seja a liberdade em sociedade, encontra-se a tese da *socialidade natural do ser humano*. Esta tese de tradição aristotélica não equivale, no entanto, a uma visão utópica, tampouco a uma espécie de naturalismo das relações sociais e das mediações políticas como nós as conhecemos. A condição humana é ser sociável, condição de sua própria humanidade, mas isso equivale a enunciar igualmente uma *exigência histórica*. O ser humano sociável não corresponde imediatamente ao cidadão socializado. Trata-se de uma condição *requerente* da realização humana, que é vivida como uma *obrigação*. Ela *recomenda* uma lenta assunção a edificar-se na história aberta das liberdades humanas em relação. Ela *prescreve* uma destinação social propriamente política, na manutenção das mediações da união entre as vontades, segundo a razão, a virtude e no horizonte do bem.[16] A vida social é concebida por Blondel como constante promoção de uma união em colaboração, como o lugar do cultivo da amizade e da simpatia por todos os homens. Nela, as mediações do Estado, das leis e do poder político são funções diretas da promoção da justiça, sem a qual as mediações políticas tornam-se ilegítimas. Há, portanto, um *componente propriamente moral*

---

[15] Ibid., p. 47 e 77.
[16] Cf. ibid., p. 82.

da realidade social e política. E o mesmo se diga da relação entre nações. Há um ideal moral, uma elevação e um valor propriamente metafísicos insinuados nas relações históricas entre os homens e os povos.[17]

E este valor que prescreve sempre a busca do melhor é, por sua vez, trabalhado internamente pela transcendência real do espírito humano, aberto pelo infinito de Deus. De tal forma que a gratuidade, as artes, as festas, "esse supérfluo mais necessário que o necessário, têm sua origem numa aspiração religiosa e num culto sagrado".[18] A afirmação de Deus apresenta-se na filosofia blondeliana como uma *alteridade* que relativiza toda identidade, e que é capaz, por isso, de fundar a fraternidade humana e a busca inesgotável e comum da verdade e do bem. Essa perspectiva de uma fraternidade humana, vivendo a união da paz na diversidade das nações, diversidade que não é um mal a vencer, mas a condição normal do florescimento da humanidade, é uma constante da obra blondeliana. Já em 1928, participando das "semanas sociais da França", Blondel pronunciara seu célebre curso intitulado *Pátria e humanidade*. Defendia, então, uma superação dos egoísmos nacionais, numa abertura universal, pois

> a única perspectiva pacificadora é aquela em que os povos, compreendendo sua missão de enriquecer a herança comum dos bens espirituais e das fontes vitais, tendem deliberadamente a se completar, a ajudar-se mutuamente, a se unir sem se unificar, pois sua diversidade mesma é um incremento de vida.[19]

---

[17] Cf. BLONDEL, 1893, p. 253-278. Para o desenvolvimento de uma lógica do político, que conjugue as categorias *Nação, Poder e Estado*, sob a norma da *justiça*, cf. C. BRUAIRE, *La raison politique* (Paris: Fayard, 1974 – em especial as p. 13-40; 105-140).

[18] BLONDEL, 1947, p. 83.

[19] Patrie et humanité. *Semaines sociales de France*. Lyon, 1928. p. 363-403. Aqui: p. 377.

Torna-se urgente, portanto, uma defesa da unidade espiritual da humanidade e da promoção, contra o egoísmo, do espírito cristão da caridade, como forma ordenadora das organizações sociais e internacionais.

Essas perspectivas aqui expostas encontram na obra de Blondel uma larga justificação filosófica. Nos limites do presente estudo, apresentarei a seguir alguns elementos dessa justificação, centrando a atenção e os esforços naqueles aptos a fundar, igualmente, uma educação para a paz, a qual se erguerá na humanidade, segundo Blondel, apoiada em dois princípios fundamentais: a pluralidade das nações e a transcendência do bem.

Pluralidade e transcendência: a comunicação universal e livre da ação humana

Em 1939, quando Blondel redige *Luta pela civilização e filosofia da paz*, sua obra literário-filosófica já se encontra consolidada e quase toda publicada. O filósofo se dispensa, em consequência, de oferecer uma justificação das teses acima sustentadas, supondo-a realizada anteriormente. O propósito do presente estudo, no entanto, deve recolher do itinerário filosófico de Blondel aqueles elementos que ofereçam ao leitor razões suficientes para aceitar as teses sustentadas e a solução educacional a que elas conduzem. Conforme já recordado, Blondel havia publicado em 1893 sua grande obra *A ação*, a qual, embora não seja uma suma de seu pensamento, já continha todas as intuições maiores que seriam desenvolvidas e aprofundadas em investigações posteriores, até mesmo em seu pensamento social e político, como se poderá avaliar agora. Já afirmamos, como dois princípios fundamentais para a construção da paz social e política, a pluralidade das nações e a transcendência do bem. Como justificar tais princípios?

Desde 1893, Blondel sustentava que a ação humana é um dinamismo criador de sínteses originais.[20] Ela é capaz de unir uma série heterogênea de elementos numa realização singular, promovendo e afirmando, com isso, as virtualidades neles presentes, mas que correriam o risco de se perder ou dissipar, caso não fossem realizadas. Pela ação, o corpo humano se unifica, nele se expressa uma intenção e uma comunicação efetiva com o meio. Graças à ação, as forças dispersas do organismo, os ideais abstratos da consciência, as possibilidades presentes numa cultura se precisam, se consolidam, se afirmam e ganham a audiência e a anuência de outros agentes, grupos sociais ou povos. Efetivando-se nas obras da cultura, nas necessidades do trabalho, na potência discursiva da linguagem a tornar possíveis as discussões e deliberações da vida comum, a ação dos seres humanos revela-se como o autêntico *vínculo social*. Na longa história dos povos, a ação comum é o lugar de surgimento das sociedades singulares, das culturas originais, das grandes civilizações. A ação humana histórica, situada na diversidade dos contextos geográficos, das condições climáticas, das disponibilidades e possibilidades alimentares, na variedade das línguas, com suas nuances próprias e de complexa tradução, gera, assim, constantemente, novas e inesgotáveis sínteses, enriquece o fenômeno humano com uma pluralidade indedutível, provinda de iniciativas e deliberações das liberdades em situação.

---

[20] As perspectivas aqui esboçadas inspiram-se na fenomenologia da ação largamente desenvolvida por Blondel na terceira parte de *A ação* (1893), p. 43-322.

Eis por que, de um lado, toda tentativa de um achatamento cultural, de uma dominação colonial, da imposição de um modelo de vida surgido em outras épocas e continentes, esbarra inevitavelmente na originalidade nascente da vida humana e se vê transbordada pelo novo, ou desafiada a contê-lo, uma vez que incapaz de assimilá-lo, recorrendo constantemente à violência.[21] Mas é justamente essa fonte inovadora da ação pessoal e social que, por uma estranha perversão idolátrica e totalizante, fornece uma explicação para o surgimento anormal das concepções individualistas, das representações atômicas da vida social e política, e mesmo para os nacionalismos exclusivos e excludentes.[22] Tal poder heurístico, capaz de prever as reações à violência e mesmo de justificar em parte a possibilidade de seu surgimento, atesta o caráter fundamental da concepção blondeliana de ação.

Nada mais contrário, porém, à orientação *normal* do agir humano do que o isolamento, ou a violência com sua negação do sentido. A ação, com efeito, é comunicativa desde sua mais incipiente manifestação. Agir é propagar-se, divulgando-se e solicitando o apoio do universo num projeto de realização comum. O caráter comunicativo da ação e sua necessidade de colaboração abrem o ser humano a uma influência recíproca, presente em cada operação efetiva. Não se fabrica sem docilidade às exigências da matéria. Não há relação verdadeiramente humana sem o respeito à liberdade alheia. O que uma pessoa busca, no trabalho, na relação educativa, na amizade ou na vida familiar é a doação voluntária de outra a um projeto comum. A relação entre o mestre e o discípulo, por exemplo, ilustra essa característica do agir humano:

---

[21] BLONDEL, 1947, p. 121-135.

[22] Para uma explicação mais detalhada desse fenômeno de perversão, cf.: BLONDEL, 1893, p. 164-180.

em resumo, a relação entre mestre e discípulo é uma relação de *influência*, eficaz somente se o discípulo não permanece inerte, mas responde ao mestre por uma iniciativa própria. A confiança do discípulo nasce da *atitude desinteressada* do mestre, para quem o discípulo é fim em si mesmo, importando ao mestre menos o que ele faz e mais o que ele *é*. Portanto, ou o mestre se *desapega* de seu projeto diante do discípulo, para permitir que este o abrace e com ele colabore livremente, ou não há mais nem mestre nem discípulo.[23] Enfim, essa possibilidade de dispor de si (para doar-se) e esse interdito de dispor do outro (e dominá-lo) fundam e permitem a existência de toda sociedade que não se reduza a um conjunto de relações exteriores e artificiais.

Mas entre duas consciências estende-se também o mundo. Se a ação é naturalmente expansiva e expressiva no corpo humano, se ela exerce uma inevitável influência em seu meio, ela só o faz, por exemplo, nas mediações da obra de arte, do trabalho, da linguagem. Portanto, por meio do que é simbólico, do que exige no receptor um trabalho de *interpretação*, do que não se impõe e abre, assim, o espaço relacional da livre comunicação das consciências. Fosse a mensagem da ação um dado esmagador a impor-se, a relação social se romperia e se perverteria em violência e dominação.

Finalmente, a partir dessa breve fenomenologia da ação, pode-se concluir que o agir humano apresenta-se como uma exigência moral, põe condições requerentes, efetiva-se sempre com medida ou segundo normas necessárias, tanto da parte do autor da mensagem quanto de seu destinatário. E é justamente essa virtualidade comunicativa da ação o que mantém a unidade das sociedades humanas, tais como a família,

---

[23] BLONDEL, 1893, p. 227-244.

a pátria e mesmo o ideal realizável e sempre perfectível da humanidade. Não que a sociedade, em sua fonte, seja um produto de indivíduos que se comunicam. Ela é, na verdade, um fato original da condição humana e, por isso, dito *natural*, um fato *necessário*, pois exigido para que a humanidade se realize, e *livre*, por tratar-se de uma exigência ratificada e construída constantemente em nossa história.[24]

A ação humana apresenta-se, portanto, como um dinamismo expansivo e unitivo, orientada a congregar em sua efetividade histórica todas as condições para a realização da humanidade, desde as mais simples até as mais elevadas realizações da cultura, passando pela aliança entre os povos. Mas é justamente esse movimento expansivo e unitivo da ação que permite em parte explicar o surgimento anormal de uma vontade dominadora e conquistadora, impondo-se pela violência, pregando o fechamento de sistemas da ação e do saber, e dando nascimento, enfim, às experiências totalitárias na história da humanidade.

Este breve percurso pelo mundo blondeliano da ação humana já nos apresenta dois resultados fundamentais: do ponto de vista da ação efetiva, do que realmente ocorre quando agimos, pluralidade e unidade não são dois polos de oposição e conflito, mas duas exigências normais da existência humana pessoal e social. Os seres humanos, as diversas sociedades, os estados nacionais são, cada um a seu modo e segundo certas normas e exigências, unidades originais, que se diferenciam na história, mas para se apelar e atrair numa colaboração livre e construtora de alianças de paz. Esse mesmo dinamismo, no entanto, é capaz de esclarecer o surgimento, seja do individualismo ou de toda exacerbação da individualidade pessoal

---

[24] Ibid., p. 250.

ou da autodeterminação de um povo, seja do totalitarismo ou da busca de uma unanimidade que, no entanto, corrompe-se nos atalhos da brutalidade. Justifica-se, assim, o primeiro princípio fundamental de uma paz social e internacional duradoura, o princípio de uma *unidade na pluralidade.*

O segundo princípio fundador de uma civilização da paz é o *reconhecimento da transcendência da ação humana.* Um dos traços mais marcantes da filosofia de Blondel, desde *A ação* (1893) até a *Trilogia*[25] da décadda de 1930, é o movimento ascendente de sua investigação. Partindo das mais humildes condições da vida humana, como a sensibilidade, por exemplo, ele encaminha seu leitor, qual educador, à abertura a Deus e a um possível, embora indedutível, dom. A tese constante de Blondel, nesta avenida de seu pensamento, é que em todo fenômeno ou realidade mundana encontra-se implicada uma presença fundante e atraente, que abala a eleição de dada realidade como definitiva e suficiente, mesmo que esta seja o próprio conjunto do universo. Não que as diversas ordens da vida humana sejam desprovidas de solidez e de sentido. A experiência sensível, a ciência positiva, a consciência humana, a ação do homem na mediação do corpo e das realidades simbólicas, sua colaboração com outros homens na vida social, sua universalização no sentimento da humanidade, sua elevação moral, sua esperança religiosa, todos esses âmbitos da vida humana são verdadeiros e sólidos, todos eles

---

[25] A chamada *Trilogia* é composta das seguintes obras: *La pensée I;* la genèse de la pensée et les paliers de son ascension spontanée. Paris: Félix Alcan, 1934. (Bibliothèque de philosophie contemporaine.) *La pensée II;* les responsabilités de la pensée et la possibilité de son achèvement. Paris: Félix Alcan, 1934. (Bibliothèque de philosophie contemporaine.) *L'Être et les êtres;* essai d'ontologie concrète et intégrale. Paris: Félix Alcan, 1935. (Bibliothèque de philosophie contemporaine.) *L'Action I;* le problème des causes secondes et le pur agir. Paris: Félix Alcan, 1936. (Bibliothèque de philosophie contemporaine.) *L'Action II;* l'action humaine et les conditions de son aboutissement. Paris: Félix Alcan, 1937. (Bibliothèque de philosophie contemporaine.)

possuem suas normas próprias a que é preciso obedecer para realizar-se, todos eles, enfim, são profundamente queridos por nós como mediações indispensáveis de nossa humanidade. E, no entanto, em todos eles há uma experiência do limite que aponta, ao mesmo tempo, para a vaidade de tudo o que é finito e para sua insuficiência diante do elã espiritual que anima a existência humana. Há não apenas uma transcendência imanente à vida humana, promotora de sucessivas superações no horizonte do melhor. Há também uma aceitação da vida como dom, desde seu princípio, e um apelo para um retorno a esta origem de nosso ser.[26] Com efeito, cada vez que um ser humano se detém um instante na surpresa de *existir*, ele se encontra em face do enigma de ser livre, mas de não ser o princípio mesmo de sua liberdade, de querer, sem ser o constituidor de sua própria vontade. Tudo o que ele faz e realiza nada mais é que a mediação pela qual ratifica o dom de querer, de pensar e, enfim, o dom de ser. Além disso, é experiência humana não ser capaz de desfazer o que se faz. Cada escolha marca, implacavelmente, aquele que age, retorna seus efeitos sobre ele e o constitui, permite ou coíbe uma nova visão, um novo tato, uma atitude mais adequada diante da realidade. E, finalmente, todo ser humano enfrenta o terrível fato do mal, padecido ou realizado, e presente na história da humanidade. Há um princípio sem princípio em todas as suas atividades; há uma esperança de plena realização que o constitui, mas que ele não é capaz de efetivar; há, enfim, esse fato esmagador do mal que ele não pode superar totalmente.

Todas essas experiências da existência humana constroem progressivamente um cenário dramático, em que uma opção

---

[26] Cf. BLONDEL, 1893, p. 325-388. Para um desenvolvimento completo de uma ontologia do dom, a partir de sua fenomenologia, cf. C. BRUAIRE, *O ser e o espírito* (São Paulo: Loyola, 2010).

fundamental deverá formular-se mais cedo ou mais tarde. Todo ser humano deve, em algum momento da vida, optar por sua própria condição humana, assumi-la segundo uma atitude que ordene os grandes vetores da vida, acima elencados. Blondel descreve tal atitude como uma abertura a um acontecimento que seja, a um só tempo, manifestação da origem de nosso ser e realização de sua destinação propriamente "sobrenatural". Adotá-la significará, ao menos implicitamente, afirmar Deus com a própria vida, ou seja: *esperá-lo* ativamente, sem poder produzi-lo. A reflexão filosófica, por sua vez, dá um passo além e o afirma explicitamente, não como objeto possuído, mas, mediante uma "ciência negativa". Pois afirmar Deus como *aquele* que ultrapassa toda possibilidade do pensamento e da ação corresponde a apontar, na existência humana, o vazio que nada de humano é capaz de preencher. Mas a afirmação de Deus, segundo Blondel, não se identifica propriamente com uma *teologia negativa*, pois conhecemos algo de Deus, que é eterno, infinito, transcendente. Ela é, no entanto, uma negação inequívoca de podermos *conquistá-lo ou exigi-lo*. Encontramo-nos, em resumo, abertos ao dom, ao evento irredutível e indedutível e, portanto, na mais absoluta impossibilidade humana, embora afirmando nossa capacidade de acolhê-lo.

Ora, essa afirmação humana de Deus na origem de todas as nossas buscas e realizações e esse reconhecimento de uma abertura ao Outro absoluto, que é Deus, afirmação e reconhecimento apoiados em todos os domínios da ação humana, incidem sobre o sentido da vida pessoal e social. A afirmação de Deus relativiza e ordena os projetos de construção da cidade dos homens, saneia o orgulho de uma liberdade finita que se quereria infinita. Nega-se, portanto, toda independência exclusiva que absolutiza o indivíduo e o imuniza contra as obrigações e ações morais. Nega-se, igualmente, toda tentação totalitária que enclausura a existência individual e social nos delírios históricos dos grandes ditadores.

Para Blondel, em resumo, a vida humana em sua realização normal implica, ao menos, uma afirmação implícita de Deus e um reconhecimento vivido dos limites de nossos projetos e realizações, mesmo os mais ousados e humanitários, numa *atitude de abertura a todo outro que vem, em sua surpreendente presença, e anuncia e propõe o dom de Deus.*

Uma educação moral para a transcendência e a paz

Proponho, para concluir, e apoiado nas reflexões anteriormente desenvolvidas sobre a filosofia blondeliana em perspectiva histórica e social, alguns princípios educacionais que me parecem aptos a promover a paz entre os seres humanos, a fazer avançar uma civilização universal e respeitosa da pluralidade dos povos e a cultivar o sentimento da humanidade nas atitudes vividas em sociedade. Esses princípios constituiriam normas ordenadoras e inspiradoras dos processos de formação dos indivíduos e dos povos, de acordo com a natureza humana que se manifesta no concreto da existência.

a) *Princípio normativo de pluralidade:* a ação pessoal e social gera sempre e necessariamente sínteses originais, não propriamente "novidades", mas identidades destacadas e singulares, estilos únicos e insubstituíveis, que um processo humano de formação não deveria desconhecer, tampouco reprimir, mas esforçar-se por promover e elevar.

b) *Princípio normativo de colaboração e unidade:* a ação humana é comunicativa e universalizante. Nela, inevitavelmente, se expressa uma intenção que, no corpo individual ou social, apela por uma colaboração exterior, uma contribuição complementar e necessária à efetivação de um projeto comum e irrealizável pelas partes em separado. Uma educação humanizante deve, portanto, promover e elevar a colaboração e o mútuo entendimento entre os que participam do mesmo processo. Ela sugere aos educandos a incompletude radical do indivíduo, sua dependência original das relações sociais, sua necessidade de *reconhecimento*. Os trabalhos escolares em grupo ou os trabalhos voluntários em associações, por exemplo, encontram aqui uma clara justificação e um princípio propulsor permitindo a superação dos conflitos tão comuns.

c) *Princípio normativo de reconhecimento:* toda relação humana entre indivíduos, grupos sociais ou nações, toda relação que não aceita reduzir o sujeito a mero objeto, solicita uma colaboração voluntária e livre do outro (indivíduo, grupo ou nação), e por isso mesmo coloca-se diante da impossibilidade de dispor do outro, da exigência de reconhecê-lo em sua liberdade, sem ter jamais o direito de coagi-lo pela violência. O processo formativo deveria, portanto, buscar os meios que desenvolvam esse reconhecimento da liberdade e da dignidade imanipulável de todo outro. O que está em jogo neste princípio é a fina arte de propor o que se quer, confiando ao outro a iniciativa de encontrar, como que por si mesmo, o que se lhe comunica. Tal princípio parece apto a regular as práticas moralizantes obrigatórias, tais como as prestações de serviços comunitários em substituição a punições penais. Além disso, ele não impede um certo grau de obrigatoriedade nas atividades comuns, sobretudo em pedagogia, uma vez que a formação do caráter que não se encontra com obstáculos e obrigações, que se entrega aos caprichos arbitrários, tende a enfraquecer e dissipar a energia da decisão e da realização. Vale lembrar, enfim, que a palavra *obrigação* traz em sua raiz o sentido de "ligação" ou "vínculo". O princípio de reconhecimento visa, portanto, a promoção dos indispensáveis vínculos sociais.

d) *Princípio normativo de responsabilidade*: a ação humana repercute infinitamente, tanto no indivíduo ou grupo que a realiza quanto nos outros que ela atinge. Ela veicula uma determinada mensagem, provoca adesão ou reação, modifica o mundo ao atravessá-lo. E essa modificação não é indiferente, ela promove a humanidade e sua destinação à comunhão e à transcendência, ou a impede e rebaixa. Assim, uma formação humana deveria, por um lado, ocupar-se também das consequências pessoais e sociais de seus processos e objetivos. E, por outro lado, abrir aos educandos o horizonte da responsabilidade com as gerações futuras e a destinação da humanidade.

e) *Princípio normativo de transcendência*: toda realização humana individual ou social esbarra no mistério de sua origem radical; experimenta seus próprios limites nas normas do real e na impossibilidade de anular o que foi livremente realizado; se espanta e se entristece, enfim, diante do enigma do mal na história humana, embora se abra a um conhecimento e a uma realização em plenitude. Eis por que o processo educativo dos indivíduos e das sociedades não poderia eximir-se do problema da transcendência. Não se trata, evidentemente, sobretudo em pedagogia, de uma educação religioso-catequética, a qual é função dos pais e, entre cristãos, por exemplo, dos ministros da evangelização das Igrejas e das escolas confessionais. O desafio aqui é promover uma educação crítica diante de toda pretensão totalizante, uma educação que se recusa a romper o vínculo que mantém de pé a humanidade e, por isso e nesse limite, é religiosa. Ela se define como cultivo honesto e normal de um sentido do mistério que atravessa a vida humana, e de uma abertura a insinuar-se em toda existência que pensa, escolhe e deseja: abertura a um possível dom que a sobreleve. Em toda obra de justiça, em todo projeto edificador da paz, esboça-se uma busca profundamente querida e um fim ultimamente visado. Uma realização, enfim, que as ações humanas preparam, mas cujo cumprimento escapa a seu domínio. É nesse intervalo, entre a iniciativa humana na história e o evento que a perfaça, que se abre o tempo da esperança e se orienta uma educação para a paz.

Referências

BLONDEL, M. L'action: essai d'une critique de la vie et d'une science de la pratique, XXV-492 p. (1893). In: *Oeuvres complètes I*; 1893: les deux thèses. Paris: P.U.F., 1995.

_____. Le point de départ de la recherche philosophique (1906). In: *Oeuvres complètes II*; 1888-1913: la philosophie de l'action et la crise moderniste. Paris: P.U.F., 1997.

_____. Patrie et humanité: cours de M. Maurice Blondel. In: SEMAINES SOCIALES DE FRANCE: La loi de charité: principe de vie sociale. Paris:/Lyon Gabalda/Vitte, 1928.

_____. Principe élémentaire d'une logique de la vie morale (1900). In: *Oeuvres complètes II*; 1888-1913: la philosophie de l'action et la crise moderniste. Paris: P.U.F., 1997.

_____. *Lutte pour la civilisation et philosophie de la paix*. Paris: Flammarion, 1939. (2. ed., 1947.)

BRUAIRE, C. *La raison politique*. Paris: Fayard, 1974.

_____. *O ser e o espírito*. São Paulo: Loyola, 2010.

COUTAGNE, M.-J.; COINTET, P. (org.). *Maurice Blondel;* dignite du politique et philosophie de l'action. Langres: Éditions du Carmel-Parole et Silence, 2006.

FERRANDI, G.; MALAGUTI, M.; VOPE, G. *La philosophie et la paix*. Actes du XXVIIIe Congrès International de l'Association des Sociétés de Philosophie de Langue Française (Bologna, 29 août – 2 septembre 2000). Paris: Vrin, 2002. 2 t.

MERLEAU-PONTY (org.). *Les philosophes célèbres*. Paris: Lucien Mazenod, 1956. (Collection de la Galérie des hommes célèbres.)

6

A paz como uma virtude? Algumas reflexões sobre educação e moralidade na filosofia de Alasdair MacIntyre[1]

Helder Buenos Aires de Carvalho*

A temática da paz não tem sido um objeto privilegiado da reflexão ético-filosófica ocidental em sua trajetória histórica desde os gregos. O conflito, ao contrário, tem tido muito mais espaço na *dérmarche* filosófica e muita tinta e papel têm sido gastos pelos pensadores em suas obras para tematizá-lo, seja direta, seja indiretamente. Para nós, ocidentais, parece que o conflito é a chave central de nossas experiências sociais,

---

[1] Texto produzido no âmbito de projeto de pesquisa sobre filosofia e educação em Alasdair MacIntyre, com apoio da FAPEPI/CNPq – Edital PPP.

* Universidade Federal do Piauí.

políticas e educacionais. O espaço social e político é pensado intermitentemente como lugar do conflito de interesses e objetivos antagônicos; a educação atual é formulada para garantir a construção do indivíduo competitivo, pronto para o conflito e a disputa. A física que parece predominar no pensamento filosófico ocidental é a do movimento absoluto dos corpos, da dinâmica e do entrechoque de forças que só eventualmente forjam o repouso; o repouso e a paz parecem não ser tão positivados ou considerados devidamente. A paz e o repouso na vida social e política parecem ser vistos como não naturais, como acidentes de percurso na dinâmica do mundo ou como conservadorismo indevido.[2] No nosso noticiário cotidiano, por exemplo, está hiperbolizado esse foco sobre os conflitos, as divergências e a violência deles decorrente.

A filosofia moral de Alasdair MacIntyre parece não escapar dessa tendência predominantemente conflituosa no pensamento contemporâneo. Como lembra P. Johnson (1994), um dos elementos característicos da filosofia de MacIntyre é "reconhecer a existência permanente de conflitos morais e políticos na vida humana que não podem ser explicados exaustivamente por referência a falhas no caráter ou estruturas políticas deficientes" (p. 55). Os conflitos morais não são apenas decorrências acidentais, mas também constituem o próprio tecido da vida social e política dos humanos, cuja marca indelével no contexto contemporâneo é a incapacidade crônica de resolução de tais conflitos. Essa leitura encontra certamente respaldo textual na obra *After Virtue* (1985), quando MacIntyre, ao discutir a herança aristotélica na

---

[2] Nietzsche e sua tese da vida como vontade de potência cosmológica, como um efetivar-se sem descanso do fundo dionisíaco do mundo, é um exemplo clássico dessa ênfase no movimento. Ver: FINK, E. (1983); MARTON, S. (2010a; 2010b).

tradição das virtudes, sustenta que um dos ensinamentos que devemos aprender com a tradição dos autores trágicos gregos – que foi desconsiderada equivocadamente por Aristóteles – é a presença do conflito na vida humana e a permanente possibilidade da escolha trágica na existência moral.

Mas o que, então, um filósofo moral como MacIntyre, a despeito do porte intelectual que possui no cenário intelectual contemporâneo, poderia nos oferecer para tematizar a paz como uma virtude moral, dada sua clara afirmação de que o conflito é um elemento fundamental da vida humana e, mais especificamente, uma possibilidade constante da vida das tradições morais? Sua ética das virtudes, que se constitui em resposta ao conflito de tradições morais, incorporaria a paz como uma das virtudes humanas a serem cultivadas em nosso tempo? Que lições em torno da paz como valor ético e educacional podemos tirar de um filósofo que tematiza o conflito moral na cultura contemporânea das sociedades ocidentais e reafirma a necessidade do cultivo das virtudes como saída para a crise moral?

Nossa tese aqui é que, na filosofia moral de MacIntyre, a teorização sobre a moralidade não pode ser vista como separada de um engajamento educacional, isto é, o seu projeto teórico não visa um exclusivo esclarecimento conceitual da linguagem e da vida moral, mas implica um aperfeiçoamento moral do próprio indivíduo que realiza a reflexão filosófica pelo fato mesmo desse trabalho reflexivo. Isso significa que sua filosofia moral é um projeto cultural: ela tem um propósito prático-educacional de combate ao individualismo, à violência e à destruição da genuína autonomia dos agentes morais, que identifica como fatos endêmicos na vida das sociedades liberais capitalistas contemporâneas. E mais: que a paz é, entre outras virtudes, uma das características pessoais a ser cultivada pelos agentes morais e educadores em seu trabalho reflexivo e na vida cotidiana, como parte da adequada compreensão da própria finitude e historicidade do fenômeno moral, à qual MacIntyre chama tanto a atenção em sua ética das virtudes.

||

O ponto de partida da reflexão moral de MacIntyre é o estado de grave desordem da linguagem e da prática morais em nossa época. Um estado que gravita em torno do que ele chamou de emotivismo, isto é: a negação da qualidade racional para a linguagem e a prática morais, situando-as no âmbito do desejo, das preferências e das atitudes vinculadas a emoções privadas. Com isso, constituiu-se uma situação endêmica em que as disputas em torno do que seja a justiça, da guerra justa, do aborto, dentre outros temas cruciais da vida social, são tornadas insolúveis: as partes em disputa parecem não ser capazes de resolução dos conflitos, dada a incomensurabilidade de suas premissas fundamentais – isso tudo acontecendo no interior de um mesmo quadro social e político, o das sociedades liberais avançadas dos países capitalistas mais desenvolvidos.

Paradoxalmente, cada parte na disputa se apresenta como portadora de uma linguagem moral objetiva, com critérios impessoais e certo ar de racionalidade, em meio a debates que se caracterizam mais pela estridência da gritaria e não pelo avanço na resolução dos conflitos. Além disso, os conceitos morais empregados pelas partes em disputa são fragmentos de linguagens morais de períodos históricos anteriores nos quais havia um contexto social e filosófico que lhes dava sentido e significação, e dos quais agora estão desprovidos, tornando-os disponíveis para usos diversos – como Nietzsche apontou, múltiplas máscaras para a vontade de poder. É como diz o verso da banda Legião Urbana, estamos doentes, parece faltar-nos "a medida da maldade", pois, como diagnostica MacIntyre, perdemos a compreensão – se não toda, pelo menos de uma grande parte – do que significa a moralidade.

Essa perda de referenciais morais racionais se encontra expressa teoricamente no *emotivismo*, isto é: a teoria meta-ética segundo a qual o significado dos juízos morais não é nada mais que expressão de preferências, atitudes e afetos dos indivíduos. E não importa o período, época ou sociedade na qual se encontra a moralidade, pois toda e qualquer moral, em qualquer tempo e lugar, será sempre uma expressão dos afetos dos indivíduos que a compartilham. Com isso, a moralidade é posta fora do campo do cognitivo e, por conseguinte, deixa de ser portadora de objetividade e racionalidade.[3]

Socialmente, o emotivismo legitima a instalação de um tipo de relativismo moral que encontra sua realização na fragmentação do agir, onde cada agente moral pensa a si mesmo como livre de qualquer vínculo social obrigatório, a não ser aquilo que eventualmente atenda às suas necessidades e interesses mais imediatos. No espírito do que Dostoiévski, Sartre e Nietzsche apontaram: se Deus, a Razão ou qualquer outra transcendência objetiva desaparece, parece que tudo passa a ser permitido. A sociabilidade, que é a contrapartida da teoria

---

[3] "Emotivismo é a doutrina de que todos os julgamentos valorativos e mais especificamente que todos os juízos morais não são nada mais que expressões de preferência, de atitudes ou sentimentos, na medida em que eles são de caráter moral ou valorativo. [...] juízos morais, sendo expressões de atitudes ou sentimentos, não são verdadeiros nem falsos; e acordos entre julgamentos morais não vão ser assegurados por nenhum método racional, pois não existe nenhum" (*After Virtue*, p. 12 – de agora em diante, *AV* no texto).

moral emotivista, tem como eixo central a obliteração de qualquer distinção genuína entre relações sociais manipuladoras e não manipuladoras. Tal distinção é ilusória para o emotivismo porque ele considera que todos os juízos de valor são caracterizados como expressões dos sentimentos e atitudes de cada um com o objetivo de transformar os sentimentos e atitudes dos outros, mas sem que se possa recorrer a qualquer critério impessoal, universal, porque tal coisa não existe. Quer dizer, "os outros são sempre meios, nunca fins" (*AV*, p. 24). Essa obliteração adquire particularizações múltiplas no meio social, não se restringindo a uma única forma, variando de acordo com o meio e os interesses particulares e específicos a serviço dos quais é colocada – alcançando também a educação.[4]

A tese de MacIntyre é que tanto nossa cultura geral como nossa filosofia acadêmica são filhas de uma cultura que não conseguiu resolver seus problemas práticos e filosóficos, cujo fracasso determinou a forma dos nossos atuais problemas filosóficos e sociais práticos. Mais precisamente: somos os herdeiros da cultura iluminista, forjada no norte da Europa no século XVIII, e do seu fracassado projeto de justificar a moralidade. Uma cultura em que aconteceram não somente mudanças de crenças, mas fundamentalmente mudanças nos modos de crer, que tornaram o problema da justificação da crença, mais especialmente o da justificação da crença moral, eixo quase obrigatório de sua reflexão moral.[5] Para ele, o

---

[4] Essa fragmentação do agir moral tem raízes culturais no que MacIntyre chamou de o fracasso do projeto iluminista em fundamentar racionalmente a moralidade, após derrocar a religião, as tradições e as teologias como referenciais do agir humano na Modernidade. As escolhas filosóficas que foram feitas nos albores do mundo moderno, como constitutivas das transformações sociais e econômicas que varreram a Europa e o resto do mundo ocidental, demarcaram a matriz de nossos problemas atuais.

[5] Tal projeto iluminista é descrito por MacIntyre como centralmente preocupado em dar à moral uma justificação racional, independente da tutela

modelo de racionalidade propugnado pelo Iluminismo, que implicava deslocar o lugar das tradições culturais, religiosas e míticas para um plano irrelevante na definição do horizonte apropriado para o agir humano, acabou por desfigurar a identidade histórico-social dos agentes morais modernos e os mergulhou em um projeto cultural que rompia com qualquer elemento teleológico, quer de ordem teológica, quer metafísica, e que operava um conceito de razão empobrecida em seus poderes, incapaz de reconhecer fins últimos essenciais.

Para MacIntyre, os pensadores iluministas fracassaram e deviam fracassar nesse intento de fundar uma moralidade universal porque compartilhavam um fundo histórico comum de crenças morais, herdado do seu passado cristão, mas privado do esquema teleológico que lhe dava coerência e sustentação: o esquema teleológico da *Ética a Nicômaco*, de Aristóteles. Sua estrutura básica contém um contraste fundamental entre uma natureza-humana-tal-como-existe (concepção da natureza humana no seu estado não instruído, como o homem é) e uma natureza-humana-tal-como-seria-se-realizasse-o-seu-*télos* (concepção do homem como ele seria se realizasse sua natureza essencial).

Nesse esquema, a ética é precisamente a ciência que capacitaria os homens a transitar do estado não instruído para aquele em que realiza plenamente sua essência de ser racional, o seu *télos*. "Ética, [...] nessa visão, pressupõe uma certa

---

teológica e das tradições, no intuito de dar-lhe total autonomia na forma de princípios morais universais. A despeito do fato de que os pensadores iluministas discordavam sobre os princípios que constituiriam tal moralidade universal, eles propagaram a crença de que tais princípios existiam e que a conduta moral teria de estar sujeita à validação ou crítica inteligíveis. Entretanto, a própria inexistência de uma grade de valores hegemônicos, a partir da qual os juízos morais pudessem estar de acordo, revelou que este ideal não poderia ser atingido, constituindo-se uma quimera ou uma máscara ideológica.

descrição de potencialidade e ato, uma certa descrição da essência do homem como um animal racional e, acima de tudo, uma descrição do *télos* humano" (AV, p. 52). Os preceitos morais nos dão justamente o caminho certo para sairmos da potencialidade ao ato, para entendermos nossa verdadeira natureza e para alcançarmos nosso verdadeiro fim; eles nos indicam e ordenam as virtudes e vícios, como devemos educar e ordenar nossos desejos e emoções pelo uso de tais preceitos e pelo cultivo de tais hábitos de ação.

Há, dessa forma, uma estrutura tríplice nesse esquema moral clássico, cujos termos estão articulados de tal maneira que não poderemos entender o *status* e as funções de cada um sem referência aos outros. E esse esquema não é alterado substancialmente quando colocado dentro da estrutura de crenças teístas, seja na sua forma cristã, judaica ou islâmica, uma vez que os preceitos morais agora, além de serem injunções teleológicas, são vistos como expressões de uma lei ordenada divinamente, ou seja: a natureza triádica do esquema permanece central ao entendimento teísta dos juízos e pensamentos avaliativos.

Entretanto, a rejeição secular, promovida pelo Iluminismo, tanto da teologia católica como da protestante – que ainda retinham o elemento teleológico do esquema clássico –, somada à rejeição científica e filosófica do aristotelismo, pulverizou toda possibilidade de qualquer noção do homem-como-seria-se-realizasse-o-seu-*télos*. Essa eliminação de qualquer concepção da natureza essencial do homem e do seu *télos* fez com que se produzisse um esquema moral composto de dois elementos, remanescentes do esquema clássico, mas cujas relações internas tornam-se agora inteiramente confusas. "Há, de um lado, certo conteúdo para a moralidade: um conjunto de injunções desprovidas de seu contexto teleológico. De outro lado, há certa visão da natureza-humana-como-ela-é--não-educada" (AV, p. 55). Sem a noção de um *télos* para que os preceitos morais cumpram sua função mediadora, de passagem do estado original para a realização da essência do homem, as injunções da moralidade se transformam em preceitos que vão de encontro às tendências da natureza humana concebida não teleologicamente.

Os filósofos morais do século XVIII engajaram-se em um projeto que era inevitavelmente malsucedido desde o início, porque não conseguiram eliminar a discrepância entre, de um lado, o conjunto de injunções morais herdadas da tradição e concebidas originalmente no interior do esquema teleológico clássico e, de outro lado, a concepção da natureza humana concebida expressamente para discordar desse elemento teleológico.[6] Ao não perceberem essa transformação de natureza histórica sofrida pela moralidade e pela linguagem moral, os pensadores iluministas não conseguiram visualizar plenamente a natureza de suas dificuldades em fundar a moralidade sob bases racionais independentes.

E a nossa cultura, como herdeira direta do fracasso do projeto ético iluminista, também sofre da mesma cegueira histórica desse fracasso. Continuamos a falar confiantemente da linguagem moral e da moralidade esquecendo-nos de sua natureza histórica; continuamos a usar um vocabulário moral conceitual oriundo do esquema clássico, mas já sem o seu elemento teleológico que lhe fornecia coerência racional. Ao estabelecerem um corte entre os preceitos da moralidade e os

---

[6] Quer dizer, "eles herdaram fragmentos incoerentes de um esquema de pensamento e ação anterior e, como não reconheceram sua própria e peculiar situação histórica e cultural, não poderiam reconhecer o caráter quixotesco e impossível da tarefa a que se obrigavam" (*AV*, p. 55).

fatos acerca da natureza humana, os pensadores iluministas produziram uma mudança radical no caráter da moralidade e da linguagem moral, da qual, paradoxalmente, não conseguiram perceber todo o alcance.

Segundo MacIntyre, esse fracasso do projeto iluminista demarcou toda a problemática da teoria moral moderna fazendo-a girar em torno da necessidade de devolver a validade racional às regras morais. Quando, de um lado, liberou o agente moral de todo e qualquer vínculo com hierarquias e teleologias, tornando-o autônomo e soberano na determinação dos conteúdos morais, e, de outro lado, transformou as regras morais de tal forma que elas perderam o estatuto fatual e categórico que possuíam e se tornaram meros instrumentos dos desejos e vontades arbitrários de um agente moral individual, o Iluminismo tornou agudo o problema de se encontrar uma nova teleologia ou um novo estatuto categórico para as regras da moralidade, de tal forma que o recurso a elas se tornasse novamente racional, mas ao mesmo tempo mantendo a autonomia do agente moral individual – problema que ainda hoje assola as paragens da filosofia moral, da política e da educação.

Mas a principal consequência do fracasso do projeto iluminista de justificação racional da moralidade que MacIntyre aponta para a cultura das sociedades contemporâneas é a encruzilhada final a que ele conduziu: a escolha entre sustentar o projeto nietzschiano de uma crítica radical da moralidade ou retomar a perspectiva da ética aristotélica das virtudes como forma de devolver coerência e racionalidade ao desacordo moral que reina na cultura moderna. MacIntyre encara a análise nietzschiana da moralidade como o ápice do individualismo liberal, o resultado maior do projeto iluminista de um sujeito moral autônomo concebido à parte e anteriormente à sociabilidade histórica. Nietzsche teve o mérito e a coragem de radicalizar conscientemente o fracasso do projeto iluminista de uma moralidade universal racional. MacIntyre vê em Nietzsche a tematização clara e sem subterfúgios da direção, apontada mas não assumida em todas as suas consequências pelos teóricos morais emotivistas, do destino final da moralidade moderna. Nietzsche é a contrapartida filosófica da versão sociológica weberiana que predomina na visão de mundo burocratizada contemporânea.

Melhor que qualquer outro pensador, foi Nietzsche quem percebeu que a linguagem moral na Modernidade estava disponível para qualquer uso, que a moral podia agora ser performada para um número considerável de causas, que a forma dos proferimentos morais modernos fornecia uma máscara possível para qualquer rosto. Nietzsche entendeu claramente que aquilo que na linguagem moral do Iluminismo parecia ser apelo à objetividade era, de fato, expressão da vontade subjetiva; e percebeu também a natureza dos problemas que isto colocava para a filosofia moral. O erro dele foi que "ilegitimamente generalizou da condição do juízo moral em seu próprio tempo para a natureza da moralidade enquanto tal" (AV, p. 113).

Diante da encruzilhada entre seguir Nietzsche ou retomar Aristóteles, MacIntyre faz a segunda opção,[7] não com o fito de simplesmente tentar fazer valer novamente todo o edifício teórico aristotélico originário no interior da problemática filosófica contemporânea – mesmo porque ele reconhece que tal edifício tem áreas carcomidas e destruídas pelo tempo –, mas

---

[7] Sobre a complexidade da relação de MacIntyre com Nietzsche, ver SOUSA (2010) para uma leitura mais detalhada.

sim de retomá-lo na perspectiva de uma tradição de pesquisa racional.[8] Quer dizer: encarar a filosofia moral de Aristóteles como o núcleo central de toda uma tradição de pesquisa e de prática social, da qual ele não é o único representante, ainda que seja o que lhe forneceu os principais parâmetros de sua formulação e desenvolvimento. O remédio que ele propõe para os males da herança iluminista da Modernidade é a *re-apropriação* desse instrumental teórico aristotélico que foi forjado na construção e justificação de uma ética das virtudes, numa perspectiva narrativa em que história, filosofia e sociologia se entrelaçam no tecido compreensivo que busca explicar a moralidade e seu caráter específico, como também justificá-la racionalmente.

Esse remédio proposto por MacIntyre, uma espécie de neoaristotelismo marcado pelas exigências filosóficas de nossa própria época – historicista, plural, em um mundo que adquiriu inimagináveis vasos comunicantes entre as diferentes tradições culturais e morais mais diversificadas do planeta –, está centrado nos conceitos de virtude, unidade narrativa da vida humana e práticas. Mas, ao mesmo tempo, é sensível às pressões que o capitalismo impõe sobre a vida moral dos indivíduos contemporâneos – portanto, como sujeitos à violência da pobreza e da desigualdade social, aos problemas de gênero, ao consumismo desenfreado, à usura descabida e à dissolução da participação política efetiva nas pseudodemocracias representativas – exigindo um repensar do formato de nossas comunidades e de nossas relações com os outros humanos, bem como um repensar radical da educação.

---

[8] Para uma compreensão mais completa da tradição de pesquisa racional em MacIntyre, ver CARVALHO (1999; 2003; 2004).

A ética das virtudes de cunho aristotélico em MacIntyre é uma defesa radical do reconhecimento das tradições morais como *locus* da racionalidade,[9] contrapondo-se às perspectivas universalistas que recusam qualquer vínculo social e cultural das pretensões morais, asserindo a validade e justificação da normatividade a partir do tecido social e comunitário do qual a pesquisa racional é, ao mesmo tempo, constitutiva e por ele constituída. Sua defesa das tradições morais de pesquisa racional não é a afirmação do relativismo moral e nem da arbitrariedade das fontes da moralidade humana cristalizadas em tradições históricas, mas o reconhecimento profundo de que não temos mais a unidade cultural e filosófica do passado e, por conseguinte, que não podemos mais abstrair as diferenças e as particularidades envolvidas na configuração do agir humano em nome de algum universal abstrato. É a afirmação de uma racionalidade historicizada, que não pretende a violência da posse da verdade, mas a sabedoria do falibilismo, do diálogo e do ver-se sujeita a revisões, sem cair no relativismo de que qualquer coisa vale desde que desejada.[10]

III

A dimensão educacional da ética das virtudes de MacIntyre não é um dado exterior à sua reflexão, como se fosse uma mera aplicação de sua filosofia ao campo da educação; pelo contrário, sua filosofia é ela própria um projeto ético-educativo, pois é pensada como um esforço de autocompreensão,

---

[9] Ver MacINTYRE (1991, 1992).

[10] "De fato, a vida do homem só passa a ter um conteúdo humano a partir do momento em que a escolha da razão cria o âmbito no qual se pode dar e pedir razões. Viver na atitude da sabedoria é compreender que a violência constitui o mal fundamental para o ser humano e, portanto, fazer da vontade de não violência a guia de uma sabedoria que, sem essa vontade, poderia ser o instrumento da arbitrariedade." (Perine, 2009, p. 97-98)

seja de si mesmo, seja de seu próprio tempo, e, por conseguinte, de revisão e aperfeiçoamento de nossas práticas. E o próprio MacIntyre tem explicitado essa dimensão em alguns de seus trabalhos e entrevistas, especialmente em relação à universidade, sempre alertando o leitor desse caráter vital do filosofar.[11] Conforme assenta Page (2004), a perspectiva da ética das virtudes conecta-se com uma educação para a paz em função da ênfase que dá ao desenvolvimento do caráter:

> Se a preocupação da educação é desenvolver o caráter, então um elemento importante do desenvolvimento do caráter reside em encorajar a harmonia e a cooperação entre indivíduos. Similarmente, a educação deve desenvolver o caráter e a personalidade que valorizam a harmonia e as relações cooperativas. Nesse sentido, se o respeito pelos outros e uma não violência ativa são virtudes, segue-se, então, que uma abordagem da educação a partir da ética das virtudes deva buscar encorajar e desenvolver tais virtudes. (p. 6)

Como aponta Arriola, o ponto de partida de MacIntyre é a recusa do paradigma educacional liberal[12] que separa fatos e valores e situa a ênfase do processo educacional na resolução de problemas e no domínio sobre a natureza, ou seja: cultiva os bens da eficácia como sinônimo da vida boa – "o progresso determina os fins da ação e da moralidade; o novo, o eficiente e o útil são, neste caso, as categorias morais básicas" (2000, p. 25). Esse modelo causa uma fragmentação tal no currículo que desemboca em um uso emotivo do conhecimento, desconectado de qualquer finalidade moral, por parte

---

[11] MacINTYRE; DUNNE (2002). MacINTYRE (1985; 1987; 1991; 1992; 1999a; 1999b).

[12] Sobre os diferentes paradigmas educacionais, ver CARR; HALDANE (1993, p. 22-26).

dos especialistas – eles conhecem os devidos meios para os fins que forem estabelecidos, não importando sua qualidade moral. Segundo MacIntyre, a concepção de inteligência nele operando é a de alguém "cuja rotina, técnica e habilidades foram adequadamente modeladas para obter qualquer coisa que o agente tenha em mente" (1960, p. 81), reduzindo-se à ação instrumental.

MacIntyre compartilha do paradigma clássico, para o qual a educação se expressa fundamentalmente em termos morais, no qual ciência e formação do espírito são indissociáveis na consecução dos bens de excelência. Como descreve Arriola:

> Nesse paradigma o termo "formação" tem o sentido filosófico de forma, ou seja, daquilo que faz algo ou alguém ser plenamente ele(a) mesmo(a). No ser humano, a forma se traduz na racionalidade informada pelas virtudes ou sabedoria prática. Por isso, [...] a formação do caráter ou desenvolvimento das virtudes é especialmente relevante, dado que o bem da pessoa é intrínseco a ela e consiste mais na excelência do agente do que nos sucessos externos de sua atividade. (2000, p. 27)

Daí MacIntyre ter declarado, ainda na década de 1960, que "o conteúdo moral de nosso sistema educacional é simplesmente um reflexo do conteúdo moral de nossa sociedade" e que, por conseguinte, "a tarefa do educador [em nosso tempo] é a de permanecer contra uma corrente que, de fato, provavelmente o sobrepujará" (MacIntyre, 1964, p. 1). E reforçou essa posição vinte anos depois, ao afirmar que "os professores são a esperança perdida da cultura ocidental moderna [...] [pois] a missão que lhes foi confiada é ao mesmo tempo essencial e impossível" (MacIntyre, 1987, p. 16).

Essa missão impossível decorre da tensão crescente entre dois tipos de tarefas postas para o professor nas sociedades contemporâneas: 1) uma oriunda do sistema social e educacional, que exige a produção de mão de obra dócil e treinada para atender as demandas de uma economia hierarquizada; 2) a outra oriunda da natureza mesma da educação, que requer

> desenvolver aqueles poderes que habilitem as crianças a se tornarem membros independentes e reflexivos de suas famílias e comunidades políticas, bem como a inculcação daquelas virtudes que são necessárias para nos direcionar à conquista de nossos bens comuns e individuais. (MacIntyre, 2002, p. 2)

Um indivíduo educado nos bens da excelência não vai se tornar, assim, aquela mão de obra dócil exigida pelo mercado capitalista, pois vai ser capaz de fazer questionamentos que, do ponto de vista dessa ordem social e econômica, não devem ser feitos – e podem, até mesmo, fazê-los fracassar de um ponto de vista meramente econômico.

Tais questões dizem respeito a: primeiro, quais são os bens que estão envolvidos e dão sentido às diversas atividades nas quais estão envolvidos; segundo, se essas atividades envolvem bens genuínos, isto é, se servem ou não aos bens comuns da família e da comunidade política local – em caso negativo, o que deve ser feito?; e terceiro, o conjunto de respostas dadas às duas primeiras questões devem ser testadas contra as melhores objeções a elas, num exercício de investigação dialógica. Entretanto, observa MacIntyre, tal tipo de investigação e discussão é inviável nas ordens sociais liberais contemporâneas: "Nossas condições de trabalho e instituições são tais que há muito raramente algum ambiente em cujo interior, na companhia dos outros, podemos parar e refletir sobre a ordem das coisas existentes e levantar questões sobre ela *sub especie boni*" (MacIntyre, 2002, p. 3). A organização compartimentalizada do trabalho e da vida social, dissolvendo o eu num conjunto de papéis sociais desconectados entre si, faz com que inexista um local onde a reflexão sobre o sentido do todo e de sua própria condição de ser humano possa ser feita.[13]

> Assim, os professores contemporâneos tem a tarefa de educar seus estudantes de um modo que trarão para as atividades de sua vida adulta atitudes questionadoras que os colocarão em contradição com a têmpera moral de nosso tempo e com suas instituições dominantes. (MacIntyre, 2002, p. 3)

Além disso, a educação atual sofre com duas ameaças sobre ela: 1) o investimento feito não é suficiente para o que ela necessita em termos de realização daquela exigência que é de sua natureza mesma; 2) a influência danosa do modelo produtivista (*input-output*) sobre as escolas, faculdades e universidades, cristalizada na substituição dos fins da educação pelo simples sucesso em testes ou exames – essa ideia é ela própria uma causa da redução massiva de recursos para as escolas. Segundo MacIntyre, "o que os exames testam principalmente é o quanto se é bom em passar em exames. Mas você pode ser fantástico em passar nos exames e, contudo, permanecer um estúpido e filisteu (sente-se num comitê universitário, se você quiser verificar essa afirmação)" (MacIntyre, 2002, p. 4).

---

[13] Sobre isso, ver MACINTYRE (1999b) e BREEN (2005), mas com perspectivas diferenciadas.

Esse modelo binário de entrada-saída conduz à prática equivocada de tornar o professor cada vez mais distante das particularidades dos alunos e de suas necessidades específicas para levarem adiante sua formação.

> Crianças, como todo professor sabe, diferem enormemente em quanto tempo elas levam para aprender corretamente. Assim, uma grande necessidade educacional é que haja sempre tempo suficiente para os professores atenderem os estudantes individualmente. E isto significa que precisamos de uma taxa da relação professor-aluno de uma ordem completamente diferente de qualquer uma até agora contemplada, por sua vez isso significa que a educação deve custar muito, muito mais do que ela custa, na verdade deve envolver uma massiva realocação de recursos. (MacIntyre, 2002, p. 5)

Aqui MacIntyre está preocupado em mostrar que o trabalho educativo deve ser concebido no marco do que ele chamou de práticas, isto é, atividades humanas cooperativas socialmente organizadas, com padrões de excelência e bens internos a serem realizados, e que são historicamente construídas com um senso de progresso e de fracasso a partir de um fim (*télos*) que lhe dá sentido. Isso significa que a atividade de ensinar é uma parte constitutiva das práticas, dado que são habilidades e hábitos postos a serviço de uma variedade delas.[14]

> Todo ensino existe por conta de algo mais e, assim, o ensino não tem seus próprios bens. A vida de um professor não é, portanto, um tipo específico de vida. A vida de um professor de matemática cujos bens são os bens da matemática é uma

---

[14] Ver SMEYERS; BURBULES (2006) para uma versão diferenciada do uso do conceito macintyreano de prática no âmbito educacional. Ver também DUNNE (2003).

coisa; uma vida de um professor de música cujos bens são os bens da música é outra coisa. Esta é uma razão porque qualquer concepção da filosofia da educação como uma área distinta da investigação filosófica é um erro. Investigações na educação é uma parte importante das investigações sobre a natureza e os bens daquelas atividades nas quais precisamos ser iniciados pela educação. (MacIntyre, 2002, p. 9)

Uma escola em boa ordem será, então, nessa perspectiva, aquela em que os estudantes a reconhecem como um lugar para a aprendizagem de uma genuína conquista cultural, na qual uma ampla variedade de práticas floresce – da pesquisa científica, passando pelos esportes, às artes –, e onde eles aprendem a valorizar os bens de excelência, não só os de eficácia, como um objetivo fundamental da educação.

E para isso ser possível é fundamental que os estudantes possam adquirir uma concepção narrativa de suas próprias vidas, não se tornando aquilo que Sartre descrevia como má-fé – o garçom do Café em Paris que se coisificou em seu papel social. Significa que possam reconhecer suas vidas e as dos outros como uma narrativa singular, ainda que complexa, portadora de uma totalidade na qual suas partes se integram e fazem sentido, articulando os bens da casa e da família aos bens do trabalho e da vida social. Uma tarefa que, segundo MacIntyre, é permanente e raramente completada. E cabe ao educador ajudar na constituição dessa compreensão de si mesmo pelos estudantes.

O problema do educador, então, é levar os estudantes de uma percepção das narrativas e das formas narrativas até o ponto no qual eles, tendo reconhecido suas próprias vidas como narrativas, comecem a perguntar: "O que seria completar a narrativa de minha forma bem-sucedida? Qual bem eu teria tido de adquirir, se tivesse alcançado isso?". O estudante que se torna capaz mais tarde na vida de levantar tais questões seriamente está na melhor posição para resistir a aquelas tendências de fragmentar o eu que se originam da compartimentalização da vida social. (MacIntyre, 2002, p. 10)

Mas esses estudantes só vão poder realizar essa tarefa formativa se puderem aprender também que suas narrativas pessoais não são isoladas, estando entrelaçadas com a de outros e, em geral, fazem parte de alguma tradição social e cultural mais ampla, na qual se inserem, e que tem sua própria resposta à pergunta "Qual é o bem último humano?". E, segundo MacIntyre, isso não deve ser concebido como um fechamento do estudante sobre sua própria tradição, protegendo-a de questionamentos à sua validade e sustentação racionais. Ao contrário, o confronto dialético com as perspectivas diferenciadas das outras tradições é um componente essencial desse processo. A multiculturalidade é reconhecida aqui, nessa perspectiva.

> O que os estudantes necessitam entender é que toda resposta à questão "qual é o bem último do homem?" está fundada no pensamento e prática de alguma tradição particular. Eles fazem isso não só aprendendo o que sua própria tradição tem a ensinar, mas também aprendendo em algum estágio inicial que existem outras tradições rivais e o que algumas delas ensinam, de tal forma que eles entendam como desacordos fundamentais sobre o bem humano se originam. O objetivo não deve ser que os estudantes vejam cada tradição, incluindo a sua própria, de algum ponto de vista neutro, objetivo, pois não há tal ponto de vista, mas, ao contrário, aprender como cada tradição é compreendida tanto por aqueles que a habitam quanto por aqueles que a veem de um ponto de vista externo e, talvez, até hostil. (MacIntyre, 2002, p. 12)

Não se trata, então, de uma esterilização do debate filosófico-moral, onde o potencial normativo de cada tradição é esvaziado de sua força cognitiva em nome de algum critério transcendente. MacIntyre prolata uma sentença de dialogicidade para as tradições morais de pesquisa racional, e a educação, para ser devidamente considerada tal, tem de cultivar a diferença em toda a sua plenitude. Só aprenderemos devidamente quem somos se soubermos ouvir e aprender com aqueles outros de tradições diferentes e rivais, se aprendermos a exercitar o princípio hermenêutico de que o outro pode estar certo e nós errados. E para isso o conhecimento genuíno da perspectiva do outro como se fosse o da nossa própria é um componente fundamental desse processo, até mesmo para evitar a presença do preconceito.[15]

E para que esse tipo de educação possa ser viabilizado, de tal modo que os estudantes aprendam a pensar racionalmente suas vidas de forma crítica e construtiva, é necessário que a sociedade também seja capaz de articular os conflitos que são centrais à sua vida. A existência de um genuíno debate público, onde o confronto possa ser feito racionalmente, pressupõe o que MacIntyre chama de um público educado,[16] que carrega as seguintes características:

> Ele tem padrões compartilhados de discussão aos quais seus membros recorrem entre si nos seus debates. Seus desacordos e conflitos têm como seu pano de fundo não declarado um acordo subjacente tanto em relação aos bens que estão em jogo nesses desacordos e conflitos quanto sobre a necessidade de definir e alcançar o bem comum. E suas descobertas e

---

[15] Sobre a presença da hermenêutica gadameriana em MacIntyre, ver CARVALHO (2004).

[16] Ver MacINTYRE (1987) e VOKEY (2003).

debates estão abertos à introdução de novos pontos de vista e à abertura de novas possibilidades. (MacIntyre, 2002, p. 16)

Sem um público educado, o debate público se transforma num exercício de retórica que seduz pela esperança ou medo, não havendo premissas compartilhadas. No lugar da argumentação temos um jogo de afirmação e contra-afirmação, resultando em barganhas ou negociações, de um modo tal que o poder estabelecido tende a predominar. E isso conduz a dificuldades enormes para a educação, pontua MacIntyre:

> Pois é só na medida em que já existe um público educado que questões concernentes à educação serão adequadamente debatidas na arena política. E dizer isso esclarece a natureza da dificuldade que confrontamos. Sem mudanças radicais em nossas escolas será improvável que consigamos concretizar um público educado. Entretanto, sem um público educado será improvável que consigamos realizar aquelas mudanças radicais. Eu digo "improvável". Com o que nos defrontamos é uma dificuldade muito grande, não uma impossibilidade. (MacIntyre, 2002, p. 17)

No âmbito da universidade, MacIntre lembra que esse público educado só será formado se evitarmos a fragmentação característica dos sistemas de créditos em um currículo cujas partes estão desconectadas e no qual as disciplinas são cada vez mais especializadas e isoladas entre si. Somado a isso, em geral, essas disciplinas especializadas são ministradas como se fosse apenas propedêutica para a pesquisa, deixando de ser formadoras de uma visão mais ampla da sua área para os estudantes. O ensino de graduação tem seus próprios fins, por isso que nunca deve ser visto como um prólogo ou uma preparação para educação profissional ou pós-graduação, e que seus fins não devem ser subordinados aos fins das atividades necessariamente especializadas do pesquisador. Mas não é apenas que a educação na graduação tenha seus próprios fins. É também que ela, quando bem concluída, é, numa parte fundamental, uma educação de como pensar sobre os fins de uma variedade de atividades humanas, e isso quer dizer de como avaliar, entre outras coisas, tais atividades, como a do especialista e do pesquisador, as atividades daqueles dedicados aos fins aos quais a universidade de pesquisa contemporânea serve. O perigo é, portanto, que nas universidades de pesquisa a habilidade de pensar sobre fins, incluindo os fins da universidade, será perdida e com ela a habilidade de engajar-se na autocrítica radical, de tal forma que a liderança daquelas universidades [de pesquisa] se tornará complacente na condução equivocada delas. (MacIntyre, 2009, p. 362)

Assim, o esforço de MacIntyre é na direção de pensar um espaço educacional, da escola primária à universidade, em que o reconhecimento da diversidade, do conflito, não seja transformado em um puro relativismo moral, em máscara para dissolver a diferença radical de compreensão dos modos de vida envolvidos e transformá-las em mais uma mercadoria a ser consumida por indivíduos isolados em seus espaços privados. Significa pensar um *locus* institucional em que a pertinência de cada um à tradição na qual se insere possa ser reconhecida e mobilizada para o debate racional e não para a fuga dele na privacidade e no preconceito – bem como abertura para o aprendizado radical com o outro.[17] As virtudes que

---

[17] Essa educação, para MacIntyre, "concerne como podemos lidar com culturas radicalmente diferentes da nossa, de modo que não só, tanto intelectual como imaginativamente, aprendamos, tanto quanto pudermos, a falar como seus habitantes falam, ver como eles veem, e pensar como eles pensam. Tal

MacIntyre mobiliza em sua teorização, a partir do horizonte teleológico de inspiração aristotélica, são ferramentas fundamentais para a constituição não só de espaços educacionais apropriados, tal como vimos brevemente descritos aqui, mas também para a formação de um público educado, de um espaço cultural na sociedade onde as diferenças e o debate racional possam ser viabilizados genuinamente.

IV

A paz, nessa abordagem da ética das virtudes em MacIntyre, não vai ser apenas um estado de coisas, mas um componente do caráter individual, uma virtude moral, que a educação deve ajudar a formar e constituir. A esse propósito, a recente retomada das éticas das virtudes no âmbito da reflexão educacional está relacionada à percepção de que há uma perda generalizada de um senso público de civilidade social, de crescentes níveis de agressão e violência, e de diminuição de um compromisso com a conduta ética na vida social e política. Como ressalta Page (2004, p. 5),

> o ponto interessante desta abordagem é que ela tem muito em comum com a teoria da paz interior (*intrapersonal*), especialmente como desenvolvida na teoria da ação não violenta. Em sua vida e escritos, Mohandas Gandhi enfatizou continuamente a importância da ação não violenta baseada

---

aprendizado envolve chegar a entender a nós mesmos, não como costumeiramente nos compreendemos, mas como eles nos entendem. E, ao mesmo tempo, levanta a questão de como vamos decidir entre a compreensão deles e a nossa, em todos os casos onde há pretensões conflitantes e incompatíveis. Entretanto, esta questão não pode ser frutiferamente formulada ou seriamente levantada até que tenhamos assimilado, em algum grau importante, a linguagem, o modo de vida e de pensamento, as obras da literatura e outras artes, de uma cultura particular alheia. Assim, temos de começar por aprender, por exemplo, mandarim, japonês ou árabe" (2006, p. 12).

no compromisso interior do agente com a verdade. De fato, no pensamento gandiano, a não violência é pensada como *satyagraha*, ou "força da verdade". Paz não é um conjunto de ações ou mesmo um estado de coisas. É, ao contrário, a orientação do caráter do indivíduo. De modo similar, a ética das virtudes enfatiza não a ação como tal, mas, sobretudo, o estado do agente. Nesse sentido, é notável que a ética das virtudes seja algumas vezes referida como "ética baseada no agente". Tanto para a ética das virtudes como para a teoria da paz, o *que* você faz deriva seu valor de *quem* você é.

A paz não é a negação da dinâmica do mundo, uma paz dos cemitérios, implicada pela negação das tradições a que todos estamos filiados por sermos indivíduos com identidades culturais a ser silenciadas pelas regras abstratas. É a virtude do diálogo intertradições diante da multiculturalidade que o mundo contemporâneo nos brinda radicalmente, fruto do reconhecimento de que somos seres falíveis, históricos, limitados – diferente de um quietismo, da passividade e do conservadorismo. E, como virtude moral, está conectada às virtudes clássicas aristotélicas da justiça, temperança, coragem e sabedoria prática (*phrónesis*). Dallmayr defende posição parecida quanto aos componentes da paz como virtude:

> Sugiro que existem pelo menos duas dessas qualidades: docilidade e firmeza. Embora estas duas qualidades pareçam estar em conflito, são realmente complementares. Por *docilidade* quero dizer algo como quietude, uma disposição pacífica ou voltada para a paz. Dito de forma mais forte: a fim de sermos construtores da paz, precisamos ser pacíficos no sentido de exemplificar em nossas vidas a paz que buscamos realizar – ou, mais incisivamente, precisamos "ser" a paz que desejamos construir. Como isso é possível? Não conheço nenhum atalho que se desvie de práticas como rezar,

meditação ou contemplação. Por *firmeza* não quero significar uma disposição agressiva ou machista, mas, sobretudo, a coragem ou determinação de levantar-se contra a injustiça, resistir à dominação ou exploração, e "dizer a verdade ao poder". (Dallmayr, 2007, p. 261)

Nesse sentido, uma educação para a paz, que tome a virtude da paz como algo a ser cultivado como modo de ser humano, como caráter, é, na ótica macintyreana, a afirmação do diálogo racional entendido como reconhecimento genuíno da diversidade das tradições e não como esvaziamento das suas diferenças. Reconhecimento que exige o escrutínio crítico de si mesmo e dos outros, tomando seriamente as pretensões das tradições rivais como possivelmente melhores e mais racionais e, portanto, exigindo um aprendizado mais amplo dessas outras tradições como se fossem também as nossas. É efetivamente assumir uma atitude de sabedoria prática, de negação da violência e assunção da busca da verdade, própria da atitude genuinamente filosófica, como eixo orientador último do agir moral em tempos de diversidade e conflitos.

Referências

ARRIOLA, C. R. *Tradición, universidad y virtud.* Filosofía de la educación superior en Alasdair MacIntyre. Pamplona: Eunsa, 2000.

BREEN, Keith G. The State, compartmentalization and the turn to local community: A critique of the political thought of Alasdair MacIntyre. *The European Legacy*, vol. 10, n. 5 (2005) 485-501, 2005.

CARR, David. *Educating the Virtues;* An Essay on the Philosophical Psychology of Moral Development and Education. London/New York: Routledge, 1991.

_____; HALDANE, J. *Values and Values Education.* St. Andrews, Scotland: Center for Philosophy and Public Affairs/University of St. Andrews, Scotland, 1993.

_____; STEUTEL, Jan. *Virtue Ethics and Moral Education.* London: Routledge, 1999.

CARVALHO, Helder B. A. de. Comunitarismo, liberalismo e tradições morais em Alasdair MacIntyre. In: OLIVEIRA, M. A.; ALVES, O. S.; SAHD NETO, L. F. S. *Filosofia política contemporânea*. Petrópolis: Vozes, 2003.

_____. *Hermenêutica e filosofia moral em Alasdair MacIntyre*. Belo Horizonte: Universidade Federal de Minas Gerais/FAFICH, 2004. Tese de doutorado.

_____. *Tradição e racionalidade na filosofia de Alasdair MacIntyre*. São Paulo: Editora Unimarco, 1999.

DALLMAYR, Fred. Building peace – How?. In: *In Search of the Good Life; A Pedagogy for Troubled Times*. Lexington: The University Press of Kentucky, 2007.

DUNNE, Joseph. Arguing for teaching as a practice: a reply to Alasdair MacIntyre. *Journal of Philosophy of Education*, vol. 37, n. 2 (2003) 353-370.

FINK, Eugen. *A filosofia de Nietzsche*. Lisboa: Editorial Presença, 1983.

JOHNSON, P. Reclaiming the Aristotelian Ruler. In: HORTON, J.; MENDUS, S. (eds.). *After MacIntyre; Critical Perspectives on the Work of Alasdair MacIntyre*. Cambridge: Polity Press, 1994.

MacINTYRE, Alasdair. Purpose and intelligent action. *Proceedings of the Aristotelian Society*. Suppl. vol. XXXIV (1960) 79-96.

_____. *After Virtue; A Study in Moral Theory*. 2. ed. London: Duckworth, 1985.

_____. Against utilitarianism. In: HOLLINS, T. H. B. (ed.). *Aims in Education; The Philosophic Approach*. Manchester: Manchester University Press, 1964.

_____. *Dependent Rational Animals*. London: Duckworth, 1999a.

_____. *Justiça de quem? Qual racionalidade?* 2. ed. São Paulo: Loyola, 1991.

_____. Social structures and their threats to moral agency. *Philosophy* 74, 3 (1999b).

_____. The end of education. The fragmentation of the american university. *Commonwealth* 20 (October 2006) 10-14.

_____. The idea of an educated public. In: HAYDEN, G. (ed.). *Education and Values; The Richard Peters Lectures*. London: University of London/Institute of Education, 1987.

_____. The very idea of a university: Aristotle, Newman, and Us. *British Journal of Educational Studies*, vol. 57, n. 4 (2009) 347-362.

_____. *Three Rival Versions of Moral Enquiry*: Encyclopaedia, Tradition, and Genealogy. London: Duckworth, 1992.

_____; DUNNE, J. Alasdair MacIntyre on education: in dialogue with Joseph Dunne. *Journal of Philosophy of Education*, vol. 36, n.1 (2002) 1-19.

MARTON, Scarlett. *Nietzsche, filósofo da suspeita*. Rio de Janeiro/São Paulo: Casa da Palavra/Casa do Saber, 2010a.

_____. *Nietzsche, das forças cósmicas aos valores humanos*. 3. ed. Belo Horizonte: Editora UFMG, 2010b.

PAGE, J. S. Peace education: exploring some philosophical foundations. *International Review of Education*, vol. 50, n.1 (2004) 3-15.

PERINE, Marcelo. A sabedoria é uma atitude. In NOVAES, A. (org). *Vida, vício, virtude*. São Paulo: Editora Senac São Paulo/Edições Sesc SP, 2009.

SMEYERS, P.; BURBULES, N. C. Education as initiation into practices. *Educational Theory*, vol. 56, n. 4 (2006) 439-449.

SOUSA, José Elielton de. As alternativas à condição moral moderna segundo Nietzsche e MacIntyre: um confronto entre genealogia da moral e depois da virtude. Teresina: Universidade Federal do Piauí/Mestrado em Ética e Epistemologia, 2010. (Dissertação.) Disponível em: <http://www.ufpi.br/subsiteFiles/eticaepistemologia/arquivos/files/Dissertacao_Elielton_2010(2).pdf>. Acesso em: 28 ago. 2010.

VOKEY, Daniel. Pursuing the Idea/l of an Educated Public: Philosophy's Contributions to Radical School Reform. *Journal of Philosophy of Education*, vol. 37, n. 2 (2003) 267-279.

Hannah Arendt
e a questão da paz

Sônia Maria Schio*

A paz é um anseio presente na vida humana e aparece no discurso humano várias vezes e em diversas ocasiões, mas não é uma "prática" cotidiana. Ela é deixada de lado por causa dos interesses diversos (econômicos, religiosos, raciais, entre outros), ou do comodismo, ou do desinteresse pelo problema, o que faz da palavra "paz" mais um componente do dicionário do que do dia a dia. Além disso, quando a paz, enquanto contrária à guerra, é experienciada na vida diária, a sua existência não é notória. Contudo, quando a guerra faz parte do cotidiano, a paz se torna um ideal a ser atingido, ela se torna uma meta importante a ser alcançada tanto para a vida pessoal (integridade física, psíquica, material, e de uma vivência normal, com a possibilidade de frequentar parques, escolas, templos) quanto do progresso da região, do povo e do país.

---

* Universidade Federal de Pelotas-RS.

A análise da questão da paz pode ser tratada por diversos ângulos, como o filosófico, o histórico, o sociológico, o político, por exemplo. No presente caso, a opção recaiu sobre a perspectiva da *filosofia política* de Hannah Arendt, e por diversos motivos: ela expõe o pensamento kantiano sob sua própria interpretação, os repensa e adapta ao tempo em que vive (séc. XX), com "ganhos e perdas" teóricos que são oportunos de ser expostos e analisados. A especulação sobre a paz proposta por Arendt, em um primeiro momento, não visa à discussão da paz de forma empírica e focada em um evento específico, o que, a princípio, frustra a quem busca a promoção da paz pela necessidade emergente dela, haja vista que em algum lugar do planeta há guerra (Afeganistão e Uganda são apenas dois exemplos de conflitos armados que se prolongam no tempo). As discussões especulativas, entretanto, fornecem conteúdos importantes para se pensar a temática da paz em nível macrossocial, isto é, mundial, mas que, por ter seu alicerce e seu início nas ações humanas individuais, que podem se estender às demais pessoas, regiões e países (ONGs, por exemplo), permite a elaboração de metas concretas visando a uma cultura da paz que seja passível de efetivar-se na realidade e perdurar no tempo.

Hannah Arendt, junto com Kant, pensa a paz como oposta à guerra.[1] É interessante notar que Kant distingue a "guerra" do "estado de guerra" (cf. Kant, 1988, B 18, p. 126). Para ele, o segundo é mais negativo do que a primeira, por causa da instabilidade que causa. Em outros termos: a possibilidade de guerra não permite que haja tranquilidade. Com o objetivo de evitar os conflitos armados, assim como a ameaça cons-

---

[1] Há outras possibilidades de entender o oposto à paz: o conflito, a pobreza, a exploração, a negação da alteridade, entre outros. Para aprofundar essa temática, consulte-se GUIMARÃES (2005).

tante de combate, Kant apregoa a necessidade de uma "confederação dos Estados". Nessa, cada país continuaria com sua independência, com sua forma de organização, constituição e costumes. Isto é: cada estado permaneceria autônomo, na concepção de Kant, mas se ligaria aos outros, sempre em condição de igualdade, visando à obtenção de uma paz duradoura ("perpétua"). A "Organização das Nações Unidas", surgida em 1948, assemelha-se, em alguns pontos, à ideia kantiana.

Arendt concorda com Kant quanto à importância da paz e da necessidade de uma relação amistosa e dialógica entre as nações. A forma de demonstração, porém, é realizada de uma forma um pouco distinta. Para ela, a solução para a guerra e para os conflitos em geral só pode ser buscada e alcançada pela via política. A paz, nesse sentido, é uma meta a ser constantemente almejada, mas que exige esforços contínuos, pois ela nunca está definitivamente assegurada, como Kant já havia percebido. Com relação às concepções de Kant e suas contribuições teóricas, como há exposições no presente livro que versam sobre isso, a ênfase aqui recairá especialmente sobre as acepções de Arendt expostas na obra *Lições sobre a filosofia política de Kant*, lições IX e X.

Segundo Arendt (1993, p. 79), para Kant a "prática" refere-se às questões concernentes à moral e comandadas pela razão.[2] A teoria, por seu turno, trata da especulação. E Arendt continua: a teoria política em Kant "era a teoria do progresso perpétuo e a de uma união federal das nações, a fim de conferir à *ideia* da humanidade uma realidade política" (p. 79). A "ideia" é um artifício abstrato para tratar de questões de

---

[2] Esses temas são abordados por Kant em suas conhecidas obras *Crítica da razão prática* e *Fundamentação da metafísica dos costumes*.

forma "generalizada". Ou como ela mesma explica (p. 79): "[...] essas ideias, com cujo auxílio ele refletiu sobre os assuntos humanos em geral, são muito diferentes da 'participação ansiosa que beira o entusiasmo' que tomou os espectadores da Revolução Francesa". Há, pelo exposto, explicitamente três tópicos distintos a serem analisados por causa da sua importância: a noção de progresso, a de uma "confederação das nações" e a dos "espectadores" (com o exemplo da Revolução Francesa), com sua relação com as duas anteriores.

Quando Kant trata do "progresso", parece que sua opção teórica recai na *história da humanidade* em detrimento da vida ou das ações de um sujeito considerado individualmente. No entanto, no decorrer da exposição ele expõe sua concepção, valorizando-o como já o fizera em outra obra (a *Fundamentação da metafísica dos costumes*). Nessa perspectiva, pode-se lembrar que em Hegel também há a ideia de progresso, mas com um viés diferente, o do avanço do espírito (consciência ou conceito) rumo ao Espírito Absoluto por meio de movimentos dialéticos. Em outros termos: Kant e Hegel basearam suas concepções na noção de um desenvolvimento crescente da humanidade, quase involuntário e necessário, e de uma predileção pela Revolução Francesa como evento exemplar, pois ambos viveram no início da Modernidade. Kant, em suas análises, percebeu que nos esforços para a guerra o homem utiliza todos os seus talentos. Isso significa que a guerra fornece, mesmo àqueles que não são diretamente afetados por ela, um elemento motivador que os faz empenharem-se na busca de melhorias para os instrumentos de guerra, não apenas visando a vencê-la, mas também em obter vantagens, como o lucro, o poder sobre os mercados e sobre as fontes de matéria-prima.

O exposto aponta para uma noção de que a paz estagna o progresso (Arendt, 1993, p. 69), de que ela paralisa os esforços para o aperfeiçoamento pessoal e material? A paz "amolece" os ânimos, trazendo a preguiça, criando um espírito individualista e egoísta (que Kant chama de comercial[3])? A resposta pode ser positiva se ela considerar uma perspectiva histórica, isto é, se ela se baseia no período Moderno, pois nem sempre, na história, as guerras visaram aos ganhos econômicos: muitas tiveram como objetivo o direito, a honra, o território. Os avanços tecnológicos experienciados com a guerra, na Modernidade, e em especial no século XX, podem ser explicados também pela sociologia, pois devem-se à forma de organização econômica de certos grupos sociais com seus desdobramentos históricos. A paz pode coincidir com o progresso se for adotada uma outra perspectiva teórica, pois sempre há algo novo a desvendar, desenvolver ou criar, ou outras metas a atingir, novas tecnologias a aperfeiçoar que não dependem necessariamente do conflito bélico.

Nesse sentido, é interessante observar que, quando Arendt escreve sobre a "emancipação das mulheres" (2008, p. 94-95), ela está ciente de que a mulher que se dedica ao lar está presa a um homem que é como um "patrão masculino", e que, quando ela entra no mercado de trabalho, ela é uma assalariada, o que repete, de certa forma, o mesmo padrão, pois o contexto é burguês ou pequeno burguês. Quando a mulher passa à cena política, ela se defronta com um mundo masculino e não consegue expressar metas concretas, além das humanitárias. Isso ocorre porque de nada adianta fundar

---

[3] Esta citação se encontra na obra *Lições sobre a filosofia política de Kant*, p. 69, e se refere à *Crítica da faculdade do juízo*, de Kant, parágrafo 28. A tradução dessa passagem para o português (p. 109) coincide com aquela realizada por Arendt.

um partido feminino, que terá metas abstratas, se a situação concreta da sociedade atual estiver fundada na bipolarização capital-trabalho. Para que a mulher verdadeiramente se emancipasse, ela teria de entrincheirar-se ao lado dos proletários, pois sua luta é equivalente às deles, mas com um outro foco. A ênfase deveria recair sobre a família, não sobre o indivíduo isolado (a mulher). Ou seja, para que ela se emancipasse seria necessário que a mulher conseguisse alterar, em um primeiro momento, a estrutura familiar, e a partir dessa a da sociedade, pois do contrário seus esforços perdem-se como ocorre com o movimento dos estudantes, dos jovens, que, ou exigem pequenas mudanças no contexto, ou as suas metas são abstratas, e não alteram o substancial, a estrutura. O mesmo poderia ser pensado sobre a guerra: de nada adianta criticar a guerra, ou a tecnologia que a potencializa, se a estrutura mais geral não for modificada.

Para uma sociedade que busca constantemente alterar o humano com vista aos seus fins, à produtividade fabril, ou ao consumo, por exemplo, torna-se necessário motivar constantemente os indivíduos. Ou seja, quando algo de essencial da vida humana se perdeu (ou foi extraído) – a vida em grupo, o ócio, o mistério, o inefável, por exemplo –, isso deixa uma lacuna que passa a ser preenchida pela ciência, que pretende explicar tudo – pelo consumo, pela mídia, pelo virtual, ou mesmo pela técnica, que parece poder resolver qualquer problema ou necessidade humana. Apesar disso, o "vazio" perdura, havendo a necessidade de buscar mecanismos (estranhos ao ser humano) que o façam desejar avançar, buscar algo, aperfeiçoar os objetos, criar utensílios e instrumentos novos, e a guerra pode fornecer a motivação para tal.[4] Freud (2002) explica essa "perda" pela necessidade da vida em

---

[4]   Para um maior aprofundamento sobre essa questão, vide SCHIO (2008, cap. I).

grupo, em sociedade, mas ele não está alheio à agressividade "normal" (natural) do ser humano, como demonstra a carta que trocou com Einstein sobre a guerra (2005), na qual os dois pensadores expuseram algumas ideias sobre a questão. O interessante a ressaltar é que, quando algo de importante, ou essencial, é alterado no ser humano, há a geração da necessidade de buscar o equilíbrio com a invenção de algo para "compensar" o que foi perdido. É o que ocorre com a motivação que está sendo colocada no lugar de algo básico que foi extraído. O homem é capaz de um desenvolvimento interminável, pois ele naturalmente tende a isso, não carecendo de artifícios externos e estranhos para tal quando sua essência está intata.

Segundo Arendt (1993, p. 76), os objetivos que guiam o progresso da humanidade, ainda que sem a consciência dos atores, são a liberdade e a "paz entre as nações como condição para a unidade da raça humana". A liberdade é um ideal moderno. Isso não quer dizer que antes da Modernidade a liberdade não era tematizada ou valorizada, mas que ela não era considerada como a pedra-angular da vida humana, como ocorreu após o século XVII, tanto em questões políticas como econômicas e sociais. Kant e Hegel continuam a ser os representantes desse tipo de concepção. Para Kant (1988, B 4, p. 120), "a *paz*, que significa o fim de todas as hostilidades", se torna um ideal para o desenvolvimento pleno das nações, com todos os desdobramentos que isso traz para a vida coletiva e individual. Para evitar que se pense que Kant não tratou da vida individual, enquanto pessoa e cidadão, no item 3 de *À paz perpétua* (1988, B 8-9, p. 122) ele escreveu que o ser humano é sempre fim em si mesmo e jamais pode ser utilizado como meio ou instrumento. Nos termos do próprio autor: colocar alguém ou a si mesmo para matar ou ser morto "implica um uso dos homens como simples máquinas ou instrumentos na mão de outrem (do Estado), uso que não pode harmonizar bem com o direito da humanidade na nossa própria pessoa". Arendt, então, está afinada com ele ao afirmar que Kant tem sempre presente o valor da vida humana porque humana, pois pertencente à humanidade, por isso com um valor e uma dignidade que não podem ser esquecidas ou extraídas.

Para Arendt, a paz é uma meta a ser buscada com e pela política. Por intermédio da política, entendida como a resolução não violenta dos conflitos, das diferenças, a paz pode ser "construída" ou cultivada, o que evitaria a busca de um armistício quando ocorre a exaustão das partes em guerra, como entende também Kant (1988, B 5, p. 120). Quando os beligerantes não conseguem entrar em um acordo sem o uso das armas, a guerra se torna o "último recurso". Assim, ela passa a ser necessária para que os contendores se tornem razoáveis (que utilizem a razão) e consigam discutir um acordo de paz. Nesse sentido, a "confederação das nações", por não representar uma, mas todas as nações (ou várias, ou a maioria delas), e sendo imparcial, poderia se antecipar e auxiliar na discussão, com o objetivo de evitar a guerra. Em contrapartida, pode-se entender, junto com Arendt, que a guerra pode ser a forma para se chegar, ao final do conflito, à percepção da necessidade de elaboração de um estado cosmopolita, isto é, composto pelos vários países do globo. Nessa perspectiva teórica, as vidas individuais e irrepetíveis são consideradas em seu conjunto, como na história da humanidade.[5]

---

[5] Para Kant, o sujeito da história é a espécie humana, que, segundo Arendt (1993, p. 75), não pode ser determinada. Na história há o ponto de vista geral, aquele do espectador, que é o "cidadão do mundo" e que será especificado neste texto, mais adiante.

Segundo Arendt, "liberdade e paz" são ideias da razão que conferem sentido às narrações (*stories*, com início, meio e fim) da história (a mais geral, que contém o todo).[6] Contudo, segundo ela, e seguindo Kant (enquanto autor da *Crítica da faculdade do juízo*), a razão também gera o sublime. Em outros termos: a mesma razão que comanda a vontade com relação à moral age no sentimento do sublime.[7] Quando se afirma que a "guerra tem algo de belo" ou que há uma "estetização da guerra", o que é dito é que ela "demonstra algo de sublime", uma grandeza, uma ordem ou proporção que causa um espanto (parecido com o do "belo", porém esse é gerado pelo acordo entre a imaginação e o entendimento).[8] A razão capta as características da guerra, gerada pelo homem, percebendo-a análoga a outros acontecimentos imponentes que independem do homem – uma erupção vulcânica, uma onda gigante, por exemplo –, que também são grandiosos, porém normalmente com consequências desastrosas para os seres humanos. E a razão humana, ao fazer essa equivalência, sente o sublime, mas, quando pensa sobre o evento, sabe-o como catastrófico. O ser humano, então, "sente" o belo e o sublime, mas pode transcender o dado natural ao perguntar, ao questionar.

A paz duradoura, para Kant e Arendt, só pode ser obtida pelo acordo entre as nações. Arendt acredita que as pessoas podem resolver os conflitos por meio da palavra, isto é, do diálogo intersubjetivo. E a mesma pluralidade (de opiniões, de culturas, de interesses etc.) que os indivíduos podem

---

[6] Para o aprofundamento desta questão, pode-se consultar SCHIO (2006, em especial p. 250-253).

[7] Como exemplo, pode-se consultar o parágrafo 28 da *Crítica da faculdade do juízo*, de KANT (p. 107; p. 109), ou ARENDT (1993, p. 69), em que se lê: "A própria guerra [...] tem algo de sublime em si".

[8] Cf. *Crítica da faculdade do juízo*, parágrafos 1-17.

vivenciar as nações igualmente o podem. Para tal é necessário um espaço, que ela chama de público, em que as pessoas (ou nações) se encontram com igualdade para falar, ouvir, persuadir ou ser persuadido. E isso é possível porque o mundo comum está em jogo, haja vista que o planeta é o mesmo para todos; por isso os interesses e os desejos pessoais ou grupais devem ser colocados em segundo plano. O mundo tem precedência sobre o individual. A existência do planeta, com a fauna, a flora, para Arendt, é mais importante do que a produção, o consumo, o lucro, ou os interesses e necessidades pessoais, subjetivas. Para Arendt (1993, p. 70), então, a pluralidade das nações pode ser o veículo para a busca da paz quando estabelecem um espaço para o diálogo e para a busca de soluções compartilhadas para as diferenças e para as necessidades.

Após tratar das noções de progresso e da necessidade de uma "confederação das nações", e visando tratar do item sobre o "espectador", pode-se citar Arendt (1993, p. 70) em uma interessante afirmação sobre Kant:

> [...] muito embora Kant sempre agisse pela paz, ele conhecia e mantinha em mente seu juízo. Se tivesse agido de acordo com o conhecimento adquirido como espectador, teria sido, em sua própria opinião, um criminoso. Se tivesse esquecido, por causa desse "dever moral", seus vislumbres como espectador, teria se tornado aquilo que tantos homens bons, envolvidos e engajados nos assuntos públicos, tendem a ser – um tolo idealista.

Arendt expõe, assim, que Kant estava ciente da diferença entre a posição do ator e a do espectador político, assim como da necessidade de não utilizar apenas uma dessas posturas. Isso, porém, carece de uma demonstração cuidadosa:

o ator é aquele que age, sozinho ou junto com os outros, podendo gerar algo novo e inusitado. O espectador é aquele que observa, que julga, e que está só, quando pensa e ajuíza, mas que também está com os outros espectadores.

O espectador, porque não participa do que ocorre, pois não age, pode ter a noção de conjunto, o que lhe permite pensar e julgar com mais acuidade. Como ele não está envolvido no acontecimento, tarefa do ator, ele é "desinteressado" na terminologia kantiana também utilizada na *Crítica da faculdade do juízo*. É nesse sentido que Kant e Arendt utilizaram o exemplo da Revolução Francesa, na qual os atores não tiveram tempo de parar e observar o desenrolar dos fatos e pensar e julgar, de entender o que ocorria e planejar o que queriam, o que foi permitido aos espectadores. O espectador, como Kant o foi, estavam fora da cena francesa, e aguardavam com ansiedade as notícias sobre os acontecimentos no país vizinho na época revolucionária, assim como ficaram apreensivos com os fatos da época do "Terror" e da Restauração. A contrapartida disso é que o espectador não age, não participa e não tem controle sobre o que ocorre: é o "o juízo do espectador [que] cria o espaço sem o qual nenhum desses objetos [ou acontecimentos] poderia aparecer", escreveu Arendt (1993, p. 81).

A aparente primazia do espectador ocorre porque ele "vê" o todo, e assim pode chegar à verdade. Para julgar é preciso "retirar-se do jogo" (Arendt, 1993, p. 72). O ator, segundo Arendt, preocupa-se com a fama, a *doxa*, ou seja, com a opinião que o espectador (ou espectadores) expõe sobre o desempenho dele, ou do conjunto de atores; ou, ainda, se dedica apenas ao que está fazendo. Nesse sentido, o ator não é autônomo, pois ele depende da apreciação do espectador, dos observadores. Ao afastar-se do espetáculo, o espectador volta-se para seu mundo interno, retirando-se da vida cotidiana, contingente e circunstancial, na busca de um ponto de vista geral. Essa "visão" panorâmica é importante para a faculdade judicante, pois pode fornecer o conteúdo necessário para o julgamento (a premissa geral ao juízo determinante[9]). Em Kant, segundo Arendt, é a ideia de progresso (1993, p. 73) que se torna o padrão para o julgar quando se coloca em questão a busca da paz, pois sem ela não há progresso, mas destruição e desordem, como foi tratado acima, mas que Arendt critica, por ser uma ideia moderna, e de certa forma "negativa" para os tempos atuais (séc. XX e início do XXI).

O espectador isola-se para refletir, entende Arendt (1993, p. 77), como anteriormente Platão expusera no "mito da caverna". No entanto, em Kant o espectador não está sozinho, como ocorria com cada um que estava acorrentado no interior da caverna: ele está junto aos outros espectadores, momento em que a comunicabilidade e a publicidade se tornam importantes.[10] Cada espectador precisa expor suas opiniões aos outros para obter sua aprovação ou não. Sem a comunicação e a publicidade não há como averiguar as próprias ideias e confirmá-las ou alterá-las. Mesmo que em Kant esse "público" seja restrito, ele pode ser ampliado pela "mentalidade alargada", exposta na *Crítica da faculdade do juízo*, parágrafo 40, em que a possibilidade de pensar no lugar de

---

[9] O juízo determinante é aquele em que o geral, ou a premissa maior da dedução, é conhecido, como uma lei, por exemplo, cabendo o espaço da premissa menor à situação particular, sendo a conclusão obtida subsumindo-se o particular ao geral, obtendo-se como resposta o que é o convencional (cf. *Crítica da faculdade do juízo*. Introdução, item 4, XXV, p. 23. Em ARENDT [1993, p. 73]). O juízo é reflexionante quando não há um geral, e esse deve ser buscado em um particular.

[10] Ideia exposta no texto de KANT, *Resposta à pergunta; que é o Iluminismo*, A 485, 486 (1988, p. 14-15).

qualquer outro se torna um importante meio heurístico para estender a própria forma de pensar e de julgar.

Embora a razão prático-moral expresse que não deve haver guerra, a partir da posição do ator, isso é diferente no juízo estético e reflexionante, que pode "apreciar" o conflito, a partir da posição de espectador. É nessa segunda perspectiva que ocorre a valorização do soldado em detrimento, por exemplo, do homem político, em ambos os autores.[11] O guerreiro, ao arriscar sua vida em prol da dos outros ou da comunidade, demonstra sua coragem, uma virtude capital em política, segundo Arendt. Além disso, o soldado que se arrisca torna-se um exemplo a ser seguido em momentos de dificuldades. Por isso seu agir recebe uma valoração especial. O político, por seu turno, apesar de possuir habilidades importantes, como a oratória e a retórica, não coloca a vida em risco por um ideal superior, como a vida de outro ser humano, ou a liberdade da pátria, ou a justiça. Mas essa veneração ocorre do ponto de vista do espectador, daquele que avalia a ação.

Outro aspecto interessante de se averiguar quando o tema é a paz é que, em Kant, segundo Arendt (1993, p. 68) há uma simpatia com relação à revolução, mas não em relação com a guerra, pois nesse caso Kant demonstra que prefere a paz: a paz é uma obrigação direta e deve ser buscada constantemente. A revolução, por seu turno, demonstra a insatisfação de um grupo com a situação vigente, na qual há a busca de uma alteração. E o exemplo continua a ser o da Revolução Francesa. Evitar a guerra, por meio do incremento à paz, porém, só é possível, segundo ambos, a partir de um pacto entre as nações. A guerra, nessa perspectiva, pode ser entendida como o

---

[11] *Crítica da faculdade do juízo* (1993, parágrafo 28), em KANT. *Lições sobre a filosofia política de Kant* (1993, p. 68), em ARENDT.

meio de levar a um todo cosmopolita (Arendt, 1993, p. 69), mas que deve ser evitado, por causa das suas consequências de morte e de destruição. A guerra, por si só, apresenta uma ausência de sentido, pois o mundo (natural e humano) que ela destrói não é levado em conta, não é valorizado. As perdas, humanas e materiais, são esquecidas porque os interesses dos grupos beligerantes tornam-se os únicos considerados. Mais uma vez, Arendt, junto com Kant, pondera que os esforços políticos e diplomáticos, exercidos pelo conjunto dos países em uma liga, poderia ser a chave para a solução dos conflitos, ou até mesmo para evitar que eles viessem a existir.

Arendt (1993, p. 96), entretanto, está ciente de que as posições de ator e de espectador não podem ser excludentes, e segundo ela não o são. O ator e o espectador se tornam unos quando há a ideia de humanidade, pois esse "humano" está presente no interior de cada um. Cada homem ou mulher só pode ser chamado de "humano" ou de "civilizado" a partir dessa ideia, quando ela se torna o princípio do julgar e do agir de cada um. Dessa forma, a noção de história retorna: a história, que é única, pode fornecer regras válidas para as gerações futuras. Isto é: os exemplos bons ou ruins que a história possui tem a potencialidade de se tornar um ensinamento, uma lição para quem precisa pensar, julgar e agir (juízo determinante). Para Kant, segundo Arendt (1993, p. 74), a história abre novos horizontes para o futuro, e traz esperança. E o faz porque mostra as potencialidades do "novo", isto é, a possibilidade de romper processos iniciando algo inédito. Apesar disso, sempre surgem novos empecilhos para a paz: a burocracia, por exemplo, que institui um "domínio de ninguém", em que não há quem responda ou se responsabilize por aquilo que é feito. Ela é mais um instrumento para afastar as pessoas, para evitar que elas se encontrem e ajam politicamente. Ainda assim, a possibilidade de romper os círculos viciosos permanece, pois a vida ativa da mente é importante para a busca de soluções (políticas) para os conflitos, assim como para evitar a prática do mal.[12]

Os conceitos arendtianos são, normalmente, considerados demasiadamente ideiais, pouco factíveis na vida cotidiana. Valorizar o diálogo, o encontro com vistas à discussão das questões mais prementes; ter esperança no ser humano, acreditar que ele pode reunir-se com seus iguais, tanto individual quanto em nível de nação, e agir, rompendo os processos e iniciando algo novo, atualmente é tido como ilusório, utópico. Contudo, o humano porta essas possibilidades, as quais não podem ser desconsideradas ou esquecidas. Dito de outra forma, para quem viveu na primeira metade do século XX, como Arendt, que teve de fugir de seu país, a Alemanha, por causa do nazismo, que vivenciou a Segunda Guerra, a Guerra Fria, que soube da existência dos campos de concentração, dos assassinatos em massa, mas que também presenciou atos de solidariedade, como o caso dos dinamarqueses com relação aos judeus (exposto em *Eichmann em Jerusalém*), de bravura, como a Resistência Francesa, entre outros, pode demonstrar esperança no "poder" humano: de evitar a violência, de dialogar, de iniciar algo novo, de pensar, julgar a agir por si mesmo, mas levando os outros em consideração.

O ser humano, entendido como capaz de iniciar algo a partir de sua ação isolada ou em conjunto, como quando traz um novo ser ao mundo (que Arendt denomina de "categoria política" da natalidade), pode interromper os atos cotidianos, repetitivos e mecânicos e parar, deixando a alienação

---

[12] A questão do mal "banal", em Arendt, pode ser aprofundada em SCHIO (2006, p. 64-73).

e decidindo modificar o seu modo de ser. Ele pode ativar a vida da mente (o pensar, o querer e o julgar) e agir de uma forma não convencional. O ser humano tem a capacidade de pensar por si mesmo, de colocar-se no lugar do outro, e de pensar as consequências dos próprios atos. Essas três características de um entendimento humano saudável Arendt extraiu de Kant, da *Crítica da faculdade do juízo*, parágrafo 40. Ela, entretanto, com relação à política e ao juízo, enfatiza o valor da "mentalidade alargada", pois essa permite "consultar" imaginativamente outras perspectivas, presentes ou não, e julgar. Ou seja: por meio da imaginação é possível sair da própria posição e pensar no lugar de outra pessoa, podendo, com isso, ampliar o modo de pensar, modificando-o ou ratificando-o como aceitável. Isso porque "julga-se sempre como membro de uma comunidade, guiando-se pelo senso comunitário, pelo *sensus communis*", escreveu ela (1993, p. 97). Esse *sensus communis*, possuído por cada ser humano, é a fonte da possibilidade de entendimento não violento entre as pessoas, os cidadãos de um país, mas concidadãos do mundo, do planeta Terra. Nesse sentido, cada um é membro da "comunidade mundial" pelo simples fato de ser humano, e essa é a "existência cosmopolita" que demanda que cada um cultive a paz dentro e fora de si.

Referências

ARENDT, Hannah. *A condição humana*. 5.ed. rev. Rio de Janeiro: Forense Universitária, 1991.

_____. *A dignidade da política*. Rio de Janeiro: Relume-Dumará, 1993.

_____. *A vida do espírito;* o pensar, o querer, o julgar. Rio de Janeiro: Relume-Dumará/UFRJ, 1991.

_____. *Compreender;* formação, exílio e totalitarismo (ensaios). São Paulo: Cia. das Letras, 2008.

_____. *Eichmann à Jerusalém:* rapport sur la banalité du mal. Paris: Gallimard, 1991.

_____. *Lições sobre a filosofia política de Kant*. Rio de Janeiro: Relume-Dumará, 1993.

_____. *Responsabilidade e julgamento*. São Paulo: Cia. das Letras, 2004.

BEINER, Ronald. Hannah Arendt et la faculté de juger. In: ARENDT, Hannah. *Juger* – Sur la philosophie politique de Kant. Paris: Seuil, 2003.

D'ALLONES, Myriam Revault. Le courage de juger. In: ARENDT, Hannah. *Juger* – Sur la philosophie politique de Kant. Paris: Seuil, 2003.

_____. Vers une politique de la responsabilité: une lecture de Hannah Arendt. *Esprit* 206, nov. 1994. (Les équivoques de la responsabilité.)

DUARTE DE MACEDO, André. Hannah Arendt e a biopolítica: a fixação do homem como *animal laborans* e o problema da violência. In: CORREIA, Adriano (org.). *Hannah Arendt e a condição humana*. Salvador: Quarteto, 2006.

_____. Hannah Arendt e a exemplaridade subversiva: por uma ética pós-metafísica. *Cadernos de Filosofia Alemã*, São Paulo, n. 9, p. 27-48, jan./jun. 2007.

FREUD, Sigmund. Correspondência entre Freud e Einstein. Disponível em: <http://library.fes.de/pdf-files/bueros/brasilien/05620.pdf>. Acesso em 25 fev. 2010.

_____. *O mal-estar na civilização*. Rio de Janeiro: Imago, 2002.

GUIMARÃES, Marcelo R. Educação para a paz: sentidos e dilemas. Caxias do Sul: EDUCS, 2005.

KANT, Immanuel. À *paz perpétua e outros opúsculos*. Trad. de Artur Morão. Lisboa: Edições 70, 1988.

_____. *Crítica da faculdade do juízo*. Trad. de Valério Rohden e António Marques. Rio de Janeiro: Forense Universitária, 1993.

SCHIO, Sônia Maria. *Hannah Arendt;* a estética e a política (do juízo estético ao juízo político). Tese de doutorado. Porto Alegre: UFRGS, 2008.

_____. *Hannah Arendt;* história e liberdade (da ação à reflexão). Caxias do Sul: EDUCS, 2006.

8

Multiculturalismo, educação e paz[1]

Daniel Loewe[*]

Sociedades culturalmente diversas, com frequência, são caracterizadas levando em consideração seu potencial de conflito e, mesmo, de violência. As posturas com respeito a esse suposto potencial são divergentes. Segundo alguns autores, o multiculturalismo enquanto doutrina política ofereceria as ferramentas apropriadas para fazer frente aos possíveis conflitos de forma justa e construtiva a favor da paz social. As políticas públicas relacionadas com a educação multicultural, por causa da sua eminente função na produção e reprodução social, teriam um papel crucial. Entretanto, conforme vozes mais críticas, o potencial de violência das sociedades culturalmente diversas só viria a ser engatilhado mediante a implementação de formas de multiculturalismo. Dessa maneira, esse seria motivo suficiente para opor-se a toda forma

---

[1] Tradução do espanhol para o português por Elsa Mónica Bonito Basso.
[*] Universidade Adolfo Ibáñez – Chile.

de educação multicultural. Versões extremas, que ficam à beira da xenofobia e que são, portanto, indefensáveis – mas nem por isso são excepcionais na discussão pública –, consideram, até, que devemos optar por sociedades que homogeneízam a diferença cultural em uma única cultura nacional. A velha escola da nação-Estado continua presente.

Neste artigo farei referência ao papel da educação multicultural como gestora de entendimento, interação e cooperação social. O multiculturalismo não é uma doutrina única, e sim um termo genérico que permite reunir sob a sua sombra doutrinas diferentes, até mesmo antagônicas. De acordo com a tese que defenderei, existe um tipo de educação multicultural que pode, sim, fazer frente às tensões presentes nas sociedades culturalmente diversas de um modo produtivo. Esse tipo de educação multicultural, que denomino Educação Multicultural Inclusiva (EMI), tem uma base cosmopolita. No entanto, outras formas de entender a educação multicultural não podem mais que gerar novos conflitos, ou exacerbar os já existentes. Chamo esse último modo de entender a educação multicultural de Educação Multicultural Excludente (EME). Ironicamente, a EME não se diferencia de maneira relevante das estratégias para homogeneizar a diferença cultural, usualmente implementadas nos processos de formação dos Estados nacionais – só muda o contexto no qual se aplica.

Para proceder na defesa desta tese, realizarei três passos argumentativos: (1) Distinguirei diversos tipos de conflito social que surgem nas sociedades culturalmente diversas. (2) Logo, fazendo referência a casos, caracterizarei os dois modos propostos de entender a educação multicultural. (3) Finalmente, referir-me-ei à EMI e realizarei algumas considerações finais.

É desnecessário dizer que tais reflexões só podem ser consideradas como um esboço.

Três tipos de conflitos

Na literatura multicultural, é comum considerar os diferentes grupos dentro da sociedade, identificáveis, em razão de elementos culturais, como grupos culturais. Desse modo, os conflitos que surgem na interação, coordenação e cooperação dos membros desses grupos, tanto no mercado, na política ou nas judicaturas, são caracterizados como conflitos culturais. De acordo com essa interpretação, as sociedades culturalmente diversas teriam um potencial de conflito cultural cuja disposição à violência nem sempre pode ser contida.

Todavia, essa interpretação não é suficientemente precisa. Nem todos os conflitos que surgem na interação de indivíduos que podem ser associados a grupos culturais são genuinamente culturais, isto é, conflitos que estão atrelados à contraposição de normas ou prescrições de origem cultural. Em muitos casos, esses conflitos estão atrelados à percepção de que o grupo cultural ao qual se pertence está em posição de desvantagem com relação a outros grupos. Em muitos outros casos, esses conflitos se relacionam com sentimentos de pertença a um grupo e às lealdades que ali são geradas. Para dar conta do tipo e abrangência da educação multicultural que pode ser produtiva na resolução de conflitos, é importante diferenciar os tipos de conflitos que caracterizam as sociedades plurais ou culturalmente diversas.

A seguir, descreverei três tipos de conflitos que usualmente encontram-se na literatura multicultural (para essa taxonomia, compare Peters [1999]). É difícil, quando não impossível, estabelecer fronteiras claras entre esses três tipos de conflitos (alguns dos conflitos mais discutidos na literatura multicultural têm elementos de mais de um tipo), e ainda, eles não esgotam a ampla gama de conflitos.

Certamente, há muitos outros tipos de conflitos, como, por exemplo, os relacionados com a aberta opressão, discriminação e mesmo perseguição, da qual são objeto membros de muitos grupos culturais. Neste texto não me referirei a eles. O motivo não é que eles não sejam relevantes – o caso é o contrário –, senão que são conflitos que podem ser explicados pelo tratamento abertamente injusto do qual são objeto certos membros de grupos culturais ou certos grupos culturais. No entanto, a maioria dos casos que são discutidos nos debates multiculturais se refere a conflitos dentro de sociedades políticas liberais, isto é, sociedades que reconhecem a inviolabilidade de certos direitos de cidadania e também humanos. Nesses tipos de sociedades, os conflitos mencionados não têm cabimento. Isso não implica que eles não surjam nessas sociedades – certamente surgem. O ponto relevante é que em sociedades liberais não haveria motivos para que surgissem os conflitos provenientes de violações evidentes de direitos básicos, se essas sociedades aplicassem os princípios que reconhecem. Diferentemente desse tipo de conflitos, os três conflitos que serão tratados a seguir podem surgir, sim, e certamente surgem, no contexto de sociedades políticas liberais que honram direitos de cidadania e humanos.

Um primeiro conflito, que chegou a ser muito popular, pode ser denominado, fazendo referência ao conhecido livro de Huntington, *The Clash of Civilizations* (1997), a "guerra das culturas". Nesses conflitos, grupos culturais diferentes teriam diferenças culturais em suas crenças e valores tão importantes que os conduziriam a práticas incompatíveis e, mesmo, contrapostas. Um grupo pode considerar as práticas culturais do outro grupo estranhas, ou ainda como moralmente questionáveis. Os conflitos surgem quando um grupo tenta obrigar a aceitação de elementos de sua cultura (princípios, regras de comportamento, normas, metas etc.) por parte dos outros. Dão-se duas versões diferentes da guerra das culturas: (a) quando cada um dos grupos tenta fazer com que suas práticas sejam obrigatórias para o outro; e (b) quando um grupo quer seguir seus próprios padrões com respeito a assuntos que afetam exclusivamente a eles, mas o outro grupo considera esses assuntos tão relevantes que quer fazer prevalecer seus próprios padrões. A característica deste tipo de conflitos é que a própria cultura é aquilo que forma o fundamento do conflito.

Evidentemente, os conflitos relativos à atribuição de valores não se reduzem exclusivamente a questões culturais. Normas, práticas etc. estão relacionadas, também, com crenças e convencimentos que são resultado de processos de raciocínio e, não necessariamente, com as prescrições de uma tradição cultural específica. Mas, com frequência (ainda que nem sempre), apela-se a crenças e convicções que têm uma base cultural e, por extensão, em algumas ocasiões, religiosa. Não é por acaso que muitos conflitos de caráter religioso entram nessa categoria. Se pensarmos bem, é uma característica de muitas doutrinas religiosas aquela de dar conta daquilo que deve ser um tipo de vida admirável. Exemplos de tal tipo de conflitos são encontrados em discussões sobre a permissão da clonagem (raelianos demandam a permissão da clonagem humana por motivos religiosos), sobre o aborto ou sobre a permissão do melhoramento da natureza humana mediante formas de *enhancement* genético.

Um segundo tipo de conflito pode ser denominado "culturas ameaçadas". Esse tipo de conflito surge usualmente entre grupos majoritários e minoritários (mas nem sempre, às vezes surge entre grupos dominantes minoritários e grupos majoritários subordinados): o grupo minoritário tem uma cultura diferente daquela do majoritário. Tem um sistema próprio de valores, certas crenças, práticas e costumes comuns, uma forma especial de organizar diferentes assuntos (família, relações interpessoais, trabalho, atividades comunais etc.). Em descrições extremas, todos esses elementos estão em uma composição coerente. Desse modo, não é possível renunciar a uma parte da cultura sem, simultaneamente, ter de adaptar outras, isto é, sem gerar incoerência ou contradições na cultura. Na literatura multicultural, costuma-se chamar os grupos multiculturais descritos de um modo tão extremo de "grupos compreensivos" (Margalit; Raz, 1990; Selznick, 1992; Margalit, 1996). Esses seriam grupos nos quais a cultura perpassa muitos aspectos da vida social e individual. Em descrições mais moderadas, costuma-se caracterizar a especificidade da cultura por referência a uma história e a uma linguagem comum (Kymlicka, 1995).

Ainda que os membros desses grupos sejam cidadãos com os mesmos direitos e obrigações de outros cidadãos que não são membros do grupo, eles sentem – de forma justificada ou não – que sua existência enquanto grupo está ameaçada. A cultura dominante (usualmente majoritária) e suas instituições teriam uma influência negativa em sua existência como grupo com uma cultura diferente. Os conflitos podem ser interpretados, então, como competição por recursos materiais e jurídicos, para, assim, assegurar a sobrevivência da própria cultura. Aspira-se a melhorar a posição tanto dos membros quanto do grupo diante dos outros grupos sociais. Luta-se por alcançar os recursos e instituições que são considerados como necessários para manter o grupo e seu caráter cultural próprio. Exemplos desse tipo de conflitos encontram-se na tentativa de grupos de cristãos extremistas (como os Amish) de se separar da sociedade majoritária e suas instituições por considerar que esta torna difícil sua sobrevivência como grupo religioso (todavia, nesses casos, não é incomum encontrar elementos do primeiro tipo de conflitos). Também em muitos conflitos associados com demandas de grupos indígenas relativamente integrados à sociedade.

A terceira forma de conflito pode ser denominada, recorrendo ao título do livro de Michael Ignatieff (1993), "sangue e pertença". Diferentemente dos primeiros dois tipos de conflito, este não se relaciona, primeiramente, nem com a cultura enquanto estrutura normativa, nem com a cultura enquanto entidade ameaçada. Certamente esses conflitos surgem entre grupos que são diferenciados com referência a uma base cultural. Todavia, o que esses grupos se esforçam por conseguir e assegurar são poder e recursos. Os membros do grupo têm um forte sentimento de pertença ao grupo, sentimento de solidariedade e um vínculo emocional. Eles se defendem daquilo que consideram como um ataque aos interesses e demandas de grupo, ou, ainda, daquilo que consideram como humilhação de sua integridade coletiva. Muitos conflitos nacionalistas seguem esse modelo. Segundo Ignatieff, "o nacionalismo, por natureza, define as lutas entre povos como lutas pela honra, pela identidade e pela alma. Quando esses níveis se elevam, o conflito desaparece" (p. 217).

Podemos dizer muito a respeito desses grupos. Geralmente, mostram-se orgulhosos pelas conquistas reais ou supostas, alcançadas pelo grupo, sejam elas de tipo militar, econômico, tecnológico, científico etc. Sentem a pertença ao grupo como "natural", no sentido que não é algo que foi escolhido. Têm um passado coletivo conjunto e um forte interesse em projetar o grupo para o futuro. Em versões extremas, o grupo é considerado como uma "grande família". Ainda que não seja nem um pouco evidente o que se subentende nesse conceito, pelo menos três ideias associadas às relações familiares estão aqui presentes: a origem comum, a ausência de escolha dos vínculos e as obrigações especiais que derivam desses vínculos. Em um mundo caracterizado pela decisão individual e pelo cálculo racional não é incomum considerar esse fenômeno como uma anomalia, como uma manipulação das elites, ou, ainda, como uma estratégia construtivista para gerar solidariedade intergrupal etc. Isso tudo pode ser correto. Mas alguns membros de certos grupos têm e apreciam esse tipo de preferências e isso não pode ser considerado irracional (talvez "arracional" seja um conceito que descreva melhor o que está em jogo [compare Hardin, 1995]). Tem sua própria lógica.[2]

---

[2] Efetivamente, a controvérsia e a bibliografia relacionada são enormes. Não posso, aqui, continuar essa discussão. Só uma pequena nota: os conceitos "construtivismo" (ou "instrumentalismo") e "primordialismo" aparecem frequentemente na literatura sobre nacionalismo, etnicidade e identidades coletivas. Eles rivalizam para entregar uma descrição explicativa desses fenômenos, e são considerados, com frequência, como sinais de um paradoxo. Por um lado, o primordialismo propõe uma consideração estática e naturalista dos vínculos (pessoais, sagrados, primordiais). Nações ou etnias despertam paixões coletivas quase físicas. Nessa perspectiva, os discursos nacionalistas tentam, geralmente, "despertar" a nação. Por outro lado, o instrumentalismo considera esse vínculo como social, político, ou, ainda, como um tipo de recurso coletivo para avançar os interesses do grupo, como uma concorrência entre elites, como estratégia para maximizar a satisfação de preferências etc. Dessa maneira, a identidade coletiva adquire uma forma flexível. De um modo exemplar, Elie Kedourie, em *Nationalism* (1960), viu o nacionalismo como um acidente ideológico: "Nationalism is a doctrine invented in Europe at the beginning of the nineteenth century". O que cada uma dessas teorias pode explicar não pode ser explicado pela outra. Os instrumentalistas podem explicar muito bem como e por que as identidades

Esses três tipos de conflitos são diferentes. O último tipo de conflito ("sangue e pertença") se distingue claramente do segundo ("culturas ameaçadas"). Diferentemente do segundo, aqui a cultura não desempenha um papel fundamental: não se trata de proteger da assimilação uma cultura em desvantagem. Considerando, entre outros, os modos de vida, os projetos e planos, as metas e valores, a organização da vida familiar, a participação em ações voluntárias, as opiniões políticas e sobre os princípios gerais de moralidade, não há diferenças relevantes entre os membros dos diferentes grupos. Em todo caso, não há mais diferenças entre estes do que entre os membros de um mesmo grupo. Dessa maneira, não há perigo de assimilação. Certamente – e de um modo fundamental para o surgimento dos conflitos – há diferentes memórias coletivas e diferentes metas coletivas. A memória de um passado conjunto de opressão pode ser um incentivo efetivo para gerar lealdades. A história de um passado glorioso (muitas vezes imemorial) e os mitos (como o de uma origem comum) e heróis associados a ele são elementos efetivos para mobilizar o grupo. Com certeza, nesses grupos podem também ser identificados alguns elementos culturais próprios, como ritos

---

coletivas mudam. Todavia, eles têm dificuldades para explicar por que, em algumas ocasiões, elas não mudam. Inversamente, para os primordialistas é difícil explicar por que mudam essas identidades. Mas eles podem explicar por que, em algumas ocasiões, apesar dos contextos difíceis, elas permanecem. Contudo, os momentos identificados pelo instrumentalismo e pelo primordialismo na constituição das identidades coletivas oferecem respostas a perguntas diferentes. O momento primordial se refere ao vínculo entre os indivíduos e os elementos culturais, enquanto o momento construtivista se refere ao surgimento desses vínculos. Na prática, nenhum teórico é puramente primordialista ou puramente construtivista. Eles se diferenciam pelos acentos de suas teorias. Mas o caráter paradoxal é evidente. Alguns teóricos comparam tal tipo de identificações com o amor. Quando perguntamos "por que amas X?", é comum a resposta "porque decidi assim"; e à pergunta "por que decidiste assim?", é reposta comum "porque não pude fazê-lo de outro modo" (para referências bibliográficas, compare principalmente HUTCHINSON; SMITH [1996]; também HARDIN [1995]).

e tradições (de vestuário, culinária etc.). Pode haver, também, diferenças físicas, de religião e, no caso mais interessante, uma língua comum. Mas essas características não são apreciadas enquanto tais, senão que são relevantes para marcar as fronteiras do grupo, distinguindo todos aqueles que pertencem a ele dos que não pertencem. Dessa maneira, gera-se solidariedade entre os membros do grupo.

No caso de uma língua comum, temos um caso semelhante ao das "culturas ameaçadas". No entanto, ainda nesse caso, nem sempre é a língua aquilo que se quer proteger, mas a referência à língua implica, muitas vezes e de modo prioritário, um modo de avançar nas tentativas de autonomia. Considere-se, por exemplo, o discutido caso de Quebec. No Quebec, há zonas que tradicionalmente foram e continuam sendo de fala inglesa. Se a meta do nacionalismo no Quebec fosse a proteção da língua, como frequentemente se afirma, ("la survivance" ou a "visage linguistique"), os nacionalistas do Quebec deveriam concordar que essas zonas fossem excluídas de uma possível secessão. Todavia, eles afirmam a legitimidade de suas demandas sobre tais territórios.[3] Os grupos exigem controle sobre recursos, influência política ou autonomia política, autogoverno e, em casos mais extremos, também, independência e secessão, em razão de identidades coletivas, ideias sobre a solidariedade intergupal, sentimentos de pertença, lealdades etc. Mas o motivo não é, geralmente, a proteção da cultura. Os grupos querem autogovernar-se e decidir por si mesmos sobre assuntos próprios antes que estes sejam decididos por outros, alheios ao grupo. Ainda que o

---

[3] Além disso, esses territórios também não são "territórios históricos". O território original do Quebec "era de fato somente uma faixa de terra ao longo do rio São Lourenço. Mais da metade da área total do Quebec atual foi cedida para a província pelos britânicos depois da conquista britânica" (Buchanan, 1991, p. 64).

Quebec utilize a proteção da cultura (isto é, sobretudo da língua francesa) como razão para adquirir mais autonomia e independência, o caso não pode se apresentar de forma plausível, como se pertencesse ao segundo tipo de conflito: o Quebec já controla a política de imigração regional (privilegiando imigrantes de fala francesa), o sistema de educação (impedindo que os pais escolham livremente a língua de ensino de seus filhos) e tem também uma política linguística intensiva relativa à sinalização e aos letreiros em locais públicos, uso do idioma no local de trabalho etc. É pouco provável que a secessão pudesse ajudar a proteger a língua além das medidas atualmente em vigor. Pelo menos, não enquanto o Quebec independente não restrinja fortemente a liberdade individual de seus cidadãos (limitando, por exemplo, o direito à emigração). A referência à cultura é uma má estratégia explicativa dos motivos que operam como motor desses conflitos.

O terceiro tipo de conflito ("sangue e pertença") também deve ser distinguido do primeiro ("guerra das culturas"): já que os membros dos grupos vivem do mesmo modo que os membros dos outros grupos, não há incomensurabilidade de valores. Não há práticas, princípios, regras de comportamento, normas, metas etc. ditadas pela cultura de um grupo que sejam consideradas moralmente inaceitáveis pelos outros grupos. Todavia, apesar de os tipos de conflitos serem diferentes, é comum apresentar o caso "sangue e pertença" como se fosse um caso de incomensurabilidade de valores, isto é, como "guerra das culturas" (o caso mais popular que postula uma interpretação desse tipo é a tese de Huntington sobre o choque das civilizações). Isso leva à identificação, em ocasiões propostas – e, em muitas outras, aceita sem questionamento –, entre o pluralismo moral e a diferença cultural. Mas essa identificação é falsa. Com as palavras de Levy: "A identificação do pluralismo moral e cultural interpreta mal a ambos; a identificação do conflito moral e político faz a mesma coisa em um grau ainda maior" (2000, p. 99). Independentemente de qual seja a verdade do pluralismo moral, é evidente que as culturas enquanto estruturas não podem ser consideradas – na maioria dos casos – como mônadas independentes que compõem universos morais fechados e mesmo incomunicáveis. Ao contrário, as culturas não são puras (se é que esse adjetivo faz sentido), mas híbridas. Elas integram, interpretam e reinterpretam elementos com fontes e origens diversas. É nesse processo que se faz história.

Educação multicultural

A educação multicultural é uma estratégia produtiva para evitar o surgimento de conflitos ou para enfrentá-los e resolvê-los por meios pacíficos? A educação multicultural é um elemento produtivo na geração e manutenção da paz social? A resposta usual, no mundo intercultural, a essas perguntas é assertiva. Em minha opinião, tal resposta não pode ser aceita sem qualificações importantes.

Não existe um multiculturalismo, mas sim políticas multiculturais. E elas são muito diversas. Em prol da sistematicidade e correndo o risco de simplificação, podemos distinguir dois modos antagônicos de entender a educação multicultural. Certamente, esses modos são extremos dentro de um *continuum*: por um lado, temos o que denominarei uma Educação Multicultural Inclusiva (EMI); por outro lado, uma Educação Multicultural Excludente (EME). Os dois tipos de educação recorrem – ao menos parcialmente – a identidades coletivas. Mas esses tipos de identificação nos levam em direções opostas. Enquanto o primeiro tipo aspira a gerar um plano de estudos e um ambiente de ensino inclusivos, o segundo tipo aspira a gerar um plano de estudos e, em ocasiões, um ambiente de ensino excludente. Por um lado, esse último tipo de ensino multicultural pode levar – e efetivamente leva – à exigência de estabelecer escolas separadas, seja por causa da religião, seja por causa da pertença étnica. Se há um modo de educação multicultural que pode desempenhar uma função produtiva na solução de conflitos, bem como no processo de evitar seu surgimento, esse é, em minha opinião, a EMI. Diferentemente da EME, que descarta ou relativiza o universal em prol do particular, a EMI aspira a mostrar como o universal subjaz ao particular. A seguir, fundamentarei esse juízo.

É comum que a EME seja apresentada como uma demanda de grupos religiosos. Referindo-se à taxonomia de conflitos, essa estratégia é uma resposta àquilo que seria considerado como uma "guerra das culturas": membros de grupos religiosos consideram aspectos do plano de estudos como incompatíveis com e contrapostos a alguns dos valores que defendem. Nessa linha, articulam-se duas estratégias: (1) conseguir exceções de alguns materiais de estudo incluídos no plano de estudos, mas manter-se dentro do sistema educativo público; ou (2) separar-se completamente dos sistemas públicos criando suas próprias instituições educativas, o que geralmente permite um grau de autonomia educacional maior – ainda que não total. Consideremos a primeira das estratégias presentes.

Um caso muito citado na literatura é *Mozert v. Hawkins County Board of Education*. Em *Mozert*, os demandantes, com base em suas crenças religiosas (cristãos fundamentalistas), fizeram objeções a textos de um livro de estudo. Os pais das crianças se opuseram a que o texto "ensinasse as crianças a fazer julgamentos críticos, usar sua imaginação e ensaiar escolhas 'em áreas onde a Bíblia já oferece as respostas'" (Gutmann, 1995, p. 571). Entre os textos de leituras objetados estava um que descrevia um menino que se divertia cozinhando, enquanto uma menina lia para ele, em voz alta, uma parte do *Diário de Anne Frank*, bem como uma passagem que descrevia a ideia central do renascimento como crença na dignidade e valor dos seres humanos. Também criticavam um texto que descrevia um assentamento católico de índios no Novo México.

Certamente, as aulas de leitura nas escolas do Hawkins County não aspiravam a que as crianças reconhecessem algum tipo de crença. Todavia, os pais criticaram a diferença entre o doutrinamento em favor de uma crença e a transmissão de conhecimentos: os textos poriam conhecimentos ao alcance das crianças que, na perspectiva dos pais, teriam consequências indesejadas. O exercício de leitura no qual um menino prepara uma torrada enquanto uma menina lê em voz alta foi criticado porque "denigrates the differences between the sexes", que a Bíblia aprova. Contra o *Diário de Anne Frank*, argumentaram que ela escreveu que uma crença não ortodoxa em Deus seria melhor que nenhuma crença. Contra o renascimento como forma de dignidade e valor dos seres humanos, argumentaram que essa crença seria incompatível com sua própria crença religiosa. Por sua parte, a descrição do assentamento índio ensinaria catolicismo.

Ao se apelar a uma pertença cultural ou a uma crença religiosa para justificar exceções do plano de leitura, não é incomum afirmar que a exceção não estaria baseada só em razões de justiça (no final das contas, não aceitar a exceção implicaria um tipo de imposição insustentável e uma falta de reconhecimento da liberdade religiosa – dos pais), mas que teria consequências desejáveis relativas ao bom funcionamento da sociedade. Em minha opinião, nada está mais longe da realidade. Por um lado, negar às crianças o acesso a certas informações por motivo das crenças religiosas de seus pais supõe ignorar os direitos das crianças em função de uma interpretação insustentavelmente extensiva da liberdade religiosa dos pais (em Loewe, 2009, argumentei nesse sentido). Por outro lado, o desmembramento do plano de estudo é uma estratégia errada se a intenção é evitar o surgimento de conflitos na sociedade ou a sua resolução pacífica.

As razões contra o desmembramento do plano de estudo são as mesmas que podemos esgrimir a favor da EMI: um sistema de educação inclusivo é positivamente produtivo para nossa vida: podemos compreender melhor quem somos e em que mundo estamos. A EMI aspira a descartar comportamentos discriminatórios, o que contribui para a estabilidade e cooperação social. E ela desempenha uma função importante na manutenção das instituições democráticas, apresentando exigências aos futuros cidadãos. Por outro lado, o desmembramento do plano de estudos em função das crenças religiosas ou culturais dos pais implica restringir informações sobre o contexto no qual nos situamos e, assim, um entendimento restrito de nós mesmos e de nosso lugar no mundo. Dessa maneira, não deixa de promover comportamentos discriminatórios e não conducentes à paz social. Recorrendo às palavras de Gutmann:

> Se as escolas públicas não podem pedir aos alunos que leiam sobre a religião ortodoxa de um novo assentamento

mexicano, ou sobre um menino que cozinha, ou sobre as opiniões religiosas, não ortodoxas, de Anne Frank, ou sobre a dignidade e valor dos seres humanos, a democracia liberal também deveria abandonar a educação cívica, que vai além de ensinar a ler e os números. (1995, p. 572).

Além disso, grupos religiosos não deveriam poder utilizar as escolas públicas para doutrinar suas crianças. E, ainda, uma ampliação dessa ideia é que não deveriam ter direito ao veto do plano de estudos, por considerarem que esses conteúdos são ofensivos para suas crenças religiosas.

Certamente, muitos extremistas religiosos concordariam com a opinião de Gutmann, de que, se aceitarmos as diversas solicitações dos grupos religiosos relativos ao plano de estudos, a educação pública apenas poderia avançar no ensino básico necessário até o ponto de ler e realizar operações matemáticas – mas sem compartilhar sua posição crítica a esse respeito. Afinal, fundamentalismo "é uma reação significativa ao liberalismo organizado e, ao mesmo tempo, uma rebelião contra ele" (Isaac; Filner, 1999).

Com frequência, argumenta-se que, se as exceções demandadas não forem aceitas, estar-se-ia estimulando os grupos religiosos a fundarem suas próprias escolas, o que conduziria a uma divisão ainda mais grave na sociedade. Para aqueles que acreditam nas bondades da EME, isso não é algo que deva ser evitado, mas uma meta a ser alcançada. Contudo, essa estratégia é pouco atrativa. Deixando de lado argumentos igualitários extremos, há poucos argumentos convincentes desde uma perspectiva liberal contra a fundação de escolas privadas, enquanto sejam financiadas de modo privado e que cumpram com exigências educativas mínimas. Essas exigências não dizem respeito só à qualidade das instalações, mas também ao corpo docente. Por exemplo: os professores deveriam ter alguma certificação ministerial, o plano de estudos deveria incluir conteúdos mínimos e, claro, as escolas deveriam dispor de um amplo marco de liberdade com relação tanto à ampliação desses conteúdos quanto aos mecanismos de transmissão. Não admitir a existência desse tipo de escolas implicaria não prestar atenção suficiente aos interesses dos pais na educação de seus filhos. É claro que isso não se refere só às escolas com um caráter religioso (ou étnico), mas a qualquer escola que tenha alguma coisa a oferecer no mercado que os clientes pudessem achar atraente. A pergunta relevante é: o estado deve financiar total ou parcialmente esse tipo de escola?

Não é raro que os estados financiem escolas de tipo religioso. Normalmente, esse fato está ligado a contratos históricos entre o Estado e certas congregações religiosas. Assim, surge a exigência de um financiamento não discriminatório de instituições educativas, também daquelas que representam interesses considerados conflitantes de certas minorias culturais. Esse é o caso, por exemplo, da Grã-Bretanha. Até pouco tempo atrás, o Estado financiava parcialmente, através de fundos públicos, numerosas escolas anglicanas, católicas e judias. Todavia, as demandas dos muçulmanos por financiamento similar eram rejeitadas (Parekh, 2000, p. 254). A inadmissibilidade desse tratamento desigual levou a um regime no qual o Estado financia as escolas muçulmanas. Mas se admitirmos que grupos religiosos não deveriam poder usar as escolas públicas para doutrinar suas crianças, é uma ampliação dessa ideia que não deveriam poder utilizar fundos públicos para fazer esse doutrinamento, nem na versão não discriminatória de um tratamento igual para todos os grupos religiosos. O motivo não se refere somente ao tratamento desigual e dificilmente justificável que, através desse financiamento, se produz com todas aquelas escolas privadas que, sem financiamento público, tentam conquistar uma fatia do mercado. Esta última dificuldade pode ser compensada com a estratégia dos sistemas de cupons (*voucher*), que são muito comuns em diversas democracias. A dificuldade maior reside na utilização de verbas públicas para desenvolver projetos que implicam tipos de divisão social, sejam eles guiados por linhas religiosas ou étnicas.

A EME é também apresentada como uma resposta aos conflitos que, segundo a taxonomia empregada, se inscrevem sob o rótulo de "culturas ameaçadas". Um caso paradigmático e muito estudado desse tipo de conflito (que, no entanto, contém também elementos do primeiro tipo) refere-se aos Amish e suas demandas para, através de uma exceção, retirar suas crianças da escola antes do estipulado pela educação obrigatória. Já que sua experiência lhes ensinou que, se as crianças da comunidade permanecem na escola o tempo mínimo estipulado pela educação obrigatória nos Estados Unidos, elas tendem a abandonar a comunidade, tentaram conseguir exceções (e em Wisconsin com êxito) para retirar suas crianças da escola antes do estipulado pela lei de escolaridade obrigatória. A educação obrigatória colocaria em perigo a comunidade Amish e, desse modo, poria em perigo o direito ao exercício religioso (dos pais). Ter a oportunidade de sobrevivência como uma "ilha cultural de estruturas, padrões e valores tradicionais em meio ao oceano da Modernidade" – utilizando a descrição dos Amish realizada por Donald Kraybill (1993) – implicaria poder retirar as crianças da escola antes do estipulado legalmente:

> Solicitar que as crianças Amish frequentem escolas públicas além das séries iniciais não só as exporia a crenças culturais contaminantes e favoreceria amizades com pessoas de fora, também causaria erosão nos valores históricos dos Amish e desafiaria a autoridade Amish tradicional. A participação obrigatória no Sistema de Seguridade Social cortaria os vínculos de dependência econômica com a sociedade Amish [...] Essas e outras áreas de conflito são não só controvérsias religiosas, mas ameaçam a própria natureza e até a sobrevivência da sociedade Amish. (p. 17)

Acima disso, a estratégia para proteger a comunidade ameaçada implica a criação de escolas próprias. Como resposta aos muitos conflitos relativos a esse tipo de exceções, os Amish efetivamente fundaram suas escolas (que, diga-se de passagem, apresentam um nível altamente deficitário, que é usualmente tolerado pelas autoridades).

Outro caso é aquele que se refere à tradição nômade de alguns grupos ciganos. Por causa dessa tradição, as crianças dificilmente recebem uma educação formal. Na Grã-Bretanha, conseguiram uma exceção que permite que suas crianças frequentem a escola a metade dos dias estipulados como obrigatórios. Mas mesmo essa exigência mínima geralmente não é cumprida (compare Poulter, 1998, p. 147-194). Uma argumentação comum é que a educação formal não seria necessária. As crianças já recebem na comunidade um tipo de educação informal que lhes permite desenvolver as capacidades necessárias para realizar as atividades características da comunidade (dito de outra maneira: elas são treinadas para desenvolver as mesmas atividades de seus pais).

Wisconsin v. Yoder, o caso no qual os Amish obtiveram a exceção mencionada, é um caso clássico da jurisprudência norte-americana. Também é uma peça única. A opinião dos juízes e da opinião pública se deixou, possivelmente, guiar por uma visão romântica dos Amish (o caráter básico de sua comunidade e seu caráter pacífico, a proximidade com a terra e o afastamento das impurezas do mundo moderno etc.). Mas, essa peça de educação multicultural é discutível. Não é só o caso que, desse modo, muitas capacidades importantes para a vida dessas crianças não são desenvolvidas. Além disso, muitas vezes, homens e mulheres recebem treinamentos diferentes, que colocam as mulheres em posição de desvantagem (Nussbaum, 2000). Isso é claro no caso dos Amish. Enquanto os meninos aprendem carpintaria e a trabalhar a terra, conhecimentos que podem ser oferecidos no mercado caso abandonem o grupo (ou sejam expulsos), as meninas aprendem os trabalhos próprios das atividades domésticas.

A educação desempenha um papel central nas teorias igualitárias e nas políticas públicas que tratam de garantir igualdade de oportunidades. Ainda que desde a perspectiva da neutralidade liberal possa haver discussões relativas ao tipo de valor da educação (seu valor enquanto fonte de oportunidades para desenvolver uma vida produtiva na sociedade, ou enquanto permite aos indivíduos serem cidadãos responsáveis, ou, ainda, seu valor enquanto permite conhecer melhor nossa posição no mundo [compare Loewe, 2009]), há uma resposta clara às demandas dos Amish e de outros grupos de cristãos extremos para retirar suas crianças da escola antes do estipulado legalmente, ou, ainda, para não enviá-los, e às demandas de grupos nômades para não enviar regularmente suas crianças para a escola: limitar as oportunidades educativas de um menor, além do estipulado por uma lei geral válida, para assim satisfazer as aspirações de seus pais, é injusto. Desse modo, limitamos o desenvolvimento de capacidades centrais e, assim, as expectativas de vida de um indivíduo, porque casualmente nasceu em um determinado grupo cultural.

Todavia, não é em absoluto evidente que essa seja a estratégia adequada para evitar conflitos. Ainda que os Amish sejam eminentemente pacíficos, e assim o núcleo de suas demandas parece se refletir bem na ideia de serem deixados sós, como uma ilha dentro da Modernidade, os conflitos (não violentos) são onipresentes nos estados nos quais eles moram. Esses se referem a demandas tão curiosas (mas perigosas para a comunidade e para eles mesmos) como a negativa de um grupo Amish de portar o triângulo identificador de veículos lentos quando transitam pelas ruas com suas carroças, ou a outros conflitos menos curiosos referentes à vacinação ou à manutenção de cavalos em zonas urbanas, ou à liberação dos sistemas de seguro social.

Ou considere-se – na literatura multicultural – o caso muito mais conhecido e discutido da proteção da língua no Quebec. A aspiração que muitos defensores do multiculturalismo defendem, e à qual Taylor dá sua melhor expressão, de que a cultura, nesse caso a língua francesa no Quebec, "nunca seja perdida" (Taylor, 1994, p. 61) implica levar a cabo as ações necessárias para a realização dessa meta, ainda que essas passem por cima dos interesses dos indivíduos. Em plena consonância com essa ideia, o Parlamento de Quebec tentou aprovar uma lei que violava uma cláusula da constituição. Segundo tal cláusula, "o pai ou a mãe tem o direito de educar seu filho na língua minoritária da província na qual residem, sempre que eles tenham sido educados nessa língua no Canadá".

A lei de Quebec teria limitado ainda mais o direito de escolher educar suas crianças em inglês, em Quebec, só para aqueles pais "que foram educados em inglês no Quebec" (Hartney, 1995). O governo de Quebec argumentou que a cláusula

> tem a intenção de assegurar a sobrevivência do grupo minoritário em cada província. Portanto, não deve ser entendido como concedendo a cada pessoa individualmente o direito de ser educado na língua minoritária, mas a todo o grupo da comunidade, um direito coletivo de estabelecimentos educacionais suficientes para assegurar sua sobrevivência. (Hartney, 1995)

O caso é claro: se o fim é a sobrevivência eterna da cultura, não basta que os indivíduos sejam livres para decidir por si mesmos. Afinal de contas, eles poderiam se decidir contra esse fim.

Há muitos conflitos do tipo "sangue e pertença" e, por conseguinte, farei uma referência breve a eles. Encontramos esse tipo de conflitos com frequência nos conflitos nacionalistas. A luta pelos textos de estudo é um capítulo fundamental dessas lutas. Afinal, um ímpeto nacionalista essencial é escrever a história *daquilo que foi* e *daquilo que somos* sem deixar espaço para ambiguidades ou interpretações rivais. Mitos se transformam em realidades e as profecias se cumprem por si mesmas. Um caso paradigmático é encontrado nas múltiplas lutas pelos textos escolares que se desenvolveram em muitos estados da Índia (compare Kumar, 2001), e cujos promotores fundamentais são representantes dos muito bem organizados grupos e partidos da direita Hindu. Esses movimentos promovem uma identidade hindu lutadora, unificada e excludente (Hindutva) como base da identidade indiana e base para a pertença nacional. Segundo leituras extremas, os muçulmanos (13% da população da Índia) não pertenceriam à nação, porque suas cidades sagradas ficariam fora do território indiano (para essas análises e uma crítica, compare Kesavan, 2001).

Em oposição à sua proclamada originalidade vernácula, esses grupos importaram sua ideologia da Europa, especificamente do nacionalismo, mas também – e de um modo explícito – do fascismo europeu, cujas ideias e ações nem sempre são rejeitadas (compare a discussão de Nussbaum, 2007). Assim, por exemplo, na discussão sobre o regime nazista nos livros escolares da nona série de Gujarat não se menciona o Holocausto e Hitler é idolatrado. Como em outros movimentos nacionalistas, aspira-se a escrever a história novamente. Mediante manipulação de dados arqueológicos e linguísticos e de fontes historiográficas elevam-se mitos ao nível de verdades indiscutíveis. Também a religião e seus símbolos são manipulados. Nas ilustrações da direita hindu, muda-se a tradicional barriga redonda e macia de Ganesha por um "six-pack",* mais apropriado para as metas de dominação. Imprimem-se novos livros escolares carregados de ideologia e dados abertamente falsos.

A característica do tipo de educação que se propõe é a afirmação de uma identidade única, ciumenta e excludente de qualquer outra identidade que pudesse concorrer. Afinal de contas, qualquer outra identidade deve se subordinar às demandas dessa identidade única. No caso dos conflitos com a forma "sangue e pertença", a educação proposta é excludente em grau máximo. Desse modo, a EME não se distingue das

---

* Músculo reto do abdome bem definido pelo exercício. (N.T.)

estratégias ativas de homogeneização cultural que usualmente os Estados nacionais puseram em funcionamento em seus processos de formação. A única diferença relevante se refere ao contexto de aplicação. Enquanto nos processos de formação do Estado-nação tradicionalmente tentou-se homogeneizar a cultura dentro de todo o território sob o domínio do Estado, nas estratégias multiculturais tenta-se obter essa homogeneidade dentro dos grupos particulares.

Nos outros dois tipos de conflito, também encontramos uma premissa similar: a identidade fundamental é só uma, aquela associada à nossa pertença cultural ou religiosa. E é por isso que não devemos poder estar dispostos a negociar com relação aos ditados de nossa religião ou cultura. Afinal, quando há conflitos culturais, o que haveria é uma "guerra entre as culturas", com tudo o que implica a referência – evidentemente falsa – a uma guerra. E também não podemos deixar de fazer tudo aquilo que estiver ao nosso alcance para assegurar a sobrevivência de nossa cultura ameaçada – ainda que isso signifique passar por cima da liberdade dos indivíduos. Todavia, a premissa sobre a identidade única, ciumenta e excludente, que encontramos na base da EME, é, por um lado, falsa e, por outro lado, pouco produtiva em nossas sociedades.

Primeiro: nas sociedades abertas, os indivíduos desenvolvem numerosas imagens de si mesmos. Por exemplo: em relação às funções familiares, ao mundo do trabalho, às crenças religiosas ou não religiosas, às posições políticas, à pertença étnica, à linguagem, ao gênero ou à orientação sexual. Fica aberta a pergunta se e como todas essas imagens se integram em uma imagem conjunta. Diversos aspectos da identidade são, para os diferentes indivíduos em diferentes momentos da vida, diferentemente importantes.

Segundo: a tese da identidade única aponta para uma direção muito diferente daquela que parece ser a apropriada para o nosso mundo. Em sociedades abertas, nas quais os indivíduos têm numerosas imagens de si mesmos, a capacidade de empatia com outras identidades é central para poder desenvolver uma identidade estável. No trato com numerosas e diversas expectativas, é importante ter a capacidade de se distanciar dos próprios róis e manter uma posição tolerante com relação às ambiguidades. Em muitas demandas multiculturais por políticas educacionais do tipo EME, encontramos exatamente o oposto. Como Gitlin (1996) afirma: "Muitos expoentes da política da identidade são fundamentalistas – na linguagem da academia, 'essencialistas' – e a crença nas diferenças fundamentais de grupos se transforma facilmente em uma crença de superioridade". A identidade se mostra como a mesma em cada espaço de ação, sem tolerância ou ambivalência, sem a disposição de se distanciar dos róis próprios. Isso leva ao que tem se chamado de "mania de identidade": "a mania de identidade procura só identidade, a mesma em todos os contextos da vida... Portanto, para estar segura de si mesma, esta precisa destruir, expulsar ou subjugar o Outro que tenta adotar um ponto de vista independente contra ela, e assim limpa o meio ambiente social de toda diferença cultural" (Meyer, 2001, p. 17).

A EMI e o cosmopolitismo

Neste texto tenho argumentado a favor de um tipo de educação multicultural: a EMI. Diferentemente da EME, esse tipo de educação multicultural reconhece o universal no particular. Como bem afirma Robert Hughes, que em seu livro *Culture of Complaint* critica as políticas multiculturais, "se o multiculturalismo é aprender a ver além das fronteiras, eu sou a favor" (p. 100).

As crianças deveriam aprender na escola sobre tradições e culturas, também sobre as daqueles que estão presentes na sala de aula. Como Gitlin afirma, com respeito ao contexto dos EUA: "Não se pode ferir a capacidade paroquial dos americanos de viver mais plenamente no mundo, de conhecer a civilização ocidental e saber que, com todos os seus avanços, está quase sozinha" (1996, p. 227). Mas o fim primário dessa EMI não é o de que aqueles sobre cuja cultura e tradições se aprende atinjam um maior autorrespeito. Aprende-se sobre tradições e culturas, próprias e alheias, e desde a infância, através de contos e histórias de outras regiões, para ver e para aprender tudo o que houver de comum entre culturas e tradições, para que assim o alheio deixe de ser tão estranho (Nussbaum, 1996; 1997). É como na boa literatura: descobre-se o universal no particular. Aprende-se que os problemas dos homens no mundo são parecidos. Que os problemas de pessoas de culturas alheias e de outros países não são os problemas dessas pessoas em particular, porque eles são como elas são (ou porque elas não são como nós), mas os problemas de *cada* pessoa que se encontre em tais circunstâncias. E que nossos problemas são problemas humanos que surgem de circunstâncias específicas.

A EMI tem uma base cosmopolita. É esse tipo de educação que pode ser efetivo no manejo pacífico dos conflitos e na ativação de processos de cooperação social. A EMI possibilita o contato com indivíduos de culturas diferentes, bem como com suas múltiplas histórias em um contexto de igualdade.

Ser tratado como igual nas salas de aula, apesar de todas as diferenças (não somente culturais, mas também sociais), é uma boa escola para aprender a exercer a cidadania. Os conflitos do tipo "guerra das culturas" podem ser enfraquecidos: o reconhecimento de nossas múltiplas identidades e, assim, o reconhecimento de nossas múltiplas identidades compartilhadas, em último termo, nossa pertença ao gênero humano, e a não redução de nossa identidade a somente uma, é um bom antídoto contra a intransigência e o chauvinismo próprios de tantas culturas e tradições – ou de muitas das interpretações do tipo feitas vigentes pelas elites de plantão para ter acesso ao poder ou, ainda, para mantê-lo. No caso dos conflitos do tipo "culturas ameaçadas", a EMI é um método que pode oferecer proteção de muitos elementos culturais das culturas efetivamente ameaçadas pelas influências externas – mas sem deixar de respeitar a autonomia dos indivíduos e sem deixar de ser inclusiva: todos devem poder ter acesso a esses elementos culturais, não só aqueles que pertencem à cultura correspondente. E, no caso dos conflitos do tipo "sangue e pertença", a EMI é um método produtivo na geração das simpatias mútuas que podem conter e resistir às tendências sectárias tão prolixamente cultivadas em muitas culturas.

A EMI pode ter, assim, consequências estabilizadoras e produtivas na sociedade. Os argumentos a favor dessa tese são usualmente referidos nas discussões multiculturais, motivo pelo qual só os mencionarei: membros de grupos minoritários ou segregados podem, dessa maneira, gerar um sentimento de que sua história própria é uma parte da história comum, o que, por sua vez, pode gerar um sentimento de pertença. Simultaneamente, estudantes que são membros da sociedade dominante ou de grupos majoritários aprendem a entender melhor os outros e a considerá-los como companheiros com os mesmos direitos na empresa de cooperação social, o que, por sua vez, pode neutralizar modos de comportamento discriminatórios. Como afirma Nussbaum: "O melhor antídoto para o chauvinismo normativo é a curiosidade" (Nussbaum, 1997, p. 133).

Referências

BUCHANAN, Allen. *Secession;* The Morality of Political Divorce from Fort Sumter to Lithuania and Quebec. Boulder, CO: Westview Press, 1991.

COHEN, Joshua (ed.). *For Love of Country;* Debating the Limits of Patriotism. Boston: Beacon Press, 1996.

GITLIN, Todd. *The Twilight of Common Dreams;* Why America is Wracked by Culture Wars. New York: An Owl Books/Henry Holt and Company, 1996.

GUTMANN, Amy. Civic education and social diversity. *Ethics* 105, 1995.

_____ (ed.) *Multiculturalism.* Princeton: Princeton University Press, 1994.

HARDIN, Russell. *One for All;* The Logic of Group Conflict. Princeton: Princeton University Press, 1995.

HARTNEY, Michael. Some confusions Concerning Collective Rights. In: KYMLICKA, Will (ed.). *The Rights of Minority Cultures.* Oxford: Oxford University Press, 1995.

HUGHES, Robert. *Culture of Complaint;* The Fraying of America. Oxford: Oxford University Press, 1993.

HUNTINGTON, Samuel P. *The Clash of Civilizations and the Remaking of World Order.* London: Simon and Shuster, 1997.

HUTCHINSON, John; SMITH, Anthony (ed.). *Ethnicity.* Oxford: Oxford University Press, 1996.

IGNATIEFF, Michael. *Blood and Belonging;* Journey into the New Nationalism. London: Penguin Books, 1993.

ISAAC, Jeffrey C.; FILNER, Matthew F.; BIVINS, Jason S. American democracy and the New Christian Right: a critique of apolitical liberalism. In: SHAPIRO, Ian; HACKER-CORDÓN, Casiano (eds.). *Democracy's Edges.* Cambridge, UK: Cambridge University Press, 1999.

KEDOURIE, Elie. *Nationalism.* London: Hutchinson & Co. Ltd., 1960.

KESAVAN, Mukul. *Secular Common Sense.* New Delhi: Penguin Books India, 2001.

KRAYBILL, Donald. *The Amish and the State.* London: The John Hopkins University Press, 1993.

KUMAR, Krishna. *Prejudice and Pride;* School Histories of the Freedom Struggle in India and Pakistan. New Delhi: Viking/Penguin Books India, 2001.

KYMLICKA, Will (ed.). *The Rights of Minority Cultures.* Oxford: Oxford University Press, 1995.

_____. *Multicultural Citizenship.* Oxford: Oxford University Press, 1995.

LEVY, Jacob. *The Multiculturalism of Fear.* Oxford: Oxford University Press, 2000.

LOEWE, Daniel. Liberale Ausbildung und multikulturelle Forderungen. *Conjectura,* v. 14, n. 1, jan./maio 2009.

MARGALIT, Avishai. *The Decent Society.* Cambridge, Mass.: Harvard University Press, 1996.

_____; RAZ, Joseph. National Self-Determination. *The Journal of Philosophy* 9, 1990.

MEYER, Thomas. *Identity Mania;* Fundamentalism and the Politicization of Cultural Differences. New Delhi: Mosaic Books, 2001. [Original: *Identitäts-Wahn;* Die Politisierung des kulturellen Unterschieds. Berlin: Aufbau Taschenbuch-Verlag, 1997.]

NUSSBAUM, Martha. *Cultivating Humanity;* A Classical Defense of Reform in Liberal Education. Oxford: Oxford University Press, 1997.

_____. Patriotism and cosmopolitism. In: COHEN, Joshua (ed.). *For Love of Country;* Debating the Limits of Patriotism. Boston: Beacon Press, 1996.

_____. *The Clash Within;* Democracy, Religious Violence, and India's Future. Cambridge, Mass.: Harvard University Press, 2007.

_____. *Women and Human Development.* Cambridge: Cambridge University Press, 2000.

PAREKH, Bhikhu. *Rethinking Multiculturalism;* Cultural Diversity and Political Theory. Basingstoke: MacMillan Press, 2000.

PETERS, Bernhard. *Understanding multiculturalism.* In: Institut für Interkulturelle und Internationale Studien (InIIS)-*Arbeitspapier* 14/99. Bremen: Universität Bremen, 1999.

POULTER, Sebastian. *Ethnicity, Law and Human Rights;* The English Experience. Oxford: Clarendon Press, 1998.

SELZNICK, Philip. *The Moral Commonwealth;* Social Theory and the Promise of Community. Berkeley: University of California Press, 1992.

SHAPIRO, Ian; HACKER-CORDÓN, Casiano (eds.). *Democracy's Edges.* Cambridge, UK: Cambridge University Press, 1999.

TAYLOR, Charles. The politics of recognition. In:: GUTMANN, Amy (ed.). *Multiculturalism.* Princeton: Princeton University Press, 1994.

9

Educação para a paz e novas tecnologias

Irineu Rezende Guimarães*

Embora os meios de comunicação exponham as diversas faces da violência, o fato é que estamos vivendo um período de muito interesse, criatividade e empenho na luta pela paz. Em todos os cantos do mundo, protagonizadas por pequenos grupos ou por grandes instituições, multiplicam-se iniciativas de variados tipos. Lembremos, em primeiro lugar, os que lutam contra toda forma de armamentismo: o movimento pela abolição das armas nucleares, a campanha contra as minas terrestres, a rede contra as armas leves, a coalizão pelo fim das crianças-soldado, os esforços pela redução e eliminação das armas químicas e biológicas, as campanhas pelo desarmamento, enfim, os que insistem em se contrapor ao poderio da indústria bélica e desejam acabar com o escândalo de gastarmos trinta mil dólares por segundo em armas. Depois,

---

* Mosteiro da Anunciação do Senhor – Goiás. Atualmente na França, na Abbaye Notre Dame Tournay.

recordemos, os objetores de consciência que, pessoalmente ou em grupos, muitos deles em prisões, lutam contra a obrigatoriedade do serviço militar e clamam ao mundo: nenhum homem, nenhuma mulher, nenhum centavo para a guerra! Não esqueçamos os educadores que, nas escolas e fora delas, são protagonistas nos esforços de educação para a paz, tais como a década para uma cultura de paz e não violência, a campanha mundial para incluir educação para a paz no currículo escolar, a campanha contra brinquedos de guerra e a capacitação dos jovens para atuar pela paz e resolver conflitos de forma não violenta. Tenhamos presente, também, os que se empenham na resolução das diversas situações de conflito no mundo e manifestam solidariedade com o povo do Iraque, do Timor, de Darfour, de Chiapas, da Colômbia, do Oriente Médio etc. Finalmente, a infinidade de movimentos por justiça existentes: pelos direitos humanos, em defesa do meio ambiente, pela igualdade de direitos da mulher, em favor dos direitos das crianças, pelos direitos dos povos indígenas, pelo fim da dívida externa, contra toda forma de discriminação, por um tribunal internacional etc.

Assim, a paz é vista como um processo em ação e um grande movimento em curso, muito mais do que uma meta a ser alcançada. É um movimento de libertação protagonizado pelas mulheres, as minorias étnicas, os grupos que sofreram violações de direitos humanos, a classe trabalhadora e os pobres de todo mundo, que tende a envolver mais pessoas, confrontando as estruturas de violência com as estruturas de paz.[1] As mudanças virão com o reconhecimento do atual

---

[1] Cf. HAALVERLSRUD, Magnus. Epilogue: three ways of exploring peace content. In: Report of the International Peace Education Conference of Geneva. Genève: International Peace Bureau/Unesco/Hague Appeal for Peace, 2000. p. 98.

processo de paz em vigor em toda sociedade e com a profunda consciência da real possibilidade de resolver conflitos de forma não violenta e evitar guerra.

Se muitas vezes temos a impressão de que a violência está crescendo de forma unilateral, é verdade também que vivemos um momento único na história da humanidade, onde podemos vislumbrar um conjunto de sinais que apontam para a emergência de processos de paz. A socióloga norueguesa-americana Elise Boulding, em seu livro *Culturas de paz: o lado escondido da história*, embora reconheça que o processo da guerra não pode ser facilmente mudado, concede que as mudanças virão com o reconhecimento do atual processo de paz em vigor em toda sociedade e com a profunda consciência do sucesso de resolver conflitos e evitar guerra. Para ela, a cultura de paz tem sido "uma cultura escondida, guardada viva nas rachaduras de uma sociedade violenta".[2] O que Boulding deseja evidenciar é a emergência de ideias, processos sociais, ferramentas e mecanismos institucionais que fazem de nosso tempo um ponto de transição decisivo.

De fato, devemos concordar com Boulding que uma nova ordem de paz está sendo construída. Entendida duplamente como estrutura e interação, a cultura de paz é vista como um processo em ação, muito mais do que uma meta a ser alcançada. Tudo isso configura aquilo que o sociólogo português Boaventura de Souza Santos descreve como "transição paradigmática". Para esse autor, estamos assistindo ao culminar de um processo, onde o paradigma da Modernidade, paradigma até agora dominante, deixa de poder renovar-se e entra em crise final, e onde, "entre as ruínas que se escondem atrás

---

[2] BOULDING, Elise. *Cultures of Peace;* The Hidden Side of History. New York: Siracuse University Press, 2000. p. 28.

das fachadas, podem pressentir-se os sinais, por enquanto vagos, da emergência de um novo paradigma".[3] Na tensão que se estabelece entre o paradigma dominante e o paradigma emergente, Boaventura recorre a uma metáfora cartográfica, apontando para a importância de "mapas sociais", isto é, de representações e espaços que criem e possibilitem a transição paradigmática. Ao mesmo tempo, a invenção de um novo senso comum emancipatório, assente numa constelação de conhecimentos orientados para a solidariedade, tem de ser complementada pela invenção de subjetividades individuais e coletivas, capazes e desejosas de fazerem depender a sua prática social dessa mesma constelação de conhecimentos.[4] Esses dois componentes – os mapas sociais e os seus viajantes – são definidos por ele como uma necessidade radical e única maneira de delinear um trajeto para passar do paradigma dominante ao paradigma emergente.

Nesse contexto, a educação para a paz apresenta-se, hoje, como um desses mapas sociais que nos permitem afirmar o paradigma emergente da não violência e da paz, ao mesmo tempo que estrutura viajantes para utilizá-los. Com cerca de oitenta anos,[5] a educação para a paz apresenta um desenvol-

---

[3]   SANTOS, Boaventura de Souza. *A crítica da razão indolente*; contra o desperdício da experiência. São Paulo: Cortez, 2000. p. 15-16.

[4]   Ibid., p. 249.

[5]   Após a experiência da Primeira Guerra Mundial, quando grande parte da juventude europeia foi dizimada, educadores como Maria Montessori (1870-1952) e Jean Piaget (1896-1980) começaram a perguntar sobre a possibilidade de a educação contribuir para evitar a repetição daquela desgraça. Congressos foram realizados com o objetivo de criar, por meio do conhecimento das diversas culturas, do contato e interação com as várias nacionalidades, um espírito mais aberto e menos sectário. Depois da experiência da Segunda Guerra Mundial, especialmente da *bomba atômica* e do *Holocausto*, a proposta foi retomada por vários grupos em contextos diferentes. A fundação da Unesco, em 1948, possibilitou o desenvolvimento de diversas iniciativas, respaldadas no conhecido trecho de sua constituição: "[...] assim como as guerras nascem nas mentes humanas, é nas mentes humanas que devem ser erguidas as defesas da paz". Nos países nórdicos, a

vimento considerável, constituindo-se uma especial direção da investigação em pedagogia internacional e uma verdadeira disciplina científica, com um conjunto de práticas definidas, um referencial bibliográfico próprio e um arcabouço teórico e metodológico definido. São os vários qualificativos atribuídos à educação para a paz, tais como necessidade educativa, tarefa educacional mundial, componente importante dos programas educativos ou exigência indiscutível de nosso tempo. Apontar para a relevância da educação para a paz não significa, entretanto, tematizar um modismo pedagógico ou uma tarefa a realizar. A educadora inglesa Patricia White considera que a educação para a paz não se constitui

---

partir de 1950, várias universidades começaram a pesquisar cientificamente as condições para a construção da paz, criando uma nova disciplina – os estudos de paz –, incluindo também a reflexão das possibilidades da educação. Na Europa, apoiadas por sindicatos ligados ao mundo da educação, foram realizadas caravanas educativas de educação para a paz. Na década de 1960, especialmente, sob o influxo dos movimentos de não violência, começaram a ser ensaiadas várias propostas de educação para a paz, tais como as desenvolvidas pelos italianos Lorenzo Milani (1923-1967), Aldo Capitini (1899-1968) e Danilo Dolci (1924-1997), enquanto, na América Latina, o brasileiro Paulo Freire (1921-1997) desenvolvia sua educação libertadora. Preparada por essas iniciativas, as década de 1970 e 1980 viram a expansão e a consolidação da educação para a paz, com a publicação de literatura especializada, o surgimento de associações de educadores, a fundação de centros universitários de pesquisa e, sobretudo, a difusão de práticas, seja na educação formal, seja informal, com experiências diversas em áreas como resolução não violenta de conflitos, a crítica à violência difundida pela sociedade, a capacitação de lideranças para atuarem na promoção da paz etc. Além dessas experiências e iniciativas, deve-se notar que a educação para a paz tem-se tornado ponto de políticas públicas – locais, nacionais e internacionais –, passando a ser incluída em convênios, recomendações e declarações, sendo fortemente recomendada pela ONU e Unesco. Em 1999, pacifistas do mundo inteiro, reunidos para celebrar o centenário da famosa Conferência de Haia pela Paz, chegaram à conclusão de que seus esforços teriam sentido apenas com a garantia de oferecer às futuras gerações uma educação que, em vez de glorificar a guerra, contribuísse para a promoção dos direitos humanos e da compreensão internacional. Assim, na firme convicção de que não haverá paz sem educação para a paz, lançaram uma campanha mundial de educação para a paz, com o duplo objetivo de conquistar reconhecimento público da significação e importância de tal educação e de capacitar professores para realizarem tal tarefa.

um conjunto de "atividades periféricas para as quais devemos buscar incansavelmente uma justificação *ad hoc*", mas ocupa "um lugar central na formação dos cidadãos de uma comunidade democrática".[6] A educação para a paz tem aparecido como um instrumento importante para a concretização de uma cultura de paz, emergindo na interlocução da comunidade internacional, não apenas como uma nova área de pesquisa ou um campo relevante, mas também como expressividade da ideia de bem, onde se joga a própria questão do sentido da humanidade e da finalidade da educação.

A educação para a paz emerge exatamente num momento em que a humanidade se viu ameaçada de sua própria extinção. Se a guerra podia, há algum tempo, ser interpretada como um fator de seleção biológica da espécie, hoje tal interpretação está totalmente impossibilitada pelo desenvolvimento da indústria bélica. O risco destruidor das ações militares ameaça a existência da humanidade como um todo, acontecendo o mesmo com os efeitos da técnica industrial. Jamais a humanidade se sentiu tão comprometida em buscar uma solução global para além dos particularismos éticos. De fato, vive-se um momento de expansão universal da civilização técnica e científica. A cultura global favoreceu a percepção das necessidades mundiais, ao mesmo tempo que o desenvolvimento de tecnologias da comunicação possibilitou a integração e a interdependência entre os membros do planeta. O conceito de cidadania se ampliou, de modo que o conflito no Timor é experimentado como algo que se passa no quarteirão vizinho. Eclodiram diversas experiências e estruturas associativas: redes, teias, interconexões. A "civilização

---

[6] WHITE, Patricia. Frente a los críticos. In: HICKS, David (comp.). *Educación para la paz;* cuestiones, principios y práctica en el aula. Madrid: Morata/ Ministerio de Educación y Ciencia, 1993. p. 70.

unitária" confrontou todos os povos, raças e culturas, sem consideração de suas tradições, dando às ações humanas tamanha repercussão universal.

Nesse contexto, pode-se perguntar pela relação e pela contribuição das novas tecnologias para o desenvolvimento e consolidação da educação para a paz. Como podemos relacionar educação para a paz com tais tecnologias, caracterizadas por agilizar o conteúdo da comunicação, por meio da digitalização e da comunicação em redes para a captação, transmissão e distribuição de informações? Ou melhor dizendo: qual o significado do mundo digital para criar e sustentar um mundo de paz?

Para responder esta questão vamos seguir um itinerário composto de quatro pontos:

1. Estabelecer a questão fundamental da educação e da cultura de paz, discernindo seu objetivo e escopo fundamental.

2. Delinear a habilidade fundamental a ser desenvolvida no processo de educação para a paz, a formação da competência comunicativa.

3. Descrever as características fundamentais da metodologia da educação para a paz: a formação de comunidade, o espaço do debate e a ação para a paz.

4. Finalmente, relacionar esses aspectos da educação para a paz com as novas tecnologias.

A questão fundamental: chegarmos a um acordo!

Em 1795, ao publicar seu pequeno livro intitulado *À paz perpétua*, o filósofo alemão Immanuel Kant apresentara sua compreensão de paz como aliança e pacto, origem de uma série de organismos e instituições da Modernidade, tais como a Comunidade Europeia, a Organização das Nações Unidas, a *Declaração Universal dos Direitos Humanos*. Kant, ao contrário de Rousseau e muito perto de Hobbes, entende que a paz não é natural nem depende da boa vontade ou da moral dos cidadãos e governantes, necessitando ser instaurada e instituída, mediante a substituição da violência pelo direito.[7] Para o filósofo de Königsberg, "a ideia racional de uma comunidade pacífica universal, embora não amistosa, plena, formada por todos os povos da terra que podem estabelecer relações efetivas entre si, não é algo filantrópico, mas um princípio jurídico".[8]

A questão é como, no contexto em que vivemos, instituir e instaurar a paz, constituindo essa comunidade pacífica universal. Talvez a reflexão de um outro pensador alemão, o filósofo Jürgen Habermas (1929-), possa contribuir para uma resposta. A preocupação de Habermas não é tanto o conhecimento ou a aquisição do conhecimento, mas a forma em que os sujeitos capazes de linguagem e ação fazem uso do conhecimento. É a ação comunicativa, onde os participantes orientam-se para o entendimento recíproco e não para o seu próprio sucesso. Dessa forma, o jogo argumentativo adquire força e vigor, onde a linguagem ganha capacidade de gerar o

---

[7] KANT, Immanuel. *À paz perpétua*. Porto Alegre: L&PM, 1989. p. 32-33.

[8] Id. *La metafísica de las costumbres*. 2. ed. Madrid: Tecnos, 1994. p. 192.

entendimento. Habermas define dois princípios básicos para a obtenção de acordos: os assim chamados princípios *D* e *U*. Pelo princípio *D* – de discurso –, só podem aspirar por validade as normas que puderem merecer a concordância de todos os envolvidos em discursos práticos, instaurando-se "uma concorrência cooperativa por argumentos melhores".[9] Pelo princípio *U* – de universal –, uma norma só é válida quando as consequências presumíveis e os efeitos secundários para os interesses específicos e para as orientações valorativas de cada um podem ser aceitas sem coação por todos os atingidos em conjunto. A comunicação não deve ser perturbada nem por efeitos externos contingentes nem por coação resultantes da própria estrutura de comunicação. Todos os interessados devem ter a possibilidade de participar do discurso e possuir oportunidades idênticas de argumentar e chances simétricas de fazer e refutar afirmações. As pessoas não podem nem interagir nem se comunicar discursivamente senão na perspectiva de uma ordem social não repressiva, garantindo que toda pessoa concernida tenha a chance de dar espontaneamente seu assentimento.

A ação comunicativa traz uma nova dimensão para a compreensão kantiana da paz como acordo. A paz somente surgirá se a humanidade concordar em viver em paz. É preciso, então, operar um consenso humanitário para a paz, tal como acontece, por exemplo, com a *Declaração Universal dos Direitos Humanos*. A humanidade não nasceu com esta noção e ela foi construída através de um intenso e conflitivo processo social até estabelecer um consenso através dos documentos que foram sendo proclamados. Da mesma forma,

---

[9] HABERMAS, Jürgen. *A inclusão do outro; estudos de teoria política*. São Paulo: Loyola, 2002. p. 58.

a paz, como construção coletiva, não virá por decreto dos poderosos, nem mesmo virá apenas como consequência da audácia dos militantes pacifistas, mas será fruto do estabelecimento de um consenso discutido, conversado, negociado, entre as pessoas. Como Habermas afirmou peremptoriamente numa entrevista em 1994, "não temos escolha: se não queremos cair em guerras tribais, agora de tipo atômico, temos de nos pôr de acordo sobre regras de uma convivência equitativa e justa".[10]

Um exemplo paradigmático de operacionalização de consenso é o realizado pela Campanha Internacional para o Banimento das Minas Terrestres. Organizada a partir de 1990, articulando mais de mil e quatrocentas entidades, após sete anos de trabalho, obteve, em dezembro de 1997, a assinatura da *Convenção sobre a Proibição do Uso, Armazenamento, Produção e Transferência de Minas Antipessoal e sobre Sua Destruição*. Desde a data de sua entrada em vigor, 1º de março de 1999, a convenção obteve resultados significativos, como a redução do número de países produtores, de 52 para 14, e do número de vítimas anuais, de 25 mil para 15 mil. Atualmente, cerca de 147 países já se constituem como Estados-Partes, enquanto sete já o assinaram e preparam-se para ratificá-lo. Ainda restam conquistas importantes, como a adesão dos Estados Unidos ou da Rússia. Mas a grande conquista desta campanha foi ter organizado um amplo e abrangente debate sobre a problemática das minas terrestres. Segundo Joddy Williams, ex-coordenadora da campanha, o processo histórico que criou o tratado contra as minas terrestres demonstrou que o exercício de um amplo debate pode trazer consequências formidáveis para a

---

[10] Id. *Más allá del estado nacional*. Madrid: Trotta , 1997. p. 109.

humanidade, de forma que o consenso é uma "nova forma de poder internacional".[11]

Se, por causa do novo arranjo da sociedade global e da aproximação provocada pelo mercado, pela comunicação, pelo comércio e pela tecnologia, "ninguém pode ter a pretensão de não se chocar com ninguém",[12] é impossível negar esta conflitividade que se impõe. Não é escondendo os conflitos, ou proibindo simplesmente a televisão de passar cenas de violência, que se encontrarão perspectivas de construir culturas de paz. Por outro lado, não se pode negar a palavra, caindo em formas de conter a violência com o recurso da própria violência. Assim, neste contexto, a linguagem torna-se, por excelência, o lugar de operar a paz. É para esta intersubjetividade social, e não para a subjetividade das concepções individuais sobre o bem ou para as intrasujetividades dos valores, que a educação para a paz encontra um espaço propício para se desenvolver e, fora desse âmbito argumentativo, não poderá avançar.

A formação da competência comunicativa

Habermas ao colocar a competência comunicativa – a capacidade de falar e agir – como um dos requisitos da ação comunicativa, abre mais uma perspectiva para a educação para a paz, entendida agora como espaço de sua formação, numa sociedade que, colonizando o mundo da vida, retira dos seus membros aquilo que os caracteriza: a capacidade de falar e agir. Se as ideologias alcançam seu objetivo de impedir

---

[11] HEFFERMEHL, Fredrik (ed.). *Peace is Possible.* Geneva: International Peace Bureau, 2000. p. 139.

[12] HABERMAS, *Más allá del estado nacional,* p. 109.

a tematização discursiva, a dificuldade de as pessoas exporem seus posicionamentos e debaterem um consenso também se constitui como obstáculo, o qual a educação e a educação para a paz não podem desconhecer e ao qual não podem deixar de dar sua contribuição.

O pensamento de Hannah Arendt pode apresentar alguns aspectos importantes para fundamentar uma metodologia de educação para a paz onde se aprenda a manejar a palavra em favor da paz. Para Hannah Arendt, o uso da palavra, tal como a ação, fazem do ser humano um ser político e criam a possibilidade de os seres humanos se distinguirem uns dos outros e se manifestarem uns aos outros: são de tal forma imprescindíveis que as pessoas podem viver sem o labor ou o trabalho, mas não podem viver sem o discurso e a ação. Na ação e no discurso, os seres humanos revelam suas identidades pessoais e singulares e se inserem no mundo humano.

Dizer uma palavra constitui, assim, uma ação, não apenas porque quase todas as ações políticas são realmente realizadas por meio de palavras, mas também porque "o ato de encontrar as palavras adequadas no momento certo, independentemente da informação ou comunicação que transmitem, constitui uma ação."[13] Dessa forma, a palavra, mais que um sopro de voz ou um meio de expressão, adquire uma conotação política como expressão da vida comunitária. É nesta contraposição entre espaço familiar e *polis*, esfera pública e esfera privada, que Hannah Arendt situa a questão da violência. A violência, seja pelo uso da força, seja pela ordem, é característica da vida fora da *polis*, isto é: do lar e da vida em família, onde o chefe da casa imperava com poderes in-

---

[13] ARENDT, Hannah. *A condição humana*. 9. ed. Rio de Janeiro: Forense Universitária, 1999. p. 35.

contestes, enquanto o espaço público, a *polis*, era o espaço da vivência de iguais e, portanto, do uso da palavra, do recurso à argumentação e à persuasão. Todas as ações políticas, na medida em que permanecem fora da esfera da violência, são realizadas por meio de palavras. Assim, a própria violência é definida como o agir sem argumentar e o império do silêncio, de forma que "somente a pura violência é muda".[14]

Na mesma linha, o psicólogo americano Rollo May afirma que não se pode falar com uma pessoa inimiga, pois, se a conversa for possível, ela deixa de ser inimiga. Entendendo a língua como "um laço empático entre as pessoas, uma estrutura compartilhada, uma capacidade de identificar-se com o outro",[15] May reporta-se à dimensão simbólica da linguagem, em seu sentido etimológico, como aquilo que é colocado (*ballein*) junto (*syn*), enquanto seu antônimo é o diabólico, isto é: aquilo que desintegra, aliena, quebra as relações. Também Emmanuel Levinas (1906-1995) entende a palavra como exterior à violência, numa forma de intercâmbio – que ele chama de comércio –, onde, ao mesmo tempo, tratamos de conhecer o outro e darmo-nos a conhecer a ele. Se, como enuncia Levinas, "a linguagem é o ato do homem racional que renuncia à violência para entrar em relação ao outro",[16] o exercício dela é o próprio acontecer da paz.

A educação para a paz pode se contrapor, verdadeiramente, à violência se e somente se efetiva o discurso e a ação, compreendidos como realidades que interagem reciprocamente e criam novos discursos e ações. Na reflexão exemplar de Hannah Arendt,

---

[14]   Ibid.

[15]   MAY, Rollo. *Poder e inocência*. Rio de Janeiro: Artenova, 1974. p. 52.

[16]   LEVINAS, Emmanuel. *Difficile liberté*. Paris: Le Livre du Poche, 1990. p. 19.

o poder só é efetivado enquanto a palavra e o ato não se divorciam, quando as palavras não são vazias e os atos não são brutais, quando as palavras não são empregadas para velar intenções mas para revelar realidades, e os atos não são usados para violar e destruir, mas para criar relações e novas realidades.[17]

Uma educação que não efetiva o discurso e a ação, onde os sujeitos não são protagonistas, isto é, detentores da palavra e autônomos em seu agir, é uma educação que perpetua e reitera a violência dentro e fora dela.

Embora se viva na era da assim chamada comunicação, é verdade também que as pessoas perderam sua capacidade de comunicar e de comunicar-se. Se não há paz sem processo argumentativo, não haverá processo comunicativa sem a formação da competência comunicativa. É preciso contribuir para desenvolver a competência comunicativa, isto é, a capacidade de dizer a sua palavra, de comunicar e se comunicar.

O método da educação para a paz: a paz é o caminho

Neste processo de educação para a paz, o método adquire relevância. Se não existe caminho para a paz e a paz é o caminho, e mesmo se não há garantia de resultados em educação, mais do que nunca a unidade metodológica entre fins e meios ao menos pode constituir-se uma referência marcante. Gostaria de acenar para três elementos metodológicos essenciais no processo de educação para a paz:

---

[17] ARENDT, *A condição humana*, p. 212.

a) a criação de uma comunidade pacifista;

b) a importância do uso da palavra;

c) a experiência da ação.

A criação de uma comunidade pacifista

Para além das cargas intimistas e individualistas que se associaram à paz, trata-se de uma noção essencialmente intersubjetiva, que diz respeito ao modo como estabelecemos – ou deixamos de estabelecer – as relações com os outros humanos. Sendo mais do que a soma de indivíduos isolados em paz, a cultura de paz se desenvolve e se estabelece precisamente na interação e no jogo entre os sujeitos. A paz, como afirma o filósofo francês Levinas,[18] não é a paz dos cemitérios, o fim dos combates pela falta de combatentes, mas uma relação que parte do eu para o outro. Mais do que a soma de indivíduos em paz é exatamente o resultado da própria interação das pessoas e grupos em obter consenso e acordos.

A educação para a paz não se inspira na ideia de um sujeito (individual e social) universal e autossuficiente – e por isso competitivo –, mas em uma racionalidade que se constrói cooperativamente no diálogo, comunicação e intercâmbio entre indivíduos e sociedades que estão historicamente contextualizados. Isto acontece, em primeiro lugar, porque os sentidos não são estabelecidos individualmente, mas através do jogo inter-relacional. Mais do que um processo limitado à formação de sujeitos pacíficos, a educação para a paz apresenta-se de forma intersubjetiva, como inserção em uma comunidade pacifista. E a questão verdadeiramente decisiva

---

[18] LEVINAS, Emmanuel. *Totalité et infini*; essai sur l'extériorité. Paris: Luwer Academic, 1990. p. 342.

será a constituição e a manutenção dessa comunidade pacifista, simultaneamente autoeducadora e educadora para a paz, tanto na dinâmica interna de construção de relações recíprocas como na articulação com outras comunidades e grupos igualmente empenhados na luta pela paz.

Um aspecto fundamental nesse sentido é o diálogo, entendido não apenas como uma conversação, mas do diálogo que somos como pessoas. O diálogo não como algo que se acrescenta ao ser humano, mas sua dimensão constituinte e constituidora. O diálogo, como modo de existência, é a superação do isolamento do sujeito e a afirmação da alteridade, uma vez que supõe sempre, ao menos, dois parceiros que interagem. O esquema que estrutura o diálogo não é um-de-pois-do-outro, mas um-com-o-outro. O tomar parte em um diálogo devolve-nos a nós mesmos, ao mesmo tempo que nos manifestamos sem dominar e nos abrimos sem autoanular-nos, na disposição em receber a palavra que vem a nós pelo outro. Nesse aspecto, o diálogo se aproxima da experiência do encontro e da amizade, e seu maior obstáculo é a intolerância. Intolerância é o que impede o outro na parceria do diálogo. A tolerância consiste na tentativa de superação dos conflitos de interpretações, ou seja, no reconhecimento do pluralismo da verdade e no não dogmatismo. A descoberta da pluralidade das culturas é a descoberta da alteridade e de nós próprios como um outro entre outros. Há, de fato, um déficit de nossa civilização ocidental naquilo que diz respeito a compreender e dialogar, constituindo uma verdadeira carência comunicativa. Apesar de todos os progressos técnicos e científicos da humanidade, não se aprende suficientemente como se aprende a conviver, ao mesmo tempo que se demonstra uma incapacidade para o diálogo e uma crescente monologização de comportamento humano.

O tratamento das relações interpessoais ocupa um lugar de destaque na educação para a paz, constituindo-se como um dos seus pilares. De um lado, porque se trata de um objetivo com valor em si mesmo: desenvolver a capacidade de diálogo. Por outro, trata-se de um meio ou instrumento no qual se apoia a educação para a paz para conseguir uma convivência harmônica. Se não aprendermos a compreender o outro, a estabelecer com ele relações de solidariedade e parceria, não poderemos realizar as tarefas essenciais da humanidade, nem no que tem de menor, nem no que tem de maior. Como ocorre com a forma de educar, intimamente ligada a ela, as relações interpessoais não apenas devem estar em consonância com os objetivos propostos, mas são em si mesmo um conteúdo de aprendizagem imprescindível em todo processo educativo enquanto este se fundamenta precisamente nas relações humanas. A educação para a paz começa construindo relações harmônicas entre os membros da comunidade educativa. A dinâmica que o diálogo autêntico instaura habilita os participantes do processo de educação para a paz para prosseguirem em suas tarefas pacifistas. A comunidade, na dinâmica do diálogo e da compreensão, aponta ela mesma para a compreensão maior que se deseja para a humanidade, tornando-se, ao mesmo tempo, ícone, ensaio e referência de paz.

Ao mesmo tempo, os participantes da comunidade pacifista necessitam sentir-se como integrantes de uma rede ou teia maior. As dinâmicas comunitárias serão enriquecidas se forem acompanhadas de dinâmicas de participação nos mais diversos níveis, através das quais o grupo entra em contato com os diversos atores do movimento pacifista e entabula um processo de relação, vinculando esse grupo e comunidade a uma comunidade maior, inserindo-o na dinâmica da cultura da paz e do movimento pacifista, estendendo a dinâmica da comunidade da tolerância. A cultura de paz, mais do que nunca, estabelece-se a partir de um longo trabalho em rede.

Ao estabelecer-se a comunidade como referência no processo de educação para a paz, está-se explicitando o que se considera fundamental: a educação para a paz é um acontecimento coletivo, comunitário e intersubjetivo. Não há educação para a paz sem essa comunidade que se constitui como o horizonte próximo do próprio processo educativo e, ao mesmo tempo, como mediação do movimento pacifista e da cultura de paz.

A importância do uso da palavra

A palavra, mais que um sopro de voz, é a forma pela qual nos inserimos no mundo e pela qual participamos dele. Daí que a suprema violência é a exclusão da possibilidade de dizer sua palavra e, ao mesmo tempo, onde a palavra é negada, a violência emerge. E muitas das manifestações que rotulamos de violência constituem-se, no fundo, formas de dizer uma palavra, de maneira que um dos elementos fortes de prevenção da violência é o próprio acesso à palavra. Ao mesmo tempo, a linguagem possui uma dimensão de unificar-nos com os outros e de criar um laço empático entre as pessoas: diz-se que é impossível falar com um inimigo porque, quando o conseguimos, ele deixa de ser um inimigo e passa a ser um interlocutor! Reconhecemos o outro quando entramos em conversação com ele, de forma que a essência da palavra é acolhimento, bem-querer e hospitalidade. Para o filósofo Emmanuel Levinas, a palavra é o ato do homem racional que renuncia à violência para entrar em relação com o outro, de forma que o exercício da palavra é o próprio acontecer da paz.

Por um lado, é preciso criticar a cultura de violência, na busca do estabelecimento de um consenso sobre como a violência é produzida e expressa pelos diversos agentes da sociedade, construindo um sistema de vigilância e controle desses mecanismos. Necessitamos entendermo-nos sobre a violência: a compreensão dos seus mecanismos abre novos horizontes no processo de desconstrução das forças comunicativa que a sustentam. Trata-se, mesmo, de estabelecer um amplo processo de esclarecimento: já que em nós e em nossa sociedade parecem existir também os germes culturais do desentendimento, é necessário colocá-los em cima da mesa, desvelando-os e tornando-os transparentes. Essa autocrítica cultural apresenta-se como a forma de opor-se ao fascínio e sedução que a violência e a guerra exercem entre nós – o teólogo americano Walter Wink fala mesmo do "mito da violência redentora"[19] para referir-se à crença na possibilidade de a guerra e a violência resolverem as questões pendentes.

Por outro, faz-se necessário projetar alternativas e possibilidades, concentrando-se no detalhamento e caracterização da agenda e do projeto da paz. Trata-se, sobretudo, do exercício da imaginação utópica, permitindo um livre olhar sobre a violência e a guerra, não mais como a última palavra sobre a realidade, uma espécie de sentença a qual todos estão condenados. É necessário estimular as pessoas e os grupos a defender tal projeto, a dar à paz contornos mais definidos, pensando como será a economia da paz, o direito da paz, a

---

[19] WINK, Walter. *Engaging the Power;* Discernment and Resistance in a World of Domination. Minneapolis: Fortress, 1984.

política da paz, enfim, confrontando as diversas dimensões da vida humana com a proposta pacifista. Os indivíduos precisam sonhar, dar valor a suas visões e às dos outros, tanto no que se refere a algo pessoal como naquilo que diz respeito à comunidade local ou a todo o planeta.

A partir das indicações de David Hicks (1993), complementando-as e adaptando-as do contexto inglês para o latino-americano, podemos identificar dez áreas argumentativas a serem consideradas como relevantes para uma educação para a paz entendida como exercício da ação comunicativa:

a) *Conflito:* debate das diversas situações conflitivas contemporâneas, pessoais até globais, assim como das tentativas efetuadas para solucioná-las.

b) *Paz:* análise dos diversos conceitos de paz e do trabalho de pessoas e grupos que operam ativamente em prol da paz.

c) *Violência e guerra:* compreensão do fato da violência, causas, manifestações e mecanismos, tanto nos indivíduos como nos grupos e no plano global.

d) *Desarmamento:* conhecimento do processo armamentista e das questões que envolvem a redução dos armamentos e a busca de novas formas de defesa.

e) *Justiça e direitos humanos:* debate da aplicação e dos mecanismos de implementação da *Declaração Universal dos Direitos Humanos.*

f) *Poder:* análise dos métodos utilizados por pessoas e grupos para recobrar o poder sobre suas próprias vidas.

g) *Gênero:* vinculação entre questões de gênero e produção da violência e construção/manutenção da paz.

h) *Raça e cultura:* investigação da pluralidade cultural e dos mecanismos efetuadores de discriminação.

i) *Meio ambiente:* debate das principais questões ambientais e de suas implicações.

j) *Futuros:* compreensão das alternativas para um mundo mais justo e menos violento e dos seus mecanismos de efetuação.

A experiência da ação não violenta

Em nossas sociedades contemporâneas, observa-se um processo de deterioração das ações públicas, políticas e comunitárias: o agir em concerto é substituído por um coletivo ou justaposição de indivíduos isolados e a ação criadora do novo é trocada por uma coletânea de atividades predeterminadas que se aproximam mais da repetição da fabricação que da condição de natalidade e criatividade própria da ação. Tem-se a ilusão da ação, mas não a ação propriamente. Trata-se, portanto, na busca de culturas de paz, de criar espaços que possibilitem a experiência comunitária, argumentativa e pública, com todos os seus percalços, enfrentamentos e dificuldades. Oferecer aquilo que o filósofo alemão Jürgen Habermas chama de "o espetáculo das liberdades comunicativas".[20]

Em se tratando de construção da paz, esse espetáculo das liberdades comunicativas necessita atingir três níveis, ou dimensões. Em primeiro lugar, o das relações interpessoais: assim como existe violência direta, é preciso uma paz direta, isto é, ações cotidianas que aproximam pessoas, que quebram

---

[20] HABERMAS, Jürgen. Uma conversa sobre questões políticas. Entrevista a Mikael Carlehedem e René Gabriels. *Novos Estudos*, Cebrap, São Paulo, n. 47, p. 85-102, mar. 1997 – aqui, p. 93.

barreiras, que criam, no aqui e no agora, experiências de paz. Um segundo nível atinge a dimensão estrutural: é preciso criar organizações, práticas culturais, políticas públicas, que facilitem práticas de paz e obstaculizem práticas de violência. Finalmente, é preciso atingir o âmago mesmo da cultura, isto é, os modelos de desenvolvimento e relação que regem relações e estruturas, transformando os centros de interesse, os valores, os critérios de julgamento etc. Basicamente, trata-se de uma iniciação ao vasto mundo do pacifismo e da não violência, especialmente do aprendizado de suas três formas de transformação: a não cooperação, a intervenção não violenta e a publicização das lutas pela paz.

A não cooperação é um termo técnico, não correspondendo a uma negativa de cooperação, mas a uma forma de obter consenso e acordo retirando, contraditoriamente, o apoio e a adesão a algo. Como forma de resolução do conflito, retiram-se as formas e o grau de cooperação costumeira com a pessoa, atividade, instituição ou regime com que se está envolvido em conflito, ou negam-se novas formas de ajuda, produzindo uma ruptura no cotidiano. Para Gandhi, o que fez o poder do Império Britânico na Índia foi, mais do que a capacidade de domínio dos ingleses, a resignação dos indianos:

> Não são tanto as espingardas britânicas como a nossa cooperação que são responsáveis pela nossa sujeição [...] O governo não tem nenhum poder fora da cooperação voluntária ou forçada do povo. A força que exerce é o nosso povo que a dá. Sem o nosso apoio, cem mil europeus não poderiam sequer ter um sétimo das nossas aldeias.[21]

---

[21] Apud MULLER, Jean-Marie. *O princípio de não violência;* percurso filosófico. Lisboa: Instituto Piaget, 1995. p. 243.

Gandhi usou a não cooperação como instrumento para discutir e debater com o poder britânico que se negava a um acordo ou uma tematização da questão da independência indiana. A marcha do sal foi realizada em 1930 e contou com milhares de manifestantes que desobedeciam frontalmente à proibição de fabricar o sal. Teve como consequência um encontro entre Gandhi e o vice-rei britânico nas Índias, no qual se encaminhou o Pacto de Nova Deli, assinado em 5 de março de 1931 e considerado um marco na constituição das liberdades civis. Dessa forma, a mobilização dos cidadãos através de um ato de não cooperação permitiu exercer uma coação sobre aqueles que têm o poder de decisão, permitindo um debate e posterior consenso.

A não cooperação pode realizar-se em três âmbitos: social, econômico e político. Um exemplo de não cooperação social foi o acontecido na Holanda, por ocasião da invasão nazista. Um diretor de teatro, pressionado pela polícia política a declarar no palco que as cortinas só se abririam depois que os judeus evacuassem a sala, viu todos os presentes, judeus e não judeus, retirarem-se do recinto! Um exemplo de não cooperação econômica foi o movimento dos negros de Montgomery, Estados Unidos, em 1956. Por 382 dias recusaram-se a andar de ônibus, até conseguir a revogação das leis discriminatórias que obrigavam os negros a ceder lugar para os brancos. Na linha de não cooperação política pode-se lembrar a resistência contra a ocupação nazista na Dinamarca: quando oficiais alemães entravam em uma loja ou restaurante, com ordens de prender todos os judeus, todos faziam silêncio imediatamente ou se retiravam. Em 1943, a inteira população dinamarquesa colaborou em obstaculizar o plano nazista: dos sete mil judeus dinamarqueses foram detidos quinhentos.

Já a intervenção não violenta, como diz o nome, procura intervir em alguma situação, porém de forma não violenta. Fala-se de cinco categorias de métodos de intervenção não violenta: intervenções psicológica, física, social, econômica e política. Um exemplo de intervenção psicológica é o jejum, utilizado por Gandhi para conseguir fazer parar as rivalidades entre hindus e muçulmanos – que infelizmente continuaram e provocaram a separação entre Índia e Paquistão e que até hoje continuam, agora travestidas no conflito da Caxemira. Na linha da intervenção física, pode-se lembrar os antissegregacionistas de Martin Luther King, que praticaram a ocupação de meios de transporte durante seu movimento em 1955-1956, impedindo que os brancos tomassem *seu lugar*. Exemplo de oração em protesto foi utilizado por Gandhi em Vykhom, para conseguir que os sacerdotes brâmanes deixassem de proibir que os intocáveis passassem na frente do templo. O gesto de Gandhi, ao tecer suas próprias roupas, em oposição às ordens instituídas de apenas comprar tecidos ingleses, pode ser citado como um caso marcante de intervenção econômica.

Um terceiro caminho é o de mobilizar e suscitar o comprometimento das pessoas, contribuindo na construção e na formação de uma opinião pública para a paz. São vários os meios a serem utilizados: declarações formais, comunicações com uma audiência maior, representações de grupos, atos públicos simbólicos, pressões sobre indivíduos, peças teatrais e músicas, caminhadas, homenagem aos mortos, assembleias públicas e atos de retirar-se e renúncia. No entanto, aqui, cabe destacar dois instrumentos de publicização: as manifestações e as campanhas. As manifestações podem servir para expressar um posicionamento – estar contra ou a favor de algo – ou um sentimento, ou, ainda, simplesmente informar. No contexto de monopólios culturais, essa ação de informar reveste-se de significado, como se viu em casos como o de Kosovo ou da Palestina: a comunidade internacional sabe realmente muito pouco do que acontece, dos sentimentos e posicionamentos das partes envolvidas ou dos grupos em ação em favor da paz. Já as campanhas se estruturam em torno de fins determinados, como, por exemplo, a *Campanha pelo Tribunal Penal Internacional*, objetivando obter da opinião pública um posicionamento. Aqui se trata de trabalhar na direção de criar consensos determinados sobre questões pontuais que afetam um grupo, país ou toda a humanidade.

Novas tecnologias na educação para a paz

A partir desses elementos metodológicos, podemos apontar algumas condições para que as novas tecnologias possam contribuir num processo de educação para a paz. Não se trata de opor educação para a paz e novas tecnologias como caminhos contrários, mas de procurar pontos de contato. Procuramos nos afastar de uma aproximação simplista, a favor ou contra, para fundamentar uma reflexão em critérios. A partir do acima exposto, podemos assim enumerá-los:

Capacidade de contribuírem para um consenso pela paz

Em geral, as novas tecnologias estão associadas à interatividade e à quebra de um modelo de comunicação onde a informação é transmitida de modo unidirecional, para um modelo pluridirecional, onde a comunicação tem vários pontos de partida e de chegada. Das condições elencadas por Habermas para o exercício deste consenso, são as novas tecnologias as que mais têm possibilidade de visibilizar o princípio universal, isto é, de oportunizar um debate amplo. É claro que, além da questão da inclusão digital, isto é, da democratização do acesso, é necessário também perguntar por sua capacidade de organizar debates densos sobre questões fundamentais que dizem respeito ao incremento da paz e da não violência.

Capacidade de formar para a competência comunicativa

Se estabelecer um consenso para a paz é a questão fundamental no contexto atual, é claro que este consenso não pode ser instaurado sem que haja pessoas competentes comunicativamente. As novas tecnologias representam, sem sombra de dúvida, emergência de novas habilidades comunicativas e de novas formas de expressão, do e-mail ao blog, passando pela partilha de vídeos. Mas a questão que permanece é se as pessoas envolvidas conseguem verdadeiramente comunicar a si próprias, expressando sua palavra original. É essa expressão da sua palavra que permite criar uma paz que seja cotidiana, para além dos acordos internacionais (não os desconhecendo, é claro).

Capacidade de criarem comunidades

Se a paz não é apenas a soma de pessoas em paz, mas o entre desta relação, a capacidade de criar comunidades pacifistas para sustentarem este processo apresenta-se como um ponto decisivo. As novas tecnologias desenvolvem-se e oportunizam o surgimento de redes de comunicação. Não resta dúvida de que a rede é uma experiência intersubjetiva, capaz de conectar pessoas em torno de temas e interesses comuns. A questão a ser colocada é sobre a capacidade de as redes oportunizarem experiências comunitárias mais sólidas e trocas humanas mais profundas. Ou será se as novas tecnologias apenas dão a ilusão da comunicação, mas não oferecem a comunicação elas mesmas?

Capacidade de oportunizarem expressão da palavra

As novas tecnologias oportunizam novas formas de captação, transmissão e distribuição de informações, ampliando as possibilidades de as pessoas dizerem sua palavra. Elas contribuirão para o avanço do processo de paz na medida em que oportunizarem: a) a emergência de temas ligados à cultura de paz; b) a crítica da cultura de violência (e aí temos de nos perguntar se as novas tecnologias também não dão vazão a novas formas de violência, ou ao menos a novas formas de divulgação de violência); c) a expressão dos sonhos e utopias para a paz.

Capacidade de capacitarem para a ação

As pessoas desejam e querem a paz, desejam e querem participar dos processos de paz, mas se descobrem, muitas vezes, sem as referências metodológicas para tal. Ajudar as pessoas a operacionalizar a paz – o como fazer –, seja, por exemplo, oferecendo instrumentais para se organizar uma manifestação ou um abaixo-assinado, seja oferecendo, mesmo, a própria ação, como dar sua adesão a determinada causa, revela-se como um instrumento eficiente para a marcha da paz e da não violência.

Em todo caso, é importante ter presente que não existe relação de causa e efeito entre a educação para a paz e a soberania da justiça na face da terra. A obra educativa é sempre limitada e frágil, porém essencial. Se a educação não é a única condição para a paz, ela é uma condição imprescindível, tal qual formulam os membros da *Campanha Global de Educação para a Paz*: não há paz sem educação para a paz. Com suas ambiguidades e potencialidades, a educação para a paz a partir das novas tecnologias abre-se como mais uma possibilidade, uma bela possibilidade, de "agir em vista ao estabelecimento da paz" e "acabar com a terrível guerra".[22]

Referências

ARENDT, Hannah. *A condição humana*. 9. ed. Rio de Janeiro: Forense Universitária, 1999.

BOULDING, Elise. *Cultures of Peace;* The Hidden Side of History. New York: Siracuse University Press, 2000.

HAALVERLSRUD, Magnus. Epilogue: three ways of exploring peace content. In: *Report of the International Peace Education Conference of Geneva*. Genève: International Peace Bureau/Unesco/Hague Appeal for Peace, 2000.

HABERMAS, Jürgen. *A inclusão do outro*: estudos de teoria política. São Paulo: Loyola, 2002.

_____. *Más allá del estado nacional*. Madrid: Trotta, 1997.

_____. Uma conversa sobre questões políticas. Entrevista a Mikael Carlehedem e René Gabriels. *Novos Estudos*, Cebrap, São Paulo, n. 47, p. 85-102, mar. 1997.

HEFFERMEHL, Fredrik (ed.). *Peace is Possible*. Geneva: International Peace Bureau, 2000.

KANT, Immanuel. *À paz perpétua*. Porto Alegre: L&PM, 1989.

_____. *La metafísica de las costumbres*. 2. ed. Madrid: Tecnos, 1994.

LEVINAS, Emmanuel. *Difficile liberté*. Paris: Le Livre du Poche, 1990.

_____. *Totalité et infini;* essai sur l'exteriorité. Paris: Luwer Academic, 1990.

MAY, Rollo. *Poder e inocência*. Rio de Janeiro: Artenova, 1974.

MULLER, Jean-Marie. *O princípio de não violência;* percurso filosófico. Lisboa: Instituto Piaget, 1995.

---

[22] KANT, *La metafísica de las costumbres*, p. 195.

SANTOS, Boaventura de Souza. *A crítica da razão indolente;* contra o desperdício da experiência. São Paulo: Cortez, 2000.

WHITE, Patricia. Frente a los críticos. In: HICKS, David (comp.). *Educación para la paz;* cuestiones, principios y práctica en el aula. Madrid: Morata/Ministerio de Educación y Ciencia, 1993.

WINK, Walter. *Engaging the power;* Discernment and Resistance in a World of Domination. Minneapolis: Fortress, 1984.

Ética da reconciliação universal como condição da paz verdadeira

Manfredo Araújo de Oliveira[*]

O ponto de partida: o diagnóstico de nossa situação histórica enquanto desafio de reconciliação e de paz

Uma situação histórica determinada é o espaço em que o ser humano se capta a si mesmo como um ente que é "dado a si mesmo" como a tarefa de construir seu ser.[1] Ele é, assim, antes de tudo, o ser da possibilidade, um desejo de ser o que nos leva a uma pergunta inevitável: que se deve fazer

---

[*] Universidade Federal do Ceará.

[1] Cf. OLIVEIRA, M. A de. Práxis e filosofia. In: *Ética e práxis histórica*. São Paulo: Ática, 1995. p. 62: "[...] a experiência originária do homem sobre si mesmo é o experimentar-se como incumbência, como 'obra' a realizar-se na infinitude de suas relações pela mediação da urdidura histórica de seu agir".

para efetivar o próprio ser? Essa pergunta se põe precisamente num ente que sabe de sua finitude constitutiva e por isso sabe também que pode fracassar na execução da tarefa de sua autoconstrução. A pergunta brota justamente do seio de um contexto que o envolve e marca[2] com o objetivo de encontrar critérios de legitimação de uma forma de vida capaz de conquistar a humanização de sua vida.

Daí por que a primeira tarefa de uma reflexão sobre a ação humana hoje é a análise da situação epocal de um mundo em que, só no século XX, mais de duzentos milhões de pessoas foram massacrados em guerras, revoluções e conflitos políticos, religiosos e étnicos, sem levar em consideração as vítimas da violência diária de nossas cidades.[3] Isso significa dizer que a violência se tornou um fato comum em nossas vidas; mais do que isso, criou-se um contexto de violência generalizada, cotidiana e institucionalizada em nível local, nacional e internacional. Para muitos analistas, nosso tempo é marcado basicamente por duas questões de fundo:

A planetarização da civilização técnico-científica e seu projeto tecnocrático de emancipação

Nas sociedades Pré-Modernas, as questões éticas foram postas no contexto de relações humanas próximas e recíprocas.[4] Na Modernidade, a ciência e a técnica deram à ação hu-

---

[2] Cf. KOSIK, K. *Dialética do concreto.* 2. ed. Rio de Janeiro: Paz e Terra, 1976. p. 206: "Na práxis e baseado na práxis, o homem ultrapassa a clausura da animalidade e da natureza inorgânica e estabelece a sua relação com o mundo como totalidade".

[3] Cf. BRACKEN, P.; PETTY, C. *Rethinking the Trauma of War.* London: Free Association Books, 1998. p. 3, 9-20.

[4] Cf., a respeito das sociedades tradicionais: POLANY, K. *A grande transformação; as origens de nossa época.* Rio de Janeiro: Campus, 1980.

mana um alcance de dimensão planetária e ampliaram com isso o horizonte de sua responsabilidade. Para uma tradição de pensamento que vem de Nietzsche e Heidegger, as consequências desastrosas de tal processo são uma manifestação de uma das características centrais de nossa época e que ameaça nossa cultura: o nihilismo, que hoje se faz universal e penetra todas as dimensões da cultura.[5]. H. Jonas[6] vê uma alteração radical em relação à reflexão ética do passado: a ação humana hoje tecnicamente potencializada pode danificar, de forma irreversível, a natureza e o próprio ser humano. A intervenção tecnológica transforma a própria estrutura do agir humano de tal modo que tanto a biosfera do planeta como a natureza como um todo são envolvidas de agora em diante no agir humano e, consequentemente, em sua responsabilidade.

HABERMAS, J. *Theorie des kommunikativen Handelns.* Frankfurt am Main: Suhrkamp, 1981. v. 2, p. 118ss.

[5] Cf. DOMINGUES, I. A filosofia no 3º Milênio: legado e desafios. *Cadernos de História e Filosofia da Ciência*, Campinas, Série 3, v. 9, n. 1-2, jan./ dez. 1999, p. 212: "Ora, o nihilismo, que já grassava no século XIX e que Nietzsche soube pintar com cores tão fortes, porém restringindo-se ao plano antes de tudo moral (nihilismo ético), ganha alturas e extensões nunca vistas no curso do século XX, quando se generaliza em nihilismo social, político, existencial, religioso, metafísico, e assim por diante". "[...] o perigo, se há, e há, reside alhures, não no marxismo, que fracassou, ou no *a*-moralismo de Nietzsche, que desconcerta porém não gera ações, mas no nihilismo das filosofias da suspeita, hipercríticas e Pós-Modernas, que leva à deserção do social, ao abandono da política e à indiferença moral, sem pôr nada no seu lugar, e nos deixando ante o vazio. Um bom exemplo disso é o nihilismo político que [...] constituirá sem dúvida um dos grandes legados que o século XX transmitirá ao XXI" (p. 230).

[6] Cf. JONAS, H. *Das Prinzip Verantwortung. Versuch einer Ethik für die technologische Zivilisation.* Frankfurt am Main: Suhrkamp, 1979. MÜLLER, W. E. *Der Begriff der Verantwortung bei Hans Jonas.* Frankfurt am Main: Suhrkamp, 1988. WETZ, F. J. *Hans Jonas zur Einführung*, Hamburg: Junius Verlag, 1994. BÖHLER, D. (org.). *Ethik für die Zukunft.* Im Diskurs mit Hans Jonas. München: Beck, 1994. GIACOIA JÚNIOR, O. Hans Jonas: O princípio responsabilidade. Ensaio de uma ética para a civilização tecnológica. In: OLIVEIRA, M. A. de (org.). *Correntes fundamentais da ética contemporânea.* Petrópolis: Vozes, 2000. p. 193-206.

Para V. Hösle, o modelo de conhecimento da Modernidade reduz a natureza a mera quantidade, a objeto de manipulação. Esta é a raiz da civilização técnico-científica que perdeu a ligação ontológica entre ser humano e natureza, entre homem e mundo.[7] Tal postura pressupõe uma dicotomia radical entre espírito e natureza e compreende a ciência e a técnica como instrumentos de domínio sobre a natureza.[8] Cresce, cada vez mais, a assimetria entre a capacidade técnica de dominação e os padrões normativos aptos a regrar o processo civilizatório daí decorrente, o que se manifesta para E. Levinas através dos acontecimentos marcantes do século XX: as duas guerras mundiais, as revoluções que vitimaram milhões de inocentes, a crise da razão e das ciências, a perda do sentido da vida humana, o abalo profundo de toda a tradição cultural do Ocidente,[9] que coloca cada ser humano, cada nação, cada cultura em face do desafio de assumir as possibilidades e os riscos dos efeitos de suas ações.[10]

No plano da vida humana, isso se mostra, por exemplo, na possibilidade de controle do comportamento humano através de agentes químicos que podem induzir a direção de processos psíquicos. Nesse contexto, o acontecimento mais grandioso é a manipulação tecnológica dos processos genéticos, que está prestes a efetivar o sonho de planificação e produção artificial da vida humana,[11] de tal modo que a humanida-

---

[7] Cf. HÖSLE, V. *Philosophie der ökologischen Krise*. München: Beck, 1991.

[8] Cf. JONAS, H. *Philosophical Essays; From Ancient Faith to Technological Man*. Englewood Cliffs, 1969.

[9] Cf. PIVATTO, P. S. Ética da alteridade. In: OLIVEIRA, *Correntes fundamentais da ética contemporânea*, p. 79.

[10] Cf. APEL, K.-O. Die Situation des Menschen als ethisches Problem. In: *Diskurs und Verantwortung*. Das Problem des Übergangs zur postkonventionellen Moral. Frankfurt am Main: Suhrkamp, 1988. p. 42.

[11] Cf. DOMINGUES, A filosofia no 3º Milênio:..., p. 214: "[...] ao chegarmos ao fim do século, ficamos completamente desamparados para pensar

de contemporânea pode ter a impressão de que tomou seu destino em suas próprias mãos e se fez, enfim, sujeito de um agir coletivo que tem condições de sujeitar toda a natureza a seus propósitos. Articula-se, assim, o projeto de emancipação tecnocrática da Modernidade, cuja característica fundamental é ter transformado a técnica de *meio* no *fim* fundamental da vida humana.[12] A grande meta aqui se exprime na tese de que o bem-estar econômico é condição necessária para a redução da pobreza. Daí a completa subordinação da qualidade de vida ao crescimento econômico, que se torna o eixo do processo civilizatório.

Um dos resultados mais visíveis deste processo é o aumento crescente de bem-estar apenas para uma parte da população mundial: a ironia é que a sociedade do bem-estar, que por definição é a sociedade da felicidade, atinge muito poucos. Dos 563 milhões de habitantes da América Latina e do Caribe, mais de 350 milhões vivem em situação de extrema pobreza.[13] Mesmo assim, há uma elevação do consumo vinculada a uma enorme intensificação do metabolismo com o meio ambiente natural, que é limitado em seus recursos, e a uma desproporção entre produção e consumo.

Uma das consequências do próprio avanço tecnológico é o aumento exponencial da população, que provocou uma busca maior de recursos naturais. Não estão aqui presentes

---

e resistir à maior ameaça que desponta hoje, no rastro do nihilismo [...] a saber: a emergência, não do super-homem ou de um novo ser do homem [...] mas de um novo Demiurgo, de uma nova potência satânica [...] qual um deus que, com as técnicas do DNA recombinante e da engenharia genética, fabricará um novo ente que continuará a ser chamado de homem, porém que em verdade não terá nada de humano".

[12] Cf. OLIVEIRA, M. A. de. Ética e técnica. In: *Ética, direito e democracia*. São Paulo: Paulus, 2010. p. 39-76.

[13] Segundo estudo recente da OIT. Cf. *Trabalho decente nas Américas: uma agenda hemisférica (2006-2015)*. Disponível em: <http://www.oitbrasil.org.br/info/downloadfile.php?fileId=187>.

no horizonte tanto a preocupação com as futuras gerações como o cuidado com a natureza. O ciclo é completo:[14] para participar da sociedade do trabalho, a fim de ter rendimentos e poder consumir, é preciso ter emprego. Para garantir emprego e renda, é necessário aumentar o consumo, que leva à produção. Esta gera o trabalho e, por fim, mais consumo. O consumo leva à destruição dos recursos. A sociedade do crescimento é a sociedade do consumo; por essa razão é a sociedade da destruição dos recursos naturais e dos conflitos pela posse desses recursos.

A aporia básica desta civilização tecnológica se patenteia na terrível incapacidade de pôr um fim ao progresso calculável, destrutivo de si mesmo e da natureza: hoje temos consciência de possuir os meios técnico-científicos e industriais capazes de aniquilar a humanidade e todas as outras formas de vida sobre o planeta. Por essa razão, sabemos que estamos diante da possibilidade de nossa própria extinção, de tal modo que a catástrofe ecológica se revela hoje como o inimigo verdadeiro e comum da humanidade e, assim, se constitui o desafio da humanidade inteira, pois manifesta o enorme abismo entre a sabedoria ético-política de que dispõe a humanidade e o imenso potencial tecnológico conquistado.

O debate atual a respeito das alternativas[15] se faz em torno de duas propostas básicas: 1) a ecoeconomia ou desenvolvimento sustentável, que tem como objetivo fundamental conciliar economia e ecologia, diminuindo as agressões à natureza até que o processo de desenvolvimento seja compatível com as possibilidades do planeta; 2) a tese da impossibilidade dessa conciliação, uma vez que qualquer crescimento exige

---

[14] Cf. GASDA, É. E. Impasses para uma ética da sustentabilidade. *Perspectiva Teológica* 42 (2010) 121-122.

[15] Ibid., p. 122-124.

produção material e, consequentemente, destruição de recursos. Daí a exigência básica: ruptura radical com a tese do crescimento pelo crescimento como o motor fundamental do processo civilizatório.[16] É preciso decrescer.

A nova estruturação das relações entre os povos

A configuração da relação entre os povos da Terra passa por grandes transformações na medida em que está em curso um processo de articulação: 1) de um sistema econômico em nível mundial,[17] através da inclusão de todas as sociedades no sistema de mercado, sobretudo nos mercados financeiros (financeirização da economia), que assumem a condução de todo o processo econômico, legitimado por uma teoria econômica[18] que defende o mecanismo de mercado como a forma exclusiva[19] de coordenação de uma sociedade moderna. Tal processo tem provocado uma piora nas condições de vida de milhões de pessoas: no relatório do Banco Mundial de setembro de 1999 se afirma que hoje 1,5 bilhão de pessoas sobrevivem com o equivalente a menos de um dólar por dia;[20]

---

[16] Cf. LATOUCHE, S. *La pensée creative contre l'économie de l'absurde.* Paris: Paragon, 2003.

[17] Cf. BECK, U. *Was ist Globalisierung?* Frankfurt am Main: Suhrkamp, 1997.

[18] Cf. OLIVEIRA, M. A de. Neoliberalismo e ética. In: *Ética e economia.* São Paulo: Ática, 1995. p. 59-103.

[19] Esta é a teoria do "Mercado Total". Cf. ARRUDA, M.; BOFF, L. *Globalização;* desafios socioeconômicos, éticos e educativos. 2. ed. Petrópolis: Vozes, 2001. p. 41ss. SEN, A. *Desenvolvimento como liberdade.* São Paulo: Companhia das Letras, 2000. p. 135ss.

[20] Cf. SCHMIED-KOWARZIK, W. A nossa realidade social e a utopia da sobrevivência moral da humanidade. *Veritas* 45/4 (2000) 644: "Mais recentemente, o processo de reificação de todas as instâncias humanas se universalizou, tornando-se mais incisivo, tanto pela infiltração em todos os âmbitos sociais e na vida cotidiana como também através de sua expansão global".

2) de um processo de imbricação mundial da vida política e cultural.[21] Para C. Furtado,[22] a difusão dos valores desta revolução tecnológica aprofundou o grau de dependência cultural das regiões periféricas: os avanços nas áreas de comunicação e de transporte exacerbam a tendência ao mimetismo cultural nas classes média e alta dos países periféricos. Trata-se de copiar os padrões de consumo e comportamento vindos do centro hegemônico.

O pensamento liberal privilegia os aspectos econômicos e interpreta a globalização como uma consequência necessária da revolução tecnológica recente, que, aliada à expansão dos mercados, derrubou as fronteiras territoriais e eliminou os projetos econômicos nacionais. A afirmação mais polêmica desta interpretação é que a própria globalização econômica promoveria uma homogeneização progressiva da riqueza e do desenvolvimento através da mediação do livre comércio e da liberdade completa de circulação dos capitais privados, o que conduziria a humanidade a um governo global e a uma democracia cosmopolita.[23] No entanto, uma interpretação puramente econômica da globalização, segundo Höffe,[24] é obra comum dos liberais ortodoxos e dos marxistas que só

---

[21] Cf. PIORE, M. J.; SABEL, C. F. *The Second Industrial Divide;* Possibilities for Prosperity. New York: Basic Books, 1984. MADDISON, A. *Dynamic forces in capitalist development.* New York: Oxford University Press, 1991.

[22] Cf. FURTADO, C. *A nova dependência.* Rio de Janeiro: Paz e Terra, 1982. p. 132. Além se difundiu a ideia de que se trata de um processo inexorável. Cf. FURTADO, C. *O capitalismo global.* 4. ed. São Paulo: Paz e Terra, 2000. p. 26: "Neste fim de século prevalece a tese de que o processo de globalização dos mercados há de se impor no mundo todo, independentemente da política que este ou aquele país venha a seguir. Trata-se de um imperativo tecnológico, semelhante ao que comandou o processo de industrialização que moldou a sociedade moderna nos dois últimos séculos".

[23] Para uma crítica destas teses, cf.: SANTOS, M. *Por uma outra globalização.* Do pensamento único à consciência universal. São Paulo: Record, 1999.

[24] Cf. HÖFFE, O. *Demokratie im Zeitalter der Globalisierung.* München: Beck, 1999. p. 15.

enxergam no mundo a ação de forças econômicas. Ora, para ele, nem mesmo as mudanças econômicas têm causas puramente econômicas, pois elas dependem também de decisões políticas e de renovações tecnológicas. Ele insiste numa interpretação não exclusivamente econômica da globalização.

Na realidade, tais processos foram possibilitados através de uma série de decisões políticas[25] e acelerados pela nova revolução tecnológica, que fez da ciência e da técnica as forças impulsionadoras do novo paradigma de produção. O novo eixo da atividade econômica é a tecnologia da informação, que põe o conhecimento no cerne do processo produtivo com dois efeitos de grandes consequências para a vida humana: por um lado, provocou uma profunda transformação do trabalho, promovendo um enorme aumento da produtividade, acompanhado por mudança significativa nas relações entre capital e trabalho,[26] o que levou ao desemprego estrutural, uma vez que o trabalho vivo se torna algo que desaparece nas empresas, que, em nossos dias, assumem a tecnologia de ponta; por outro lado, esta nova dinâmica do capital fez surgir uma competitividade exacerbada no âmbito internacional. Isso, segundo C. Furtado, tem levado a uma desarticulação dos mecanismos que davam coerência aos sistemas econômicos nacionais e, consequentemente, a aumentar o hiato que separa as economias centrais das economias periféricas.[27]

Tal reorganização do processo de produção e de trabalho, assim como os enormes impactos daí decorrentes no sistema de emprego, rearticularam também a questão social:

---

[25] Cf. BECK, U. (org.). *Politik und Globalisierung.* Frankfurt am Main: Suhrkamp, 1998.

[26] Cf. OLIVEIRA, M. A de. A nova problemática do trabalho e a ética. In: *Desafios éticos da globalização.* São Paulo: Paulinas, 2001. p. 213-252.

[27] Cf. FURTADO, C. Globalização das estruturas econômicas e identidade nacional. *Estudos Avançados*, São Paulo, v. 6, n. 16 (1992) 55-64.

experimentamos um rápido crescimento tecnológico que resulta num grande aumento da produção de riquezas, com a diminuição dos custos das empresas provocada também pela diminuição da mão de obra, ao mesmo tempo que aumentam igualmente a fome e a miséria, que levam a uma desagregação social cada vez maior, ou mesmo à morte de milhões de seres humanos, à disparidade na distribuição de renda e de riqueza e à ameaça da destruição da própria humanidade através ou de uma guerra nuclear[28] ou da exploração desenfreada dos recursos naturais.

O. Höffe[29] fala, por isso, de uma "globalização da violência", em que o arbítrio e o poder substituem o direito nas relações entre as pessoas e os povos, marcadas hoje por um egoísmo individual e grupal crescente,[30] pela criminalidade organizada, pelo comércio de armas, drogas e seres humanos, pelo terrorismo internacional, pela destruição do meio ambiente. Uma das características fundamentais do novo contexto societário é a substituição da política pela economia, ou seja, pelo mercado, sobretudo financeiro, na condução dos processos sociais. V. Hösle[31] chega a falar de "paradigma econômico" como característico da sociedade moderna e causador, a partir de suas contradições imanentes, das crises que marcam hoje nossa civilização. O processo

---

[28] Cf. HENRICH, D. *Ethik zum nuklearen Frieden*. Frankfurt am Main: Suhrkamp, 1990.

[29] Cf. HÖFFE, *Demokratie im Zeitalter der Globalisierung*, p. 16.

[30] Isto pode ser interpretado como uma manifestação do nihilismo de nossa cultura. Cf. DOMINGUES, A filosofia no 3º Milênio:..., p. 231: "O segundo reside no fato de o nihilista, tendo descoberto o vazio da ação política e da própria sociedade política, se sentir desobrigado de fazer alguma coisa e não se ver coimplicado nas ações de outrem e, por extensão, na vida em comunidade".

[31] Cf. HÖSLE, *Philosophie der ökologischen Krise*, p. 96ss.

de modernização significou para Apel[32] um processo de autonomização cada vez mais acentuado da economia, que se tornou fim em si mesma, e de predominância de uma liberdade privada sem referências éticas e sem responsabilidade coletiva. Isso quer dizer que a economia se transforma na esfera paradigmática para a organização das relações sociais nacionais e internacionais.

O resultado de tudo isso é a mercantilização da vida social como um todo, fazendo com que o lucro se transforme no grande mecanismo de mediação de todas as relações sociais: é a economia mesma que se torna responsável pelo estabelecimento dos fins da vida humana, o que torna aguda a pergunta pelo sentido de todo este processo e pela avaliação crítica dos critérios que o regem, embora a racionalidade hegemônica vigente (racionalidade instrumental) não reconheça a legitimidade de tais perguntas e consequentemente afirme a impossibilidade de uma discussão racional sobre questões de ordem ética, o que só poderá acontecer através de uma mudança cultural premente que se concretize na transição do paradigma econômico para o paradigma ecológico, implicando uma redefinição da ética, da política e da economia.[33]

De modo especial, para os países do Terceiro Mundo, a forma de globalização vigente, com a progressiva liberalização dos mercados, com a nova concentração de capital através da fusão de grandes empresas através da transnacionalização e desregulamentação dos mercados, da financeirização global dos processos econômicos, da redução do papel do Estado na economia, da explosão das dívidas, do déficit na balança comercial, do estabelecimento da acumulação de riqueza como

---

[32] Cf. APEL, *Diskurs und Verantwortung*, p. 15-41.

[33] Cf. HÖSLE, *Philosophie der ökologischen Krise*. GASDA Impasses para uma ética da sustentabilidade, p. 126-128.

critério único de todas as decisões econômicas, sociais, ecológicas e políticas, tem significado, mais do que para os países desenvolvidos, o agravamento das desigualdades, decorrentes das diferenças qualitativas do trabalho, das competências e habilidades, da perda de prioridade das políticas de emprego, do abandono das políticas sociais,[34] da queda dos preços de seus produtos submetidos a uma grande concorrência em contraposição à subida de preços dos produtos das nações industrializadas, do crescimento real dos juros,[35] da eliminação dos mecanismos regulamentadores do processo de produção e agravadas, ainda mais, pela incapacidade de adaptação aos novos padrões de produção da economia globalizada, como, também, do desemprego.

Cada vez mais trabalhadores, nos países do Terceiro Mundo, são expulsos do setor formal da economia para o setor informal, dominado por métodos da Máfia. Por outro lado, a globalização econômica associada à revolução tecnológica provocou uma mudança profunda nas vantagens comparativas entre as nações. Matéria-prima abundante e mão de obra barata, que constituíam a grande vantagem comparativa dos países do Terceiro Mundo, perderam significativamente em importância. O que constitui, hoje, a relação competitiva de um país em relação aos outros é, cada vez mais, determinado pela qualidade de seus recursos humanos, ou seja, pela aquisição do conhecimento, da ciência e da tecnologia, o que implica a existência de uma força de trabalho bem treinada e qualificada. Em alguns casos de países do Terceiro Mundo, isto tem provocado a desindustrialização, fazendo-os retornar à situação de exportadores de matérias-primas.

---

[34] Uma forte diminuição ocorreu, também, no primeiro mundo. Cf. SCHNEIDER, U. *Solidarpakt gegen die Schwachen*. Der Rückzug des Staates aus der Sozialpolitik. München: Beck, 1993.

[35] Cf. ALTVATER, E. *Der Preis des Wohlstands oder Umweltplünderung und neue Welt(un)ordnung*. Münster: Verlag Westfälisches Dampfboot, 1992. p. 174.

Outro mecanismo para a diferença da posição dos países do Terceiro Mundo em relação ao primeiro mundo são as condições do comércio internacional. Segundo o UNDP de 1995,[36] nos últimos quinze anos o mundo viu espetaculares avanços econômicos para alguns países e declínios sem precedentes para outros, declínios que excedem, em alguns casos, a Grande Depressão da década de 1930 nos países industrializados. Os países industrializados defendem a liberdade de comércio para tornar possível sua entrada nos países do Terceiro Mundo, enquanto em relação a seus próprios mercados efetivam medidas protecionistas, claras ou ocultas. A diminuição das compras dos países do Terceiro Mundo aos países industrializados do Norte está significando, também, a perda de postos de trabalho nesses países.[37] A transferência de tecnologia se torna cada vez mais cara e, consequentemente, inacessível aos países em desenvolvimento, e a diferença de renda entre os países ricos e os países em desenvolvimento[38] triplicou entre 1960 e 1993.[39]

Considerados todos estes elementos, a ONU calculou que os países em desenvolvimento perdem meio bilhão de dólares[40] por ano em serviços da dívida e através das limita-

---

[36] Trata-se do Programa das Nações Unidas para o Desenvolvimento, que, a partir de 1990, sob a liderança do economista paquistanês Mahbub ul Haq, falecido em 1998, vem publicando relatórios anuais sobre o "desenvolvimento humano".

[37] Cf. GEORGE, S. *Der Schuldenbumerang.* Wie die Schulden der Dritten Welt uns alle bedrohen. Reinbeck bei Hamburg: Rowohlt Taschenbuch Verlag, 1993.

[38] Segundo o relatório *UNDP-1995*, em muitos países da América Latina os mais ricos chegam a deter quinze vezes mais renda do que os mais pobres. O sinal claro disto é, por exemplo, a existência de seis milhões de crianças desnutridas na América Latina.

[39] Cf. UNDP. *Human Development Report, 1995.* Os 20% mais pobres ficam com 1,4% do total da renda do planeta.

[40] A respeito da dívida dos países industrializados em relação aos países em desenvolvimento. Cf. SABET, H. *Die Schuld des Nordens.* Der 50-Bilionen-Coup. Bad König: Horizonte, 1991.

ções e da monopolização dos mercados.[41] Esta situação tem conduzido esses países à destruição de suas florestas com consequências catastrofais para a atmosfera da Terra. Além disso, a destruição das economias dos países em desenvolvimento e das condições de vida têm provocado uma grande migração na direção do Norte. Hoje, uma pergunta se faz inevitável: os países mais atrasados, incapazes de entrar na lógica da globalização, estão condenados a viver na pobreza absoluta?

A resposta a esta questão se torna ainda mais problemática quando se consideram os efeitos da globalização no nível das mudanças no papel do Estado: as variáveis externas passaram a ter um lugar central nas agendas domésticas dos diversos países, reduzindo muito o espaço para as decisões nacionais, de tal modo que as políticas se concentram, agora, na aquisição de condições para o ingresso dinâmico nos fluxos globais de comércio e investimentos a fim de que seus países possam ter condições estruturais de competitividade em escala global. Daí a pergunta inevitável, hoje, sobre o papel e as possibilidades do Estado Nacional democrático num mundo globalizado.[42]

Nesse contexto, tanto a opinião pública internacional como o comportamento dos mercados, no mundo, delimitam, cada vez mais, o quadro das ações possíveis de cada Estado. Um dos resultados visíveis de todo este processo é a destruição dos fundamentos naturais de toda a vida presente e futura através de uma economia centrada na valorização do

---

[41] Cf: UNDP. *Human Development Report*. New York/Oxford, 1992. p .48ss.

[42] Cf. REICH, R. B. *The Work of Nations*. Preparing Ourselves for 21st Century Capitalism. New York: Vintage Books, 1991. KENNEDY, P. *In Vorbereitung auf das 21. Jahrhundert*. Frankfurt am Main: Suhrkamp, 1993.

capital. Altvater nomeia cinco contradições entre economia e ecologia: a contradição entre quantidade e qualidade, a entre o espaço e o tempo e a racionalidade abstrata sem espaço e tempo, a entre reversibilidade e irreversibilidade, lucros e interesse em juros tornam impossível um crescimento zero, enquanto a acumulação de capital com alto emprego de matéria-prima e energia aumenta necessariamente a entropia, entre racionalidade e irracionalidade.[43]

A história econômica das nações latino-americanas foi marcada pela disputa entre duas concepções de desenvolvimento: por um lado, o desenvolvimento é entendido como promoção do mercado interno, o que deve levar à substituição de produtos de importação, ao financiamento da acumulação de capital, à construção da infraestrutura necessária e ao desenvolvimento do mercado interno através da expansão do consumo das massas. Numa palavra: o desenvolvimento é pensado como um processo a ser conduzido pelo Estado e baseado num processo de distribuição de renda.

Por outro lado, a outra concepção pensa a vida econômica através da relação de condicionamento pelos países do centro do mundo industrializado. O acento das políticas econômicas não é posto propriamente no desenvolvimento, mas na estabilização financeira; portanto concentra-se na luta contra a inflação. Nossa vida societária atual é a forma da segunda versão, que corresponde aos processos atuais de globalização da vida econômica.

Na realidade, tal processo terminou provocando o aparecimento, no interior de nossas nações, de duas sociedades radicalmente diferentes:[44] uma sociedade moderna,

---

[43] Cf. ALTVATER, E. Die Zukunft des Marktes, op.cit., p. 261ss.

[44] Para o caso específico do Brasil, cf.: JAGUARIBE, H. *Alternativas do Brasil*. 2. ed. Rio de Janeiro: José Olympio, 1989. p. 8-9.

urbano-industrial, que opera como uma sociedade europeia desenvolvida, mas que só inclui uma pequena parcela da população de nossos países; por outro lado, uma sociedade primitiva, que no campo se constitui de agricultores pobres, que produzem para a subsistência e, na cidade, de uma população favelada, que vive de salários de fome, trabalhando na esfera dos serviços ou na economia informal.

Através de nossa história, este dualismo de base, que gerou sociedades conflitivas, cindidas em si mesmas na medida em que injustamente configuradas, não mudou seus elementos constitutivos, mas, ao contrário, foi encontrando novas configurações nas diferentes situações históricas e produzindo sociedades marcadas por uma estupenda concentração de renda e profundas desigualdades sociais e regionais, ou seja, sociedades sem o mínimo de respeito aos direitos mais fundamentais do ser humano e destruidoras da natureza, uma situação histórica em que a paz é estruturalmente ameaçada.

A ética exigida enquanto horizonte possibilitador de reconciliação e de paz

O clima espiritual de nossa época

Nossa situação histórica constitui em si mesma um enorme desafio à ação humana e exige a articulação de um horizonte normativo[45] que torne possível o restabelecimento

---

[45] O nihilismo renuncia a tal empreendimento. Cf. DOMINGUES, *A filosofia no 3º Milênio...*, p. 231: "O resultado é um nihilismo devastador, em que se pode ver a expressão da impotência da sociedade de formular os valores que dariam sentido às ações dos indivíduos e conteúdos positivos à liberdade. Não podendo fundá-los positivamente, o nihilista, que quer a liberdade, mas não quer a ação e a companhia de outrem, faz apelo a um conjunto de valores negativos ao modo de proibições, limitações e formalizações, oriundas do direito, com cuja ajuda funda uma liberdade negativa e um direito

dos vínculos cortados entre os seres humanos e destes com a natureza.[46] No entanto, a racionalidade vigente não permite sem mais a realização desta tarefa fundamental. Habermas[47] interpreta esta situação como o resultado de uma reviravolta radical diante da tradição religioso-metafísica que gestou a cultura ocidental, e isso por várias razões:

a) Nossa racionalidade não se identifica mais com a racionalidade "substantiva" (conteudal) da filosofia ou da teologia Pré-Modernas, mas é uma racionalidade "procedimental", produzida pelas ciências matematizadas da Modernidade, uma racionalidade formal na medida em que a validade dos processos argumentativos de acareação se põe no lugar da questão da validade dos conteúdos. Uma das características dessas ciências é ter perdido o horizonte da totalidade,[48] uma vez que, para pesquisar, dividem o real em áreas específicas e levantam a pretensão de explicar como as coisas se comportam através de um saber que se entende a si mesmo como estritamente

---

positivo, porém nihilista, que é o direito vazio de ser livre, ou o direito de ser nihilista. Donde o paradoxo conhecido das sociedades políticas contemporâneas, em que os cidadãos querem a democracia e a liberdade, porém não querem ser cidadãos nem exercer a cidadania".

[46] Cf. MIFSUD, T. Reconciliação: aproximação ética a partir da América Latina. In: ANJOS, M. F. dos (org.). *Temas latino-americanos de ética.* Aparecida: Santuário, 1988. p. 125: "A reconciliação se torna relevante – e não alienante – na medida em que busca a superação da situação conflitiva apelando para os valores éticos que devem configurar a convivência humana. O conflito produzido por uma situação de injustiça só é, portanto, traduzível em termos de reconciliação enquanto se busca a instauração da justiça em tal situação".

[47] Cf. HABERMAS, J. *Nachmetaphysisches Denken.* Philosophische Aufsätze. 2. ed. Frankfurt am Main: Suhrkamp, 1988.

[48] A respeito das tentativas atuais na esfera das ciências de recuperação da totalidade, cf.: LASZLO, E. *Conexão cósmica.* Petrópolis: Vozes, 1999. SMOLIN, L. *The Life of the Cosmos.* New York/Oxford: Oxford University Press, 1997. OLIVEIRA, M. A de. Questões sistemáticas sobre a relação entre teologia e ciências modernas. In: *Diálogos entre razão e fé.* São Paulo: Paulinas, 2000. p. 182.

hipotético, falível, provisório, continuamente aberto a um desenvolvimento ilimitado.

b) O modelo do conhecimento não é mais a consciência que representa objetos, mas a práxis linguística. Consequentemente, o que agora define a fronteira do discurso sensato é uma análise da estrutura da linguagem, que se revela como a instância de mediação do acesso ao real.

c) No horizonte do pensamento hermenêutico de nossos dias, a historicidade emergiu como a categoria básica para interpretar adequadamente a realidade própria ao ser humano, portanto também sua razão e seu conhecimento. Isto tem como consequência uma tomada de consciência do fato de que sempre compreendemos a partir de "pré--conceitos" historicamente gestados, o que elimina qualquer pretensão à absolutidade em nosso conhecimento.

d) Nossas produções teóricas estão profundamente enraizadas na práxis histórica de nosso mundo vivido.

Esse conjunto de fatores nos conduz, segundo Habermas, a um *conceito pós-metafísico de razão*, a qual agora não se entende mais como a instância articuladora de conteúdos que possam dar significação a nossas vidas e orientá-las, mas como a capacidade dos participantes em interações simbólicas de tomar partido em relação às pretensões de validade levantadas na vida quotidiana. A razão é, assim, um espaço de deliberação que possibilita a conquista de um consenso argumentativo, permitindo aos sujeitos transcender seus pontos de vista iniciais da vida comum e construir relações intersubjetivas fundamentadas nestes procedimentos críticos de acareação.

A filosofia, repensada a partir do conceito pós-metafísico de razão, emerge apenas como o intérprete mediador entre os diferentes saberes empíricos, missão que ela cumpre na medida em que tematiza questões universais referentes ao problema da verdade, da justiça e da experiência estética. Uma vez perdida sua base metafísica, ela não pode mais tomar posição sobre os diferentes projetos de vida que emergem dos contextos históricos. Assim, ela não tem condições de assumir, junto aos filhos e filhas da Modernidade, o papel das certezas religiosas perdidas e, por essa razão, entrega de bom grado aos teólogos a tarefa do consolo retórico[49] nas questões existenciais da vida.

A filosofia continua, certamente, a ser uma reflexão ética, mas, uma vez que se limita a problemas formais, no máximo pode apenas encorajar as pessoas para a busca de uma condução consciente da vida e posicionar-se discretamente diante de qualquer tentativa de articulação de um sentido para a vida pessoal e coletiva. No entanto, situando-se em seu papel específico de esclarecimento dos fundamentos da linguagem, do conhecimento e da ação, abre-se para a filosofia um grande espaço de atuação política na sociedade. Basta lembrar, por exemplo, a necessidade de esclarecimento de uma questão hoje central e que se tornou muito polêmica: a significação dos direitos humanos, um pressuposto fundamental para o estabelecimento de um direito mundial, uma das exigências fundamentais de nossa epocalidade.

---

[49] Pois "os símbolos religiosos explicitam um consenso normativo que não encontra mais espaço nas sociedades de tipo deliberativo, como as sociedades modernas, já que, na medida em que é liberado o potencial de racionalidade imanente à ação comunicativa, desaparece a forma tradicional de normatividade e emergem imagens do mundo racionalizadas, como também o direito e a moral universais, que deixam para trás seu pano de fundo religioso e metafísico, [...]". Cf. OLIVEIRA M. A de. A teoria da ação comunicativa e a teologia. In: *Diálogos entre razão e fé*. São Paulo: Paulinas, 2000. p. 213.

A fundamentação de um horizonte normativo

Como enfrentar os enormes problemas humanos de nosso continente a partir deste clima espiritual? No contexto da filosofia contemporânea,[50] há duas tendências fundamentais de articulação da ética:[51]

a) *Éticas deontológicas* são aquelas para quem o valor de uma ação se determina somente a partir do valor da maneira de agir, que se realiza com isto. O que caracteriza, então, uma ética deontológica é que o correto, que é aqui a categoria fundamental, não depende do bem e tem prioridade sobre ele, consequentemente as ações são em si mesmas boas ou más independentemente das consequências que provocam. Consequentemente, dá-se, aqui, prioridade aos imperativos universais, a saber: às prescrições, proibições e permissões. São as éticas do *dever* (Rawls, Apel, Habermas etc.).

---

[50] Tanto para Heintel como para Lima Vaz, as tentativas de fundamentação da ética já desde o princípio do pensamento ocidental podem ser reduzidas a duas posições básicas. Cf. LIMA VAZ, H. C. de. *Escritos de filosofia V. Introdução à Ética Filosófica 2.* São Paulo: Loyola, 2000. p. 31: "Se deixarmos de lado nesse contexto o modelo empirista que permanece no nível do universal de facto, temos diante de nós de um lado o modelo platônico-aristotélico, de outro o modelo kantiano [...] O problema filosófico inicial da razão prática formula-se no campo epistemológico definido por esses dois grandes paradigmas e a eles se reduzem, afinal, os diversos subparadigmas que encontramos na história da Ética, incluindo a Ética contemporânea". Na nota 75 da página 62, Lima Vaz afirma que o que caracteriza a ética clássica é que a obrigação decorre do caráter normativo ou vinculante do Bem objetivo, enquanto a concepção kantiana se funda na necessidade inerente à boa vontade de agir sempre por dever. A síntese entre lei moral e vontade se efetiva pela liberdade. Para Heintel, temos também no Ocidente dois modelos fundamentais: a fundamentação ontológica aristotélico-escolástica e a da filosofia moderna da liberdade. Para ele, a filosofia de Leibniz tentou levar a sério ambas as posturas e conciliá-las. Cf. HEINTEL, E. *Grundriss der Dialektik.* Ein Beitrag zu ihrer Fundamentalphilosophischen Bedeutung. Darmstadt: Wissenschaftliche Buchgesellschaft, 1984. v. II, p. 217.

[51] Cf. OLIVEIRA, M. A. de. Os desafios da ética contemporânea. In: *Ética, direito e democracia.* São Paulo: Paulus, 2010. p. 9-38.

b) *Éticas teleológicas* são aquelas para quem a qualidade moral das ações depende das consequências produzidas (daí por que se falar, aqui, de "consequencialismo") e seu conceito central é o de bem, de tal modo que aqui se põe, em primeiro plano, uma ordem objetiva de bens e valores. São as éticas do *bem* (Dussel, Jonas etc.).

Pode-se considerar na Modernidade as éticas utilitaristas (que partem do sujeito que apetece) e kantiana (que tem como princípio o eu formal puro) como os dois modelos básicos (uma ética do bem, teleológica, e uma ética do dever, deontológica) de uma ética típica da Modernidade, que abstrai da comunidade ética formadora do comportamento dos indivíduos e procura, a partir da reflexão, estabelecer os princípios universais do agir humano. A posição que defendemos aqui tenta articular uma síntese entre essas duas dimensões constitutivas da ética.[52]

Nossa pergunta inicial mostra, assim, seu peso histórico: o que aqui está em jogo somos nós mesmos, seres finitos, desejosos de ser.[53] A primeira exigência deste desejo se traduz na necessidade de fundamentação dos critérios de nossa ação: o que nos caracteriza como seres humanos é a possibilidade de, em princípio, podermos levantar a questão da validade de todas as nossas representações e de nossos próprios desejos, perguntarmo-nos pela validade de nossas metas e dos meios para atingi-las, o que explicita nossa transcendência sobre toda facticidade, uma posição radicalmente negada pelos

---

[52] A respeito da necessidade de uma síntese destas duas posições (ética teleológica e ética deontológica) que seja capaz de abandonar suas fraquezas e recuperar seus méritos, cf.: HÖSLE, V. *Moral und Politik*. Grundlagen einer politischen Ethik für das 21. Jahrhundert. München: Beck, 1997. p. 154ss.

[53] Cf. LIMA VAZ, *Escritos de filosofia V*, p. 33: "Com efeito, enquanto imanente à práxis, a Razão prática é normativa por definição. O fim da práxis é a autorrealização do sujeito pela consecução do bem que lhe é conveniente".

teóricos do "realismo político", para quem qualquer tentativa de articular uma dimensão normativa para além da facticidade não passa de uma ilusão idealista.[54]

A própria pergunta nos arranca da simples facticidade, abre o espaço do possível e mostra que o ser humano não é um simples resultado de seu mundo natural e histórico, de um passado que a ele se impõe inexoravelmente e de um presente que o envolve e determina, mas que é capaz de converter todo e qualquer dado que encontrar em proposições, que podem ser afirmadas ou negadas. Numa palavra: ele, ser finito e contingente, possui a possibilidade de elevar-se sobre o mundo fáctico, até sobre si mesmo, pela mediação do perguntar, do refletir, do julgar, do avaliar, e, assim, de distanciar-se do mundo e de tomar posição sobre ele. O ser humano é um ser com os outros no mundo e ao mesmo tempo transcendente, uma vez que capaz de confrontar toda sua experiência com pergunta pela validade, ou seja, ele é o ser da possibilidade da reflexão radical.

Nós temos hoje, a partir da originalidade de nossa situação histórica, uma exigência como ponto de partida de nossa reflexão: não podemos simplesmente, como nas sociedades Pré-Modernas, apelar para tradições de vida específicas[55] das

---

[54] Cf. KÜNG, H. *Uma ética global para a política e a economia mundiais.* Petrópolis: Vozes, 1999. p. 69. OLIVEIRA, *Desafios éticos da globalização,* p. 180-182.

[55] Cf. OLIVEIRA, M. A de. A teoria da ação comunicativa e a teologia. *Tempo Brasileiro,* n. 138: Jürgen Habermas: 70 anos (1999), p. 110: "Com a passagem para o pluralismo de cosmovisões, nas sociedades modernas, a religião e o etos nela radicado perdem a função de fundamento público da moral compartilhada por todos". Para Habermas, isso significou um deslocamento radical no procedimento de fundamentação da moral. Cf. p. 112: "A razão passou da natureza e da história da salvação para o espírito dos sujeitos que agem, o que significa dizer que os fundamentos, racionalmente 'objetivos', para o julgamento moral e para a ação humana, têm que ser substituídos por fundamentos racionalmente 'subjetivos', isto é, trata-se agora de relacionar a ação humana à vontade e à razão dos sujeitos".

comunidades humanas a fim de legitimar nossos padrões de comportamento, pois, além de elas constituírem nossa facticidade histórica, que, em princípio, precisa ser questionada quanto à sua validade, pesa agora fortemente outro fator: vivemos num mundo pluralista, com sociedades multiculturais, com valores e formas de vida diferenciadas, de tal modo que qualquer tentativa de estabelecimento de normas para nosso agir pode, em princípio, levantar a suspeita de generalização indevida de uma forma cultural específica e de sua imposição às outras.

Nessa perspectiva, é exigência de nossa própria situação histórica, hegemonicamente relativista e cética, uma reflexão radical[56] que, partindo da riqueza das situações humanas específicas, explicite o "humano comum" do ser humano e enquanto tal possa orientar e legitimar nosso agir numa sociedade em processo de globalização. O caminho do procedimento reflexivo já foi demarcado: uma vez que toda facticidade é questionável a respeito de sua validade, não pode ser nos fatos empíricos que podemos fundamentar a validade das normas que devem reger nossas ações no mundo,[57] nem mesmo nos fatos das intuições, que, em princípio, podem ser sempre negadas.

---

[56] Que Platão, por primeiro, articulou no Ocidente. Cf. LIMA VAZ, *Escritos de filosofia V,* p. 98: "Pela primeira vez na história da filosofia a antropologia platônica introduz a distinção que estará presente como uma encruzilhada teórica decisiva nas concepções antropológicas posteriores e, particularmente, na Ética: a distinção entre o ser humano como ser *natural,* integrado na Natureza e submetido às suas leis e ritmos, e o ser humano *espiritual,* aberto pela inteligência e pela liberdade a uma realidade *transnatural,* gnosiologicamente *transempírica* e ontologicamente *transcendente* [...] A *República* [...] permanece na história da Ética como referência primeira para todas as soluções que serão ulteriormente propostas tendo em vista fundamentar e explicar a estrutura *objetiva* do agir ético".

[57] Este é o momento de verdade da tese da "falácia naturalista" de Hume. Cf. HÖSLE, *Moral und Politik,* p. 127.

A esfera normativa se mostra, assim, como autônoma em relação a qualquer facticidade[58] e é, consequentemente, de caráter *a priori*, o que faz com que o acesso a ela se faça exclusivamente pela mediação de argumentos reflexivos, isto é, da reflexão do pensamento sobre si mesmo e seus pressupostos irrecusáveis. Nisso consiste precisamente o específico da reflexão filosófica, a saber: legitimar reflexivamente os próprios princípios de nosso conhecimento e de nossa ação. Tal reflexão do pensamento sobre si mesmo não pode, em princípio, ser negada, pois quem a nega reflete, utiliza categorias, numa palavra: pressupõe o que nega.

Não se trata, nos argumentos reflexivos de "derivação",[59] de um conhecimento a partir de outro, mas eles têm a ver com a demonstração dos pressupostos necessários do agir, que, enquanto tais, são não apenas contingentemente necessários num ato concreto determinado. De fato, em qualquer situação concreta de argumentação, muitas coisas são pressupostas, que, nesse determinado contexto argumentativo, não podem ser negadas sem autocontradição, embora sejam inteiramente contingentes e que, por tal razão, podem ser negadas por outro sem autocontradição, por exemplo: que vivo, que estou acordado etc. Quando se trata, porém, de demonstrar

---

[58] Esta é uma postura que se pode denominar, no sentido estrito, de "modelo ideonômico" na medida em que a validade das normas de nossas ações, isto é, seu caráter categórico, se funda no "ser ideal", que não é empírico e vale *a priori* e sempre e não na particularidade fática, empírica dos costumes e das tradições. Cf. LIMA VAZ, *Escritos de filosofia V*, p. 97: "[...] a descoberta das Ideias como norma transcendente de toda realidade apresenta-se imediatamente como solução para o problema da *objetividade* do *ethos*. Com efeito, as Ideias se manifestam, por sua própria natureza, como normativas dos costumes ou da conduta ou como fundamento real do *nómos* ou das leis que regem o *ethos* e a *polis*. Daqui a expressão *modelo ideonômico* para caracterizar a solução platônica para o problema da objetividade do mundo ético".

[59] Cf. OLIVEIRA, M. A de. *Sobre a fundamentação*. 2. ed. Porto Alegre: Edipucrs, 1997. p. 68ss.

os pressupostos necessários, o procedimento não é simplesmente o da contradição entre a dimensão performativa (o ato) e a dimensão proposicional (o conteúdo) numa situação de ato de fala contingente e determinada,[60] como pensa K-O Apel em sua pragmática transcendental, mas o que está em jogo aqui é o que V. Hösle[61] denomina "contradição dialética", ou seja, aquela que diz respeito a sentenças ou conceitos em si mesmos, e isso independentemente do fato de serem proferidos por um ser finito, ou seja, independentemente do ato de uma consciência finita.

Não há como demonstrar princípios a não ser via reflexão, uma vez que os princípios, enquanto princípios, não podem ser demonstrados através do procedimento dedutivo sem que a dedução já os pressuponha precisamente como seus princípios e, por outro lado, não podem ser negados sem autocontradição. Por essa razão, argumentos reflexivos se distinguem tanto da dedução quanto da intuição e sua especificidade consiste em nos fazer captar o incondicionado, o sem pressupostos e, por isso, absoluto, ou seja, eles nos fazem captar pensamentos objetivos numa razão objetiva, absoluta. Para M. Müller,[62] a tradição denominou essa esfera de "autoevidente", no sentido de que ela só pode ser compreendida e fun-

---

[60] Como é o caso na Pragmática transcendental de K.-O. Apel. Cf. OLIVEIRA, *Sobre a fundamentação*, p. 74, nota 50.

[61] Cf. HÖSLE, V. Begründsfragen des objektiven Idealismus. In: *Philosophie und Begründung*. FORUM FÜR PHILOSOPHIE BAD HOMBURG (Hrsg.). Frankfurt am Main: Suhrkamp, 1987. p. 260. OLIVEIRA, *Sobre a fundamentação*, p. 99. *Reviravolta linguístico-pragmática na filosofia contemporânea*. 3. ed. São Paulo: Loyola, 2006. p. 383, nota 67. Ética intencionalista-teleológica em Vittorio Hösle. In: Ética, direito e democracia. São Paulo: Paulus, 2010. p. 77-105.

[62] Cf. MÜLLER, M. Die Wahrheit der Metaphysik und der Geschichte. In: *Erfahrung und Geschichte*. Grundzüge einer Philosophie der Freiheit als transzendentale Erfahrung. Freiburg/München: Verlag Karl Alber, 1971. p. 21-22.

damentada a partir de si mesma, e o que constitui a própria tarefa da filosofia" é o retorno a seu próprio fundamento, que é igualmente fundamento do pensar e do falar, de mim mesmo e daquilo com que tenho a ver.

Filosofia é, nesse sentido, uma "reflexão transcendental" sobre essa esfera primeira, critério último a partir de onde se pode questionar simplesmente todo dado a respeito de sua verdadeira realidade e de sua real verdade. Nesse sentido, a criticidade humana, que é a possibilidade de negar qualquer condicionado, só é possível porque já sempre estamos no horizonte do incondicionado. Por essa razão, a razão crítica perde sua criticidade quando não mais tematiza o incondicionado, que é sua condição última de possibilidade. Toda verdade tem de ser testada no horizonte da verdade enquanto tal. É a partir daqui que o pensamento é propriamente pensamento e não apenas representação. A verdade enquanto tal "nos desliga" diante de tudo e, assim, nos faz livres para levantar a questão da validade de tudo. Filosofia é retorno transcendental dos verdadeiros para a verdade.

Nesse contexto, a pergunta de Hösle[63] é: por que falar aqui de razão absoluta? A estrutura que se revela é uma estrutura que se demonstra a si mesma, que se fundamenta a si mesma. É uma estrutura que fundamenta que ela é uma estrutura que se fundamenta a si mesma, que se constitui enquanto constituindo a si mesma, e, enquanto tal, qualquer tentativa de negá-la a pressupõe, ou seja, trata-se de uma estrutura ineliminável, portanto de um ser absolutamente necessário[64] que

---

[63] Cf. HÖSLE, Begründsfragen des objektiven Idealismus, p. 260-261.

[64] Trata-se aqui de uma articulação transcendental do "argumento ontológico" na forma em que ele foi pensado por Leibniz. Cf. a respeito: HENRICH, D. *Der ontologische Gottesbeweis*. 2. ed. Tübingen: J. C. B. Mohr (Paul Siebeck), 1967. p. 45-55. A respeito de uma versão propriamente modal da argumentação, cf.: PUNTEL, L. B. *Estrutura e ser*. Um quadro referencial

se fundamenta a si mesmo reflexivamente. Ora, reflexividade e autofundamentação constituem a essência da subjetividade e a argumentação, a essência da razão, de tal modo que se deve falar de subjetividade absoluta e razão absoluta.

O ser necessário, o incondicionado e absoluto, é reflexividade e autofundamentação absolutas e, neste sentido, espírito absoluto,[65] inteligência absoluta, saber que sabe de si mesmo[66] enquanto reflexão total sobre si mesmo, revelação a si mesmo, autoiluminação em si mesmo e para si mesmo, identidade absoluta entre ser e reflexão, *verdade* absoluta e fundamental, a pressuposição de toda posição que por esta razão mesma não pode ser deduzida, o chão absoluto a partir de onde podem ser revelados os limites de nosso saber, fonte e termo de toda verdade, portanto "o primeiro" de todo conhecimento.

O Absoluto se revela, então, como razão absoluta, identidade plena entre ser e pensar,[67] princípio universal de inteligibilidade de tudo,[68] que por isso conhece tudo em si mesma:

---

teórico para uma filosofia sistemática. São Leopoldo: Ed. Unisinos, 2008. p. 586ss.

[65] Cf. ibid., p. 600ss.

[66] Pensamento do pensamento, identidade da inteligência (*noûs*) e do inteligível (*noetón*), como diz Aristóteles in: *Met*. XII, 7, 1072 b 21-23. Cf. HEGEL, G.W.F. *Enzyklopädie der philosophischen Wissenschaften (1830)*. NICOLIN, F.; PÖGGELER, O. (Hg.). Hamburg: Felix Meiner Verlag, 1959. p. 44-46.

[67] O que, no ser finito, é apenas identidade relativa, intencional, o que significa que aqui o conhecimento é fazer emergir o outro na interioridade do sujeito, numa identificação formal e não real com ele. Cf. LIMA VAZ, H. C. de. *Antropologia filosófica II*. São Paulo: Loyola, 1992. p. 223: "No homem o espírito é *formalmente* idêntico ao ser universal, sendo capaz de pensá-lo. Mas é *realmente* distinto dos seres na sua perfeição existencial: a eles pode livremente inclinar-se, mas não realmente identificar-se com eles, o que configura o paradoxo profundo da contemplação e do amor".

[68] ARISTÓTELES. *De Anima*, III, 431 b 21. Cf. SANTO TOMÁS DE AQUINO. *De Veritate*, q.1, a 1c. LIMA VAZ, *Antropologia filosófica II*, p. 104: "Presença que se descobre [...] *transcendental*, porque nessa e por essa intuição da presença do ser a inteligência vê aberto o horizonte

todo e qualquer ente é, enquanto principiado do princípio absoluto, em princípio e na medida mesma em que é, inteligível, portador de um "logos", de uma estruturalidade imanente, uma vez que a universalidade absoluta do lógico implica que tudo seja a ele submetido e, por tal razão, aberto ao saber. Nesse horizonte, o espírito finito se manifesta como a possibilidade de captar o inteligível de tudo. E. Coreth[69] denomina a inteligibilidade dos entes de verdade *ôntica* e o saber do espírito finito, enquanto capacidade de captação da inteligibilidade de todas as coisas, de verdade *lógica*.[70] Ambas se radicam na verdade *ontológica*, enquanto verdade do ser mesmo enquanto tal, o "primeiro inelimínavel",[71] sem o qual não existe nem verdade ôntica nem lógica.

O ser absolutamente necessário, por sua vez, enquanto razão absoluta, sabe de si, intui absolutamente a si mesmo (*nóesis noéseos*) e se afirma a si mesmo,[72] põe-se a si mesmo incondicionalmente e, portanto, é fundamento de si mesmo, tem em si mesmo sua razão de ser[73] e é fim em si mesmo, revelando-se, então, como autoposição, autodeterminação e

---

de inteligibilidade ilimitada no qual o ser se manifesta, e vê igualmente que é situado neste horizonte que todo e qualquer ente particular pode ser conhecido".

[69] Cf. CORETH, E. *Metaphysik*. Eine methodisch-systematische Grundlegung, 2. ed. Innsbruck/Wien/München: Tyrolia Verlag, 1964. p. 348ss.

[70] Para TOMÁS DE AQUINO (*De Veritate*, q. 1, a 9), a filosofia encontra seu fundamento na abertura do espírito humano à verdade originária que ele atinge através da reflexão sobre si mesmo. Cf. PUTALLAZ, F. X. *Le sens de la réflexion chez Saint Thomas d'Aquin*, Paris: Vrin, 1991. p. 189-201.

[71] A expressão é de M. Müller. Cf. MÜLLER, *Erfahrung und Geschichte*, p. 20.

[72] Cf. LIMA VAZ, *Antropologia filosófica II*, p. 219: " A forma do existir do espírito é, portanto, a própria correlação dialética entre razão e liberdade. A razão é acolhimento do ser, a liberdade é consentimento do ser".

[73] ARISTÓTELES. *Met.* I, 982 b 26. TOMÁS DE AQUINO. *Summa contra Gentiles*, II c. 48. E assim, liberdade absoluta. Cf. PLOTINO. *En.*, VI, 8. Para Hegel, a essência do espírito é formalmente a liberdade, a negatividade absoluta do conceito enquanto identidade consigo. A definição suprema do Absoluto é que Ele é Espírito. Cf. HEGEL, *Enzyklopädie der philosophischen Wissenschaften 1830*, p. 382-384.

autoafirmação originárias de si como ser absoluto. Ele mesmo, enquanto razão absoluta que se fundamenta a si mesma, é razão que fundamenta sua autoafirmação, sua amabilidade originária, ou seja, seu valor intrínseco absoluto,[74] que não tem outro fundamento senão a si mesmo, sua bondade absoluta e fontal. Enquanto princípio, a esfera incondicionada é, então, a fonte de toda e qualquer amabilidade dos principiados, ou seja, o fundamento absoluto de todo e qualquer bem. Precisamente enquanto princípio, é imanentemente presente em qualquer bem e, igualmente, transcendente a tudo e, neste sentido, fundamento absoluto de nosso agir.

Isso significa dizer que nossa ação se situa no horizonte do Absoluto, isto é, o ser humano é, em princípio, orientado para a validade incondicional,[75] portanto, para um sentido

---

[74] Cf. PLATÃO. *República*, sobretudo livro VI. ARISTÓTELES. *Met.* I, 7; *Et. Nic.* I, 6; VIII, 2-5. Para Tomás de Aquino, o bem é o perfeito. Cf. *Cont. Gent.* I, 37. *S. Th.* I, 5. J. de Finance comenta a postura de Tomás afirmando que *perfeito é o que realiza sua essência*, é o que é plenamente o que é e enquanto tal é amável. Nesse sentido, o sujeito deseja sua própria perfeição, ou antes, deseja a si mesmo como perfeito, como realização plena de sua essência, e isto em virtude de um amor mais radical de si, que é adesão a si mesmo em seu ser. O desejo surge da ausência do bem e, portanto, pressupõe logicamente um momento de adesão pura, de simples complacência. O sujeito se compraz por antecipação em seu ser acabado ou seu ideal. O desejo se explica por ser o ideal justamente ideal, isto é, não real. Consequentemente, temos que dizer que a razão absoluta é a adesão plena a seu ser absoluto, amor radical de si enquanto realização plena, portanto enquanto perfeição absoluta. Cf. DE FINANCE, J. *Essai sur l'agir humain*. Rome: Presses de l'Université Grégorienne, 1962. p. 88-90.

[75] O que torna possível ao ser humano perguntar pela verdade de seus conhecimentos e pela correção de suas ações e, assim, distanciar-se de toda facticidade. Isto o distancia, em sua ação, da submissão necessária às convenções sociais ou ao determinismo da natureza. Cf. OLIVEIRA, M. A. de. A liberdade enquanto síntese de opostos: transcendência, engajamento e institucionalidade. *Veritas* 44/4 (1999) 1028: "Precisamente porque o ser humano é presença do incondicionado, ele é capaz de transcender qualquer condicionado, qualquer valor particular de ser e, assim, está sempre para além de si mesmo. É a presença do incondicionado que lhe dá o poder de pôr em questão qualquer objeto, inclusive a si mesmo enquanto objeto de si mesmo". Por outro lado, é pela mediação destes bens condicionados que o ser humano vai efetivando seu ser.

último e, nesse sentido, tanto mais é ele mesmo quanto mais tem consciência de não ser simplesmente o criador de sua própria liberdade, portanto consciência de sua finitude radical. Nessa perspectiva, todo bem principiado é, por um lado, relativo e condicionado, por outro, porém, afirmado e buscado no horizonte do bem absoluto,[76] isto é, em identidade e não identidade com o Bem absoluto.

Em analogia com a problemática da verdade, E. Coreth[77] distingue aqui entre a bondade *ôntica* (o *bonum onticum* ou *naturale* da tradição), que é a bondade de que é portador cada ente na medida em que é principiado da bondade absoluta e, enquanto tal, nunca plenamente bom. Trata-se da amabilidade do ente na medida mesma e no grau em que é ente. Todo ente, enquanto principiado, é inteligível (aberto ao saber, à inteligência) e estimável[78] (aberto à afirmação do querer, à vontade),[79] por outro lado, a bondade presente na ação humana, que afirma a bondade dos entes em si mesma como valor intrínseco a eles, que ele denomina bondade *realizada* (o *bonum exercitum* da tradição). A bondade ôntica se transforma em bondade realizada na medida em que é posta, ratificada pela vontade humana enquanto bondade em si. Ambas as formas de bondade se radicam na bondade *ontológica*, autoafirmação, autoestima do Absoluto enquanto absoluto, autodeterminação incondicional e, enquanto tal, liberdade absoluta. O ser absolutamente necessário se

---

[76] Cf. TOMÁS DE AQUINO. *De Ver.*, 22, 2.

[77] Cf. CORETH, *Metaphysik*. Eine methodisch-systematische Grundlegung, p. 368ss.

[78] Para Tomás de Aquino, o ato espiritual é a unidade sintética de seus dois momentos: inteligência e vontade. Cf. *S. Th.*, Ia, q. 19, a 1 c; *De Veritate*, q. 23, a 1.

[79] É neste sentido que Tomás de Aquino diz que todo ente, na medida em que é ente e, portanto, é principiado do Absoluto, possui perfeição, é perfeito em seu grau específico de ser. Cf. *S. Th.*, q. 5, a 1.

explicita, então, como Verdade e Bondade originárias, e o ser humano é precisamente ser racional enquanto capacidade de retorno reflexivo à medida última de toda verdade (Verdade Primeira) e de toda bondade (Fim Último).

Pode-se dizer que se fala aqui, adequadamente, de "fim último"[80] na medida em que ele não é querido diretamente por nenhum ato de vontade humana e não pode ser realizado imediatamente em nenhuma ação: o "Último" é aquilo por que se faz tudo o que se faz. Por essa razão, já estamos sempre nele, porque é a esfera de possibilitação de todo nosso agir, e, por outro lado, estamos sempre fora dele, enquanto radicalmente transcendente. O que é Primeiro, enquanto verdade, na ordem do conhecer, é o "Último", enquanto bondade, na ordem do agir, portanto é "Fim Último",[81] sempre imanente como o buscado, em última instância, em todas as nossas ações, mas igualmente radicalmente transcendente a todas elas. Filosofia é, então, enquanto reflexão radical, tematização da razão absoluta como Primeiro (Verdade) e Último (Bondade)[82] e, neste sentido, "metafísica" e, enquanto tal, "fundamentação última do conhecimento e da ação(ética).[83]

---

[80] Cf. MÜLLER, *Erfahrung und Geschichte*, p. 25.

[81] Para M. Müller, a presença do Primeiro é passado absoluto, a ausência do Último é futuro absoluto. Cf. MÜLLER, *Erfahrung und Geschichte*, p. 25.

[82] Tomás de Aquino (*S. Th.* Ia, q. 82, a 4 ad 1m) fala do entrelaçamento mútuo entre verdade e bondade, entre inteligência e vontade. Cf. LIMA VAZ, *Antropologia filosófica II*, p. 213: "Essas duas intencionalidades do espírito (ou do homem como espírito) enquanto inteligente e livre se cruzam na unidade do movimento espiritual: pois a verdade é o *bem* da inteligência e o bem é a *verdade* da liberdade. É esse o quiasmo do espírito finito que, no Espírito infinito, é identidade absoluta da verdade e do bem". Daí a consequência: ver p. 232, nota 63: "No espírito teórico o objeto recebe a forma da *universalidade* e da *necessidade* (Razão); no espírito prático, o objeto recebe a forma da *ordenação para o fim* ou do *fim em si* (Liberdade). Na síntese dos dois, a liberdade é racional e a razão é livre(quiasmo do espírito)".

[83] Para M. Müller, filosofia é "arqueologia e escatologia transcendentais" e enquanto tal "teologia". Cf. MÜLLER, *Erfahrung und Geschichte*, p. 26.

A ética esboçada enquanto horizonte de reconciliação universal

A reflexão anterior teve como finalidade explicitar o horizonte último de legitimação de nosso agir. Daqui se segue o postulado da universabilidade: algo é prescrito ou proibido a um ser racional quando o é igualmente a todos os seres racionais. Isso contém em si mesmo uma primeira exigência ética básica: a exigência de relações simétricas entre todos os seres racionais. No entanto, nossa reflexão já mostrou que o universalismo puro, no estilo do *idealismo subjetivo* de Kant, é necessário, mas insuficiente:[84] diz que, se existe uma norma para alguém, esta tem de ser universal, mas não diz que há normas, e quais. Ora, o espírito finito, enquanto ser racional, expressa a racionalidade presente em tudo, já que tudo é principiado do princípio último, absoluto, consequentemente a hierarquia dos seres, que, por causa do entrelaçamento da verdade e do bem, implica uma multiplicidade hierárquica de bens e valores,[85] sem o que é impossível resolver os conflitos na vida humana.

No horizonte dessa forma de reflexão ética, o imperativo categórico kantiano, a expressão mais articulada da ética na Modernidade em estilo do idealismo subjetivo, recebe uma

---

[84] Cf. HÖSLE, *Moral und Politik*, p. 154ss.

[85] Cf. LIMA VAZ, *Escritos de filosofia V*, p. 109: "Nessa sua presença no sujeito o *bem* irá torná-lo participante de sua bondade *ontológica* ou da sua *perfeição* como ser. A face do *bem* pela qual ele confere ao sujeito a sua perfeição e, como tal, é desejado e apreciado (*Et. Nic.* I, 1, 1094 a 2) é designada modernamente com o termo *valor*". "Ao tornar-se *medida real* da liberdade, o bem é *avaliado* pelo sujeito ético como sendo a *forma* efetiva da sua realização como ser livre e assume a forma do *valor*" (p. 110). Hösle segue aqui a orientação de M. Scheler e afirma que a diferença entre *bens e valores* consiste nisto: que bens são objetos, eventualmente, ações e eventos, aos quais são ligados valores como qualidades. Cf. HÖSLE, *Moral und Politik*, p. 156.

nova formulação, em que se explicita a posição aqui esboçada: "realize tantos valores quanto possível e, no caso de conflito, prefira o valor maior ao menor",[86] o que significa dizer que toda ética implica uma dialética entre o *universal* (o princípio) e o *particular* (os bens e valores finitos, os principiados). A norma moral emerge como a síntese entre o universal da esfera absoluta e a particularidade das situações históricas.[87]

Com isso demos um passo importante para além do simples universalismo formal das éticas da Modernidade, pois a reflexão feita mostrou que a valoração ética da constituição ontológica dos entes com que nos confrontamos é irrecusável[88] quando se pretende ir além de um mínimo de normas inteiramente abstratas, o que significa e pressupõe a afirmação de que cada realidade possui um valor ontológico intrínseco a partir de onde se pode estabelecer o valor ético.[89] Isso só se pode afirmar a partir de um conhecimento das estruturas fundamentais da realidade, o que é a tarefa específica de uma teoria do ser em seu todo.

---

[86] Na formulação de V. Hösle. Cf. HÖSLE, V. Grösse und Grenzen von Kants praktischer Philosophie. In: *Praktische Philosophie in der modernen Welt.* München: Beck, 1992. p. 35.

[87] Cf. LIMA VAZ, *Escritos de filosofia V*, p. 116: "A *norma* [...] é a forma *objetiva* segundo a qual a *universalidade* do Bem e do Valor é determinada na *particularidade* das situações".

[88] Concordamos com a "ética utilitarista", em contraposição ao puro intencionalismo de Kant, na necessidade da avaliação das *consequências* de nossas ações, mas para nós isto deve ser feito no horizonte de uma postura que pressupõe e demonstra a possibilidade de conhecer o valor intrínseco dos entes. Cf., a respeito do utilitarismo: CARVALHO, M. C. M. de. Por uma ética ilustrada e progressista: uma defesa do utilitarismo. In: OLIVEIRA, *Correntes fundamentais da ética contemporânea,* p. 99-117. A respeito das limitações da perspectiva utilitarista: HÖSLE, *Moral und Politik*, p. 148ss. SEN, *Desenvolvimento como liberdade*, p. 81-82.

[89] Cf. PUNTEL, *Estrutura e ser*, p. 393ss.

Numa palavra: a fundamentação de um horizonte ético, que torne possível uma ação no mundo, pressupõe o estabelecimento de critérios de valor, portanto uma ética material de valores, o que, por sua vez, pressupõe uma teoria do ser em seu todo para sua fundamentação, que culmina numa metafísica enquanto teoria do ser absolutamente necessário racional.[90] Neste horizonte, cada realidade se revela como única, já que possuidora de uma forma de ser que lhe é própria. Por outro lado, em sua diferença de todas as outras realidades, encontra-se numa comunidade ontológica com todas as outras (coerência universal), porque fundada no mesmo absoluto que é fundamento de tudo e, enquanto tal, é imanente a tudo.[91] É a partir desta base metafísica que se pode fundamentar um horizonte ético capaz de dar uma orientação de vida ao homem contemporâneo.

O desafio fundamental de nosso engajamento no mundo hoje tem, portanto, como pressuposto básico, a fundamentação de um horizonte universalista ético de bens e valores,[92] ou seja, a superação da redução da ética à esfera do privado e arbitrário através da fundamentação racional de uma ética universalista, não utilitarista, mas ontológica, que lhe fornece os fundamentos racionais de um novo humanismo, capaz de enfrentar os desafios específicos à nossa época. O

---

[90] Cf. LIMA VAZ, *Escritos de filosofia* V. OLIVEIRA, M. A de. Ética e justiça em um mundo globalizado. In: *Desafios éticos da globalização. São Paulo: Paulinas, 2001.* p. 123-165.

[91] Cf. OLIVEIRA, Questões sistemáticas sobre a relação entre teologia e ciências modernas, p. 182-190.

[92] A grandeza específica do ser humano consiste em que ele pode conhecer valores que constituem uma esfera de ser independente de sua própria vontade, e o sentido de sua história está no reconhecimento desta esfera, que a religião considera santa, e de sua efetivação em sua vida. Cf. HÖSLE, V. Philosophische Grundlagen einer zukünftigen Humanismus. In: *Die Philosophie und die Wissenschaften.* München: Beck, 1999. p. 186.

primeiro pressuposto[93] para este horizonte que nos vem de uma teoria do ser em seu todo, como a que foi esboçada, é que o ser humano é parte da natureza e a ela permanece sempre intrinsecamente vinculado tanto por sua gênese como por sua forma orgânica de ser.

Isso tem consequências importantes não só para a consideração geral de suas ações, mas muito especificamente para o enfrentamento de um dos grandes problemas de nossa época, ou seja, para a relação "ser humano-natureza".[94] Daí uma primeira consideração básica que nos vem da ontologia: o ser humano e a natureza são formas diferenciadas de participação no absoluto e de sua manifestação, o que implica dizer que o ser humano não é o único ser que possui valor intrínseco, portanto que os seres da natureza devem ser reconhecidos em seu ser próprio, constituindo, assim, uma esfera de ser que não é redutível à esfera do ser humano.

Ora, a exigência fundamental de uma ética fundamentada neste horizonte é o do respeito a todo ser em sua forma de ser, de tal modo que se garanta a comunhão universal que constitui a estrutura básica do universo, o que contém uma *ética de reconciliação universal* que exige a superação de toda ordem social radicada na exploração e na injustiça social e ecológica e que constitui a raiz de toda paz verdadeira. Nosso contexto epocal, tanto no que diz respeito às relações dos seres humanos entre si como dos humanos com a natureza, abre o espaço à barbárie.

Uma ética da reconciliação universal que se radica no primado da justiça é a verdadeira resposta à violência estrutural

---

[93] Cf. HÖSLE, Philosophische Grundlagen einer zukünftigen Humanismus, p. 185ss.

[94] Cf. OLIVEIRA, M. A de. Ecologia, ética e libertação. In: *Tópicos sobre dialética*. Porto Alegre: Edipucrs, 1996. p. 173-202.

de nosso mundo, pois abre o espaço para um empenho solidário da humanidade contra a barbárie na medida em que enfrenta sua fonte geradora: o não reconhecimento da dignidade da constituição ontológica singular dos seres humanos enquanto seres pessoais, de modo especial dos pobres e dos perdedores da história, que são as primeiras vítimas,[95] e da dignidade ontológica dos seres naturais. Assim, ela se faz mais do que nunca condição necessária para a própria sobrevivência da humanidade num planeta saudável.

A paz só tem condições de estabelecer-se na vida humana aí onde há busca séria de um mundo justo para todos e os seres humanos possam viver em reconhecimento recíproco da igual dignidade, o que implica o reconhecimento de seus direitos inalienáveis e em harmonia com a natureza. O que está em jogo aqui, na realidade, é o próprio futuro da humanidade e do planeta. Numa palavra: a busca da paz pressupõe a busca da justiça, que se concretiza na busca de instituições universalistas a serviço da efetivação de direitos a fim de promover uma nova configuração política e econômica internacional e, com isso, implementar uma cultura de paz e solidariedade. Tal horizonte abre o espaço para uma militância no mundo que tem como tarefa básica restabelecer os vínculos rompidos com a natureza por nossa civilização técnico-científica[96] e reconstruir as comunidades humanas de tal forma que se estabeleçam relações simétricas entre todos

---

[95] Cf. GÓMEZ, L. N. A reconciliação: para prevenir a violência e construir a paz duradoura. In: *Cultura da paz. Prevenção da violência*. São Paulo: Centro Loyola de Fé e Cultura/Loyola/Konrad Adenauer Stiftung, 2003. p. 16: "[...] a elite política do mundo deverá responder seriamente ao problema da pobreza sistemática de muitos povos, se quiser resolver o problema da globalização do terrorismo do mundo".

[96] Cf. HÖSLE, V. *Philosophie der ökologischen Krise. Moskauer Vorträge*, München: Beck, 1991. BOFF, L. *Ética da vida*. Brasília: Letra Viva, 1999. *Ethik für eine Welt*. Düsseldorf: Patmos Verlag, 2000.

os seres humanos, nos diferentes níveis de organização de sua vida.

Numa palavra: o grande objetivo é a efetivação da reconciliação universal entre os seres humanos precisamente através do reconhecimento, traduzido nas relações interpessoais e nas instituições fundamentais da vida coletiva, que efetivem os direitos de todos, da dignidade incondicional de todo ser humano, que é portador, no universo, do valor intrínseco supremo enquanto ser racional e livre. Dessa forma, revela-se como exigência ética suprema a construção de uma intersubjetividade simétrica e transitiva,[97] isto é, de uma humanidade reconciliada, portanto a exigência de humanização[98] da sociedade e de suas instituições. A ação ética é o esforço de traduzir o universal nas situações,[99] o que significa efetivar a *reconciliação universal*, isto é, dos seres humanos entre si através de uma configuração solidária da vida social e dos seres humanos com o universo.

Referências

ALTVATER, E. *Der Preis des Wohlstands oder Umweltplünderung und neue Welt(un)ordnung*. Münster: Verlag Westfälisches Dampfboot, 1992.

APEL, K.-O. *Diskurs und Verantwortung*. Das Problem des Übergangs zur postkonventionellen Moral. Frankfurt am Main: Suhrkamp, 1988.

ARRUDA, M.; BOFF, L. *Globalização;* desafios socioeconômicos, éticos e educativos. 2. ed. Petrópolis: Vozes, 2001.

BECK, U. *Was ist Globalisierung?* Frankfurt am Main: Suhrkamp, 1997.

_____ (org.). *Politik und Globalisierung*. Frankfurt am Main: Suhrkamp, 1998.

BOFF, L. *Ética da vida*. Brasília: Letra Viva, 1999.

---

[97] Cf. OLIVEIRA, Desafios éticos da globalização, p. 120ss.

[98] Cf. MIFSUD, Reconciliação: aproximação ética a partir da América Latina, p. 131: "A presença da miséria e da pobreza denuncia uma sociedade desumanizada porque não sabe distribuir de uma maneira equitativa nem trata a todos e cada um com o respeito devido".

[99] Daí a importância fundamental do saber empírico na esfera da ética. Cf. OLIVEIRA, *Ética e economia*, p. 74ss. HÖSLE, *Moral und Politik*, p. 175ss.

_____. *Ethik für eine Welt*. Düsseldorf: Patmos Verlag, 2000.

BÖHLER, D. (org.). *Ethik für die Zukunft*. Im Diskurs mit Hans Jonas. München: Beck, 1994.

BRACKEN, P.; PETTY, C. *Rethinking the Trauma of War*. London: Free Association Books, 1998.

CORETH, E. Metaphysik. Eine methodisch-systematische Grundlegung. 2. ed. Innsbruck/Wien/München: Tyrolia-Verlag, 1964.

DE FINANCE, J. *Essai sur l'agir humain*. Rome: Presses de l'Université Grégorienne, 1962.

DOMINGUES, I. A filosofia no 3º Milênio: legado e desafios. *Cadernos de História e Filosofia da Ciência*, Campinas, Série 3, v. 9, n. 1-2, jan./dez. 1999.

FURTADO, C. *A nova dependência*. Rio de Janeiro: Paz e Terra, 1982.

_____. Globalização das estruturas econômicas e identidade nacional. *Estudos Avançados*, São Paulo, v. 6, n. 16 (1992) 55-64.

_____. *O capitalismo global*. 4. ed. São Paulo: Paz e Terra, 2000.

GASDA, É. E. Impasses para uma ética da sustentabilidade. *Perspectiva Teológica* 42 (2010).

GEORGE, S. *Der Schuldenbumerang*. Wie die Schulden der Dritten Welt uns alle bedrohen. Reinbek bei Hamburg: Rowohlt Taschenbuch Verlag, 1993.

GIACOIA JÚNIOR, O. Hans Jonas: o princípio responsabilidade. Ensaio de uma ética para a civilização tecnológica. In: OLIVEIRA M. A. de (org.). *Correntes fundamentais da ética contemporânea*. Petrópolis: Vozes, 2000.

GÓMEZ, L. N. A reconciliação: para prevenir a violência e construir a paz duradoura. In: *Cultura da paz. Prevenção da violência*. São Paulo: Centro Loyola de Fé e Cultura/Loyola/Konrad Adenauer Stiftung, 2003.

HABERMAS, J. *Nachmetaphysisches Denken*. Philosophische Aufsätze. 2. ed. Frankfurt am Main: Suhrkamp, 1988.

_____. *Theorie des kommunikativen Handelns*. Frankfurt am Main: Suhrkamp, 1981. v. 2.

HEGEL, G. W. F. *Enzyklopädie der philosophischen Wissenschaften (1830)*. NICOLIN, F.; PÖGGELER, O. (Hrsg.). Hamburg: Felix Meiner Verlag, 1959.

HEINTEL, E. *Grundriss der Dialektik*. Ein Beitrag zu ihrer Fundamentalphilosophischen Bedeutung. Darmstadt: Wissenschaftliche Buchgesellschaft, 1984. v. II..

HENRICH, D. *Ethik zum nuklearen Frieden*. Frankfurt am Main: Suhrkamp, 1990.

_____. *Der ontologische Gottesbeweis*. 2. ed. Tübingen: J. C. B. Mohr (Paul Siebeck), 1967.

HÖFFE, O. *Demokratie im Zeitalter der Globalisierung*. München: Beck, 1999.

HÖSLE, V. *Die Philosophie und die Wissenschaften*. München: Beck, 1999.

_____. *Moral und Politik*. Grundlagen einer politischen Ethik für das 21. Jahrhundert. München: Beck, 1997.

_____. *Philosophie der ökologischen Krise*. München: Beck, 1991.

_____. *Philosophie der ökologischen Krise. Moskauer Vorträge*. München: Beck, 1991.

_____. *Philosophie und Begründung*. In: FORUM FÜR PHILOSOPHIE BAD HOMBURG (Hrsg.). Frankfurt am Main: Suhrkamp, 1987.

_____. *Praktische Philosophie in der modernen Welt*. München: Beck, 1992.

JAGUARIBE, H. *Alternativas do Brasil*. 2. ed. Rio de Janeiro: José Olympio, 1989.

JONAS, H. *Das Prinzip Verantwortung*. Versuch einer Ethik für die technologische Zivilisation. Frankfurt am Main: Suhrkamp, 1979.

_____. *Philosophical Essays;* From Ancient Faith to Technological Man. Englewood Cliffs, 1969.

KENNEDY, P. *In Vorbereitung auf das 21. Jahrhundert*. Frankfurt am Main: Suhrkamp, 1993.

KOSIK, K. *Dialética do concreto* 2. ed. Rio de Janeiro: Paz e Terra, 1976.

KÜNG, H. *Uma ética global para a política e a economia mundiais*. Petrópolis: Vozes, 1999.

LASZLO, E. *Conexão cósmica*. Petrópolis: Vozes, 1999.

LATOUCHE, S. *La pensée creative contre l'économie de l'absurde*. Paris: Paragon, 2003.

LIMA VAZ, H. C. de. *Antropologia filosófica II*. São Paulo: Loyola, 1992.

_____ *Escritos de filosofia V.* Introdução à Ética Filosófica 2. São Paulo: Loyola, 2000.

MADDISON, A. *Dynamic forces in capitalist development*. New York: Oxford University Press, 1991.

MIFSUD, T. Reconciliação: aproximação ética a partir da América Latina. In: ANJOS, M. F. dos (org.). *Temas latino-americanos de ética*. Aparecida: Santuário, 1988.

MÜLLER, M. *Erfahrung und Geschichte*. Grundzüge einer Philosophie der Freiheit als transzendentale Erfahrung. Freiburg/München: Verlag Karl Alber, 1971.

MÜLLER, W. E. *Der Begriff der Verantwortung bei Hans Jonas*. Frankfurt am Main: Suhrkamp, 1988.

OLIVEIRA, M. A. de. A Liberdade enquanto síntese de opostos: transcendência, engajamento e institucionalidade. *Veritas* 44/4(1999).

_____. A teoria da ação comunicativa e a teologia. *Tempo Brasileiro* 138 (1999) 109-132.

_____. *Desafios éticos da globalização*. São Paulo: Paulinas, 2001.

_____. *Diálogos entre razão e fé*. São Paulo: Paulinas, 2000.

_____. *Ética, direito e democracia*. São Paulo: Paulus, 2010.

_____. *Ética e economia*. São Paulo: Ática, 1995.

_____. Práxis e filosofia. In: *Ética e práxis histórica*, São Paulo: Ática, 1995.

_____. *Reviravolta linguístico-pragmática na filosofia contemporânea*. 3. ed. São Paulo: Loyola, 2006.

_____. *Sobre a fundamentação*. 2. ed. Porto Alegre: Edipucrs, 1997.

_____. *Tópicos sobre dialética*. Porto Alegre: Edipucrs, 1996.

_____ (org.). *Correntes fundamentais da ética contemporânea*. Petrópolis: Vozes, 2000.

PIORE, M. J.; SABEL, C. F. *The Second Industrial Divide;* Possibilities for Prosperity. New York: Basic Books, 1984.

PIVATTO, P. S. Ética da alteridade. In: OLIVEIRA, M. A. de (org.). *Correntes fundamentais da ética contemporânea*. Petrópolis: Vozes, 2000.

POLANY, K. *A grande transformação;* as origens de nossa época. Rio de Janeiro: Campus, 1980.

PUNTEL, L. B. *Estrutura e ser.* Um quadro referencial teórico para uma filosofia sistemática. São Leopoldo: Ed. Unisinos, 2008.

PUTALLAZ, F. X. *Le sens de la réflexion chez Saint Thomas d'Aquin*. Paris: Vrin, 1991.

REICH, R. B. *The Work of Nations.* Preparing Ourselves for 21st Century Capitalism. New York: Vintage Books, 1991.

SABET, H. *Die Schuld des Nordens.* Der 50-Bilionen-Coup. Bad König: Horizonte, 1991.

SANTOS, M. *Por uma outra globalização.* Do pensamento único à consciência universal. São Paulo: Record, 1999.

SCHMIED-KOWARZIK, W. A nossa realidade social e a utopia da sobrevivência moral da humanidade. *Veritas* 45/4 (2000).

SCHNEIDER, U. *Solidarpakt gegen die Schwachen.* Der Rückzug des Staates aus der Sozialpolitik. München: Beck, 1993.

SEN, A. *Desenvolvimento como liberdade.* São Paulo: Companhia das Letras, 2000.

SMOLIN, L. *The Life of the Cosmos.* New York/Oxford: Oxford University Press, 1997.

WETZ, F. J. *Hans Jonas zur Einführung*. Hamburg, 1994.

Fundamentação dos direitos humanos e paz

*Wellistony C. Viana**

O problema da validade universal dos direitos humanos não constitui um consenso no debate filosófico e jurídico atual. Embora a tradição ocidental tenha sacralizado os direitos humanos a partir de conquistas históricas, como a *Magna Charta* (1215), a *Virginia Bills of Rights* (1776), a *Déclaration des droits de l´homme et du citoyen* (1789) e a *The Universal Declaration of Human Rights* (1948), filósofos e juristas apresentam opiniões diferentes quanto à legítima validade de tais direitos. A questão se resume em saber: esses direitos são fundamentados na história ou podem ser deduzidos a partir de uma condição humana da qual todos participam, independente da cultura, raça, cor ou religião? Pretendo apresentar aqui três modelos de fundamentação: aquelas feitas por Habermas, K.-O. Apel e Vittorio Hösle.

---

* Instituto Católico de Estudos Superiores do Piauí.

No fim, exporemos a relação entre fundamentação dos direitos humanos e paz mundial.

Fundamentação habermasiana

A *ética do discurso* surgiu como uma tentativa de transformar a filosofia transcendental e subjetiva de Kant (*Bewusstseinsphilosophie*) numa filosofia intersubjetiva que levasse em conta a reviravolta pragmática da linguagem. Ter tematizado a categoria da intersubjetividade na filosofia da consciência foi uma conquista de K.-O. Apel e J. Habermas, embora cada um tenha seguido seu próprio caminho. Enquanto Apel defende a assim chamada *pragmática transcendental*, Habermas fala apenas de uma *pragmática universal*. Para Apel, os princípios do discurso não podem ser falsificáveis, isto é, eles valem necessariamente e são *a priori*. Habermas, ao contrário, afirma que, mesmo as pressuposições necessárias da argumentação são, como qualquer conhecimento empírico, também falsificáveis. Habermas participa, assim, do grande número de filósofos que pretendem *des-transcendentalizar* o conceito de razão, que vem reduzido à contingência das línguas e da cultura.

No que concerne à moral, a transformação da filosofia transcendental kantiana vem acentuada através do problema da *legitimidade* das sentenças morais. Para Kant, o *princípio categórico* ditado pela razão vale necessariamente. Tal princípio não precisa de uma justificação, senão que constitui um "fato da razão" que ninguém pode negar. É fácil notar que a visão kantiana de moral encontraria sérias dificuldades com o surgimento da chamada Pós-Modernidade, onde a diversidade de culturas e concepções de mundo impõem de igual forma seus modelos morais. Com a pluralidade e, algumas vezes, contrariedade de valores vem à tona o problema da legitimação *das regras* fundantes de qualquer moral. É neste contexto que a "ética do discurso" assume o desafio de uma legitimação racional das regras morais através de uma "comunicação ideal". Qualquer valor material que procure se impor sobre os demais terá de passar pelo crivo de uma discussão livre e reconhecimento consensual dos participantes. No entanto, o fato mesmo de "entrar em discussão" traz já consigo o reconhecimento de certas regras morais assumidas como *condição de possibilidade* do próprio discurso. Tais regras, *a priori*, constituem uma verdadeira *ética do discurso* (*Diskursethik*).

O que vale para as regras morais também faz sentido para as regras jurídicas. A relação entre moral e direito não é igualmente interpretada pelos dois fundadores da ética do discurso. Habermas se distancia da interpretação de Apel segundo a qual o direito deve, certamente, estar submetido às regras morais advindas do princípio do discurso. A reelaboração do pensamento habermasiano torna-se clara quando se comparam dois de seus escritos fundamentais sobre a relação entre moral e direito, a saber: as chamadas *Tanner Lectures* (*TLs*), de 1986, e uma de suas obras magnas *Faktizität und Geltung* (*FG*), de 1992. A mudança fundamental de *FG* em relação às *TLs* se dá numa nova arquitetura da ética do discurso, onde a relação entre moral e direito já não é hierárquica, mas somente *complementar*. Significa que, enquanto nas *TLs* o direito vinha submetido às regras morais advindas do *princípio do discurso* (*D*), em *FG* ele ganha total *autonomia* e *fundação paralela* em relação à moral. Observemos melhor a mudança de perspectiva de Habermas.

Em *TLs* Habermas discute a teoria do direito de Max Weber enquanto este alertava para o problema de uma "materialização" ou, ainda, uma "*des*-formalização" do direito. Weber compreendia que o direito devia ter uma racionalidade própria, o que significava, sobretudo, uma racionalidade *estratégica* capaz de superar conflitos concretos. Nesse contexto, o direito deveria preservar sua "formalidade", o que permitiria articular da melhor forma possível os conteúdos em conflito. Um direito revestido de "conteúdos morais" ou "moralizado" ficaria impossibilitado de ser um mediador neutro num âmbito pluralista, uma vez que tais conteúdos trariam consigo valores ideológicos, religiosos, ou mesmo tendências morais irracionais, o que impossibilitaria ao direito agir com flexibilidade.

O autor de *TLs* considerava que Weber não levara a sério o "formalismo" do direito. Embora Habermas também não discordasse de que o direito deveria preservar sua "formalidade", ele duvidava que tal formalismo significasse uma separação da moral. Uma racionalidade sem nenhuma relação com a moral dificultaria uma *legitimação* do próprio direito. "Racionalidade", para Habermas, tinha semelhança com moralidade na condição de que esta racionalidade fosse entendida como discursiva. Uma "racionalidade discursiva ou comunicativa" fundamentava princípios morais *a priori* e implicaria uma legitimidade às regras jurídicas, uma vez que estas são elaboradas no âmbito do discurso. Portanto, para o Habermas das *TLs*, o direito seria *legitimado* no *princípio do discurso* (D) *interpretado moralmente*, isto é, o direito seria sim um complemento para a moral, mas não totalmente autônomo em relação a ela.

O Habermas de *FG* é de opinião divergente. Ali ele propõe um modelo de direito totalmente autônomo em relação à moral. A "Razão prática" compreendida como "Razão comunicativa" é entendida de forma diversificada. Ela não responde somente a questões morais (enquanto impõe regras que regulam uma convivência coletiva justa na forma de imperativos categóricos), mas também a questões pragmáticas (qual o melhor meio para atingir determinado fim?) e a questões ético-políticas (questões de autorrealização existencial do indivíduo e da comunidade de acordo com sua própria cultura). Todas essas questões surgem do uso prático da razão e vêm articuladas no chamado *princípio do Discurso* (D). Para as regras jurídicas deve-se, segundo Habermas, utilizar a razão prática em toda a sua extensão, pois regras jurídicas podem e devem ser orientadas não somente por questões ou regras morais, mas também pragmáticas e ético-políticas. O princípio do discurso vem, desde o início, interpretado como *moralmente neutro*. Daí surge uma bifurcação do *princípio D* inexistente no Habermas das *TLs*: o *princípio D*, agora "moralmente neutro", ramifica-se em dois outros: o *princípio de universalização* (U) e o do *direito* (também chamado *princípio democrático*).[1]

A relação entre moral e direito apresenta, então, uma outra configuração em *FG*. O direito continua sendo entendido, conforme em Kant, como *complementar* à moral, mas agora

---

[1] Os dois princípios se distinguem da seguinte forma: a) *princípio de universalização U* – este difere do kantiano porque é dialógico-social. As máximas morais não são avaliadas somente no "foro interno da alma", mas verificadas em sua pretensão de validade universal num discurso coletivo e público. Tais máximas serão válidas se encontrarem consenso entre os participantes possíveis. b) *princípio democrático* – diz que são válidas as regras jurídicas, isto é, regras que devem valer em âmbito político e institucional, somente aquelas regras que encontrem o consenso de todos os participantes em um discurso jurídico. Os princípios de *universalização* e *democrático* estão, portanto, em *diferentes níveis,* segundo Habermas.

totalmente *autônomo* em relação a ela. Nesta nova arquitetura, surge, evidentemente, um problema para Habermas: de onde tiram as regras jurídicas sua *legitimação* última? Na nova configuração, encontramos dois princípios legitimadores de regras. Enquanto o *princípio de universalização* (U) legitima regras morais, o *democrático* legitima regras jurídicas. A primeira consequência dessa nova configuração é que a *validade* dos chamados "direitos humanos" depende agora não mais do *princípio do discurso* (D) moralmente interpretado, mas do *princípio democrático*, que se realiza somente num âmbito institucional e político. A validade dos "direitos humanos" estaria, portanto, ligada ao Estado e não representaria uma pressuposição necessária e *a priori* de todo e qualquer discurso. De onde se conclui: "direitos humanos" ficam agora reduzidos a direitos positivos.

Nessa nova arquitetura, Habermas ratifica sua convicção de que, em uma época pós-metafísica, a única justificação válida de regras morais se dá através do princípio de universalização num discurso público. A novidade em *FG* incide em que a única justificação válida de regras jurídicas verifica-se agora restrita ao princípio democrático em âmbito institucional. A legitimação daqueles chamados "direitos humanos" surgiria, então, do *consenso* entre os participantes (possíveis?) de discursos jurídicos e políticos, isto é, somente de membros de um Estado Democrático de Direito.

Crítica de Apel à nova arquitetura habermasiana

K.-O. Apel considera que Habermas se distanciou sobremaneira do projeto de uma *ética do discurso*, uma vez que na nova arquitetura o princípio do discurso já não é compreendido eticamente.[2] A divergência fundamental entre os dois fundadores da *ética do discurso* já foi discutida anteriormente: para Apel, ética do discurso significa uma *pragmática transcendental*, enquanto para Habermas uma *pragmática universal*. A divergência acentua-se com *FG*, pois para Apel o *princípio do discurso (D)* jamais pode ser considerado "moralmente neutro". Pelo contrário, o *princípio D* e o *princípio de universalização (U)* não podem ser separados. Do discurso fático surgem regras morais *a priori* e necessárias que devem pautar todo consenso, seja em discursos morais, seja em discursos jurídicos. Analisemos atentamente a crítica de Apel.

Apel concorda com Habermas ao afirmar que a moral e o direito devem ser distintos, como fez Kant (ao contrário de Hegel). Mas distinção não significa, para Apel, que moral e direito devam vir paralelamente de um princípio *moralmente neutro*, como pensa Habermas. A distinção entre as duas esferas se evidencia em razão de *uma completar a outra*. Tal concepção vem de Kant, para quem o direito completa a moral exatamente porque esta não tem "força" para garantir a realização de suas normas em âmbito social. O direito, em comparação com a moral, utilizaria a *força estatal* para regular ações coletivas na direção do bem comum, ou seja, o direito realizaria através do Estado a instância ideal (reino dos fins) no mundo fenomênico. De qualquer forma, Kant distingue as duas esferas submetendo o direito à moral. O primeiro não pode contradizer o segundo! Habermas, por outro lado, revela que o único meio de distinguir as duas

---

[2] Cf. APEL, K.-O. La rélation entre morale, droit et démocratie. La philosophie du droit de Jürgen Habermas jugée du point de vue d'une pragmatique transcendantale. *Les Études Philosophiques* 56 (2001/1) 67-80.

esferas é tornando neutro o princípio que funda as duas esferas, isto é, que o direito seja independente da moral na sua fundação.

Apel pensa com Kant contra Habermas: o direito deve estar submetido à moral. Isto evidencia que, para Apel, o *princípio do discurso* (D) contém como condição necessária e *a priori* de *qualquer discurso* a aceitação de alguns princípios morais, como o da *igualdade de direitos* e a *corresponsabilidade* para se resolverem os conflitos de acordo com o *princípio* U entre os participantes de um discurso. O *princípio* D seria, então, *intrinsecamente* ligado ao *princípio moral U*, pois a igualdade de direitos e a corresponsabilidade deveriam ser moralmente respeitadas como condição para qualquer discurso ou consenso. Isso implica dizer que aqueles chamados direitos humanos (dos quais a *igualdade* entre os membros faz parte) não seriam legitimados somente através de um discurso jurídico, mas seriam condições *a priori* de todo e qualquer discurso. Em resumo: segundo Apel, tais direitos não são *resultado* de um consenso (em âmbito jurídico), mas condição de possibilidade de qualquer consenso.

Os direitos humanos não se confundiriam, portanto, com direitos civis. Apel observa que direitos humanos se distinguem dos princípios puramente morais pelo fato de que os primeiros exigem um respeito no âmbito social. Direitos humanos devem se tornar direitos civis, isto é, devem ser defendidos pela força estatal. No entanto, não se pode afirmar que tais direitos são apenas direitos positivos. A expressão *direitos* humanos nos leva a entender que se trata de direitos positivos, mas na realidade devem manter sua validade mesmo quando não existe um discurso no âmbito jurídico, ou político. Esses são direitos *humanos* enquanto se referem àquele único ser *capaz do discurso*. Nesse sentido, Apel defende que existem direitos *humanos* porque existe *discurso em geral*; Habermas defende que existem *direitos* humanos porque existem *discursos jurídicos*.

Dessa forma, Apel nega seja a neutralidade moral do *princípio D*, seja a identificação entre o *princípio jurídico* e o *princípio democrático*, isto é, nega que os direitos humanos sejam apenas fruto de um consenso democrático (mesmo que ideal) em um Estado de Direito. Ele afirma uma identidade entre os direitos civis e os direitos humanos enquanto os legisladores de uma democracia ideal são os mesmos submissos à lei. Mas ele não está de acordo que o nível de justificação do princípio democrático seja o mesmo dos direitos humanos. Direitos humanos são mais abrangentes que direitos civis e trazem sua legitimação do próprio princípio do discurso.

A crítica de Apel procura universalizar os direitos humanos, mas não de forma radical. Direitos humanos estarão ainda limitados à participação real ou possível de alguém num discurso. A pergunta que se faz a Apel é: alguém que *não participe* ou *não possa participar* de um discurso possui, ainda, tais direitos? Com essa pergunta entramos na crítica a Apel de Vittorio Hösle, que procura fundamentar os direitos humanos para além de qualquer discurso.

Da crítica de Apel à fundamentação última de Hösle

Vittorio Hösle é visto hoje como um dos principais representantes da tradição idealista, embora seu projeto se distinga da clássica visão hegeliana. O Absoluto vem considerado por Hösle não como pura *subjetividade*, como para Hegel, mas como *intersubjetividade*. Desse fato decorre o nome de seu programa: *Idealismo objetivo da intersubjetividade*. Hösle acredita que somente a reabilitação de uma razão transcendental possa levar a humanidade a superar os grandes desafios éticos do nosso século, entre outros o problema ecológico e o diálogo ético entre as diferentes culturas, sobretudo no que toca o respeito aos direitos humanos. Hösle elabora sua filosofia, de um lado, procurando superar o *teoreticismo* de Hegel através de uma filosofia prática entendida como realização do bem (ideal) nas estruturas reais do mundo; de outro lado, elaborando uma *ética intersubjetiva* capaz de orientar a política e o direito sem cair no risco de um "moralismo" do direito. Em *Moral und Politik. Grundlagen einer Politischen Ethik für das 21. Jahrhundert* (MP), Hösle procura desenvolver uma ética fundamentada no conceito de "direito natural" como núcleo orientador da política e do direito positivo. Em sua perspectiva, os direitos humanos constituem o cerne do direito natural e *valem* independentemente de uma situação concreta, embora esta tenha a capacidade de *condicionar* tais direitos. Analisemos em Hösle o problema da *validade normativa* dos direitos humanos, baseada sobretudo numa *ontologia* da pessoa.

Legitimação última da esfera (formal) normativa

Uma das tarefas fundamentais da filosofia consiste, segundo Hösle, em oferecer uma *legitimação última* da esfera moral capaz de superar o relativismo ético de nosso tempo. Somente no âmbito de uma esfera normativa legítima pode-se abordar de forma adequada o problema da validade dos direitos humanos. Para Hösle, *legitimação* implica intersubjetividade, mas não somente uma intersubjetividade *real* encontrada nos discursos práticos, senão uma intersubjetividade *ideal* exercitada no âmbito de uma razão transcendental e absoluta. Daí que, como Apel, também Hösle une filosofia teórica e filosofia prática enquanto esta, necessariamente, decorre da primeira. O tema dos "direitos humanos" vem, portanto, elaborado dentro de sua ética política, como uma verdadeira parte daquilo que tradicionalmente se chama "direito natural", mas que vem *legitimado* de uma nova forma, isto é, através da fundamentação última (*Letztbegründung*) de uma *esfera normativa*.

A validade absoluta de uma esfera normativa deriva do fato de que *tal dimensão não pode ser afirmada ou refutada sem deixar de ser pressuposta*. Quem quissesse refutar a validade do normativo levantaria a pretensão de que sua refutação *deve ter validade*, caindo, assim, numa contradição performativa. Isto é, quem dissesse *p*: "Não existe nenhuma norma válida para todos" levantaria a pretensão de que *p* deve valer para todos. Negando a norma, fundar-se-ia uma outra norma! Apel e Hösle estão de acordo neste ponto. Para Apel, o *normativo* aparece *no* discurso no momento em que os princípios *a priori* da comunicação *devem* (*sollen*) ser respeitados se os participantes quiserem chegar a um consenso. Isto é, contradições performativas *devem* ser evitadas, o que constitui próprio um dever moral nas situações argumentativas. Hösle é da mesma opinião, mas com uma diferença: a esfera normativa não tira sua validade das situações argumentativas, isto é, a esfera normativa decorre não do *discurso*, mas *da lógica*. Discursos ou, ainda, o mundo linguístico são apenas instâncias do mundo lógico que articulam a *validade* de qualquer norma. Assim, os mesmos princípios e regras morais *a priori* que Apel fazia emergir do *princípio do discurso (D)*, Hösle os interpreta como emergidos de "princípios do pensamento".

Dessa forma, a "moral" constitui uma *esfera ideal* que não encontra sua validade na *esfera real* de discursos práticos, mas que existe pelo simples fato de aí se "pensarem" proposições normativas. Enquanto Apel pontua que, "se existe argumentação, existe uma esfera normativa válida", Hösle argumenta de forma diferente:

"[...] se existe pensamento, existe já uma esfera normativa válida". Para este, as *contradições performativas no* discurso são elevadas a um nível semântico e convertem-se em *contradições dialéticas*. Estas não podem ser evitadas nem mesmo quando a situação discursiva muda, como é o caso das performativas. Quando se diz: "Eu não falo português", cai-se em contradição performativa. Esta pode ser evitada ao se mudar a situação discursiva como quando se afirma em alemão: "Ich spreche kein Portuguiesisch". Uma contradição dialética, ao contrário, não poderia ser evitada em qualquer que seja a situação. Se alguém disser: "não existe verdade", cai numa contradição inevitável. A mesma questão valeria, portanto, para quem dissesse: "não existe norma válida para todos". A negação da norma seria a afirmação daquilo que ela procura negar, isto é, a negação da norma pretenderia ser ela própria uma norma. Em suma: para Hösle, *uma esfera normativa não deriva sua validade de situações reais discursivas, senão que demonstra a inevitabilidade mesmo do pensamento.*

Interpretação material dos valores morais

Existem outras diferenças fundamentais entre a pragmática transcendental de Apel e o idealismo objetivo de Hösle.

Uma delas vem da interpretação mesma do problema da fundamentação última de conhecimentos, valores e normas morais. Segundo Apel, a legitimação última da esfera normativa é somente formal, sem afirmar algum valor ontológico ou material. Hösle apresenta conclusões diferentes quanto à fundamentação última. Ele crê que esta possa legitimar não somente uma esfera normativa *formal*, mas também *valores materiais*. A fundamentação última teria, portanto, uma relevância ontológica!

Em referência aos direitos humanos, Hösle revela a possibilidade de legitimar alguns desses valores através do método reflexivo, embora ele mesmo não desenvolva tal fundamentação em *Moral und Politik* (cf. p. 157). Direitos humanos estão inseridos naqueles direitos fundados num bem ontológico, a saber: na dignidade da pessoa humana. Nesse caso, seria preciso fundamentar de forma última este *conteúdo*, este *valor material* que é a *dignidade da pessoa*. É este que precisa ser expresso numa *norma positiva* defendida e realizada pelo Estado de Direito.[3] Segundo Hösle, a fonte dos direitos humanos, ou seja, o valor intrínseco da pessoa, pode e deve ser legitimado (de forma última), o que constitui a base ontológica para qualquer moral ou direito positivo.

Apel pontua que os princípios necessários da argumentação são apenas *formais* e não materiais. Mesmo quando Apel critica Habermas afirmando que a moral deve ser a base formal do direito, ele não entende aqui moral como um conjunto de regras conteudísticas ou uma "materialização" do

---

[3] Para Hösle, a norma moral é sempre uma norma condicionada, enquanto representa um silogismo misto. Este é constituído de uma premissa ideal que vem condicionada por uma premissa do mundo real. O "dever" da norma concreta supõe, portanto, um "poder" realizar o ideal no mundo real. Não que o valor ideal perca a sua validade na norma concreta. O ideal *vale*, só que condicionalmente.

direito, como temia Max Weber. A *ética do discurso* é, essencialmente, uma *ética formal* e pode fundar somente "valores formais" capazes de orientar o discurso na direção de um consenso sobre valores materiais.

Hösle critica Apel enquanto afirma que somente valores formais não são suficientes para superar a crise ética de nosso tempo. Daí que a fundamentação última do idealismo objetivo faz um salto de natureza ontológica. O fio condutor que vai de Habermas, passando por Apel, até Hösle aparece aqui de forma clara: enquanto para Habermas o princípio do discurso que deve fundamentar o direito (inclusive os direitos humanos) é *formal* e "moralmente neutro", para Apel vem interpretado desde o início como "moral", embora sempre *formal*. Para Hösle, tais princípios são *morais* e *conteudísticos*. Como procede Hösle para fundar tais valores ou normas de forma última?[4]

A pragmática transcendental parece não ser coerente ao afirmar que a fundamentação última afirma somente valores formais. O que significa dizer que um valor como é o da *igualdade* ou *corresponsabilidade* entre os membros de um discurso não é um valor material, mas apenas formal? Não seria a "condição de possibilidade" de qualquer outro valor material, ele mesmo, um valor material? Não teriam essas condições *a priori*, elas mesmas, um conteúdo próprio? Ora, quando a pragmática transcendental exige o igual tratamento

---

[4] O termo *fundamentação última* (*Letztbegründung*) é de certa forma um conceito que pode levar a mal-entendidos. Não se pretende afirmar uma fundamentação definitiva ou mesmo sem pressupostos contingentes como linguagem, lógica etc. A fundamentação última quer apenas ressaltar que existem *pressupostos necessários* como condição de possibilidade para afirmar ou negar proposições de qualquer natureza, mesmo morais. Isso não quer dizer que tais argumentos sejam definitivos ou infalíveis. Pode-se sempre *melhorar* ou *precisar* tais argumentações, mas nunca negar seus pressupostos lógicos necessários para a *validade* de tais argumentações.

de *todos* os sujeitos reais ou potenciais capazes de argumentar como condição para qualquer discurso, está defendendo o valor da pessoa não apenas formalmente, mas como um valor intrínseco. Para Kuhlmann e Apel, as normas não são limitadas a um discurso real ou fático, pois *todas as pessoas* devem ser consideradas como participantes *reais ou potenciais* de um discurso ideal, isto é, *já estão num discurso* pelo simples fato de pertecerem a uma comunidade linguística.

Assim, quando o cético nega os mesmos direitos a um participante *real ou potencial* do discurso, ele cai em contradição performativa. De fato, ele nega algo que pressupõe desde sempre num discurso real ou ideal: a dignidade da pessoa como interlocutor. Ora, um *discurso ideal* significa dizer que qualquer pessoa *capaz* de argumentar deve ser incluída como possuidor de direitos. Como entender essa *capacidade* para o discurso apenas formalmente? Em nossa opinião, a pragmática transcendental pressupõe desde sempre um *valor intrínseco* de cada participante real ou potencial do discurso. O idealismo objetivo reconhece esse valor intrínseco de forma explícita no momento em que afirma que cada dialogante real ou potencial participa desde sempre da *esfera do pensamento*. Porque cada participante *pensa* ou *pode pensar* é que o torna possuidor de direitos.

Nesse contexto, segundo a perspectiva do idealismo objetivo, quando o cético nega igual valor ou dignidade a um outro participante do discurso, tal negação constituiria não somente uma *contradição performativa*, mas poderia ser elevada a uma *contradição dialética*, isto é, uma contradição independente da situação discursiva. O simples fato de *estar* ou *ser capaz de entrar na esfera lógica* traz consigo direitos inalienáveis a serem respeitados se não se quiser cair em uma contradição. Quem nega os mesmos direitos a um *ser capaz de pensamento* cai em contradição, pois nega a si mesmo tal direito no próprio ato de pensar/negar. Esta dignidade do ser "capaz de pensamento" ou de "colocar fins por si só" (liberdade) representa o que fundamentava o imperativo categórico de Kant: "Age de tal forma a tratar a humanidade, seja em tua pessoa como na pessoa de qualquer outro, ao mesmo tempo como fim e nunca como simples meio".[5] Toda pessoa (ou possível pessoa) é digna de respeito, pois é capaz de pôr fins, capaz de intencionalidade, pensamento, linguagem etc. Isso não significa um critério formal, mas um valor intrínseco da pessoa a ser respeitado caso não se queira cair em contradição consigo mesmo, ao querer esse respeito para si e não para os outros. Assim, direitos humanos constituem aqueles direitos que *todo e qualquer ser capaz de pensamento* possui *ab ovo*, tais como direito à vida, à integridade de seu corpo, à liberdade de pensamento-expressão-religião-reunião-ação, direito à privacidade e ao igual tratamento perante o Estado.

Direitos humanos, Estado e paz mundial

Os direitos humanos *legitimados* de forma última pelo pensamento devem ser defendidos e realizados através da força estatal. Para Hösle, somente o Estado constitui a instância legítima para usar a força na realização social desses valores. No que concerne a essa afirmação, vale ressaltar dois pontos: a relação entre fundamentação última e paz e o papel que o Estado desempenha na construção da paz mundial segundo o objetivo idealismo.

---

[5] Cf. KANT, I. *Crítica da razão prática*. Trad. de Valério Rohden. 2. ed. São Paulo: Martins Fontes, 2008. p. 142.

O primeiro mal-entendido a ser esclarecido quanto à obrigação de respeitar os direitos humanos *fundados logicamente* é o preconceito de que uma fundamentação última seria por si só violenta e comprometeria a paz. De fato, pressupõe-se hoje que somente o relativismo total proporcionaria a paz entre os povos na medida em que todos e cada um respeitasse as diferenças culturais, até mesmo aquelas que constituiriam uma agressão aos direitos humanos. Valores comuns válidos para todos e impostos por uma força estatal parecem anunciar intolerância e conflito. Sobre essa falsa concepção deve-se dizer: 1) a fundamentação última não pretende deduzir logicamente tudo o que é cultural, histórico ou fruto da liberdade humana. Não existe nenhum conflito entre razão e história, pois a primeira não é mais que *condição de possibilidade* da segunda; 2) fundamentação última de pensamentos ou dos direitos humanos legitima apenas o *mínimo ético comum* entre culturas, deixando todo o espaço para a criatividade e códigos de cada povo; 3) além disso, não vale entender que o *mínimo ideal* tem de ser realizado sob qualquer condição no mundo real. Na realidade, o ideal (neste caso, os direitos humanos) deve ser condicionado pela realidade, isto é, somente quando as possibilidades reais são favoráveis torna-se racional a aplicação do mínimo ideal, o que conservaria e promoveria a paz em vez da guerra. Hösle pensa que se deva normatizar até mesmo a realização do mundo ideal no real, o que ele chama de uma *Ética da ética*.[6]

Ultrapassando esse preconceito que liga indevidamente fundamentação última e violência, deve-se reconhecer que uma fundamentação última dos direitos humanos seria a

---

[6] Cf. HÖSLE, V. *Moral und Politik*. Grundlagen einer Politischen Ethik für das 21. Jahrhundert. München: C. H. Beck, 1997. p. 116.

única garantia de um *mínimo ético* capaz de promover a paz entre os povos. Torna-se pouco provável que o relativismo total seja mais adequado que uma fundamentação racional para cumprir esta tarefa tão urgente quanto complexa. Como alcançar a paz entre Estados com diferentes concepções em relação ao mínimo ético? Como tolerar agressões aos direitos fundamentais da pessoa em Estados totalitários? Estados com uma tradição de reflexão sobre os direitos fundamentais deveriam ou ignorar tais agressões sob uma falsa desculpa de "respeito" a tradições diferentes, ou empreender formas racionais e estratégicas (a guerra não seria por nada a forma mais racional) para se chegar a um consenso sobre esses valores em tais culturas. Chegar a um mínimo ético, como é o respeito aos direitos humanos, tornou-se a tarefa fundamental de nosso tempo para garantir a paz perpétua entre os povos.

Hösle procura, então, concretizar sua proposta em duas situações concretas, a saber: reflete sobre o papel do Estado em condições *ideais* e *não ideais* de realização dos direitos fundamentais. Interessa-nos aqui somente o segundo caso, pois demonstra como a política deve agir para defender e implantar valores básicos em lugares e culturas em condições precárias sem ameaçar a paz. O Estado, para realizar o ideal moral nessas situações, deve seguir princípios éticos, seja no plano de uma *política interna*, seja no de uma *política externa*.

O princípio moral primeiro a ser observado *dentro* de um Estado que queira realizar os direitos humanos numa situação não ideal é o respeito aos atuais costumes e códigos legítimos aí encontrados. A realização de ideais morais, como os direitos humanos, pode começar a partir dos próprios costumes morais já existentes numa sociedade. Estes contêm elementos positivos, valores e normas que evitam vícios e regulam a convivência pacífica entre os membros. Nessa situação, seria de se esperar que tais costumes preservassem pelo menos o *mínimo dos mínimos ético*, isto é, a vida dos membros. Importante seria também que eles fossem abertos à procura do *máximo ético*. Então, um Estado convicto dos valores básicos da pessoa deveria promover uma política de implantação de tais direitos da forma mais legítima possível. No caso de uma crise interna, o Estado deveria ser capaz sobretudo de evitar a guerra civil, pois sua primordial tarefa consiste em conservar a paz.

O maior desafio para a realização dos diretos humanos ocorre no caso de uma *política externa*, onde o Estado de Direito deve se deparar com outras culturas e formas de organização política com seus diferentes pontos de vista, costumes, religiões e códigos. A grande tarefa da política externa é, neste caso, também evitar a guerra e promover a paz. Em tempos de paz, a tarefa dos Estados que buscam implantar valores morais básicos deveria se concentrar primeiro em diminuir as desigualdades sociais e econômicas desses países. Uma ética internacional baseada nos direitos humanos dará responsabilidade sobretudo aos países mais desenvolvidos para que promovam os países mais pobres, sobretudo no que diz respeito à educação. Somente esse desenvolvimento integral poderá conduzir tal cultura às condições econômicas, políticas e filosóficas ideais para se implantar um mínimo ético como são os direitos humanos.

Consideração final

O processo de reconhecimento e realização dos direitos humanos torna-se complexo e somente uma diplomacia *fundamentada em argumentos válidos* é que nos possibilitará um consenso sobre esses valores capaz de garantir a paz entre os povos. O idealismo objetivo fornece princípios morais que têm a pretensão de ser legítimos para além do simples *discurso jurídico* (Habermas). Segundo o idealismo objetivo, mesmo o *discurso em geral* (Apel) não pode chegar a um consenso adequado se não tirar as consequências últimas daquela faculdade lógica que possibilita todo e qualquer discurso. Caso seja impossível alcançar um reconhecimento da validade dos direitos humanos fundamentais por aqueles que não partilham das mesmas convicções, deve-se recorrer sempre a estratégias políticas que não desrespeitem estes próprios princípios e não firam o bem maior que se quer preservar: a paz! Paciência e diálogo honesto constituem o caminho indispensável.

Referências

APEL, K.-O. Das Problem der philosophischen Letztbegründung im Lichte einer transzendentalen Sprachpragmatik. In: KANITSCHEIDER, B. (Hrsg.). *Sprache und Erkenntnis*. Festschrift für Gerhard Frey zum 60. Geburtstag. Innsbruck : Institut für Sprachwissenschaft der Universität Innsbruck, 1976.

_____. *Diskurs und Verantwortung*. Das Problem des Übergangs zur postkonventionellen Moral. Frankfurt am Main: Suhrkamp, 1988.

_____. *Etica della comunicazione*. Milano: Jaca Book, 1992.

_____. Fallibilismus, Konsenstheorie der Wahrheit und Letztbegründung. In: FORUM FÜR PHILOSOPHIE BAD HOMBURG (Hrsg.). *Philosophie und Begründung*. Frankfurt am Main: Suhrkamp, 1987.

_____. La relation entre morale, droit et démocratie. La philosophie du droit de Jürgen Habermas jugée du point de vue d'une pragmatique transcendantale. *Les Études Philosophiques* 56 (2001/1) 67-80.

_____. Verantwortung heute – nur noch Prinzip der Bewahrung und Selbstbeschränkung oder immer noch der Befreiung und Verwirklichung von

Humanität? In: MEYER, Th.; MILLER, S. (Hrsg.). Zukunftsethik 1. München: Schweitzer, 1986.

HABERMAS, J. *Faktizität und Geltung*. Frankfurt am Main: Suhrkamp, 1992.

_____. *Moralbewußtsein und kommunikatives Handeln*. Frankfurt am Main: Suhrkamp, 1983.

HÖSLE, V. Begründungsfragen des objektiven Idealismus. In: FORUM FÜR PHILOSOPHIE BAD HOMBURG (Hrsg.). *Philosophie und Begründung*. Frankfurt am Main: Suhrkamp, 1987.

_____. *Die Krise der Gegenwart und die Verantwortung der Philosophie*. Transzendentalpragmatik, Letztbegründung, Ethik. München: C. H. Beck Verlag, 1990, 2. Aufl. 1994. 3. Aufl. 1997.

_____. *Moral und Politik*. Grundlagen einer Politischen Ethik für das 21. Jahrhundert. München: C. H. Beck Verlag, 1997.

_____. *Praktische Philosophie in der modernen Welt*. München: C. H. Beck Verlag, 1992. 2. Aufl. 1995.

KANT, I. Crítica da razão prática. Trad. de Valério Rohden. 2. ed. São Paulo: Martins Fontes, 2008.

_____. Grundlegung zur Metaphysik der Sitten. In: *Kants gesammelte Schriften*. Bd. IV.

WANDSCHNEIDER, D. Die Absolutheit des Logischen und das Sein der Natur. In: *Zeitschrift für philosophische Forschung* 39/3 (Jul/Set. 1985) 331-351.

_____. Letztbegründung und Logik. In: KLEIN, H.-D. (Hrsg.). *Letztbegründung als System*. Bonn:, 1994.

12

Rawls e a prioridade do justo sobre o bem

*Thadeu Weber**
*Keberson Bresolin***

Colocação do problema

Toda articulação em favor da fundamentação da justiça como equidade é uma tentativa de dar uma alternativa às concepções utilitarista e perfeccionista.[1] A leitura da *TJ* indica uma maior preocupação com o utilitarismo. Com isso, a teoria rawlsiana pretende apresentar uma concepção de justiça que leva às últimas consequências a teoria do contrato social encontrada em Rousseau e Kant. Assim, a justiça como equidade, constituída pelos princípios escolhidos na posição

---

* Pontifícia Universidade Católica do Rio Grande do Sul.
** Pontifícia Universidade Católica do Rio Grande do Sul.
[1] RAWLS, J. *Uma teoria da justiça*. Trad. de Almiro Pisetta e Lenira M. R. Esteves. 2. ed. São Paulo: Martins Fontes, 2002. p. 17. Doravante citaremos no corpo do texto com a seguinte abreviação: *TJ*.

original, explicita uma teoria da escolha racional (cf. *TJ*, p. 19).[2] Considerando as circunstâncias de justiça e as restrições formais (§ 23 da *TJ*) ao conceito de justo, será na posição original que as partes, sob o véu da ignorância como limite ao conhecimento, estão situadas de forma equitativa e, consequentemente, escolherão os princípios políticos e públicos da cooperação social. A posição original pode ser vista como um acordo hipotético e a-histórico, ou seja: um "artifício de representação". Rawls supõe que as partes são livres e iguais, não conhecendo suas especificidades. Sabem, contudo, que possuem um plano de vida, mas não sabem os detalhes e objetivos que deverão promover. O filósofo admite que as partes possuam o conhecimento dos fatos genéricos da sociedade, embora considere difícil classificar e ordenar o grau de complexidade de vários tipos genéricos (cf. *TJ*, p. 152-153).

Talvez isso se torne mais claro sabendo qual é o conhecimento que o véu da ignorância restringe às partes. Ninguém sabe a qual classe social pertence; ninguém conhece sua sorte na distribuição de dotes naturais; ninguém conhece seu plano de vida e muito menos os traços característicos de sua psicologia (por exemplo: otimista, pessimista); não conhecem as circunstâncias *particulares* de sua própria sociedade; não possuem informação sobre a qual geração pertencem (cf. *TJ*, p. 147). O véu da ignorância possui, portanto, a finalidade de eliminar da negociação dos princípios fundamentais qualquer possibilidade de as partes protegerem seus próprios interesses ou interesses de uma doutrina abrangente. A decisão ou construção que resulta dessa posição é, sem dúvida,

---

[2] Ver: RAWLS, J. *O liberalismo político*. Trad. de Dinah A. Azevedo. 2. ed. São Paulo: Ática, 2000. Parte I, Conf. II, § 2, nota 7. Doravante: *LP*. Rawls faz um ressalva em relação à teoria da escolha racional. Isso é feito para enfatizar a justiça como equidade como uma concepção política de justiça. Tal ressalva não traz mudanças consideráveis.

equitativa, uma vez que nenhuma das partes, sendo racional, arriscaria endossar um princípio sem saber se teria benefícios com ele. Nesse contexto, é pretensão deste estudo visualizar se há primazia do justo sobre o bem e, ocorrendo isso, analisar se tal preferência é compatível ou congruente com a ideia do bem.

Sem dúvida, a ideia rawlsiana de uma concepção política de justiça fornece elementos indubitáveis para a constatação da primazia do justo. Nosso filósofo pretende, ao mesmo tempo, fugir da concepção utilitarista e garantir a convivência entre doutrinas razoáveis abrangentes. Isso significa que a concepção política de justiça é, sobretudo, uma teoria deontológica. Nesse aspecto, Rawls está contrapondo-se fortemente à tradição utilitarista, especialmente de J. S. Mill. Para o filósofo da justiça política, o utilitarismo é uma teoria teleológica, uma vez que o princípio, para o indivíduo, consiste em promover seu próprio bem-estar, seu sistema de desejos. Disso resulta: o princípio para a "sociedade teleológica" é promover ao máximo o bem-estar do grupo "realizando até o mais alto grau o abrangente sistema de desejos, ao qual se chega com a soma dos desejos de seus membros" (*TJ*, p. 25). Assim, para Mill, por exemplo, o objetivo apropriado para a legislação é a maximização do bem-estar. Diz Mill:

> Segundo o Princípio de Maior Felicidade, o fim último, com referência ao qual e por causa do qual todas as outras coisas são desejáveis (quer estejamos considerando nosso próprio bem ou o de outras pessoas), é uma existência isenta tanto quanto possível de dor, e tão rica quanto possível em deleites, seja do ponto de vista da quantidade como da qualidade.[3]

---

[3] MILL, J. S. *Utilitarismo*. Trad. de Eunice Ostrensky. São Paulo: Martins Fontes, 2000. p. 194.

Embora Mill introduza elementos qualitativos a par dos quantitativos, Rawls ainda vê essa concepção como uma teoria utilitarista-clássica teleológica. Aqui, o único padrão para decidir o que é certo, errado ou obrigatório é o princípio da utilidade.[4] Rawls aponta que esse modelo, levado às últimas consequências, torna-se injusto. A justiça do modelo utilitarista visa a atingir o saldo máximo de satisfação. Dessa forma, "não há razão para que a violação da liberdade de alguns não possa ser justificada por um bem maior partilhado por muitos" (*TJ*, p. 28). O filósofo americano condena a colocação de um critério anterior à concepção de justiça, ao qual ela deva se adaptar. Deduz Rawls que, "assim como é racional que um homem maximize a realização de seu sistema de desejos, também é justo que uma sociedade maximize o saldo líquido de satisfação obtido com referência a todos os seus membros" (*TJ*, p. 28).

Portanto, há no utilitarismo um *telos* sob o qual a estrutura básica da sociedade está submetida. "É essencial ter em mente que numa teoria teleológica o bem se define independentemente do justo" (*TJ*, p. 26). Isso acarreta duas coisas: 1) tal teoria – teleológica – considera nossas avaliações do que constitui o bem como uma espécie de avaliação que se pode operar intuitivamente pelo senso comum e, posteriormente, propõe que o justo maximize o bem como algo definido anteriormente; 2) essa teoria permite que o agente julgue o bem em cada caso sem indagar se corresponde ao que é justo (cf. *TJ*, p. 26-27). Essa estrutura social não dá espaço para uma concepção política equitativa de justiça. Por isso, diz Rawls:

---

[4] Cf. FRANKENA, W. K. *Ética*. Trad. de Leonidas Hegenberg e Octanny S. da Mota. 3. ed. Rio de Janeiro: Zahar, 1981. p. 49. Ver a distinção que o autor estabelece dentro do próprio utilitarismo.

> [...] A doutrina contratualista tem uma estrutura oposta à
> de uma teoria utilitarista. Nesta última, cada um traça seu
> plano racional sem nenhum empecilho e de posse de plena
> informação, para que a sociedade, então, promova a maxi-
> mização da realização total dos planos resultantes. Na justi-
> ça como equidade (*justice as fairness*), por outro lado, todos
> concordam de antemão com os princípios segundo os quais
> suas reivindicações mútuas devem ser acomodadas. Esses
> princípios adquirem, então, procedência absoluta, de modo
> a regularem as instituições sociais de forma inquestionável,
> e cada indivíduo estrutura seus planos em conformidade
> com eles. (*TJ*, p. 628)

A preocupação de Rawls é clara, qual seja: estabelecer os princípios da justiça de tal forma que ninguém seja beneficia-do ou lesado. É necessário que todos estejam em uma situação equitativa para chegar a tal decisão. Essa é a tarefa da posição original. Dessa forma, a concepção resultante desse acordo hipotético e a-histórico é político, não moral, filosófico ou re-ligioso. Do contrário, caracterizaria uma doutrina abrangente e, novamente, ter-se-ia uma concepção do bem anterior à do justo regendo a estrutura básica da sociedade. Uma doutrina é abrangente "quando trata de concepções sobre o que tem valor na vida humana, ideias de caráter pessoal, de amizade, de relações familiares e associativas [...], em sua extrema am-plitude, nossa vida como um todo" (*LP*, p. 56).

Dado o pluralismo de doutrinas na sociedade democráti-ca, é necessário que essas doutrinas abrangentes sejam razoá-veis, ou seja: capazes de coexistir com as demais concepções. "A doutrina que uma pessoa razoável professa é apenas *uma* doutrina razoável entre outras" (*LP*, p. 104). Por exemplo, a doutrina expressa pelas palavras de Bonifácio VIII na bula *Unam Sanctam*, de 1302, *extra Ecclesia nulam salus*, não é tida razoável, porque quer usar sanções do poder público – um poder no qual os cidadãos têm parte igual – para corrigir ou punir aqueles que dela discordarem. Ao se analisar a história, encontram-se vários momentos no qual uma doutrina abrangente com determinados valores e concepções de bem se utilizou do poder do Estado para obrigar, impor e, em última instância, queimar os cidadãos. Isso realmente engrandece o intento rawlsiano.

Sem dúvida, o justo deve possuir primazia sobre as doutrinas razoáveis abrangentes, sejam filosóficas, morais ou religiosas. A concepção política de justiça é autônoma com relação às concepções de bem, justamente por ser resultado de um consenso sobreposto (*overlapping consensus*) entre as várias doutrinas abrangentes. O pluralismo razoável não é uma condição histórica que logo acabará, pelo contrário, é um aspecto permanente da cultura pública de uma democracia. Assim, ainda que na sociedade bem-ordenada todos afirmem a mesma concepção política de justiça, Rawls não supõe que o façam pela mesma razão. Mas "isso não impede que a concepção política seja um ponto de vista comum a partir do qual podemos resolver questões que dizem respeito aos elementos constitucionais essenciais"[5] (*JER*, p. 45). Isso significa que o consenso sobreposto não é simplesmente um *modus vivendi* (cf. *LP*, p. 193-194) no sentido de considerar as doutrinas abrangentes existentes para depois encontrar um ponto de equilíbrio. O consenso sobreposto parte da ideia de que não se sabe nada das visões das doutrinas abrangentes das pessoas, perguntando apenas sobre como articular uma concepção de justiça para um regime constitucional que seja

---

[5] RAWLS, J. *Justiça como equidade*; uma reformulação. Trad. de Claudia Berliner. São Paulo: Martins Fontes, 2003. Doravante: *JER*.

por si mesmo defensável e que possa ser endossado por aqueles que apoiam ou poderiam ser levados a apoiar esse tipo de regime (cf. *JER*, p. 52; *LP*, p. 195).

O fato de as pessoas endossarem a mesma concepção política de justiça não as torna menos religiosas ou morais; também não afirma que precisam seguir uma única e pré-estabelecida concepção de bem. Pelo contrário, a concepção política de justiça é um sistema de cooperação equitativo entre cidadãos considerados livres e iguais que – na condição de autonomia política – aceitam voluntariamente os princípios de justiça publicamente reconhecidos que especificam os termos da cooperação. Entretanto, mesmo se afirmando a prioridade do justo, isso não significa dizer que as ideias de bem não entram na concepção de justiça. Para que isso ocorra, essas ideias de bem têm de satisfazer algumas exigências, a saber: que 1) sejam ou possam ser compartilhadas por cidadãos considerados livres e iguais; 2) que não pressuponham nenhuma doutrina particular perfeitamente (ou parcialmente) abrangente.[6] Essas ideias de bem são, paradoxalmente, estritamente políticas. Elas são expressas nos bens-primários (veremos adiante).

Sendo assim, a própria concepção política de justiça fornece os contornos limitativos de realização do bem. A liberdade tratada por Rawls é sempre a partir das instituições, como ausência de impedimentos na realização dessa liberdade. Dessarte, o liberalismo político pensa que os valores políticos realizados por uma estrutura básica justa têm peso suficiente para se sobrepor a quaisquer outros valores. Isso porque os princípios de justiça endossam o que há de mais

---

[6] Cf. RAWLS, J. A prioridade do justo sobre o bem. In: *Justiça e democracia*. Trad. de Irene A. Paternot. São Paulo: Martins Fontes, 2000. p. 296. Doravante: *PJB*.

comum, elementar e imprescindível às liberdades. Quais são, contudo, as características de uma concepção política de justiça? Rawls, com o intuito de garantir o máximo de segurança e de justiça a cada cidadão, apresenta três características de sua concepção de política de justiça. Tais características visam, então, à segurança e à justiça para cada cidadão sem intromissão na esfera individual privada, a qual permanece sagrada e intocável.[7]

1) A primeira diz respeito ao *objetivo* de uma concepção política de justiça.[8] Essa é uma concepção direcionada às instituições políticas, sociais e econômicas. Em particular, ela se aplica à estrutura básica da sociedade, o que Rawls supõe ser, nos dias atuais, uma democracia constitucional. Portanto, a estrutura básica da sociedade é entendida como as principais instituições políticas, sociais e econômicas de uma sociedade, e a maneira pela qual se combinam em um sistema unificado de cooperação social (cf. *LP*, p. 53-54). Assim, o foco da concepção política de justiça "é a estrutura das instituições básicas e os princípios e preceitos que se aplicam a ela, bem como a forma pela qual essas normas devem estar expressas no caráter e nas atitudes dos membros da sociedade que realizam seus ideais" (*LP*, p. 51). Essa concepção de justiça, portanto, se esforça por respeitar a neutralidade de objetivo no sentido que as instituições básicas e as políticas sociais não devam ser concebidas com o fim de favorecer uma doutrina particular (cf. *PJB*, p. 311). Rawls supõe que a estrutura

---

[7] Cf. AUDARD, C. John Rawls e o conceito político. In: RAWLS, J. *Justiça e democracia*. Trad. de Irene A. Paternot. São Paulo: Martins Fontes, 2000. p. XXVII-XXVIII.

[8] Rawls assevera que sua concepção política de justiça é moral, não no sentido de uma doutrina abrangente, mas enquanto seu conteúdo é determinado por certos ideais, princípios e critérios, e que essas normas articulam certos valores, nesse caso, políticos (cf. *LP*, p. 53).

básica da sociedade seja fechada, isto é, autossuficiente e sem relação com outras sociedades. Considera também que seus membros só entram nela pelo nascimento e só a deixam pela morte (cf. *JER*, § 54). O filósofo afirma que isso é uma abstração considerável porque possibilita concentrar-se em questões importantes, livre de detalhes distrativos. Sua explicação é pouco convincente, embora na sequência enfatize que em algum momento (*The Law of Peoples*) irá abordar a concepção política de justiça nas relações justas entre os povos.

2) A segunda característica diz respeito ao modo de *apresentação*, isto é, uma concepção política de justiça aparece como uma visão autossustentada. Com isso, Rawls destaca a total independência da concepção política de justiça em relação às doutrinas abrangentes. A justiça como equidade, embora se aproxime do liberalismo de Kant e Mill, não é uma doutrina moral abrangente como essas, mas uma concepção política.[9] Nesse último artigo citado – "A teoria da justiça como equidade: uma teoria política, e não metafísica" –, Rawls busca demonstrar, após duras críticas, que a justiça como equidade, apresentada na *TJ*, não é uma doutrina moral abrangente. Essa mesma tentativa é visualizada no *LP*, no qual Rawls, respondendo, ao que tudo indica, às críticas de C. E. Larmore, admite não haver na *TJ* a distinção entre doutrina abrangente e uma concepção política. Entretanto, afirma ele que, "embora toda a estrutura e conteúdo substantivo da justiça como equidade continuam inalterados naquela concepção enquanto concepção política, o entendimento da visão como um todo muda consideravelmente" (*LP*, p. 224). Rawls faz questão de enfatizar essa problemática, uma vez

---

[9] Cf. RAWLS, J. A teoria da justiça como equidade: uma teoria política, e não metafísica. In: *Justiça e democracia*. Trad. de Irene A. Paternot. São Paulo: Martins Fontes, 2000. p. 235. Doravante: *TPnM*.

que afirma ainda mais a autossustentação da justiça política. O filósofo deixa mais claro a segunda característica ao dizer que "a concepção política é um módulo, uma parte constitutiva essencial que se encaixa em várias doutrinas abrangentes razoáveis subsistentes na sociedade regulada por ela, podendo conquistar o apoio daquelas doutrinas" (*LP*, p. 55).

3) A terceira característica diz respeito ao seu conteúdo, que está expresso "por meio de certas ideias fundamentais vistas como implícitas na cultura política pública de uma sociedade democrática" (LP, p. 56). Rawls entende por cultura política a) as instituições políticas, b) as tradições públicas de sua interpretação e c) também os textos e documentos históricos que são de conhecimento geral. Para o filósofo, d) as doutrinas abrangentes fazem parte do "pano de fundo" (*LP*, p. 56) da sociedade civil, compondo, por conseguinte, o âmbito da cultura social e não política. Essas doutrinas estão presentes na vida social cotidiana em suas mais variadas associações: igrejas, universidades, clubes etc. Nesta terceira característica, Rawls destaca que em uma sociedade democrática há uma tradição de pensamento democrático cujo conteúdo é familiar e inteligível ao senso comum civilizado dos cidadãos em geral. Chama a atenção também para o fato de que a justiça como equidade parte de uma "certa tradição política e assume como sua ideia fundamental a ideia de sociedade como um sistema equitativo de cooperação ao longo do tempo de uma geração até a seguinte" (*LP*, p. 56-57).[10]

A primeira característica afirma, então, que a concepção política se aplica à estrutura básica da sociedade; a segunda

---

[10] Para complementar essa ideia, Rawls afirma que duas ideias correm paralelas a ela: "[i] que os cidadãos (aqueles envolvidos na cooperação) são pessoas livres e iguais; [ii] que a sociedade bem-ordenada é efetivamente regulada por uma concepção política de justiça" (*LP*, p. 57).

enfatiza a autonomia da concepção política diante das doutrinas morais, religiosas e filosóficas abrangentes. Ela é autossustentada; e a terceira toma como ponto de partida certa tradição política, implícita na cultura política pública, para normatizar a partir da ideia de um sistema equitativo de cooperação. Rawls não é tão claro neste terceiro aspecto. Quer introduzir, ao que tudo indica, elementos históricos que permitam, não como argumento fundamental, endossar ainda mais a justiça como equidade – justiça política como a melhor escolha-construção para uma sociedade democrática. São elementos históricos que respaldam a concepção política. Consequentemente,

> o objetivo da justiça como equidade não é metafísico, nem epistemológico, mas político. De fato, ela não se apresenta como uma concepção verdadeira, mas sim como base para um acordo político informado e totalmente voluntário entre cidadãos que são considerados como pessoas livres e iguais. Quando esse acordo está baseado solidamente em atitudes sociais e políticas públicas, ele garante o bem de todos os indivíduos e de todos os grupos que fazem parte de um regime democrático justo. Por isso, tentamos evitar tanto quanto possível as questões filosóficas, assim como as morais e políticas que estejam em controvérsia. (*TPnM*, p. 211)

Ora, esse fragmento demonstra, mais uma vez, que a justiça como equidade, por ser uma concepção política, o justo refere-se aos contornos que garantem os valores de igual liberdade política e civil, igualdade equitativa de oportunidades, valores da reciprocidade econômica etc., ou seja: refere-se àquilo que é mais essencial e elementar para o exercício da liberdade igual. A justiça política não é, portanto, associativa e também se distingue do familiar e pessoal. É uma doutrina independente, embora não negue a existência de outros valores aplicáveis aos âmbitos associativo, familiar e pessoal. A concepção política de justiça procura um terreno neutro, dado o fato do pluralismo razoável. "Esse terreno neutro é a própria concepção política em sua condição de objeto de um consenso sobreposto" (*LP*, p. 240).

Rawls adverte, contudo, que o termo neutralidade, no *LP*, foi empregado com muita precaução, apenas como uma "peça do cenário" (*LP*, p. 239). Isso por causa das várias conotações erradas que tal termo pode permitir. Entretanto, o filósofo deixa claro o sentido de neutralidade que está utilizando. Ele assevera, em um primeiro momento, que a justiça como equidade não é neutra no sentido procedimental. "É evidente que seus princípios de justiça são substantivos e expressam muito mais que valores procedimentais, o mesmo acontece com suas concepções políticas de sociedade e pessoa representadas na posição original" (*LP*, p. 240). Como concepção política de justiça, a justiça como equidade pretende ser objeto de um consenso sobreposto, isto é, pretende engendrar uma concepção de justiça capaz de partir de ideias implícitas na cultura política e, ao mesmo tempo, ser alheia a todas as doutrinas abrangentes.[11]

Com isso, Rawls enfatiza que uma forma totalmente diferente de definir neutralidade é em termos "dos objetivos das instituições básicas e da política pública com respeito às doutrinas abrangentes e às ideias do bem associadas a ela" (*LP*, p. 240). Dessa forma, o filósofo elenca três concepções de neutralidade para, afirmando ou negando cada uma delas, visualizar a neutralidade da concepção política de justiça. A primeira concepção reza que "[...] o Estado deve garantir

---

[11] Ver mais em *PJB*, p.308-309.

a todos os cidadãos uma igual oportunidade de promover qualquer concepção do bem que aceitem livremente" (*LP*, p. 241). Por causa da prioridade e anterioridade do justo sobre o bem, essa concepção seria excluída. Para ela ser verídica, deveria ser emendado o seguinte: "[...] o Estado deve garantir uma igual oportunidade de promover qualquer concepção permissível de bem" (*LP*, p. 241). Ou seja: garantir somente as concepções de bem que respeitem os princípios da justiça.

A segunda concepção afirma que o "Estado não deve fazer nada para favorecer ou promover qualquer doutrina abrangente específica, nem dar maior assistência àqueles que a adotam" (*LP*, p. 241). Para Rawls, essa concepção de neutralidade é satisfatória em virtude de as características da concepção de justiça expressarem a prioridade do justo. Desse modo, a estrutura básica, enquanto regida por essa concepção de justiça, não se ocupará de, muito menos favorecerá alguma doutrina abrangente. Não há uma concepção teleológica sob a qual as instituições da estrutura básica devam promover ou efetivar. Não existem objetivos últimos, apenas garantias comuns imprescindíveis.

A terceira e última concepção de neutralidade diz que "[...] o Estado não deve fazer nada que aumente a probabilidade de os indivíduos aceitarem qualquer concepção específica em lugar de outra, a menos que sejam tomadas medidas para anular ou compensar os efeitos das políticas que levarem a isso" (*LP*, p. 241).

Nessa perspectiva, o filósofo assevera que é totalmente impossível para a estrutura básica de um regime constitucional justo não exercer influência importante sobre quais doutrinas abrangentes conseguirão se manter, manter seus adeptos e, consequentemente, conquistar outros ao longo do tempo (cf.

LP, p. 241). Ora, o liberalismo político é favorável a certas doutrinas e desfavorável a outras. Isso porque ele, ao realizar seus princípios em instituições, estabelece um "pano de fundo" equitativo para que as diferentes concepções de bem, algumas contrárias entre si, possam *con*-viver e ser adotadas. Contudo, Rawls argumenta que "nenhuma sociedade pode acomodar em si todos os modos de vida" (*LP*, p. 245). Assim sendo, algumas doutrinas não florescerão numa sociedade democrática quando suas concepções ferirem os princípios políticos da cooperação social.[12] Assim, a terceira concepção de neutralidade, complementando a segunda, enfatiza que o Estado – dirigido pela concepção política de justiça – não favorece a adoção de nenhuma doutrina abrangente, embora, em última análise, estabeleça, mediante critérios da justiça política, quais doutrinas estão à disposição para serem livremente adotadas e vivenciadas.

Com essas três concepções de neutralidade o autor mostra, então, que a justiça política é neutra em relação a doutrinas abrangentes e fins.[13] Ela não é teleológica. Ela é justa no sentido de garantir a cooperação social, mesmo dado o fato do pluralismo razoável. Essa concepção de justiça, portanto, se esforça para respeitar a neutralidade de objetivos, isto é, as instituições básicas e as políticas sociais não devem ser concebidas com o fim de favorecer uma doutrina particular (cf. *PJB*, p. 311). Por conseguinte,

---

[12] Seguindo essa argumentação, Rawls rejeita a ideia de que "somente formas de vida degradantes desaparecem num regime constitucional justo" (*LP*, p. 246). Segundo ele, aqueles que endossam tais concepções poderiam argumentar que o liberalismo político não lhes oferece espaço suficiente. Em seguida, paradoxalmente, afirma: "[...] mas não existem critérios para distinguir o que é o espaço suficiente, exceto o de uma concepção política de justiça razoável e defensável" (*LP*, p. 247).

[13] Embora tenha a finalidade de garantir a livre e igual cooperação social, não possui um fim no sentido teleológico-bem.

a teoria da justiça como equidade busca precisar o núcleo central de um consenso sobreposto, isto é, ideias intuitivas comuns que, coordenadas numa concepção política, se revelarão suficientes para garantir um regime constitucional justo. Isso é o que podemos esperar de melhor e não necessitamos de nada mais. (*TPnM*, p. 235)[14]

Claro está, portanto, a ênfase rawlsiana da prioridade do justo sobre o bem. Embora o justo trace os limites e o bem mostre o objetivo, o justo não pode traçar um limite demasiado estreito (cf. *LP*, p. 221). O justo não trata das verdades ou não verdades das diferentes doutrinas abrangentes. Todavia, como se verá, o justo não excluí as várias concepções de bem; antes, são complementares, na medida em que o justo permite a convivência (ou tolerância!) entre elas. Todavia, "o conceito de justiça é independente e anterior ao conceito de bem, no sentido que seus princípios limitam as concepções autorizadas de bem" (*TPnM*, p. 239). Assim, a justiça como equidade é uma concepção política de justiça, não havendo, por conseguinte, incompatibilidade entre a teoria expressa na *TJ* e no *LP*. Na justiça política, o justo possui primazia porque é o resultado de uma escolha autônoma na posição original. Agir de acordo com o justo é expressar o caráter de ser autônomo, ou, ainda, expressar-se como cidadão racional livre e igual.

---

14 O fragmento que segue é esclarecedor: "[...] a concepção política é afirmada por aquilo que denominamos um consenso sobreposto razoável. Entendemos por isso que a concepção política está alicerçada em doutrinas religiosas, filosóficas e morais razoáveis embora opostas, que ganham um corpo significativo de adeptos e perduram ao longo do tempo de uma geração para outra. Esta é, creio eu, a base mais razoável de unidade política e social disponível para os cidadãos de uma sociedade democrática" (*JER*, p. 45).

As concepções de bem na concepção política de justiça

A concepção política de justiça pressupõe uma concepção política de pessoa. Essa é constituída por duas qualidades ou capacidades morais: o senso de justiça (a capacidade de ser razoável) e a concepção do bem (a capacidade de ser racional). A primazia da primeira sobre a segunda já se impõe de início.

Uma concepção normativa de pessoa

Embora a/o justiça/justo possua prioridade sobre o bem, não há possibilidade de conceber um verdadeiro liberalismo político sem considerar a ideia de os cidadãos aderirem a uma concepção individual ou coletiva (doutrina abrangente) do bem. Arguindo assim, Rawls, levando em consideração a posição original, estabelece o conceito de pessoa da seguinte maneira:

> Primeiro, elas são capazes de ter (e supõe-se que tenham) uma concepção do seu próprio bem (expressa por um plano racional de vida); segundo, são capazes de ter (e supõe-se que adquiram) um senso de justiça, um desejo normalmente efetivo de aplicar os princípios da justiça e de agir segundo as suas determinações, pelo menos num grau mínimo. (*TJ*, p. 561)

É pertinente notar que Rawls, na *TJ*, fala apenas em concepção ética de pessoa (por exemplo: *TJ*, p. 21). Para não ser acusado de estar defendendo uma doutrina abrangente, negada pelo autor, ele restringe, no *LP*, sua concepção de pessoa para uma concepção política. Passa a chamar, então, faculdades morais a capacidade de ter uma concepção de bem e um senso de justiça. Realça (Rawls), apenas, que a justiça como equidade deve ser entendida como uma concepção política de justiça, o que ainda não é encontrado na *TJ*.[15] Neste aspecto, o mais importante é notar a rejeição rawlsiana de uma concepção metafísica ou psicológica de pessoa.[16] Em vez disso, a "concepção de pessoa é, em si, normativa e política, não metafísica e psicológica" (*JER*, p. 27). Assim, ao afirmar que as pessoas possuem as duas faculdades morais, diz-se que elas possuem 1) capacidade para entrar numa cooperação social mutuamente benéfica, e 2) também capacidade para honrar os termos equitativos dessa cooperação previamente estabelecidos. Nessa perspectiva, mesmo afirmando a normatividade do conceito político de pessoa, Rawls diz que

> a concepção de pessoa é elaborada a partir da maneira como os cidadãos são vistos na cultura política pública de uma sociedade democrática, em seus textos políticos básicos (constituições e declaração dos direitos humanos) e na tradição histórica da interpretação desses textos. (*TJR*, p. 27)

---

[15] Ver *LP*, p. 24; *JER*, p. 26-27. Sandel também mostra essa mudança. Ver: SANDEL, M. *Liberalism and the Limits of Justice*. 2. ed. Cambridge (UK): Cambridge University Press, 1998. p. 189-190. Sandel faz, contudo, uma dura crítica à concepção normativa de pessoa, ou seja, se fossem seres numênicos, no sentido kantiano, como esperar as mudanças institucionais a partir dos dois princípios da justiça?

[16] Em *LP*, Rawls, dialogando com P. Hoffman, enfatiza que, "se há pressupostos metafísicos [na concepção de pessoa] envolvidos, talvez sejam tão gerais que não se distinguiriam entre as visões metafísicas – cartesianas, leibniziana ou kantiana; realista, idealista ou materialista – que constituem o objeto tradicional da filosofia" (p. 72, nota 31). Segundo N. Oliveira, a concepção normativa de pessoa é essencialmente política e não metafísica porque não recorre a uma teoria da verdade ou a um modelo de fundamentação epistêmico para dar conta da realidade, do ser enquanto ser ou do ser do ente em domínios específicos (antropologia e psicologias filosóficas) (A concepção normativa de pessoa e sociedade em Kant e Rawls: uma interpretação semântico-transcendental. *Dissertatio*, Pelotas, n. 24, p. 24, 2006.

A partir disso, estabelece-se a igualdade entre os cidadãos, considerando que todos tenham, em um grau mínimo essencial, as faculdades morais para envolverem-se na cooperação social. No § 77 da *TJ*, no qual Rawls trata da *base da igualdade*, ele estabelece que as faculdades morais – ou, como chama ali, personalidade ética – são condição suficiente para estabelecer o direito à justiça igual (cf. *TJ*, p. 561). Mesmo sendo apenas capacidades (senso de justiça e uma concepção de bem = pessoa), ou também potencialidades, ainda assim estaria em concordância com a natureza hipotética da posição original, e com a ideia de que a escolha dos princípios da justiça política não devem ser influenciados por arbitrariedades. Consequentemente, a igualdade não pode fundamentar-se em atributos naturais porque não existem, segundo o filósofo, traços naturais que façam os seres humanos iguais, ou seja, traços naturais que todos possuam na mesma gradualidade. "A igualdade também não pressupõe uma análise do valor intrínseco das pessoas, ou uma avaliação de suas concepções de bem" (*TJ*, p. 566), uma vez que a base da igualdade apresentada pela visão contratualista é simplificada, pois a "capacidade mínima para o senso de justiça assegura que todos sejam iguais" (*TJ*, p. 566).[17] Dessa forma, o conceito

---

[17] Rawls está contrapondo-se às concepções teleológicas (por exemplo: utilitarismo) e perfeccionistas. Essas doutrinas atribuem demasiado valor, por causa do objetivo proposto (por exemplo: maximizar o saldo líquido de satisfações), aos diferentes talentos e capacidades dos homens para a satisfação de tal objetivo. A justiça como equidade, por sua vez, exige apenas um grau mínimo para estabelecer direitos iguais, ou seja: que seja pessoa. Segue Rawls nessa perspetiva: "Fiz a observação de que as exigências mínimas que definem a personalidade ética referem-se a uma capacidade e não à realização dela. Um ser que tem essa capacidade, esteja ela já desenvolvida ou não, deve receber a plena proteção dos princípios da justiça. Como se considera que as crianças têm os mesmos direitos básicos (geralmente exercidos em seu nome pelos seus pais ou responsáveis), essa interpretação das condições exigidas parece necessária para uma adequação aos nossos juízos ponderados" (*TJ*, p. 565).

político normativo de pessoa, Rawls estabelece o mais fundamental para a convivência numa democracia constitucional.

Assim, a ideia de pessoas livres e iguais é normativa e não deve ser confundida com a concepção de ser humano. Aqui Rawls se aproxima de Kant, pois, como afirma no § 40 da *TJ*, contrapondo-se a Sidgwick, considera as partes na posição original como semelhantes ao ponto de vista do eu-em-si, ou número, perante o mundo. As partes possuem liberdade para escolher quaisquer princípios, mas querem expressar, mediante tal escolha, sua natureza de membros racionais livres e iguais do domínio do inteligível. Precisam decidir, portanto, quais princípios conscientemente escolhidos e estabelecidos na vida do dia a dia manifestam de maneira mais plena sua independência em relação às contingências naturais e acidentes sociais (cf. *TJ*, p. 280). Logo, agir de acordo com os princípios da justiça, endossados na posição original, expressa, de maneira mais plena, o que somos ou podemos ser, isto é, seres racionais livres e iguais. Nesse aspecto, Rawls enfatiza o caráter autônomo da pessoa. Os princípios da justiça são análogos ao imperativo categórico, ou seja, estabelecendo tais princípios como fundamento de uma estrutura democrática, e agindo de acordo com essa estrutura, estar-se-á agindo de maneira autônoma, como pessoa racional livre e igual. A autonomia é, por conseguinte, o aspecto mais importante a ser considerado da doutrina kantiana. Dessa forma, a pessoa é racional livre e igual quando age – e aqui em um nível não ideal – de acordo com os princípios da justiça. E por esse fato Rawls argumenta que sua teoria, mesmo sendo a posição original uma interpretação procedimental da concepção kantiana de autonomia, está *também* posta dentro de uma teoria empírica (cf. *TJ*, p. 281).

A referência, por conseguinte, à interpretação kantiana da justiça como equidade (§ 40 da *TJ*) pretende enfatizar a autonomia da pessoa ao agir de acordo com os princípios políticos de justiça. Embora Rawls trabalhe, em relação à concepção de pessoa, com duas faculdades morais, a autonomia parece ser uma espécie de terceiro elemento da pessoa derivado do *senso de justiça*. Isso, contudo, parece ser plausível apenas na teoria não ideal; isto é, a pessoa só é capaz de ser racional livre e igual (autônoma) mediante a capacidade de endossar os princípios da justiça, isto é, primeiro ela precisa ter essa capacidade realmente constituída para depois poder agir de acordo com a concepção construída na posição original. Agindo mediante os princípios da justiça, as pessoas se veem racionais livres e iguais, porque esses seriam os princípios que elas escolheriam na posição original. A autonomia não é, pois, uma faculdade moral da pessoa, mas é imprescindível para expressar, numa concepção política de justiça, o caráter de ser racional livre e igual. A concepção normativa de pessoa leva em consideração a base igual entre as pessoas para que não haja favorecimento de alguns. É normativa porque necessita estabelecer os elementos mais gerais sem recorrer, contudo, a aspectos arbitrários.

A concepção política de pessoa contempla, assim, as duas faculdades morais. Até o presente momento, visualizou-se aquilo que *efetiva* a capacidade de ter senso de justiça, ou seja: o justo ou a concepção política de justiça. Constatou-se, pois, que o justo possui primazia sobre as concepções de bem (dado sua escolha autônoma). Ora, isso não impossibilita a realização da pluralidade das concepções de bem na sociedade democrática. O justo não favorece, muito mesmo impõe, uma doutrina do bem. O liberalismo político, antes de tudo, fomenta a liberdade e a equidade política, mas não se preocupa com *qual, como* ou *de que* forma os cidadãos buscam satisfazer seus sistemas de desejos. Sem dúvida, a relação entre o justo e o bem é de complementação.

A relação entre o justo e o bem

Uma concepção política de justiça, própria para sociedades democráticas, não consegue se sustentar se não considerar a multiplicidade de "teorias" sobre o bem. A proposta rawlsiana não considera esse relativismo de "bens" para a construção dos princípios da justiça. No entanto, o justo, ou a concepção de justiça, em momento algum pretende eliminar essas concepções de bem; pelo contrário, numa sociedade democrática o justo e o bem se harmonizam.

> O fato de o justo e o bem serem complementares é ilustrado pela seguinte reflexão: instituições justas e virtudes políticas não serviriam a nenhum propósito – não teriam sentido –, a não ser que essas instituições e virtudes não só permitissem como também sustentassem concepções do bem (associadas a doutrinas abrangentes) que cidadãos podem afirmar como dignas de sua total fidelidade. (*JER*, p. 199)

Rawls pretende demonstrar essa complementaridade entre o justo e o bem examinando algumas ideias do bem. Ele fala, contudo, em *TJ* e *JER*, em seis ideias do bem, mas em *LP* e *PJB* trabalha apenas com cinco ideias. Segue a análise das cinco ideias de bem:

1) *O bem como racionalidade* é, segundo o autor, um ponto pacífico – com suas variações – nas concepções políticas de justiça (cf. *LP*, p. 223; *TJR,* p. 200). A ideia-base presente aqui é que os cidadãos, em uma sociedade bem-ordenada,

possuem, pelo menos de forma intuitiva, um plano racional de vida. A partir desse plano, organizam e planejam suas atividades, e distribuem seus recursos – mentais e físicos – de modo a realizar ao longo da vida sua concepção de bem. Isso não significa que o cidadão estabeleça um plano de vida estático; antes, é dinâmico e, por vezes, os próprios cidadãos se arrependem de ter conduzido a vida de determinada maneira. Esse plano de vida pode ser incomensuravelmente passível de revisão. Rawls enfatiza que ao traçar o(s) plano(s) de vida o cidadão leva em consideração suas expectativas "razoáveis em relação às suas necessidades e exigências nas circunstâncias futuras, tanto quanto podem prevê-las a partir de sua posição atual" (*LP*, p. 224). De acordo com o filósofo, o bem como racionalidade é uma ideia básica a partir da qual se pode elaborar um quadro dos bens primários. Aqui já se estabelece a segunda ideia do bem.[18]

2) Pouco se fala, mas Rawls possui duas teorias do bem. A primeira é nomeada de *teoria estrita* e a segunda de *teoria plena* do bem. A teoria estrita é fundamentalmente a lista dos bens primários, e é temporalmente anterior aos princípios da justiça. Assim, enquanto as partes na posição original não conhecem particularidades, pressupõe-se que todas elas são motivadas por certos bens primários que são essenciais a todos. As partes na posição original sabem tão pouco na posição original que um acordo sobre os princípios da justiça seria impossível (cf. *TJ*, p. 439). Segundo Sandel, a

---

[18] Rawls esclarece esta relação entre bem como racionalidade e bens primários: "O bem como racionalidade representa parte de uma estrutura que desempenha dois papéis: primeiro, ajuda-nos a identificar uma lista desses bens viáveis de bens primários; e, segundo, a confiança numa lista desses bens possibilita-nos tanto especificar os objetivos (ou a motivação) das partes na posição original quanto explicar por que esses objetivos (ou motivação) são racionais" (*LP*, p. 225).

teoria estrita do bem é tal por incorporar supostos mínimos e amplamente compartilhados sobre a classe de coisas que muito provavelmente resultem úteis para todas as concepções particulares de bem e, por conseguinte, compartilhados pelos cidadãos para além de suas diferenças entre seus desejos específicos. A teoria estrita, portanto, se diferencia da teoria plena, uma vez que a primeira não serve para julgar ou eleger entre distintos valores ou fins particulares. A última, por sua vez, é a "terceira etapa", isto é, após a teoria estrita e a posição original, tem-se, então, a busca racional de uma concepção de bem, expresso, muitas vezes, *em* e *por* doutrinas religiosas, filosóficas ou morais.[19] Em vez disso, o liberalismo político encontra nos bens primários uma concepção comum do bem dos cidadãos, ou seja, uma vantagem racional definida por uma concepção política de justiça independente de qualquer doutrina abrangente (cf. *PJB*, p. 301). Esta é a lista dos bens primários que, segundo Rawls, pode ser aumentada caso seja necessário:

> a) os direitos e liberdades fundamentais, que também constituem uma lista; b) liberdade de movimento e livre escolha de ocupação num contexto de oportunidades diversificadas; c) poderes e prerrogativas de cargo e posição de responsabilidade nas instituições políticas e econômicas da estrutura básica; d) renda e riqueza; e) as bases sociais de autorrespeito. (*LP*, p. 228; *PJB*, p. 302)[20]

Essa lista especifica as necessidades do cidadão (diferentemente da teoria plena do bem) enquanto pessoa livre e igual. A ideia subjacente à ideia de bens primários é encontrar uma

---

[19] Cf. SANDEL, *Liberalism and the Limits of Justice*, p. 25.

[20] Rawls afirma que existem no mínimo dois modos de fornecer essa lista. Ver *JER*, § 17.4.

"base política praticável de comparações interpessoais baseada nas características objetivas das circunstâncias sociais dos cidadãos que são passíveis de exame, tudo isso dado o contexto do pluralismo razoável" (*LP*, p. 229). Sandel faz uma ressalva importante neste ponto: embora a teoria estrita do bem seja anterior ao justo – enquanto motivação das partes – não é uma teoria suficientemente substancial para debilitar a prioridade do justo sobre o bem que outorga seu caráter deontológico.[21] Dado isso, diz Rawls: "[...] não há por que não usarmos a teoria plena do bem, já que a concepção de justiça está disponível" (*TJ*, p. 441).

3) A terceira ideia diz respeito às concepções permissíveis de bem na sociedade democrática. Essa ideia já foi, de certa forma, tratada anteriormente. Vale dizer, contudo, que são permitidas as concepções de bem ou doutrinas abrangentes que permanecem nos limites do justo. Só "são permissíveis aquelas concepções de bem cuja busca é compatível com os princípios da justiça" (*JER*, p. 200). A justiça política não indica, portanto, qual concepção do bem deve ser adquirida, mas influencia na quantidade de concepções de bem disponíveis, na medida em que permite apenas aquelas que respeitam os contornos do justo. Assim, embora o liberalismo político possa ser considerado neutro – como já se falou – é "importante sublinhar que nele se conserva a possibilidade de se afirmar a superioridade de certas formas de caráter moral e de encorajar certas virtudes morais" (*PJB*, p. 311). Já se tem aqui a quarta ideia do bem.

4) Dessa forma, a quarta ideia do bem é a das virtudes políticas. "Essas virtudes especificam o ideal de um bom cidadão de um regime democrático" (*JER*, p. 200). Assim, a

---

[21] SANDEL, *Liberalism and the Limits of Justice*, p. 26.

concepção política de justiça inclui algumas razoáveis virtudes que contribuem para a cooperação social. As virtudes da cooperação social equitativa, as virtudes da civilidade e da tolerância, da razoabilidade e do senso de justiça, representam virtudes políticas, não algum tipo de doutrina moral, filosófica ou religiosa. Enfatizando esse aspecto, Rawls argumenta: um regime constitucional que toma certas medidas para fortalecer as virtudes da tolerância e da confiança mútua (desencorajando, por exemplo, a discriminação religiosa ou racial), não se transforma em um estado perfeccionista do tipo encontrado em Platão e Aristóteles, nem estabelece uma religião específica – como os estados católicos e protestantes no início da Modernidade. Pelo contrário, o regime constitucional está tomando medidas razoáveis para fortalecer e favorecer as formas de pensar e sentir que sustentam a cooperação social equitativa entre seus cidadãos (cf. *LP*, p. .243).

5) A quinta ideia do bem responde à crítica de que a justiça como equidade abandona o ideal de sociedade política, concebendo a sociedade como um aglomerado de indivíduos distintos, cooperando exclusivamente para o benefício pessoal ou associativo sem fim comum. Daqui surge também que as instituições políticas seriam apenas instrumentais para fins individuais ou associativos. De fato, a justiça política abandona o ideal de comunidade política se por esse ideal entendermos uma sociedade unida em torno de uma doutrina abrangente. Ora, o bem comum de uma concepção política de justiça só pode ser visualizado – é claro – de modo político. Rawls responde a essa objeção mediante o conceito de sociedade bem-ordenada. Essa significa três coisas: 1) é uma sociedade em que cada um aceita, e sabe que os demais aceitam os mesmos princípios da justiça; 2) sua estrutura básica

(instituições políticas e sociais) é publicamente reconhecida, ou há bons motivos para se acreditar que o seja, como instituições que satisfazem esses princípios; 3) que os cidadãos possuem um senso de justiça efetivo, ou seja, um senso de justiça que os possibilita entender e aplicar os princípios da justiça e agir, na maior parte do tempo, em concordância com eles. Essa é a unidade de uma concepção política de justiça. São elementos comuns que englobam todos e não apenas parcelas dos cidadãos. Assim,

> uma sociedade bem-ordenada, segundo essas especificações, não é uma sociedade privada, pois na sociedade bem--ordenada da justiça como equidade os cidadãos têm fins em comum. Embora seja verdade que não endossem a mesma doutrina abrangente, afirmam a mesma concepção política de justiça; e isso significa que compartilham um fim político muito fundamental e de grande prioridade, qual seja, o objetivo de manter instituições justas e, de acordo com isso, distribuir justiça entre si, para não falar de outros fins que também devem compartilhar e realizar por meio de seus arranjos políticos. (*LP*, p. 250-251)

Além disso, seguindo Rawls, a sociedade bem-ordenada, regida pela justiça equitativa (*justice as fairness*), é um bem em dois sentidos:

5.1) Primeiro, por ser um bem para a pessoa individualmente, e isso por dois motivos: primeiramente o exercício das capacidades morais é percebido como um bem e, segundo, que seu exercício pode ser um bem importante é algo que fica claro em vista do papel central dessas capacidades na concepção política de cidadão enquanto pessoa (cf. *LP*, p. 251). Ao que tudo indica, nosso autor realça, nesse aspecto, que as faculdades morais da pessoa possuem as condições de possibilidade para efetivar-se na concepção política de justiça. Ou, ainda, a concepção política de justiça possibilita o livre exercício das faculdades morais da pessoa.

5.2) A segunda razão para se dizer que a concepção política de justiça é um bem para o cidadão é a seguinte: "[...] ela garante as bases sociais de seu autorrespeito e do respeito mútuo" (*LP*, p. 252). Desse modo, ao aquiescer direitos iguais, igualdade equitativa, em resumo, os bens primários, "a sociedade política garante os elementos essências do reconhecimento público das pessoas como cidadãos livres e iguais" (*LP*, p. 252). Os cidadãos reconhecem que na sociedade regida pela concepção política de justiça podem desenvolver suas faculdades morais – concepção de bem e senso de justiça – porque ela reconhece como base segura apenas aspectos fundamentais e essenciais para a cooperação social; ou, ainda, apenas trata do cidadão enquanto ser autônomo político.

Com isso, Rawls ressalva que o bem desenvolvido em 5.1) e 5.2) não faz parte de uma doutrina abrangente; antes disso, ele faz parte do bem político de uma sociedade bem-ordenada. Portanto, a prioridade do justo não elimina as ideias de bem; pelo contrário, permite (seria impossível e absurdo não permitir) que aflore uma diversidade de concepções de bem, desde que, é claro, se adaptem e respeitem as restrições impostas pela concepção política pública de justiça. "A ideia principal é a de que, dada a prioridade do justo, a escolha de nossa concepção de bem se estruture dentro de limites definidos" (*TJ*, p. 626).

Consideração final

Sandel argumenta que, embora Rawls se aproxime do projeto kantiano, ele não reconhece a ideia de um sujeito transcendental. Para Kant, a prioridade do justo – ou a supremacia da lei moral – e a unidade do "eu" somente poderiam ser estabelecidas mediante uma dedução transcendental e a formulação do domínio do inteligível. Rawls rejeita, sim, a metafísica kantiana, embora acredite poder manter sua força "dentro da estrutura de uma teoria empírica" (*TJ*, p. 281). Isso somente é possível mediante o procedimentalismo da posição original.[22] Ademais, nota-se que Sandel, ao falar na unidade do "eu" na teoria rawlsiana, esteja se referindo, sobretudo, às faculdades morais: senso de justiça e concepção de bem; ou, ainda, à pessoa racional livre e igual (dada no § 85 da *TJ*).[23]

Ainda, segundo Sandel, Rawls possui a prioridade do "eu", ou seja: a pessoa não é meramente um receptáculo de interesses, atributos e propósitos acumulados "impostos de fora", não é um produto das circunstâncias; antes, é sempre um agente irredutivelmente ativo que permite diferenciar-se do contexto e ser capaz de eleição. Esse modo de proceder é,

---

[22] N. Oliveira ajuda a compreender esse aspecto ao esclarecer a diferença contida em Rawls entre "teoria ideal" e "teoria não ideal": entre essas duas teorias existe "uma engenhosa contraposição e complementação [...] visando articular o trabalho metateórico dos procedimentos formais da moral deontológica, de inspiração kantiana, com o seu correlato substantivo normativo: a fim de problematizar a sociedade como ela é, deve-se partir de uma análise teórica (hipotética), qual seja, a de como ela deveria ser, de forma a ser caracterizada como uma sociedade justa. No nível da teoria ideal, encontra-se propriamente a sua ideia de um igualitarismo liberal, através dos conceitos de 'posição original' e da 'sociedade bem-ordenada'. A teoria não ideal procura demonstrar a exequibilidade da justiça como equidade, na medida em que a cultura política, movimentos sociais e reformas constitucionais viabilizam, pelo 'equilíbrio reflexivo', uma aproximação cada vez maior dos ideais de justiça, liberdade e igualdade propostos" (A concepção normativa de pessoa e sociedade em Kant e Rawls:..., p. 23).

[23] Cf. SANDEL, *Liberalism and the Limits of Justice*, p. 23-24.

indiscutivelmente, uma característica da concepção deonto-lógica da justiça, enquanto a primeira argumentação refere-se, de modo geral, à concepção teleológica. Assim, qualquer doutrina do "eu" que se expressa na fórmula "eu sou x, y e z", em lugar da forma "eu tenho x, y e z" (sendo x, y e z dese-jos, interesses etc.), incide no problema do *não* distanciamen-to entre sujeito e sua situação. Para Sandel, isso significa que qualquer mudança na situação do sujeito mudaria a pessoa que ele é. Logo, a identidade da pessoa se confunde indistin-guivelmente com sua situação. Além disso, sob esse aspecto, não há autonomia. Sandel chama esse sujeito de radicalmente situado (*radically situated subject*).[24]

Por outro lado, o aspecto possessivo do "eu" (eu tenho) infere que a pessoa nunca pode resultar completamente con-formada por seus atributos, mas que sempre existem alguns atributos que ela deve ter e não ser. Esse é, consoante Sandel, o quadro no qual Rawls se encaixa. Contudo, isso não re-sulta numa consciência abstrata. Necessita-se que as pessoas vejam seus objetivos de longe, mas não tão longe que a meta desapareça de sua visão. Portanto, para o filósofo comuni-tarista (Sandel), Rawls difere da concepção teleológica do "eu" e pretende, com a concepção política pública de justiça, reverter essa ideia e conceber a unidade do "eu" como algo previamente estabelecido, formado com anterioridade às elei-ções que se realizarão no curso da experiência.[25]

Posto que o "eu" deve sua anterioridade (em relação aos interesses, propósitos etc.) ao conceito de justo, resulta que

---

[24] Cf. Ibid., p. 21.

[25] Cf. Ibid., p. 21-22. Cito SANDEL no original: "The antecedent unity of the self means that the subject, however heavily conditioned by his surroun-dings, is always, irreducibly, prior to his values and ends, and never fully constituted by them" (*Liberalism and the Limits of Justice*, p. 22).

somente pode expressar sua verdadeira natureza quando agir a partir dos princípios da justiça. Assim, as pessoas sentem-se autônomas porque agem embasadas em princípios escolhidos na posição original independente de qualquer influência circunstancial, princípios que elas escolheriam nessa posição. Estão "agindo [pessoas] segundo princípios que reconheceriam em condições que expressam, da melhor forma possível, a natureza de seres racionais livres e iguais" (*TJ,* p. 574). Segue um longo, mas importante fragmento que explicita e justifica isso:

> O desejo de expressar nossa natureza de seres racionais livres e iguais só pode ser concretizado se agirmos concedendo prioridade absoluta aos princípios do justo e da justiça. Essa é uma consequência da condição que impõe o caráter conclusivo: como os princípios são determinantes, o desejo de agir em conformidade com eles só é satisfeito na medida em que for, ele próprio, determinante em relação a outros desejos. É agindo de acordo com essa procedência que expressamos a nossa liberdade em relação à contingência e o acaso. Portanto, a fim de realizarmos nossa natureza, não temos outra alternativa a não ser planejar a preservação de nosso senso de justiça como o fator determinante de nossos outros objetivos. Esse sentimento não se pode concretizar se estiver vinculado a alguma condição e se for ponderado em relação a outros objetivos apenas como mais um desejo entre outros. É um desejo de, acima de tudo, agir de certas maneiras, um esforço que traz em si sua própria prioridade. (*TJ,* p. 639)

Como até este momento foi afirmado, o justo e o bem são complementares, desde que o último, é claro, respeite os contornos estabelecidos pelo primeiro. Doutrinas morais, religiosas e filosóficas abrangentes, enquanto compatíveis com os princípios da justiça, podem receber adeptos. Rawls, no § 85 da *TJ*, comentando a sequência dos quatros estágios apresentados no § 31, afirma que essa sequência – dos estágios – não visa a completa especificação de uma conduta a ser seguida. Pelo contrário, diz ele, "a ideia é a de estreitar os limites dentro dos quais os indivíduos e as associações têm liberdade para promover seus objetivos e a racionalidade deliberativa pode agir segundo os desígnios de cada um" (*TJ*, p. 630). Por conseguinte, a teoria plena do bem pode, sim, ser desenvolvida dentro da concepção política de justiça. A concepção de bem de cada cidadão – definida pelos seus planos racionais – é um subplano do plano maior que regula a comunidade como uma união social (cf. *TJ*, p. 626).

Por fim, a teoria contratualista rawlsiana não é uma metafísica kantiana, embora seja uma teoria próxima, em alguns aspectos, de Kant. Por sua vez, é uma teoria que oferece uma alternativa razoável às concepções teleológicas e perfeccionistas. O justo é o que possibilita ao cidadão ser autônomo, por isso se fala, em Rawls, de uma autonomia política. O cidadão, contudo, pode desenrolar sua vida sob uma concepção do bem, mesmo sabendo que o justo é anterior e possua primazia. Uma teoria política de justiça é, pois, a melhor forma de organizar uma sociedade democrática, pois qualquer teoria da justiça que queira fundamentar-se sob uma ideia de bem pode, como a história já demonstrou, cometer atrocidades e injustiças contra seus cidadãos.

Referências

AUDARD, C. John Rawls e o conceito político. In: RAWLS, J. *Justiça e democracia*. Trad. de Irene A. Paternot. São Paulo: Martins Fontes, 2000.

BARRY, B. *Teorías de la justicia*. Trad. de Cecília Hidalgo. Barcelona: Gedisa, 1989.

FRANKENA, W. K. *Ética*. Trad. de Leonidas Hegenberg e Octanny S. da Mota. 3. ed. Rio de Janeiro: Zahar, 1981.

GOROWITZ, S. John Rawls: uma teoria da justiça. In: CRESPIGNY, A; MINOGUE, K. *Filosofia política contemporânea*. Trad. de Yvonne Jean. Brasília: Editora Universidade de Brasília, 1979.

LARMORE, C. E. *Patterns of moral complexity*. Cambridge: Cambridge University Press, 1987.

MILL, J. S. *Utilitarismo*. Trad. de Eunice Ostrensky. São Paulo: Martins Fontes: 2000.

OLIVEIRA, N. A concepção normativa de pessoa e sociedade em Kant e Rawls: uma interpretação semântico-transcendental. *Dissertatio*, Pelotas, n. 24, p. 23-40, 2006.

RAWLS, J. A prioridade do justo sobre o bem. In: *Justiça e democracia*. Trad. de Irene A. Paternot. São Paulo: Martins Fontes, 2000.

_____. A teoria da justiça como equidade: uma teoria política, e não metafísica. In: *Justiça e democracia*. Trad. de Irene A. Paternot. São Paulo: Martins Fontes, 2000.

_____. *Justiça como equidade;* uma reformulação. Trad. de Claudia Berliner. São Paulo: Martins Fontes, 2003.

_____. *O liberalismo político*. Trad. de Dinah A. Azevedo. 2. ed. São Paulo: Ática, 2000.

_____. *Uma teoria da justiça*. Trad. de Almiro Pisetta e Lenira M. R. Esteves. 2. ed. São Paulo: Martins Fontes, 2002.

SANDEL, M. *Liberalism and the Limits of Justice*. 2. ed. Cambridge (UK): Cambridge University Press, 1998.

Direitos humanos na educação: superar os desafios

*Karen Franklin**

Toda sociedade democrática necessita de cidadãos comprometidos com o respeito aos ideais de liberdade, igualdade e fraternidade. Contudo, a conquista desse comprometimento não é natural e espontânea, ela precisa ser forjada no interior dos sujeitos e da sociedade, enfim, ela necessita ser educada. O processo de humanização é longo e permanente, é um processo que necessita de cuidados e habilidades, comprometimento e liberdade. Dessa forma, o processo educativo tem papel fundamental na qualidade da persuasão que estabelece a humanidade em cada um dos indivíduos. Precisamos pensar propriamente em tornar o ser humano humano. Assim, podemos dizer que a persuasão educativa busca, através dos valores humanos, internalizar e solidificar os princípios de cuidado, zelo e proteção da humanidade do outro. Essa é a

---

* Departamento de Teoria e Fundamentos da Educação da Universidade Federal do Paraná.

linha norteadora da educação em direitos humanos, prevista no artigo 4º, inciso II, da Constituição Federal, claramente inspirada na *Declaração Universal dos Direitos Humanos*. A força legislativa de nossa Constituição garante o compromisso do processo educativo em humanizar os indivíduos.

Não é difícil percebermos que a realidade de sua implementação mostra-se bem diferente e distante das proposições iniciais. A principal dificuldade está em estabelecer critérios universais para o trabalho com direitos humanos no conjunto do processo educativo, pois muitas vezes são considerados direitos de minorias, e abordados pelo viés subjetivo, garantido pela Constituição Federal através de seu artigo 3º, inciso IV, onde diz que é preciso "promover o bem de todos, sem preconceito de origem, raça, sexo, cor, idade e quaisquer outras formas de discriminação". Muitas vezes, a interpretação desse artigo fomenta a particularização dos direitos. Assim, a escola parece ser o universo ideal para a discussão sobre o particular e o universal no processo de humanização dos indivíduos. É nesse local que o comprometimento dos sujeitos com a humanidade pode se manter vivo, pois é um ambiente de formação individual e coletiva. Contudo, o caminho é longo e permeado de sectarismos, ideologias e comprometimentos políticos.

Por causa desta problemática, vemos como positiva a volta da filosofia aos bancos escolares, não para ensinar direitos humanos ou aplicar vivências experimentais aos indivíduos, nem para doutrinar sobre a "correção" dos comportamentos, mas para discutir, esclarecer e viabilizar intelectual e humanamente os sujeitos. Todos necessitam de arcabouços intelectuais, individuais e coletivos, para suportar as ideias de direitos que possam ser estendidos a todos os humanos.

A filosofia pode assumir o papel de agregar as discussões no conjunto da escola, pois ela poderá esclarecer e indicar o caminho para a tolerância diante do outro, ou seja, a tolerância da diferença.

No texto que se segue buscaremos abordar algumas questões que envolvem a educação, os direitos humanos e a filosofia. Abordaremos algumas das dificuldades que encontramos na discussão de princípios e valores no ambiente escolar, que muitas vezes se configuram como impedimento para o adequado esclarecimento dos indivíduos. Nesse sentido, contamos com a filosofia para dirimir e esclarecer as principais dificuldades diante do desafio: superar os aspectos sectários e ideológicos e assumir um compromisso com a humanidade.

Quando a filosofia promove aos indivíduos o esclarecimento, organizando suas ideias, naturalmente eles assumem racionalmente seu papel no mundo. Nesse sentido, propomos e contamos com a filosofia como disciplina norteadora da discussão sobre direitos humanos no ambiente escolar. Nossa proposta se fundamenta na construção e seleção de conteúdos que contribuam para a formação da personalidade do indivíduo, tanto em seus aspectos políticos, morais e sociais como nos epistemológicos. Isso implica absorver definitivamente uma proposta de ensino voltado ao resgate de princípios fundamentais, muito caros a todos os humanos, valores inspirados nos princípios dos direitos humanos, promulgados através da *Declaração Universal dos Diretos Humanos.* Assim, baseando-nos no princípio da universalidade humana, buscamos referendar o papel fundamental da filosofia no ambiente escolar promovendo um maior enfoque em princípios e conceitos universais, tais como: de tolerância, respeito, dignidade e comunidade humana, capazes de consolidar uma formação ética e moral do indivíduo.

Os direitos humanos no ambiente escolar

Frequentemente nos perguntamos se é possível propor perspectivas para a educação baseando-nos na universalidade humana. Desde a *Declaração Universal dos Direitos Humanos*, de 1948, muito já se fez para comunicar e promover os direitos fundamentais à convivência de todas as nações entre si, bem como entre os indivíduos, no seio de sua sociedade. Entretanto, continuamente nos perguntamos se é possível indicar caminhos universais para realidades diversas. Um dos maiores problemas que temos é com a compreensão do que seja universal nos direitos humanos, pois muitas vezes desequilibramos essa compreensão com uma excessiva linearidade de posições ou a nefasta desigualdade compensatória, como sendo o modo mais justo de nos reportarmos às pessoas. Buscamos promulgar nas relações humanas o que é possível. No entanto, só teremos sucesso se compreendermos o que é o "universal humano".

Ao considerarmos o conceito de "universal" como algo capaz de transformar todos os seres humanos em humanidade, implicando aí o acesso igual ao ser, nós nos posicionamos em favor de uma igualdade de origem. Após esse primeiro acesso, nós nos tornamos singulares e diversos. No entanto, sempre cabe a todos os indivíduos o mesmo processo inicial e a mesma pertença à humanidade. Dessa forma, podemos tomar a universalidade do direito à educação como um norteador da formação humana em todos os níveis. Um direito à educação como um direito à humanização de todos os humanos.

E será na persuasão educativa que se formarão nos jovens as condições físicas e intelectuais para tornar o direito de todos um direito próprio, ao mesmo tempo que o direito individual será estendido a todos. Esse dilema entre o particular e o universal terá de ser discutido e seu conteúdo se converterá em vivência efetiva dos princípios dos direitos humanos.

O processo educacional dos sujeitos é capaz de fazer a diferença nessa compreensão. Longe das antigas revoluções socialistas, e das novíssimas revoluções tecnológicas, falamos de uma revolução humana. Depois de um século voltado à sustentação do conceito de indivíduo, de particular e de *persona*, temos de enfrentar, novamente, o alargamento do humano. O século XXI é decisivo nessa empreitada. Para isso devemos nos comprometer: 1) a transformar o individual em coletivo, sem exigir que as pessoas se associem aos partidos, sociedades ou organizações; 2) a transformar o particular em universal, sem exigir que se abra mão das conquistas pessoais, sejam econômicas, familiares ou de *status* social; 3) a redimensionar o conceito de universal como um compromisso de todo aquele que é humano, alargando esse conceito para as múltiplas facetas do viver no mundo. Compromissos como esses podem ser centralizadores da vivência humana no ambiente escolar, pois o que almejamos para o futuro deve iniciar-se no presente. As vivências serão decisivas para as ações futuras, a persuasão humanizada será fundamental para superar as dificuldades.

O artigo 26 da *Declaração Universal dos Direitos Humanos* afirma o direito à educação para todo ser humano. Contudo, declarar um direito não é a mesma coisa que sentir que se tem esse direito, que compreender quando esse direito não lhe é acessível ou a quem recorrer para exigir seu cumprimento. No percurso escolar, a tutela dos jovens passa aos poucos por mudanças, seja dos pais ou responsáveis, seja do Estado e das instituições que surgem na vida civil dos jovens. Esse momento é propício para a vivência dos diretos humanos, pois não basta saber que existem direitos e deveres, não basta comunicá-los eventualmente, é preciso inculcá-los nos humanos através da educação. Essa pode ser uma das contribuições da filosofia no ambiente escolar, mas não apenas essa. A filosofia contribui também para o esclarecimento dos procedimentos através da ética e da filosofia política, da metafísica e da estética. Proporcionar uma ampla discussão capaz de transformar teorias e concepções em exercício moral destinado a si mesmo e aos outros já é trabalho suficiente, porém produzir humanidade é assumir o compromisso em esclarecer também as relações entre o individual e o universal através da tolerância e da vontade de paz.

Quando sugerimos que as discussões sobre os direitos humanos devem fazer parte dos currículos escolares, também assumimos o compromisso de esclarecimento e convalidação de experiências humanas significativas. Se o compromisso da educação, em geral, é formar um cidadão a partir de sua humanidade e não um ser voltado simplesmente ao mundo do trabalho ou à eficiência intelectual, então os conteúdos formativos do caráter e do bem pensar devem ser prioritários. Sob esse ponto de vista, devemos entender que temos o compromisso de formar pessoas capazes de compreender e desejar para si os conceitos mais fundamentais da convivência humana, conceitos que estão intrinsecamente ligados à *Declaração Universal dos Direitos Humanos*. Dessa forma, a educação que assume tal compromisso se esmera em proporcionar aos jovens vivências capazes de os conduzir à compreensão de conceitos fundamentais para ações justas e humanas, tais como: respeito, dignidade, tolerância e vontade de paz.

O princípio de universalidade dos direitos humanos

Quando afirmamos que a filosofia tem papel fundamental na discussão sobre os direitos humanos no ambiente escolar, não pensamos na exclusão dos aspectos estéticos, epistemológicos ou metafísicos das questões. Por isso, o aprimoramento das discussões sobre direitos humanos deveria ser considerado urgente na formação de professores de filosofia. Gostaríamos de pontuar que, melhor do que as infrutíferas incursões nas temáticas éticas e políticas fundamentadas em ideologias sociológicas que se apresentam nos livros didáticos, a discussão filosófica deveria apresentar-se como um meio de esclarecimento sobre a humanidade dos direitos humanos. Nesse sentido, deveríamos esclarecer a ligação entre conteúdo intelectual das questões humanas e sua necessária ligação com o mundo da vida como mote principal das abordagens. Esse trabalho pode trazer luz a considerações efetivas sobre o dia a dia dos estudantes. Devemos proporcionar a eles a possibilidade de postular um pensamento original no horizonte de possibilidades das discussões políticas, éticas e morais.

A filosofia poderá conduzir as discussões sobre a temática dos direitos humanos através das questões éticas e políticas. Poderá fomentar nos jovens uma vontade de ampliar o rol de perspectivas humanas, através do esclarecimento sobre o papel do indivíduo no processo de humanização da sociedade. O estudo dos principais conceitos que compõem o que chamamos de direitos humanos mostra-se compreendido num conjunto de conteúdos viáveis à discussão filosófica e com um apurado grau de profundidade. Dessa forma, o investimento na disciplina de filosofia no ambiente escolar pode e deve ser visto como um aprofundamento no grau de observação dos direitos básicos e fundamentais de todos os humanos. Através de seu estudo o jovem conhecerá e compreenderá os aspectos determinantes da sua cidadania. Na verdade, o jovem necessita compreender a complexidade que é a vida, compreender como o respeito aos direitos do outro reflete no respeito à sua pessoa. Enfim, proporcionar uma compreensão da vida e da responsabilidade pessoal diante da humanidade. Para isso é preciso esclarecer o princípio que norteia toda essa teoria, a saber: o princípio de universalidade.

A questão da universalidade dos direitos humanos deve sempre levar em conta a própria história humana, que afirma sistematicamente que temos a mesma origem. "Em todas as sociedades humanas há uma espécie de acórdão em relação às origens comuns entre os homens, sejam elas percepções religiosas, antropológicas, biológicas ou mesmo mitológicas.[1] Os contratos humanos, sejam originais ou não, são a expressão do desejo de igualdade de todos os humanos e, nesse sentido, só podemos educar na perspectiva de afirmar a universalidade vinculada aos conceitos de respeito, dignidade, tolerância e paz. No ambiente escolar, essa controvérsia entre universalidade e multiplicidade ou diversidade se acirra de forma imperiosa, os jovens se identificam ou não com seus pares. Vemos que, justamente nesse momento do desenvolvimento pessoal e intelectual dos jovens, cabe à filosofia buscar discu-

---

[1] FRANKLIN, Karen. Educação: uma forma de promover os direitos humanos? In: AGUIAR, Odílio; PINHEIRO, Celso de Moraes; FRANKLIN, Karen. *Filosofia e direitos humanos*. Fortaleza: Editora da UFC, 2006. p. 221.

tir e auxiliar a compreensão do que seja universal e humano e do que é individual e diverso. A proposição de esclarecimento sobre a importância do pressuposto de universalidade através de discussões fundamentadas agrega qualidade ao processo educativo dos jovens.

Quando nos referimos ao conceito de universalidade e à sua importância na formação humana, estamos, ao mesmo tempo, propondo um alargamento da ideia de individualismo e de coletivismo. Universalismo implica o reconhecimento de todos e não apenas de alguns como iguais. Dessa forma, a igualdade, diferentemente do que se pode pensar num primeiro momento, não significa uniformização. Com isso, o princípio que deve reger a ideia de universalização é a liberdade. Nesse sentido, não podemos pensar em uniformização, pois a liberdade estaria afastada. A universalização é, primeiramente, contrária à ideia de simples uniformização ou padronização. O princípio de universalidade está afinado com a ideia de liberdade no sentido de sermos livres para escolher o caminho que consideramos melhor. Ao contrário da uniformização, onde somos obrigados ou coagidos a agir desta ou daquela maneira. A liberdade da universalidade nos dá a possibilidade de compreendermos as diferentes escolhas, compreendermos quais as razões que nos levaram a tal deliberação. Dessa forma, podemos discutir se toda ação contrária ao princípio de uniformização será um desacato à lei ou ao costume, ou, ainda, se toda ação contrária ao princípio de universalização estará em desacordo com o sentido de humanidade e de liberdade. Essas questões permeiam o esclarecimento sobre os conceitos de liberdade, universalidade e humanidade diante dos direitos humanos.

A partir da ideia de universalização podemos compreender as relações com os conceitos de tolerância, respeito e dignidade humana. A ideia de universalização mantém uma relação estreita com a ideia de liberdade, e por sua vez esta esclarece o conceito de tolerância. Só é possível tolerar, no sentido amplo do termo, quando compreendemos que, por meio da liberdade, somos livres para escolher o que queremos ser ou fazer. A liberdade, trazida à luz pela universalização, garante a todos o poder de escolha e deliberação. Quando possibilito uma percepção de minha própria liberdade, isto é, sabendo-me livre para optar por aquilo que considero melhor, e sabendo que todos, universalmente, também o são, então posso tolerar as diferenças. Dessa forma, não é impossível compreender uma escolha diversa da minha, uma vez que sei que todos são iguais em sua liberdade. Isso significa dizer que todos podem optar pelo que melhor lhes convier. Nesse sentido, tolerar o diferente não é algo imposto, determinado e obrigado por uma ideia de uniformização geral. É algo que se aprende com a compreensão da ideia de universalização. Pois, para tolerar o múltiplo, o diverso, é fundamental que detenhamos a ideia de universalização. Se o jovem possuir a convicção de que é parte do todo, da humanidade, poderá refletir com mais atenção quando se deparar com o diferente, tolerando-o como igualmente parte do todo.

O princípio de universalização dá, ao mesmo tempo, a garantia de respeito e dignidade, visto que garantimos nosso direito ao respeito quando respeitamos os outros. Cada indivíduo é digno e merecedor de respeito, pois são membros, de igual valor, da humanidade. Dessa forma, a ideia de universalidade, trazida à luz pelo conceito de humanidade, coloca o jovem frente a frente com o dilema de respeitar se quiser

ser respeitado, tolerar se quiser ser tolerado. A completa compreensão da profundidade do termo "humanidade" a ser desenvolvida pela filosofia no ambiente escolar proporcionará uma melhor compreensão do lugar de cada um no conjunto humano. Fazendo parte desse grande grupo humano, os jovens devem agir colocando-se no lugar do outro. Se partem da ideia de que são, ao mesmo tempo, indivíduos e humanidade, esses jovens conseguirão compreender que tudo aquilo que fazem para o outro, por mais diferente que esse possa parecer, estarão fazendo para toda a humanidade.

Com isso, o princípio de universalização garante não apenas a liberdade, mas também a tolerância, o respeito e a dignidade humana. Valores caros àqueles que pretendem e buscam uma sociedade melhor e mais justa. As diferenças, ao contrário do que pode parecer num primeiro momento, são garantidas pela ideia de universalização. Com isso, queremos ressaltar que um estudo que procure determinar os fundamentos de direitos que possam ter validade universal podem servir não apenas às discussões filosóficas no ambiente escolar, mas também a todo processo de formação do jovem. Tendo como base a compreensão de homem, mantemos o alargamento do conceito de humanidade. Compreender que os "homens devem ser a fonte da lei, isto é, autônomos, no sentido de darem a si mesmo suas leis. Ao mesmo tempo são portadores, são merecedores de dignidade própria, se tornando paralelamente membros de um povo, cuja maior característica é o direito soberano a se governar".[2] Nesse sentido, a compreensão do caráter universal dos direitos humanos é uma porta para a aceitação da necessidade de tolerância

---

[2] PINHEIRO, Celso de Moraes. O caráter universal e necessário dos direitos humanos. In: AGUIAR, Odílio; PINHEIRO, Celso de Moraes; FRANKLIN, Karen. *Filosofia e direitos humanos*. Fortaleza: Editora da UFC, 2006. p. 316.

e paz entre as pessoas, pois é a essa convivência que o jovem está imerso nos ambientes que frequenta. Os direitos humanos emprestam esse caráter universal, pois, como já foi mostrado, não podemos falar de um direito que pretenda ser humano sem ser universal. Compreendida dessa forma, a ideia de universalidade provoca uma obrigação de reflexão sobre a diferença, sobre o respeito, sobre o pluralismo, sobre a tolerância e, principalmente, sobre a liberdade. Esse parece ser um relevante papel a ser desempenhado pela filosofia no processo educativo, pois, na interface entre as temáticas éticas e políticas, esses conceitos se mostram além da mera abstração, da ideologia ou da simetrização de pensamento, elas se apresentam como fundamentais para a conquista da própria humanidade. É nas discussões filosóficas que o jovem vai se descobrir humano, além de se descobrir responsável pela humanidade. Significativo aqui é considerar o que Höffe chama de tolerância ativa que

> não deixa apenas a outra pessoa viver como quer, o que aliás é exigido por lei. Assente também espontaneamente ao direito do outro a sua vida, liberdade e vontade de desenvolvimento. Fundamentada na liberdade e dignidade de todo homem, essa tolerância combina a capacidade para a própria alteridade como o reconhecimento do outro como sendo de igual valor.[3]

Esse sentimento de compreensão do outro é fundamental para os jovens respeitarem a dignidade humana em qualquer situação.

---

[3] HÖFFE, Otfried. *O que é justiça?* Trad. de Peter Naumann. Porto Alegre: Edipucrs, 2003. p. 112.

A controversa identificação dos direitos humanos universais

Os direitos humanos universais não são compreendidos da mesma forma por todas as correntes de pensamento, a controvérsia oriunda disso leva a diferentes pontos de vista sobre o humano. Essa falta de clareza dos conceitos empregados na discussão sobre os direitos humanos como universais leva a inconsistências na compreensão global da finalidade da educação. Aquilo que encontramos atualmente como pressuposto da educação no Brasil é resultante de ideias relativistas, apresentadas como solução às dificuldades de compreensão do caráter universal e necessário de direitos e valores humanos. Graças à falta de entendimento sobre os fundamentos mais determinantes de direitos que possam ser chamados de direitos humanos, criou-se uma corrente de pensamento que valoriza o argumento relativista para uma análise dos valores humanos. Essa corrente afirma que não há nada universal nos direitos humanos, que os fatos comprovam uma impossibilidade de igualdade. Antes, esses são produtos de uma criação de alguns grupos dominantes e que, na tentativa de propagar seus valores, propõe um conjunto de regras que não podem valer para todos. A partir dessa premissa, segue-se que os mais variados grupos podem estabelecer seus princípios de maneira individual, afastando-se do universal. A variedade empírica, diversificada nos grupos humanos, proporciona a esta teoria a certeza de que não há possibilidade de falarmos em universal em termos práticos. A essa diversidade cultural, empiricamente observada, dá-se o nome de pluralismo. Em contrapartida, apenas reconhecendo essa pluralidade de possibilidades humanas é que podemos pensar em universalidade.

O pluralismo é visto, pela corrente relativista, como o fator mais relevante e determinante na questão dos direitos humanos. Nesse sentido, teríamos uma impossibilidade de fixarmos características comuns aos seres humanos para além das fronteiras culturais, antropológicas e epistemológicas. Tudo estaria determinado, por exemplo, pelas condições geográficas de cada indivíduo. Dependendo da localização e situação de seu nascimento, a perspectiva de cada indivíduo pode ser apenas isso ou aquilo que é permitido no lugar. A liberdade é mínima, a humanidade também. Ao afastar a possibilidade de encontrar algo de universal no indivíduo, a humanidade perde o sentido. No máximo, poder-se-ia falar de características gerais, comuns a um determinado grupo humano. Seria inviável a tentativa de expansão de qualquer valor para todos os humanos. Ora, pensando assim ficaria determinada a impossibilidade de uma educação capaz de reafirmar o universal. Se afastarmos essa possibilidade, afastaremos também a possibilidade da filosofia esclarecer os princípios universais. Se não há condições para a universalização de conceitos, como pressupor que a filosofia poderia esclarecer valores humanos universais? É justamente aqui que percebemos a importância de nos afastarmos dessa concepção e definitivamente tomarmos a filosofia como centralizadora das discussões sobre valores humanos mais fundamentais, que devem ser tomados como universais. Valores capazes de efetivamente inculcar em todos os humanos a urgência da posição sobre a universalidade dos direitos humanos.

Por isso, postular a temática dos direitos humanos como conteúdo corrente das discussões filosóficas no ambiente escolar procurará valorizar o caráter universal esquecido pelo relativismo e pluralismo cultural. O que deveria ser ressaltado é a condição humana de cada indivíduo e não o sectarismo da origem, do gênero ou da condição social. Se pensarmos em valores éticos que possam ser universalizados de alguma maneira, ficará mais simples para o jovem compreender o porquê da necessidade de respeitar e tolerar o outro no que toca à origem, ao gênero e à condição social. É importante ressaltar, como bem lembra Celso Lafer em *A reconstrução dos direitos humanos*, que eles são um conjunto de direitos que expressam valores da pessoa humana. Observar que cada indivíduo é único enquanto pessoa, mas que faz parte de uma comunidade maior, que é a própria humanidade. Dessa forma, sua educação deve caminhar para a expansão da tolerância e de uma sociedade que preza respeito e caráter.

Negar o caráter universal dos direitos humanos é negar a própria humanidade. Tais direitos devem ser universais pelo simples fato de que todos os seres humanos possuem direitos fundamentais. E, precisamente, esses direitos fundamentais é que devem ser ensinados e exercitados no processo educativo. Fazer ver e descobrir que existem direitos básicos para todos, indistintamente, é ensinar caráter, é formar o cidadão ativo. Assim, a verdadeira emancipação está fundada no respeito, na tolerância e no desejo de paz. Se o processo educativo sempre é longo e difícil, pois o desenvolvimento das personalidades está, a todo momento, sendo desafiado, também é longo e difícil a construção de uma cultura de tolerância e desejo de paz. O pensamento vai-se construindo à medida que se esclarece; da mesma forma, a vivência dos direitos humanos se solidifica na compreensão da própria humanidade. No entanto, o esclarecimento não se dá apenas na comunicação de que há direitos e que esses são comuns; é preciso que se vivenciem o respeito e a tolerância. O pensamento crítico surgirá quando o jovem puder dar razões para suas ações, razões capazes de serem compreendidas e aceitas por todos. Isso implica compreender que a liberdade do pensar é inerente ao processo de descoberta dos direitos fundamentais, e que esses possuem caráter necessário e universal.

Devemos ressaltar ainda que, ao formular os questionamentos necessários para as discussões sobre direitos que possam ser considerados humanos e universais, estaremos, ao mesmo tempo, mostrando a importância das obrigações que se seguem a qualquer lei. O caráter universal dos direitos humanos, que nos obrigam a pensar no todo, também reforça uma ideia esquecida atualmente, a saber: a ideia de que todo direito traz também consigo uma obrigação. Fazer pensar em direitos fundamentais, que possuam validade universal, desperta o pensamento sobre a tolerância, o respeito e o desejo de paz, mas também a certeza de que devemos tolerar, respeitar e zelar pela paz. Conceitos como esses, tão fundamentais para o desenvolvimento de um espírito crítico e esclarecido, impulsionam o indivíduo a se colocar no lugar do outro para resolver ou pensar nos conflitos. É através desse exercício humano que valores, tão caros para a cidadania, surgem com mais rigor e força.

Argumentos para o filosofar sobre os direitos humanos: o problema da concepção de vivência crítica na escola, a liberdade e o despertar ético

A ideia central da temática direitos humanos inserida no ambiente escolar através da filosofia deve afastar o preocupante tratamento ideológico das questões. Se observarmos os conteúdos daquilo que encontramos nos livros didáticos sob a nomenclatura de ética, filosofia política ou cidadania, podemos perceber a triste realidade de um passado dolorido e ainda não resolvido para muitos professores. Infelizmente, ainda encontramos, em grande número, professores de filosofia que acreditam que os jovens devem ser levados a pensar e refletir criticamente através de um discurso ideológico. Não nos é difícil perceber as tendências que cercam a escola brasileira de hoje. O mais preocupante é quando a política partidária e as ideologias ultrapassam as fronteiras do discurso vazio e penetram nas aulas de filosofia, pois a partir daí não temos mais como educar para a liberdade. A ideologia não é, nunca foi e jamais será sinônimo de filosofia. Se realmente buscamos fomentar a capacidade crítica dos jovens, seja qual for a definição que queiramos dar ao termo "crítica", não será por meio de ideologia que isso acontecerá. No máximo, desviaremos sua atenção para outro lado, mas não necessariamente através de um real pensamento crítico. Por isso, não podemos esquecer os conceitos mais básicos ensinados pelos grandes filósofos que devem fazer parte integrante do filosofar em sala de aula e, entre esses conceitos, o de crítica.

Não seria lícito tomarmos o sentindo ideológico de emancipação, como querem muitos. Antes, temos de compreender que crítica implica análise de todas as variáveis, de todas as possibilidades que envolvem uma questão. Não há verdadeira crítica sem conhecimento das múltiplas faces do problema. Ora, o que encontramos frequentemente nas aulas de filosofia, como também no ensino em geral, é um abandono do múltiplo em prol do único. Talvez por ser mais fácil controlar os pensamentos e determinar o valor das ações desejáveis. Acredita-se que o aluno desperta e se emancipa quando pensa como o professor. Nada mais errado, nada mais vil. Como sabiamente afirma Kant: *sapere aude!* (pensa por ti mesmo). Parece-nos que este é o verdadeiro espírito crítico e emancipado. Eis o que seria justo buscarmos na educação através da filosofia na escola.

O discurso que propõe uma educação emancipatória busca, em última instância, aproximar o aluno de uma verdade, no fundo, alienante. Ao introduzir nas aulas de filosofia a relativização dos valores, a mera crítica pela crítica, o professor, em nome dessa emancipação, promove uma efetiva alienação política do jovem. Apresentar uma linha igualitária de pensamento como a detentora da certeza do bom caminho é o melhor resumo do que seja alienação. E é justamente isso que muitos professores levam a termo nas aulas de filosofia atualmente. Em nome de um despertar crítico, o aluno se afunda num mar de certezas únicas, unilaterais, iguais, que desrespeitam a própria tarefa da filosofia, bem como o prepara para uma atuação alienante no mundo. Precisamos proporcionar ao jovem a possibilidade de construção de seu caráter a partir de múltiplas escolhas, bem como da responsabilidade por todas essas escolhas. Que elas não sejam apenas revolucionárias porque é a idade das contestações, que elas não sejam intimidatórias porque é a idade dos desafios. Na verdade, proporcionar uma vivência autêntica é proporcionar uma possibilidade de viver a liberdade plenamente.

A inclusão da temática dos direitos humanos deve oferecer aos jovens a possibilidade de avaliar, analisar, pesquisar e refletir sobre a necessidade da obediência às regras mais fundamentais da convivência humana. Não um estudo que apenas ofereça mais um conjunto de regras a ser memorizadas e obedecidas, mas um conjunto de reflexões que façam sentido em relação ao mundo em que vivem. Fazer o jovem descobrir o valor da universalidade o fará ver que, apesar das diferenças empíricas e factuais, somos membros de uma comunidade, a saber: da humanidade. Nesse sentido, propor que a filosofia seja a norteadora de um pensamento educacional comprometido com a discussão e promoção dos direitos humanos é também propor que se exercite a humanidade em cada um de nós. É urgente compreender que a relativização dos valores humanos apenas confunde e propaga cada vez mais a intolerância, o desrespeito, a violência e a insociabilidade dos jovens. É importante assinalar que não falamos de valores únicos, mas sim universais, valores capazes de ser compreendidos por todos os membros de uma comunidade. Expressivo papel a ser desempenhado pela filosofia é justamente este: fazer o jovem perceber que naquilo que é mais essencial somos iguais.

Longe pretendermos uma uniformização do pensar ou do agir, apenas assinalamos que a filosofia deve proporcionar a reflexão sobre o todo humano, não esquecendo que a multiplicidade faz parte dessa universalidade. Que sermos diferentes, nos mais variados aspectos, é parte constitutiva do humano em sua humanidade. Dessa forma, é preciso compreender que a multiplicidade de cultura, valores, disposições etc., é um dos fatores que contribuem para a afirmação de que essencialmente somos iguais. Pois, se podemos ser diferentes, se podemos optar por essa ou por aquela escolha, temos algo em comum, a saber: a liberdade. Aquilo que nos faz ser humanos é universal. E a liberdade é justamente esse fundamento mais essencial da humanidade. Valorizar e descobrir o caráter da liberdade em cada indivíduo é um dos caminhos possíveis para uma educação que se proponha modificar a realidade. Sem percebermos que somos iguais, não poderemos compreender a diferença.

O conceito de liberdade é, sem dúvida alguma, fundamental para o desenvolvimento das ideias que dirigem as questões acerca dos direitos humanos. Graças à liberdade, podemos perceber que somos iguais. Se há uma característica passível de provar a igualdade entre os seres humanos, é a liberdade. Se mostrarmos que somos realmente livres, então a universalidade dessa ideia encontra-se definida. Indicar os caminhos da descoberta dessa igualdade ao jovem, a partir da universalidade é, desde já, seguir a proposta kantiana de ensinar a filosofar. A liberdade de escolhas que determinam nossa vida, ao contrário da determinação puramente instintiva dos animais, serve para mostrar o caráter racional e livre de nossos atos. Se considerarmos que o instinto animal determina tudo aquilo que ele pode ser, então não há como falarmos em outra coisa que não em um determinismo natural. Ao contrário dessa posição, os seres humanos são passíveis de escolha. São livres para determinar-se. Não são guiados apenas e totalmente pelos impulsos instintivos dados pela natureza.

Antes, são livres para escolherem aquilo que pretendem ser e o modo como atingirão isso.[4]

Não podemos ser ingênuos ao ponto de pensar que a liberdade significa um afastamento por completo dos instintos e determinações, não apenas naturais, mas também sociais e culturais. Obviamente, todos os seres humanos sofrem muitas influências, que por vezes impedem a plena liberdade. No entanto, é fundamental compreendermos que, apesar de sofrermos tais determinações, ainda somos livres para escolher e deliberar. A natureza, assim como a sociedade, a cultura, ou o Estado, não são totalitários em nossas escolhas. A liberdade sobressai de forma contundente quando busca a renovação, a melhoria e o progresso da humanidade. Assim, podemos compreender que a liberdade é determinante para a afirmação de que somos seres humanos e, nesse sentido, perceber que não há humanidade sem liberdade.

Esclarecer o jovem sobre o que é liberdade, e sua relação com a humanidade, pode ser um papel importante da filosofia no ambiente escolar. A partir do cotidiano individual, é possível buscar o fundamento filosófico que provoca e motiva a ação. Dessa forma, se considerarmos que sem liberdade agimos puramente por instinto e, portanto, de forma determinada, então poderemos mostrar a importância da descoberta da própria liberdade para a humanidade. Não a liberdade da ação sem responsabilidade, mas a verdadeira liberdade, aquela que, sabendo-se universal, compreende que o outro é merecedor de respeito, de dignidade e de tolerância.

A liberdade é, ao mesmo tempo, ponto inicial e final das considerações filosóficas na sua temática ética e poderá se

---

[4] PINHEIRO, Celso de Moraes. *Kant e a educação;* reflexões filosóficas. Caxias do Sul: EDUCS, 2007. p. 40-45.

desenvolver de forma criativa e significativa quando discutimos conceituações da filosofia política. Com isso, o cotidiano serve como motor propulsor na compreensão de temas fundamentais da filosofia. Essas temáticas atingem, através de análises consistentes e significativas, uma finalidade real e efetiva para o jovem. Ao descobrirem que não há limites para a reflexão, que a liberdade, trazida à luz pelos direitos humanos, ultrapassa os limites dos mesmos e faz-se notar como fundamento de toda ação humana. Desde o relacionamento com o colega ao lado até o posicionamento internacional do país, o jovem pode compreender sua inserção na realidade global. A liberdade indica e faz ressaltar o caráter humano de cada indivíduo. Aquilo que antes parecia difícil compreender, que o universal é princípio do múltiplo e da diferença, torna-se, com a análise do conceito de liberdade, mais acessível ao jovem. A universalidade do ser humano é mostrada, com toda a sua força, pela liberdade. Por que somos livres, somos humanos.

Para buscar uma vivência escolar significativa, os jovens não devem ser estimulados apenas a alcançar índices satisfatórios nas disciplinas curriculares, devem também vincular-se a compromissos assumidos como indivíduo e grupo. Devem estar voltados à formação integral da sua *persona* e a escolha deliberada de valores que sustentem suas ações. E é nesse sentido que podemos dizer que as discussões filosóficas podem elucidar perspectivas morais e éticas, esclarecendo o indivíduo e o grupo sobre o princípio sob o qual agem.

De outra forma, quando falamos de humanos também falamos de suas fragilidades, de sua animalidade e incapacidades de lidar com emoções e dificuldades. Perguntamos: a violência individual está associada à violência doméstica, à baixa autoestima ou ao descaso humano? Como enfrentar situações desesperadas se não compreendemos sua motivação? Os meios de comunicação estão recheados de notícias sobre jovens que matam, agridem, violentam e destroem bens e pessoas, porém o diagnóstico final sempre está relacionado à má educação particular, ao abandono emocional ou intelectual. É certo que existem os casos patológicos, mas também existem os casos banais ligados à falta de vivência moral e ética de grupos, famílias ou indivíduos. Caso exemplar: a agressão bárbara ao índio pataxó Galdino Jesus dos Santos, ocorrida em Brasília em 20 de abril de 1997, em que os jovens agressores argumentaram, em sua defesa, que pensaram ser um indigente e não um índio. A compreensão equivocada do que seja humano se reflete no argumento empregado pelos jovens de classe média, estudantes de escolas particulares, e a maioria com pais presentes. O que ocorreu ali? Não tinham presente a compreensão do que é ser humano? Ateariam fogo a qualquer outro ser vivo, fossem eles cães ou gatos, ou apenas a um humanóide indigente, um "não gente"? Questões como essas surpreendentemente fazem parte de nosso cotidiano, aqui vemos claramente a incompreensão intelectual dos jovens sobre o ser índio, ser indigente ou ser humano. Um erro conceitual ou um erro ético que desencadeia ações moralmente reprováveis?

Muitos são os exemplos que podemos levantar aqui, tal como o *bullying*, que está presente em todas as escolas brasileiras. Esse fenômeno revela o que os jovens estão sentindo: têm medo de ser agredidos, por isso imediatamente passam a agredir como forma de prevenir-se de agressão. A percepção de que a ação preventiva, violenta ou não, deve ser prioritária para quem não quer sofrer a agressão. Aqui, claramente, encontramos a incompreensão do que significa vivência e convivência humana. Na verdade, é um círculo vicioso que transforma jovens em agressores por pressão e medo do próprio meio em que vivem. O que precisamos fazer é ajudá-los a compreender conceitos como poder, violência, tolerância e medo, pois eles expressam o medo do diferente, medo de render-se ao diferente, medo da rejeição à diferença. O que aconteceu com o índio Galdino é exemplar na incompreensão do que seja humanidade. O despertar ético pode ser motivado pelo esclarecimento dos pequenos atos de violência do dia a dia escolar, que muitas vezes nem são percebidos como agressões e atitudes contra a dignidade humana. Conhecer e vivenciar experiências edificantes do caráter humano poderá ajudar os jovens a estruturar-se como seres humanos, capazes de perceber e respeitar a humanidade sob qualquer forma. Estamos cientes de que as discussões filosóficas no ambiente escolar não solucionam todos os problemas das relações pessoais, porém esclarecem que as ações motivadas pela violência ou incompreensão são de inteira responsabilidade do praticante e não apenas do meio, do grupo ou do descaso. O despertar ético está diretamente ligado à capacidade de apropriar-se do humano, respeitando-o como propriedade.

O direito ao pensamento filosófico na escola e os direitos humanos

Considerando as questões abordadas até agora, pensamos que um dos caminhos para dirimir as dificuldades e os problemas seria manter um programa de discussões filosóficas no ambiente escolar que se mantivesse como um fórum de discussão e reflexão permanente sobre pontuais acontecimentos e os possíveis valores que lhes deram origem. Nesse sentido, a filosofia como disciplina curricular pode elucidar, dar sentido e estimular a compreensão intelectual do que seja o humano, habilitando os jovens para a humanidade. Assim, será pertinente considerá-la um direito humano, no sentido de ser também um caminho para o exercício da plena cidadania. Ter acesso a um conhecimento que torne mais humano o ser humano é imprescindível no seu período de formação moral e intelectual.

A educação voltada a valores éticos e morais foi abandonando a escola na mesma medida que ideologias pedagógicas começaram a dominar os processos escolares. A bandeira da democracia nos processos eletivos, sejam políticos, sejam sociais, não veio suportada por uma reflexão apurada sobre valores éticos e morais fundamentais. Com isso a moralidade foi identificada com moralistas tradicionais e bandeiras de igualdade linear foram identificadas como único caminho. Através de palavras de ordem e rebeldia, elas expressavam a desejada Modernidade. Contribuímos muito para o abandono das diretrizes éticas e morais na vivência cotidiana dos jovens, com o fim do acesso às discussões filosóficas em escolas e universidades. Nossa história recente mostra o tipo de cidadão que permitimos surgir. Nós nos deparamos com o mais vil dos quadros, uma perda humana sem precedentes. Surgiu o descaso com o outro, a intolerância com familiares e amigos, a violência generalizada com o mundo. O afastamento do acesso à filosofia na formação dos jovens levou a um abandono da educação individual ética em detrimento de uma educação comunitária compensatória, relegando as grandes discussões humanas a ínfimos pontos de vista morais. A educação humanística tradicional foi deixada de lado em detrimento de uma escola democrática, moderna, ideológica.

Poderíamos afirmar que, em outros tempos, a escola era de melhor qualidade, tinha preocupações mais globais, e que a formação ética e moral seguia como norteadora de uma prática. Contudo, não era democrática, não era para todos, não era aberta ao diverso. Tempos antigos ou tempos modernos, adequar-se ao próprio tempo é urgente para sairmos do impasse entre os saudosistas e os revolucionários. Necessitamos refletir sobre um novo tempo, um tempo que sempre já o foi no próprio tempo da construção do humano. Sem uma intensa dedicação ao desvelar, ao compreender o humano, não poderemos propor educar humanamente. Assim, nesse nosso tempo, urge pensarmos na filosofia com um orientador de novas perspectivas e práticas humanas. Pois ela poderá comunicar, esclarecer e dar vivências humanas autênticas aos jovens.

O direito à filosofia é, então, um direito à liberdade e à humanidade. Ter acesso a opções éticas e morais que não poderiam ter apenas vivendo em nossa sociedade como espectadores, devem ter condições de discutir sobre valores éticos e morais num sentido global, longe de pequenos sectarismos e posições compensatórias. Nossos jovens precisam ser formados com a certeza de que deverão praticar agora e no futuro ações éticas e morais desejáveis a todos os humanos, serão homens e mulheres capazes de compreender seus talentos pessoais e colocá-los à disposição da humanidade. E é nessa interface que consideramos pertinente a educação em direitos humanos através da discussão filosófica. Essa discussão se mistura à compreensão dos princípios éticos capazes de se tornarem universais. Assim, o jovem descobrirá que é um ser capaz de tolerar, respeitar e conviver com a diversidade sem se render a ela, de conviver com o contraditório sem perder sua própria essência. O jovem se aproximará do que lhe é peculiar, do que o faz membro e cidadão de um mundo chamado humanidade. Poderá vivenciar e tornar seu os valores éticos e morais capazes de serem compreendidos por todos os membros dessa comunidade humana. A escola tem a obrigação de garantir o direito de os jovens terem acesso aos conhecimentos filosóficos capazes de os tornar livres. Proporcionando-lhes acesso a conceitos tais como tolerância, respeito, dignidade e desejo de paz, bem como a possibilidade de exercitá-los no dia a dia da escola e da vida, estaremos marcando o símbolo da humanidade em cada sujeito.

Dessa forma, cada vez mais o ambiente escolar é fundamental para desenvolver nos jovens princípios humanos universais. Ela é o universo centralizador de vivências, comunicação e discussões sobre valores éticos e morais pertinentes a toda a humanidade. Os desafios que devemos enfrentar hoje são os mesmos em qualquer outra época, porém é preciso comprometer-se com o outro, na perspectiva de sua humanidade. Esse é o grande desafio. Abalar os alicerces do individualismo extremado dando espaço para o outro, o diferente e o coletivo em nossas vidas.

Referências

AGUIAR, Odílio; PINHEIRO, Celso de Moraes; FRANKLIN, Karen. *Filosofia e direitos humanos*. Fortaleza: Editora da UFC, 2006.

BOBBIO, Norberto. *Igualdade e liberdade*. Rio de Janeiro: Ediouro, 1997.

CONSTITUIÇÃO DA REPÚBLICA FEDERATIVA DO BRASIL. Disponível em: <http://www.planalto.gov.br/ccivil_03/constituicao/constitui%C3%A7ao.htm>.

DECLARAÇÃO UNIVERSAL DOS DIREITOS HUMANOS. Disponível em: <http://portal.mj.gov.br/sedh/ct/legis_intern/ddh_bib_inter_universal.htm>.

HÖFFE, Otfried. *O que é justiça?* Trad. de Peter Naumann. Porto Alegre: Edipucrs, 2003.

LAFER, Celso. *A reconstrução dos direitos humanos*. São Paulo: Companhia das Letras, 1991.

PINHEIRO, Celso de Moraes. *Kant e a educação;* reflexões filosóficas. Caxias do Sul: EDUCS, 2007.

RAWLS, John. *Justiça como equidade.* Trad. de Cláudia Berliner. São Paulo: Martins Fontes, 2003.

14

O fundamentalismo religioso e a paz

Everaldo Cescon[*]

Introdução

Na época em que vivemos, caracterizada pelo fim das ideologias históricas, pela crise do capitalismo e pelo advento da globalização, foi-se criando uma profunda fissura na identidade do Ocidente. "Ameaçado" na fronteira oriental por uma outra compacta e impermeável concepção identitária, a do Islã, e desestruturado internamente pela proliferação de particularismos religiosos, ideológicos e culturais, pelo relativismo ético e pela difusão de concepções ateístas da vida, o Ocidente, nos últimos anos, se viu obrigado a rever o problema da sua identidade.

Quem somos nós? O que é que nos identifica? Edmund Burke defendia que o homem, por sua própria constituição,

---

[*] Universidade Estadual Vale do Acaraú (UVA).

era um animal religioso. Talvez tenhamos de dar razão ao teórico político do século XVIII, visto que, ainda hoje, na ausência de outros elementos sobre os quais fundar a nossa identidade, o recurso à religião parece ser a única alternativa autêntica e eficaz à desorientação existencial e filosófica atual.

Eis a razão do aparecimento, na opinião de muitos teóricos, na cena política ocidental, de alguns novos e bizarros fenômenos culturais e sociais, como aquele chamado dos "ateus devotos".[1] Pessoas e personalidades que, mesmo não acreditando na existência de uma entidade superior, de uma divindade, tornam-se defensores da identidade cultural ocidental fundada sobre a sua experiência confessional e tornam próprios os dogmas, os ideais, os princípios e os fundamentos que antes pertenciam somente aos fiéis.

Dessa forma, nasce o novo horizonte de confronto ideológico e cultural entre o prepotente retorno do confessionalismo e os velhos princípios e baluartes do secularismo. Um secularismo que se torna antagonista dos princípios religiosos

---

[1] A expressão foi cunhada na Itália para representar todos aqueles que pensam que a Modernidade deva manter uma relação com os valores da tradição cristã. Os "ateus devotos" são aqueles que pensam que há campos nos quais não se pode deixar a última decisão ao arbítrio individual. Bento XVI disse que é importante acolher aqueles homens de cultura que aceitam comportar-se segundo os preceitos evangélicos mesmo se não acreditam no Deus cristão. Realmente, os "ateus devotos" não se declaram cristãos. Proclamam-se leigos não crentes, mas defendem as razões "políticas" e também as mensagens evangélicas da Igreja para orientá-las a objetivos políticos. Quando essas mensagens coincidem. Não as aceitam quando os católicos se declaram contra a guerra americana no Iraque. Não aceitam as críticas ao capitalismo. Mas as tornam próprias quando se fala de educação católica, escolas católicas, discriminação em relação aos casais de fato, obstáculos à fecundação artificial, revisão da lei contra o aborto. São, segundo Scalfari, conservadores que, entre as mensagens da Igreja, escolhem as que mais convêm à política conservadora. SCALFARI, E. La *La Chiesa che piace agli atei devoti*. Disponível em: <http://www.repubblica.it/2006/10/sezioni/politica/convegno-chiesa-italiana/chiesa-piace-atei/chiesa-piace-atei.html>. Acesso em: 07 abr. 2008.

inegociáveis – fundamentos da verdade – que constituem a linha de defesa do neoconservadorismo religioso. A palavra-chave, portanto, é fundamento. Nunca como atualmente, dentro da Modernidade ocidental, foi tão importante enfrentar o problema do fundamentalismo.

O fundamentalismo, comum às três grandes religiões monoteístas, distorce a realidade de Deus e bloqueia todas as possibilidades de relações autenticamente humanas.

Tentativa de definição

Historicamente, o termo nasceu em 1909, no contexto da experiência do protestantismo norte-americano, em contraposição às teorias do liberalismo teológico. Entre as palavras de ordem do fundamentalismo encontramos conceitos-chave de uma visão conservadora, fechada e restrita da sociedade: exclusivismo, isolamento, antagonismo, atitude defensiva e agressiva em relação a quem pertence a outros credos ou confissões, ou a quem não professa credo algum, como os ateus ou os agnósticos, mas também em relação aos pertencentes ao mesmo grupo ideológico que, entretanto, mantêm um comportamento e uma atitude não radical, moderada, ou que propõem uma interpretação não restritiva da verdade religiosa.

Quase sempre o termo "fundamentalismo" é usado como sinônimo de fanatismo religioso ou de violência sagrada. Na maioria das vezes, é uma tentativa de um retorno ao passado, às origens míticas de um credo religioso, por isso é geralmente entendido como arcaico e intolerante. Pode ser facilmente encontrado nas grandes religiões mundiais, tanto nas Igrejas como nas seitas.

Quando se fala em fundamentalismo, inevitavelmente nos perguntamos o que o distingue de outras categorias utilizadas para classificar fenômenos à primeira vista semelhantes, tais como o integrismo, o integralismo, o tradicionalismo e o conservadorismo. Conceitos que remetem, no seu todo ou em parte, a atitudes e a comportamentos religiosos de fechamento em relação à Modernidade.

São termos equivalentes ou o fundamentalismo constitui algo específico? Podemos encontrar algumas respostas interessantes nas obras do estudioso das religiões Émile Poulat,[2] do psicólogo Jacques Arènes[3] e de Pierre Lathuiliere,[4] professor na Faculdade de Teologia de Lyon.

O integrismo é uma corrente de pensamento e de ação originada no Catolicismo do século XIX, como reação ao Iluminismo e à Revolução Francesa. O integrismo exprime a exigência de reconquista da função central da religião numa sociedade como a Moderna, que pretende decretar a "morte de Deus" ou funcionar "como se Deus não existisse". Para fazer essa exigência valer, o integrismo considera a doutrina da Igreja Católica um repertório de princípios fundamentais que devem ser aplicados a todas as esferas da vida social, rejeitando a própria ideia de autonomia relativa das esferas do agir humano. O empenho político dos católicos integristas pretende, por consequência, restaurar uma sociedade cristã e um Estado teocrático.

O tradicionalismo, mais do que uma corrente de pensamento, é uma tendência genérica que encontramos em muitas

---

[2] Sobretudo em "L'intégrisme: de sa forme catholique à sa généralisation savante", *Les intégrismes - Revue La Pensée et les Hommes*, n. 2, p. 9-18, 1985.

[3] *Spiritus*, 171, juillet 2003, tome XLIV.

[4] *Pour une théologie de la modernité*. Paris: DDB, 1998.

religiões e que geralmente se exprime com a ideia de que a linha de crença consolidada pelo tempo não deva ser mudada sob risco de desvalorização e empobrecimento. O conservadorismo, ao contrário, se expressa sobretudo no temor da perda de influência social da religião. Em ambas as manifestações, falta a absolutização de um livro sagrado e o mito de uma sociedade das origens que deva ser reproduzida no tempo presente, como ocorre, contrariamente, no fundamentalismo.

A editora da Universidade de Chicago publicou *Fundamentalisms observed: The Fundamentalism Project*, livro organizado por Martin E. Marty e R. Scott Appleby,[5] um trabalho antológico monumental sobre fundamentalismos no século XX. O fundamentalismo vem caracterizado como constituído por elementos de retorno a uma ordem mítica, baseada na rejeição da Modernidade, acompanhada por um controle social radical, pela censura, em nome de uma ideia de sociedade inspirada na religião. Ou melhor: mais do que inspirada, fundada na religião, em textos sagrados. Portanto, fundamentalismo, em sentido estrito, significa restrição à doutrina fideísta. Entretanto, a temática dos diversos capítulos pode nos dar uma ideia da amplidão do problema:

- O fundamentalismo protestante na América do Norte

- O tradicionalismo da Igreja Católica e o ativismo conservador nos Estados Unidos

- O fundamentalismo protestante na América Latina

- O fundamentalismo religioso hebraico: o caso dos Haredim

---

[5] MARTY, Martin E.; APPLEBY, R. S. (eds.). *Fundamentalisms Observed;* The Fundamentalism Project. Chicago: The University Chicago Press, 1991. 890p.

- O fundamentalismo sionista hebraico: os Gush Emunim de Israel

- O fundamentalismo no mundo árabe sunita: Egito e Sudão

- Ativismo xiita no Irã, Iraque e Líbano

- O fundamentalismo islâmico no sudeste asiático

- O hinduísmo militante: da verdade védica à nação hindu

- A dupla espada: fundamentalismo e tradição religiosa dos *sikh*

- As correntes fundamentalistas no Budismo Teravada

- Renascimento islâmico na Malásia e Indonésia

- A procura pelas raízes na Ásia industrial oriental: o caso do revival confuciano

- Fundamentalismo religioso e político no Japão

A partir dessa descrição e de outros documentos, podemos definir alguns pontos firmes e comuns a todos os vários tipos de fundamentalismo que conhecemos:

1) O primado do livro: a referência teológica aos próprios "fundamentos" é identificada em textos do passado fossilizados, divinizados e considerados imutáveis e indiscutíveis e, apesar disso, reinterpretados de modo diferente pelas outras expressões, tradicionais ou "modernistas", dentro de cada religião. O primado significa:

- crença no princípio de inerrância do conteúdo do livro sagrado, assumido na sua integralidade, como uma totalidade de sentido e de significados que não podem ser selecionados (distinguindo, por exemplo, as partes mitológicas daquelas que apresentam uma validade histórica e universal) e interpretados livremente pela razão humana sob pena de distorção da própria verdade que o livro contém;

– assunção do princípio da a-historicidade da verdade e do livro que a conserva; a a-historicidade significa que a razão não pode colocar a mensagem religiosa em perspectiva histórica nem deve ousar realizar um esforço de adaptação às mudanças que acontecem no decurso das vicissitudes humanas;

– pensa-se poder retirar do livro sagrado um modelo integral de sociedade perfeita, segundo o princípio da superioridade da lei divina sobre a terrena, partindo do pressuposto de que a soberania política encontra legitimação unicamente na soberania divina.

A referência a um princípio absoluto leva a imaginar a possibilidade de construir, sobre o modelo ideal da sociedade projetada no livro sagrado, a "cidade terrena", onde é forte o sentido profundo de coesão que obriga a todos aqueles que a ela se referem (a ética da fraternidade).

2) A interpretação fundamentalista é entendida como dogma e aspira ao controle psicorreligioso, econômico e cultural da vida social de mulheres e homens por meio da conquista e do exercício de um poder teocrático que nega a autonomia do Estado de Direito.

3) A organização "moderna" da política permite a essas correntes estruturarem-se em partidos para aceder ao poder concreto inserindo-se numa rede de financiamentos alimentados e sustentados por estratégias locais e globais.

4) As correntes fundamentalistas põem a mulher numa posição nodal, às vezes conflituosa e dramática até às consequências mais degradantes, mesmo quando afirmam agir pela sua salvação e pelo respeito da sua dignidade.

5) Contrariamente às ideias correntes, tais movimentos não se alimentam somente da ignorância, miséria, de frustrações, injustiça social, mas também de elaborações ideológico-políticas e teológicas expressas por ambientes conservadores e oligárquicos urbanos, abastados e economicamente significativos.

6) É um fato relevante que tantas mulheres façam parte de grupos e associações fundamentalistas, mas também é verdade que, ao mesmo tempo, existem inumeráveis grupos e associações independentes de mulheres – e de homens – que se mobilizam em oposição às correntes fundamentalistas e integralistas, criando, dessa forma, uma polaridade significativa, conflituosa e, às vezes, dramática ou violenta.

7) As duas realidades são a expressão de diferentes visões do mundo e de projetos sociais divergentes sobre as questões do Estado, do papel da fé e da religião, da laicidade, dos direitos humanos e civis, da autodeterminação individual.

8) O "retorno ao papel político das religiões": o fundamentalismo, em muitos aspectos, se configura como a retomada de um tema que parecia eliminado da história contemporânea: voltar a falar de Deus e a pensar na sua Palavra (revelada ou não) num mundo que, por pudor ou indiferença, não mais o fazia.

9) A relação da política e do exercício do governo da *polis* com o pensamento religioso e teológico passa a ser repensada. O fundamentalismo é um tipo de pensamento e de prática religiosa que se questiona acerca do vínculo ético que

mantém juntas as pessoas que vivem numa mesma sociedade, sobretudo quando a sociedade é pensada como composta não por indivíduos autônomos e isolados, mas por fiéis que não podem ver a identidade comum de fé reconhecida em todos os campos da ação social.

Diante de sociedades como as modernas, que pretendem ser eticamente neutras, e de modelos de Estado que, por definição, excluem qualquer referência explícita à religião para funcionar, o fundamentalismo se encarrega de evidenciar a falta de fundamentos das relações sociais que deveriam aproximar os indivíduos entre si para fazê-los se sentirem membros de uma mesma comunidade, quando essas relações aparecem não mais amarradas firmemente à "corda de Deus".

Tudo isso significa voltar a pensar que seja possível restituir à religião a função de integração social que exercia no passado. Não mais a religião como esfera relativamente autônoma e separada de outras esferas sociais: a política, a economia, o direito, a ciência e até mesmo a moral. A religião como arquitrave das normas que devem guiar a ação dos seres humanos em todos os campos da sociedade. Trata-se de um projeto ambicioso e irrealista: pôr novamente no centro das sociedades modernas o primado da lei religiosa sobre a legislação positiva (utopia fundamentalista).

Há, entretanto, um último aspecto a destacar. Refere-se à síndrome do inimigo, que encontramos no universo simbólico dos movimentos fundamentalistas. A ideia da defesa da afirmação da verdade absoluta contida num livro sagrado alimenta uma visão apocalíptica do confronto final entre o bem e o mal, interpretando uma necessidade social: o medo da parte dos indivíduos de perder as próprias raízes, de perder a identidade coletiva. O mal pode assumir diversas máscaras: o pluralismo democrático, o secularismo, o comunismo, o Ocidente capitalista, o Estado moderno eticamente neutro etc.

É a incapacidade de aceitar e de respeitar aquele que é diferente.

Fundamentalismo judaico

Para tratar do fundamentalismo judaico, faz-se referência a um livro de Israel Shahak e Norton Mezvinsky, *Jewish Fundamentalism in Israel*.[6] Para os autores, nos últimos anos se verificou um extraordinário desenvolvimento do fundamentalismo judaico em Israel, que se manifestou através de uma forte oposição ao processo de paz e desempenhou um papel essencial, seja no assassinato do primeiro-ministro Yitzhak Rabin, seja no homicídio de vinte e nove muçulmanos em oração, por obra do fundamentalista norte-americano Baruch Goldstein. Os seguidores do fundamentalismo judaico se opõem à igualdade de todos os cidadãos, especialmente dos não hebreus.

Ainda mais importante é a sua atitude em relação à paz e à guerra. Os autores afirmam que os fundamentalistas judaicos defendem as guerras em Israel e se opõem a qualquer retirada do território palestino. Membros do Gush Emunim[7] defen-

---

[6] SHAHAK, Israel; MEZVINSKY, Norton. *Jewish Fundamentalism in Israel*. London: Pluto Press, 2004. Inicialmente resenhado em *Washington Report on Middle East Affairs* (disponível em: <http://www.washington-report. org/archives/March_2000/0003105.html>). Disponível em: <http://800pg. co.cc/Jewish_Fundamentalism_in_Israel.pdf>. Acesso em: 07 abr. 2008.

[7] Gush Emunim (do hebraico גוש אמונים, "bloco dos fiéis") foi um movimento político israelense. O movimento surgiu depois das conquistas da "Guerra dos Seis Dias", em 1967, ainda que formalmente não tenha se estabelecido como organização até 1975, na "Guerra do Yom Kippur". Gush Emunim estava próximo ao "Mafdal – Partido Nacional Religioso", o partido do sionismo religioso. O seu objetivo era propiciar o assentamento dos judeus na terra que eles criam que Deus lhes concedera. Gush

dem que aquilo que parece um confisco da terra pertencente aos árabes por parte dos hebreus é, na realidade, um ato de santificação, não de roubo. Do seu ponto de vista, aquela terra é redimida, passando da esfera satânica àquela divina. Os fundamentalistas judaicos creem que Deus tenha dado toda a Terra de Israel (inclusive o Líbano dos nossos dias e outros territórios) aos hebreus e que os árabes que vivem em Israel devem ser considerados ladrões. Mesmo que os fundamentalistas constituam uma parte relativamente pequena do povo de Israel, a sua influência política está aumentando.

As principais correntes fundamentalistas do mundo hebraico são o haredismo e o hassidismo. Os haredi, ou ultraortodoxos, do final do século XVIII, empenham-se na luta contra a Modernidade, entendida, em sentido ocidental, como contra a evolução dos costumes e das ideologias. Caracterizam-se por uma forte tensão separatista no plano social (com escolas e estabelecimentos específicos), mas também numa dimensão estreitamente espacial (com a criação de bairros *ad hoc*), além do ponto de vista da roupa (vestem rigorosamente o preto). O seu fundamentalismo é especialmente sensível ao controle da esfera sexual (especialmente feminina), particularmente rígido, e daquela da vida pública.

O hassidismo nasce do haredismo, na Europa oriental do século XVIII. Nele, a relação com a divindade é vivida com menos sofrimento e menos renúncias, por meio de rituais mais alegres, como a dança.

Emunim. Disponível em: <http://gl.wikipedia.org/w/index.php?title=Gush_Emunim&oldid=744515>. Acesso em: 07 abr. 2008.

Fundamentalismo cristão

No Catolicismo

A vontade de consolidar uma interpretação tradicional da Bíblia, opondo a infalibilidade dos textos sagrados ao modernismo também marcou a história do Cristianismo. O retorno aos fundamentos e às bases da identidade católica se manifestou após a Revolução Francesa, diante do desenvolvimento das ideologias e das práticas políticas marcadas pelos princípios do liberalismo e das inovações científicas.

A doutrina da Igreja acerca do fundamentalismo é contraditória. A contradição nasce da tensão entre o enraizamento da identidade, de um lado, e os princípios da tolerância e da liberdade religiosa, do outro.

O Papa João Paulo II, na mensagem para o Dia Mundial pela Paz de 1º de janeiro de 1991, abordou o problema afirmando:

> A garantia da existência da verdade objetiva reside em Deus [...] não se pode negar que, apesar da doutrina constante da Igreja Católica, segundo a qual ninguém deve ser obrigado a crer, surgiram, no decurso dos séculos, não poucas dificuldades e até conflitos entre os cristãos e os membros de outras religiões. [...] Infelizmente somos ainda testemunhas de tentativas para impor aos outros uma concepção religiosa particular, quer diretamente, graças a um proselitismo que lança mão a meios de verdadeira e própria coação, quer indiretamente, através da negação de certos direitos civis ou políticos. Particularmente delicadas são as situações em que uma norma especificamente religiosa se torna, ou tende a tornar-se lei do Estado, sem ter em devida conta a distinção entre as competências da religião e as da sociedade política.

[...] o fundamentalismo pode levar à exclusão do outro, da vida civil, ou, no campo da religião, a medidas coercivas de "conversão".[8]

O papa enfrenta os temas da intolerância e da coerção destacando como são ameaça para a paz e reconhecendo que, no passado, houve também uma responsabilidade dos cristãos.

Em estreita conexão com os temas do fundamentalismo e da intolerância está o uso da violência. Na mensagem para o Dia Mundial da Paz de 1º de janeiro de 1999, João Paulo II adverte:

> O recurso à violência em nome do credo religioso constitui uma deformação dos próprios ensinamentos das maiores religiões. Como já tantas vezes reiteraram vários expoentes religiosos, também eu repito que o uso da violência nunca poderá encontrar justificações válidas na religião, nem promover o crescimento do sentimento religioso autêntico.[9]

Por outro lado, há um evidente elemento violento no culto do sofrimento típico da tradição da Igreja: o culto do sacrifício, do martírio, da autoimolação. Num certo sentido, pode-se dizer que a violência está estreitamente ligada à sobrevivência das próprias religiões e do fundamentalismo. O sangue que tingiu a História é testemunha disso, e não é preciso sequer chegar ao século XVI da Reforma e às consequentes guerras de religião. Podemos, mesmo, remontar aos

---

[8] JOÃO PAULO II. *Mensagem para o Dia Mundial da Paz de 1º de janeiro de 1991.* Disponível em: <http://www.vatican.va/holy_father/john_paul_ii/messages/peace/documents/hf_jp-ii_mes_08121990_xxiv-world-day-for--peace_po.html>. Acesso em: 30 mar. 2008.

[9] Id. *Mensagem para o Dia Mundial da Paz de 1º de janeiro de 1999.* Disponível em: <http://www.vatican.va/holy_father/john_paul_ii/messages/peace/documents/hf_jp-ii_mes_14121998_xxxii-world-day-for-peace_po.html>. Acesso em: 21 dez. 2010.

primórdios do Cristianismo, quando São Cipriano viveu. Na *Epístola* 73, 21, 2 encontramos a célebre frase "salus extra Ecclesiam non est", tornada depois princípio geral da doutrina eclesiástica na fórmula "extra Ecclesiam nulla salus".

Nessa frase está inscrito um dos elementos constituintes do DNA católico: não existe salvação fora do ventre materno da Igreja de Roma. E onde não há salvação, há inferno, mal, condenação. Portanto, algo a ser combatido. A centralidade do preceito de São Cipriano anula qualquer pressuposto de diálogo inter-religioso, ou fora da religião, aniquila qualquer possibilidade de mediação na história. Ficam somente os fundamentos da fé: verdadeiros, autênticos, porque "revelados".

O conceito de *revelação* é, portanto, emblemático. Se existe uma via – e uma somente – para a salvação, aquela revelada, a difusão do Verbo, e portanto desta via, se torna um dever. A atribuição de santidade à guerra garante ao "soldado" a liceidade do que está por realizar. Nem mesmo a Lei de Deus é violada se a guerra responder ao interesse da religião.

Tal atribuição é dada pela autoridade religiosa mediante argumentos retirados do texto sagrado, produzindo o resultado que em algumas condições a guerra seria um mal menor, um sacrifício necessário e uma ação obrigatória e agradável ao Senhor.

Os hebreus, que por primeiro experimentaram a religião monoteísta revelada, também experimentaram o direito divino, a exaltação do povo eleito, a derrota do ateísmo, das religiões adversárias e de quem as professa, invocando até a ajuda divina para as ações armadas necessárias a obter tais objetivos.

No Cristianismo, não há um consenso tão explícito à violência como meio de difusão da sua palavra. Entretanto, o convite a dar a César o que é de César (cf. Mt 22,21) e a afirmação categórica de Paulo segundo a qual "não existe autoridade que não venha de Deus" (Rm 13,1) estão entre as passagens da Escritura utilizadas para afirmar que os detentores do poder são, primeiramente, ministros de Deus, para construir no tempo as santas alianças entre o poder temporal e o poder espiritual, para justificar os milhões de mortos assassinados em nome de Deus.

De São Cipriano às Cruzadas a distância é pequena, pelo menos logicamente. Alguns estudiosos encontraram em Lc 14,23-24 palavras de justificação das Cruzadas: "[...] Sai pelas estradas e pelos cercados, e obriga as pessoas a entrar, para que minha casa fique cheia. [...]".

O fundamentalismo religioso provocou as piores consequências sobre os indivíduos mais fracos, como as mulheres e as populações que professavam religiões historicamente não dominantes. Ao longo da história, e também atualmente, as mulheres foram e são as principais vítimas dos fundamentalismos de qualquer religião.

No livro *O sal da terra*, o então Cardeal Ratzinger[10] responde à pergunta sobre o significado e sobre o perigo do fundamentalismo moderno. Para ele, o elemento que caracteriza as diversas formas de fundamentalismo é a busca de segurança e a simplicidade da fé, que podem se tornar justamente perigosas se levarem ao fanatismo. E se a isso aliarmos a suspeita da razão, então a fé é falsificada e surgem formas patológicas de religiosidade, como a busca de aparições, de revelações do Além e outras coisas semelhantes.

A Igreja se desculpou defendendo respeitar a dignidade humana na sua obra de formação como transformação de toda

---

[10] Rio de Janeiro: Imago, 1996.

a pessoa em Cristo, diretamente derivada do apelo de Jesus a converter-se e a crer (cf. Mc 1,14s). Quem segue o apelo de Jesus, na graça e na liberdade adquire uma visão fiel da vida em todas as suas dimensões. Numa das suas cartas, também Paulo faz referência a esta transformação, quando afirma: "Não vos conformeis com este mundo, mas transformai-vos, renovando vossa maneira de pensar e julgar, para que possais distinguir o que é da vontade de Deus, a saber, o que é bom, o que lhe agrada, o que é perfeito" (Rm 12,2).

No que se refere ao isolamento e à separação do mundo, a linha de defesa da Igreja se fundamenta nas passagens dos Evangelhos nas quais se lê que os cristãos não são "do mundo" (Jo 17,16), mas realizam a sua missão "no mundo" (cf. Jo 17,18). Separação do mundo não significa separação dos homens e das suas alegrias, preocupações e necessidades, mas separação do pecado. Portanto, Jesus reza pelos seus discípulos: "Eu não rogo que os tires do mundo, mas que os guardes do maligno" (Jo 17,15). Que se traduz num abandono somente daquilo que contrasta com a fé, ou daquilo que não consideram mais importante porque encontraram "um tesouro escondido num campo" (Mt 13,44). A união com Cristo deve levar os fiéis a não se retirarem num mundo próprio, mas a santificarem o mundo, transformando-o na verdade, na justiça e na caridade.

Na Igreja, também existe o desafio da transparência, no sentido da Primeira Carta de Pedro, que pede aos cristãos para estarem "[...] sempre prontos a dar a razão da vossa esperança a todo aquele que a pedir. Fazei-o, porém, com mansidão e respeito e com boa consciência. [...]" (1Pd 3,15-16).

Já o autor desconhecido da *Carta a Diogneto*[11] evidenciara que a Igreja, como todos os homens, vive no mundo, mas ao mesmo tempo se opõe ao espírito do mundo, olhando a uma meta que está além do mundo:

> Em poucas palavras, assim como a alma está no corpo, assim estão os cristãos no mundo. A alma está espalhada por todas as partes do corpo, e os cristãos estão em todas as partes do mundo. A alma habita no corpo, mas não procede do corpo; os cristãos habitam no mundo, mas não são do mundo. A alma invisível está contida num corpo visível; os cristãos são vistos no mundo, mas sua religião é invisível. A carne odeia e combate a alma, embora não tenha recebido nenhuma ofensa dela, porque esta a impede de gozar dos prazeres; embora não tenha recebido injustiça dos cristãos, o mundo os odeia, porque estes se opõem aos prazeres. A alma ama a carne e os membros que a odeiam; também os cristãos amam aqueles que os odeiam. A alma está contida no corpo, mas é ela que sustenta o corpo; também os cristãos estão no mundo como numa prisão, mas são eles que sustentam o mundo. A alma imortal habita em uma tenda mortal; também os cristãos habitam como estrangeiros em moradas que se corrompem, esperando a incorruptibilidade nos céus. Maltratada em comidas e bebidas, a alma torna-se melhor; também os cristãos, maltratados, a cada dia mais se multiplicam. Tal é o posto que Deus lhes determinou, e não lhes é lícito dele desertar.

A Igreja reconheceu diversas vezes que o fundamentalismo existe. Na encíclica *Centesimus Annus*, n. 46, o Papa João Paulo II afirmou claramente:

---

[11] *Carta a Diogneto* 6. Disponível em: <http://www.scribd.com/doc/19410482/Carta-a-Diogneto-Apocrifo>. Acesso em: 07 abr. 2008.

A Igreja também não fecha os olhos diante do perigo do **fanatismo**, ou **fundamentalismo**, daqueles que, em nome de uma ideologia que se pretende científica ou religiosa, defendem poder impor aos outros homens a sua concepção da verdade e do bem. Não é deste tipo a verdade cristã. [...].

Já no *Código de Direito Canônico*, cân. 748, § 2, afirma-se que "nunca é lícito a alguém induzir os homens com a obrigação a abraçar a fé católica contra a sua consciência".

Além disso, devemos lembrar da declaração *Nostra Aetate* (literalmente: "No nosso tempo"), que é um dos documentos do Concílio Vaticano II. Publicada em 28 de outubro de 1965, trata do sentido religioso e das relações entre a Igreja Católica e as outras fés religiosas. A declaração é um documento breve, composto por cinco pontos, nos quais se deduz afastar o perigo do fundamentalismo para abrir-se a um diálogo com as outras religiões.

Na introdução à declaração, a Igreja Católica aborda o problema da sua relação com as outras religiões não cristãs. Afirma que o gênero humano é originado de Deus, cujo plano de salvação se estende a todos; todas as religiões têm em comum a busca de respostas às interrogações do homem.

Na primeira seção, fala-se, sobretudo, do Hinduísmo e do Budismo, que são descritos como vias "para superar a inquietação do coração humano". Mais precisamente, se aprecia no Budismo a busca da suprema iluminação, libertando-se da realidade terrena e, no Hinduísmo, a busca do Absoluto por meio da via ascética, da meditação e do refúgio em Deus com amor e confiança.

Pontualiza-se que "a Igreja Católica nada rejeita do que nessas religiões existe de verdadeiro e santo", mesmo reforçando as diversas diferenças com o que esta professa e propõe. Explicita-se, portanto, o pleno respeito em relação a tais religiões.

Na seção seguinte, são evidenciados os diversos pontos de contato entre os cristãos e os muçulmanos. Estes adoram ao único Deus de Abraão. Apesar de não reconhecerem Jesus como Deus, o veneram como profeta, honrando também a sua mãe, Maria. Além disso, "têm [...] em apreço a vida moral e prestam culto a Deus, sobretudo com a oração, a esmola e o jejum". Portanto, convida-se a superar os dissensos e as inimizades do passado e a buscar uma compreensão mútua e uma promoção comum da justiça social, dos valores morais, da paz e da liberdade.

A terceira seção trata da religião judaica. É a mais importante do documento, seja porque a relação entre cristãos e hebreus é muito mais estreita do que com as outras religiões, seja pela rejeição das acusações tradicionalmente feitas pelos cristãos. Rejeita o conceito de *culpa coletiva* dos hebreus pela morte de Jesus e toma posição contra a ideia de uma maldição contra o povo da Promessa, recordando que São Paulo especificara que o povo hebraico ainda é querido a Deus, "cujos dons e vocação não conhecem arrependimento".

Por fim, são deplorados "todos os ódios, perseguições e manifestações de antissemitismo, seja qual for o tempo em que isso sucedeu e seja quem for a pessoa que isso promoveu contra os judeus" e se deseja um diálogo fraterno e mútuo conhecimento e estima, também por meio de estudos teológicos comuns.

A declaração termina pedindo que todos os homens se reconheçam como irmãos, condenando "toda e qualquer discriminação ou violência praticada por motivos de raça ou cor, condição ou religião" (n. 5).

Para os católicos, não há elemento fundamentalista algum na sua própria experiência confessional. Os católicos têm a convicção de que o Cristianismo não é uma religião do livro, mas uma experiência de fé fundada de um Deus vivo, ativo na história.

A seguir, reproduzimos parte do texto da *Pastor Aeternus* (cf. D 1839-1840), o qual contém alguns pontos interessantes de reflexão a respeito do tema que estamos abordando:

> Baseando-nos, pois, fielmente na tradição, como a assumimos desde os primórdios do Cristianismo, nós ensinamos, em honra de Deus, nosso Salvador, para a glória da Religião Católica e para a salvação dos povos cristãos, com a aprovação do sagrado Concílio, e declaramos como dogma revelado por Deus: toda vez que o Romano Pontífice fala *ex cathedra*, isto é, quando no exercício do Seu Ofício de pastor e Mestre de todos os cristãos, com a sua suma Autoridade Apostólica declara que uma doutrina concernente à fé ou à vida moral deve ser considerada vinculante de toda a Igreja, então ele, por força da assistência divina que lhe foi conferida pelo bem-aventurado Pedro, possui aquela infalibilidade da qual o divino Redentor quis munir a sua Igreja nas decisões referentes à doutrina da fé e dos costumes. Portanto, tais decretos e ensinamentos do Romano Pontífice não permitem mais modificação alguma, e precisamente por si mesmos, e não só em consequência da aprovação eclesiástica. Todavia, quem devesse se arrogar, que Deus o guarde, de contradizer esta decisão de fé, será objeto de excomunhão.[12]

É justamente a este dogma que remonta o início histórico do integralismo católico, pelo menos segundo o parecer

---

[12] CONCÍLIO VATICANO I. *Pastor Aeternus*. Disponível em: <http://www.paroquiapiedade.com.br/downloads/pastoraeternus.pdf>. Acesso em: 21 dez. 2010.

de Martin Geoffroy e Jean-Guy Vaillancourt.[13] Mesmo se já podemos perceber alguns elementos em 1864, com o célebre *Syllabus*, de Pio IX, e o elenco dos 85 "principais erros do nosso tempo". Um documento extremamente rígido no aspecto doutrinal e eclesial, que se tornou, de certa forma, o manifesto dos integralistas. Mas é em 1891, com o Papa Leão XIII e a sua encíclica *Rerum Novarum*, que explodem, sobretudo na França, fortes tensões entre católicos "liberais", que buscam um diálogo e uma reconciliação com a sociedade civil, e católicos integralistas, ancorados nos ensinamentos de Pio IX e dos seus predecessores.

Para a maior parte dos estudiosos, na base do integralismo há um princípio de tradição a defender e a conservar. Segundo Marc Pelchat,[14] esta atitude gera um violento uso dos instrumentos de poder contra a secularização e o pluralismo religioso, a fim de promover um modelo político, social e doutrinário conforme ao fundamento ao qual faz referência.

Outros estudiosos, como René Rémond,[15] ao contrário, destacaram a centralidade do elemento da repetição, do ponto de vista da ideologia. Parando o elemento ideológico, um momento histórico se cristaliza de modo sacral. Sobre ele, depois, cada um e a sociedade podem se modelar por meio de uma operação de enrijecimento da própria ideologia, para a sua preservação e conservação no tempo.

---

[13] GEOFFROY, M.; VAILLANCOURT, J.-G. Les groupes catholiques intégristes: un danger pour les institutions sociales. In: DUHAIME, Jean; ST-ARNAUD, Guy-Robert. *La peur des sectes*. Montréal: Fides, 2001. p. 127-141. Disponível em: <http://classiques.uqac.ca/contemporains/geoffroy_martin/groupes_catho_integristes/groupes_catho_integristes.html>. Acesso em: 07 abr. 2008.

[14] PELCHAT, Marc. L'intégrisme catholique. *Prêtre et Pasteur*, Québec, 99/7, p. 402-409, juillet/août 1996, p. 405.

[15] L'intégrisme catholique: portrait intellectuel. *Études*, Paris: Assans, vol. 370, n. 1, p. 95-105, jan. 1989.

Desse ponto de vista, o integralismo é uma ideologia que funda o Catolicismo num sistema que se pretende capaz de responder a todas as instâncias e às exigências humanas, às perguntas mais profundas, seja no plano metafísico e fideísta, seja naquele profano da organização e da convivência civil. Portanto, *extra Ecclesiam nulla salus*. Nessa perspectiva – como explica René Rémond – o Catolicismo se mostra impermeável: a cada pergunta, a cada problema, há uma e somente uma resposta, conforme a ortodoxia, e geralmente calcada sobre uma experiência do passado. É fácil intuir como dessa impostação possam facilmente nascer estratégias de exclusão e atitudes agressivas contra tudo o que é visto como externo a ela.

O movimento integralista mais conhecido é a Fraternidade de São Pio X,[16] do célebre Bispo Marcel Lefebvre.

No Protestantismo

A Reforma Protestante que toma corpo na Europa no século XVII sob impulso de Lutero e Calvino assumiu muitas faces de acordo com as correntes teológicas e as experiências territoriais das diversas Igrejas. Todas as correntes protestantes, porém, têm em comum alguns pontos fundamentais: a acentuação do relevo da Bíblia em estabelecer a regra da fé (*Sola Scriptura*), a ênfase na doutrina da justificação pela fé,

---

[16] Foi fundada na Suíça, em 1970, pelo Arcebispo Marcel Lefebvre, outrora delegado apostólico de Pio XII na África e superior-geral dos Padres do Espírito Santo. A sua finalidade é a formação de padres e o apostolado segundo a forma tradicional, sobretudo através da celebração da Missa Tridentina. A Fraternidade opõe-se, de modo expresso, às reformas feitas na Igreja Católica após o Concílio Vaticano II, no que contrariem a Doutrina da própria Igreja, criticando como antidoutrinais especialmente o ecumenismo, a liberdade religiosa e a colegialidade. Disponível em: <http://pt.wikipedia.org/w/index.php?title=Fraternidade_Sacerdotal_de_S%C3%A3o_Pio_X&oldid=9482073>. Acesso em: 08 abr. 2008.

isto é, considerar que a salvação do fiel seja derivada de um ato de fé e não de comportamentos ou ações (*Sola Fide*), e a ideia de que a natureza humana seja intrinsecamente má, mas que o fiel pode encontrar a salvação no sacrifício expiatório de Jesus (*Sola Gratia*).

A origem do termo "fundamentalismo" no mundo protestante remonta às correntes cristãs radicais norte-americanas que se punham em nítida contraposição com a proliferação das teorias evolucionistas darwinianas. A paternidade do termo deve ser atribuída a Reuben Torrey e A. C. Dixon,[17] autores de doze opúsculos de divulgação intitulados *The Fundamentals* (1909-1912). Em inglês, o termo "fundamentalismo" tem o sentido de "integralismo", uma palavra usada por Pio X em oposição a "modernismo". A controvérsia opôs fundamentalistas e modernistas. Por volta da década de 1930, muitos fundamentalistas começaram a se organizar em Igrejas e grupos independentes. Um grupo menos rígido, chamado neoevangelicalismo, procurou atrair mais gente organizando escolas privadas, organizações para os jovens, programas radiofônicos etc. Na década de 1970, empreenderam ações políticas contra aqueles que consideravam ameaças aos valores religiosos: humanismo, comunismo, feminismo, aborto legalizado, homossexualidade e abandono da oração nas escolas. Os norte-americanos que se autodenominam fundamentalistas são cerca de 25% da população. Na década de 1980, constituíram boa parte da direita cristã e ajudaram Ronald Reagan a se tornar presidente.

---

[17] Para maiores aprofundamentos, veja-se o excelente estudo de Gerald L. PRIEST, "A. C. Dixon, Chicago Liberals and *The Fundamentals*", em *DBSJ*, Spring, n. 1, p. 113-134, 1996. Disponível em: <http://www.dbts.edu/journals/1996_1/acdixon.pdf>. Acesso em: 07 abr. 2008.

O grupo dos reconstrucionistas, em especial, se opõe às uniões inter-religiosas, interculturais e inter-raciais. Defende a aplicação da pena de morte a adúlteros, blasfemos, hereges, homossexuais, idólatras, prostitutas e bruxas, pena que deverá ser aplicada à maneira bíblica (por lapidação ou fogueira). Segundo eles, a mulher deve adequar-se às leis da bíblia hebraica, isto é, ser repudiada se estéril, mover-se em espaços unicamente previstos para as mulheres (ônibus, escolas, praias etc.) e, se necessário, aceitar ser escrava. A escravidão deve ser retomada e o Estado deve se tornar uma teocracia. Um dos fundadores do *Christian Reconstructionism* foi R. John Rushdoony.[18]

Um recente livro de Nancy Rosemblum,[19] ratificado por diversos estudos sobre as diversas e numerosas tendências religiosas na América, documenta o fortalecimento do fundamentalismo protestante nos Estados Unidos por meio da pressão de diversas organizações e congregações, seitas, grupos e legislações realizadas pelos seus líderes políticos. Outros observadores estimaram que a vitória do presidente G. W. Bush se valeu do apoio dos grupos fundamentalistas americanos, tais como o dos reconstrucionistas às correntes evangelicais.

---

[18] Autor, entre outros, de *The Institutes of Biblical Law*. Nutley: Craig Press, 1973.

[19] ROSEMBLUM, Nancy. Obligations of Citizenship and Demands of Faith; Religious Accommodation in Pluralist Democracies. New Jersey: Princeton University Press, 2000. 390p. Disponível, em parte, em: <http://books.google.pt/books?id=bzTA9wFiUngC&pg=PP5&vq=Nancy+Rosemblum+('Pluralist+Democracies'&hl=pt-R&source=gbs_search_s&cad=4&sig=VDgrVfhkm4Is7Gm9De428kRJKSM#PPA385,M1>. Acesso em: 07 abr. 2008.

Fundamentalismo islâmico

O Islamismo fundamentalista é a ala mais conservadora da religião islâmica, exatamente como o fundamentalismo cristão é a ala conservadora do Cristianismo. A maioria dos fundamentalistas é constituída por pessoas devotas, que seguem fielmente os ensinamentos de Mohamed, promovem a frequência habitual às mesquitas e incentivam a leitura do Alcorão. Muitos promovem a ideia de um governo teocrático, no qual a *Sharia* (a lei islâmica) se torne a lei do Estado. O objetivo principal do fundamentalismo muçulmano é retornar aos primeiros tempos do Islã, considerados uma espécie de idade de ouro, para recriar as condições em que o profeta Muhammad-Mohamed viveu e agiu (século VII).

A maior parte dos terroristas do Oriente Médio provavelmente são muçulmanos fundamentalistas, mas têm pouco em comum com os seus colegas fundamentalistas. Representam uma ala extremista e radical do fundamentalismo composta por pessoas que creem que o Estado islâmico deva ser imposto do alto, mesmo através de ações violentas, se necessário.

Em geral, a historiografia põe as raízes do fundamentalismo islâmico nas últimas décadas do século XIX. Naquele período, a idade de ouro da civilização islâmica dava lugar ao domínio do Ocidente, mais avançado em todos os aspectos. O Islã, religião cujos textos sagrados de referência não deixavam dúvidas sobre sua natureza superior, interrogava-se acerca da falibilidade de todos aqueles parâmetros de superioridade e intangibilidade segundo os quais os muçulmanos percebiam a si mesmos. A saída foi um movimento político-religioso e cultural, geralmente definido como *reformismo* islâmico. O pensamento desse movimento chegou à conclusão de que um resgate muçulmano devia necessariamente passar por um esforço de integração entre os motivos e os meios de superioridade ocidental e a cultura genuinamente muçulmana. O projeto desse movimento faliu. Mesmo assim, alguns conceitos de matriz ocidental penetraram e integraram-se no tecido da civilização islâmica: por exemplo, a aceitação do princípio de Estado nacional, que conflitua com um dos princípios geopolítico-religiosos de maior espessura no mundo muçulmano, o do *dar al-Islam* (literalmente: "casa do Islã"), que identificava o território no qual era difundido o Islamismo, território que deveria ser sempre, e apesar de tudo, unido.

Da derrota dos reformistas surgiu uma nova corrente contrária com um espírito fundamentalista: o chamado *revivalismo islâmico*. O revivalismo, diante da evidência da derrota da civilização islâmica em relação ao Ocidente, revirou as linhas conceituais do reformismo. Defendeu que era necessário tomar consciência do irredutível contraste entre Ocidente e Islã e afirmou que a superioridade do primeiro não devia nem podia ser superada por meio da importação de uma Modernidade meramente técnica e a sua inserção sobre estruturas teóricas tradicionais objetivamente incompatíveis. O caminho indicado pelos revivalistas foi o da promoção de uma supremacia e de uma modernização cultural, institucional e técnica "genuínas". O projeto era ambicioso, mas também faliu, sobretudo por causa das razões de ordem histórica e conceitual: de um lado, o envolvimento dos países muçulmanos na Segunda Guerra Mundial; de outro lado, a falta de definição da parte dos revivalistas da relação que o Islã, na busca de uma modernização própria genuína, deveria manter com o externo, com o "outro".

Entretanto, o revivalismo contribui para formar as consciências daquela parte da comunidade islâmica para a qual o apelo religioso continuava sendo mais eficaz e real do que o bem-estar e o progresso proposto pelos modelos ocidentais. Tais consciências emergiram novamente durante as décadas de 1950 e 1960, durante o momento da euforia da descolonização. Então, uma nova organização surgiu, guiada pela fraternidade egípcia dos Irmãos Muçulmanos [Irmandade Muçulmana] (fundada em 1928 como sociedade filantrópico-religiosa), estruturando-se como movimento de crescente mobilização e sensibilização político-religiosa: o movimento *fundamentalista islâmico*. Retomou e inovou as concepções revivalistas: para a busca de uma modernização genuinamente muçulmana, o movimento punha como *conditio sine qua non* a demolição preliminar de todas as estruturas institucionais, econômicas, sociais e culturais atuais, enquanto "contaminadas" demais pela influência externa infiel; depois, refundar a comunidade muçulmana a partir dos fundamentos da religião, superiores por definição. O passo seguinte foi redefinir a relação com o exterior. Livres do jugo e da influência do Ocidente, os fundamentalistas repropuseram a doutrina tradicional das fontes religiosas para o governo das relações com o exterior. Surgiu, dessa forma, o caráter conflitual, opositivo e combativo do fundamentalismo que conhecemos: o exterior é infiel e, como tal, deve ser convertido e, se resistente à conversão, combatido, aniquilado e obrigado à conversão. O fundamentalismo islâmico da segunda metade do século XX esteve envolvido com a subida ao poder de muitos líderes (entre os quais o general Gamal Abdel Nasser, no Egito).[20]

---

[20] Gamal Abdel Nasser, em árabe جمال عبد الناصر, (Alexandria, 1918-Cairo, 1970) foi um militar egípcio, presidente de seu país de 1954 até sua morte. Depois de ter frequentado o ensino liceal, entrou na Real Academia Militar,

Evidentemente, o processo no mundo islâmico que levou ao fundamentalismo pode ser interpretado como uma reação à Modernidade. No final do século XIX o Ocidente, mais desenvolvido, mais modernizado, prevaleceu, e o Islã reagiu como pôde: primeiro tentando uma integração (revelada impossível); depois promovendo um crescimento conflituoso.

O desaparecimento do fundamentalismo islâmico entre os palestinos, seja na Palestina, seja na Diáspora, e o crescimento de grupos políticos islâmicos nos territórios ocupados começou no final da década de 1970. A derrota obrigou os palestinos e os árabes a se darem conta da própria fraqueza. Neste contexto, apareceram no cenário palestino dois movimentos: *Hamas* e *Jihad* islâmica, que agem com violentos atos de resistência contra a ocupação israelense.

Na experiência islâmica, os conceitos antitéticos de unicidade e pluralidade se fundem de modo interessante. À unicidade do culto, dos preceitos fundamentais e das regras

---

na qual se formou em 1938, onde terá reunido os membros da sociedade revolucionária dos oficiais Livres. A sua sociedade revolucionária planejava mudar o rumo dos acontecimentos. Para tal pretendia afastar o rei Faruk I, aproveitando o insucesso da campanha egípcia contra Israel em 1948. O golpe foi concretizado em 1952 e conduziu a uma radical alteração das políticas governamentais. No ano seguinte, 1953, a monarquia foi abolida e os partidos, banidos. Notabilizou-se, ao lado de Jawaharlal Nehru e outros, como um dos líderes carismáticos do movimento terceiro-mundista, o que lhe rendeu grande fama em todos os países do dito "Terceiro Mundo" (reza a lenda que o presidente brasileiro Jânio Quadros governava com uma foto do líder egípcio em seu gabinete). Nasser promoveu, durante seus quase vinte anos no poder, forte política nacionalista, fomentando o movimento pan-arabista, e acabou por levar o Egito a uma efêmera associação com a Síria (a República Árabe Unida). Um marco importante de sua liderança foi a nacionalização do Canal de Suez, que desaguou na Guerra de Suez (1956), em função da resposta militar da França e da Inglaterra. As duas potências do século XIX, contudo, viriam a descobrir que o mundo do pós-Segunda Guerra Mundial já não mais lhes pertence. Sem o apoio norte-americano ou soviético, os exércitos francês e britânico foram obrigados a retirar-se do Egito. Disponível em: <http://pt.wikipedia.org/w/index.php?title=Gamal_Abdel_Nasser&oldid=9867650>. Acesso em: 08 abr. 2008.

essenciais, soma-se uma pluralidade de análises, de interpretações e de aplicações.

Com a expressão "fundamentalismo islâmico" se costuma definir, pelo menos a partir do nascimento da república islâmica no Irã xiita, aquela corrente de ativismo político e teórico que se baseia explicitamente nos valores fundantes do Islã das origens. A expressão "fundamentalismo" de algum modo é legítima, visto que pode ser ligada à autodefinição dos militantes islâmicos que se autointitulam *asāsiyyūn* (do árabe *asās*: "base, fundamento"), indicando com isso o dever de voltar às fontes primeiras do Islã, de modo simples e direto. A concepção muçulmana do direito e da vida civil, de fato, se funda no inseparável matrimônio entre preceitos religiosos e ordenamento da sociedade, do Estado e, em última instância, do poder.

A questão da interpretação do Alcorão e dos outros textos de referência islâmicos é central. Na falta de uma unidade interpretativa, de uma instância que possa delinear sem sombra de dúvida os confins entre pecado e virtude, entre bem e mal, entre a vontade de Alá e as suas proibições, o Islã criou, no seu desenvolvimento histórico, um instrumento interpretativo peculiar (o imã, o consenso dos doutos) com o fim de determinar as normas que todas as sociedades que pretendam qualificar a si mesmas como islâmicas deverão adotar. O primeiro pilar é o Alcorão, do qual, todavia, é difícil dar outra interpretação que não seja a literal. O segundo pilar é o conjunto das tradições jurídicas que compõem a *suna*. Entretanto, a quantidade de tradições produzidas no ambiente religioso islâmico é realmente gigantesca e torna, por si mesma, mais difícil uma resposta precisa e unívoca, pois é muito frequente o caso de tradições estarem em explícita contradição entre si.

Uma tradição geralmente reconhecida como autêntica do Islã afirma que Mohamed teria dito: "A minha Comunidade jamais concordará num erro". Isso levou exatamente à constituição do pilar do imã, entendido como consenso das escolas jurídicas e dos doutos especialistas em direito. O parecer dos juízes é o laborioso fruto de uma atenta análise dos dados corânicos ou daqueles da *suna*. Para fazer isso se recorre à linguística, à história ou à lógica. Uma vez que o parecer tenha sido expresso e resulte tão convincente a ponto de agregar em torno de si um vasto consenso, aquela interpretação terá, então, pleno valor de lei, pelo menos até quando não se crie um consenso diferente, elaborado por uma nova e diferente maioria.

O conceito de comunidade, no complexo de fé muçulmano, parece ser um conceito fundante. A *umma*, "comunidade" islâmica, é o centro político-religioso da civilização muçulmana. Nela, o profeta Mohamed realizou aquela que foi considerada a última religião monoteísta revelada (última, portanto "definitiva", logo "superior" às precedentes). A comunidade guarda a revelação e dela deve partir o estímulo à difusão ulterior da fé. Como confirmação, cite-se outro elemento: a *jihad*. A *jihad*, comumente traduzida com a expressão "guerra santa", significa, literalmente, "esforço de persuasão", e pode ser entendida em sentido individualista ou coletivo. Por um lado, pode ser o simples esforço que o fiel faz sobre si mesmo para resistir às tentações e ao pecado. Por outro lado, é um dos principais meios fornecidos pela fé à comunidade para a defesa e o engrandecimento de si mesma. Só recentemente, depois da derrocada da ideologia fundamentalista, a *jihad* se tornou formal e substancialmente "guerra santa", assumindo uma conotação cruenta que, na realidade, distorce o texto das Escrituras.

A comunidade e o sentimento comunitário, portanto, são princípios religiosos fundamentais e moventes interiores do agir social. A *umma* islâmica deveria reunir em si todos os indivíduos que comungam a fé de Mohamed, possivelmente num território unificado. Entretanto, todas as tentativas de unificação levadas a termo no decorrer da história acabaram, invariavelmente, na fragmentação, depois de conflitos de caráter étnico. A comunidade é uma entidade à qual aspirar, pela qual lutar e morrer. Mas o resultado da mobilização não parece mais ser comunidade e sim Estado, com estruturas diferentes das comunitárias. Ou seja: parece tender à formação de relações associativas e à prevalência de valores individualistas, próprios da racionalização moderna e em antítese absoluta com as aspirações fundamentalistas.

Há diferentes formas de fundamentalismo na história do Islã. Há o fundamentalismo tradicionalista sunita que recorre a um modelo social e à "comunidade originária dos fiéis". A corrente xiita, contrariamente, nasce da principal cisão dos muçulmanos, após a morte do profeta Mohamed, que teve como protagonista Ali, genro do Profeta, do qual os xiitas se consideram descendentes. Nascida numa dimensão pretensamente política, a corrente construiu, depois, uma teologia própria.

No interior do sunismo, há quatro escolas jurídicas, entre as quais o *hanbalismo*, a mais rigorosa, que rejeita qualquer intromissão de caráter racional na interpretação corânica. Também encontramos o *wahabismo*, atualmente considerado sinônimo de integralismo islâmico. Sem dúvida, o *wahabismo* se funda no rigor, no puritanismo acentuado e radical, na rejeição a todas as inovações e modificações produzidas pela história no seio do próprio Islã. Retomando a origem e os fundamentos do Islã – comenta Abderrahim Lamchichi[21] – esta corrente servirá de inspiração ao movimento fundamentalista de Al Afghani[22] do século XIX.

O fundamentalismo religioso e a paz

Os fundamentalistas judeus, cristãos ou muçulmanos estão convictos de serem um povo eleito, guiado pela divindade para estabelecer o Reino de Deus na terra e preparar o caminho para o dia em que um Messias reinará. Se a religião é uma das causas do conflito, é unicamente porque os fiéis esvaziaram a religião de sua mensagem divina reduzindo-a a uma simples dimensão humana, sociológica ou nacional. Em vez de tenderem a Deus e ajudarem os seres humanos a elevarem-se para alcançar o amor de Deus, eles o tornam ausente e tiram o seu amor e a sua generosidade dos corações. Agindo dessa forma, veem aqueles que são diferentes como pessoas

---

[21] LAMCHICHI, Abderrahim. *L'islamisme politique*. Paris: L'Harmattan, 2003. 174p. (Coll. *Pour comprendre*.)

[22] Jamal al-Din al-Afghani, também conhecido como Sayyid Jamāluddīn Asadābādī e Sayyid Muhammad Ibn Safdar al-Husayn (1838-1897) foi um notório crítico de Syed Ahmad, líder pró-ingleses e divulgador de ideais pan-islâmicos no mundo árabe. Jamal al-Din possuía uma visão romântica da história do povo árabe e marcada por um profundo pensamento anti-iluminista, renegando as ideias de Jean-Jacques Rousseau e François Voltaire, por exemplo. Analogamente à noção de *kräfte*, termo de origem germânica que remete à ideia de "força", Afghani desenvolve a ideia romântica de uma nação que é capaz de manter sua unidade/identidade através de forças intrínsecas que são capazes, por sua vez, de mantê-la coesa e homogênea. Posteriormente, suas ideias foram retomadas pelo aiatolá Khomeini durante a revolução islâmica ocorrida em 1979 no Irã. Disponível em: <http://pt.wikipedia.org/w/index.php?title=Jamal_al-Din_al-Afghani&oldid=9764839>. Acesso em: 08 abr. 2008.

a converter ou até mesmo como inimigos, ou simplesmente estrangeiros a ignorar ou a abandonar ao próprio destino.

As teorias e as atitudes fundamentalistas na religião têm um efeito direto e negativo sobre o desenvolvimento do conflito. Para esses crentes, apesar de Deus permanecer sempre presente nas suas palavras e nas suas orações rituais, ele se torna um prisioneiro dos seus pontos de vista e atitudes humanas e agressivas. Por isso, em vez de imitarem a Deus na sua generosidade para com todas as suas criaturas, impõem, em nome de Deus Onipotente, os seus esquemas de agressividade, ódio e morte. Assim, consideram-se os verdadeiros e únicos defensores de Deus na terra.

Uma visão religiosa verdadeira deveria ser esta: Deus é o Criador de todas as pessoas e de todos os povos. A dignidade de cada pessoa é dom de Deus. Somos todos iguais no âmbito dessa dignidade. Por isso somos todos iguais no que se refere a direitos e deveres, devemos reconhecer e respeitar os direitos dos outros, não devemos impedir a realização dos seus deveres e direitos. Cada pessoa e cada povo tem o direito e o dever de defender os próprios direitos, se violados, e de gozar da completa liberdade para cumprir os próprios deveres e defender os próprios direitos. Cada pessoa e cada povo deve ser ajudado na busca da justiça, porque a justiça garante a paz para todos. Sem justiça, ou seja, quando os direitos humanos são violados, a estrada para a paz fica interditada.

Um outro princípio: só os caminhos da paz podem levar à paz. Com a violência pode-se vencer uma guerra ou uma batalha. Um Estado pode ser criado com a força e se impor como fato consumado. Mas a paz será somente o fruto da paz. No Oriente, a religião penetra e influencia cada ação, seja pública, seja privada. Tudo é feito em nome de Deus.

Tudo começa e acaba em nome de Deus. A guerra começa sob o nome de Deus, bem como os acordos de paz. Esta é a razão pela qual a voz e as orientações dos líderes religiosos têm uma forte influência sobre os fiéis, seja de um lado, seja do outro: podem instigar o povo à guerra e à violência, ou convidá-los à paz.

Se vejo o rosto de Deus em meu irmão e em minha irmã, não posso agredi-lo, mas construirei com ele uma nova sociedade.

Considerações finais

Judaísmo, Cristianismo e Islamismo partilham o mesmo pressuposto, ou seja, cada um deles se declara a única religião verdadeira, a única religião universal: três monoteísmos, três universalismos. Mas o que fazer com a religião do outro?

Além disso, também se pode perguntar: pode-se falar de fundamentalismo toda vez que se bate os pés em defesa de valores e princípios absolutamente inegociáveis? Por exemplo: George Bush, então presidente dos Estados Unidos, por ocasião da Conferência Mundial sobre o Meio Ambiente no Rio de Janeiro, em 1992, fez uma declaração que paralisou os trabalhos do encontro. Poucas palavras, mas significativas: "O *american way of life* não é negociável". A mensagem era clara: se a conferência ambientalista pede aos norte-americanos para limitar a emissão de gás carbônico, para reduzir o consumo energético e modificar os hábitos de vida baseados num indiscriminado desperdício dos recursos, saiba que o estilo de vida norte-americano não está na pauta. Porque este é, portanto, um valor absoluto sobre o qual não se discute, não se estabelece compromissos, não se trata. Pergunta-se: é esta uma forma de fundamentalismo?

As razões para responder positivamente a essa pergunta são evidentes. Diante de um problema mundial de proporções muito preocupantes, como o aquecimento do clima e o desequilíbrio do planeta, o presidente dos EUA quis evidenciar que os fundamentos sobre os quais se baseia(ava) o estilo de vida da sua nação vinham antes de qualquer outra coisa. É uma atitude de fechamento, de não aceitação da mudança, de rejeição do confronto com outras verdades em relação às próprias.

Entretanto, deixa-se a pergunta sem uma resposta, propositadamente, porque até mesmo a simples pergunta pode alargar as nossas mentes a outras possíveis, discutíveis, mas argumentáveis, conceituações do termo fundamentalismo, pois é sutil a linha que separa o direito sadio e justo à liberdade religiosa da sua degeneração, ou seja, do fundamentalismo.

Alguns defendem que a linha demarcatória passa pelo conceito de dimensão privada da religião, porque um traço fundamental de toda acepção do fundamentalismo é a recusa a aceitar viver a própria fé de modo privado. A religião – defende quem assume uma atitude fundamentalista – deve ter um espaço público, político.

Refletir sobre o fundamentalismo significa também raciocinar sobre o conceito de identidade. Significa raciocinar sobre o que significa laicidade. Significa tomar consciência do fato de que – dada por certa a presença fundamental de um forte elemento religioso na natureza do *Homo sapiens* – o confronto entre as exigências identitárias e as de convivência entre diferentes deva se confrontar com a tendência natural à absolutização dos princípios e das verdades, portanto com os fundamentalismos. Significa, sobretudo, ter clareza de que entre essas duas instâncias opostas – quando se toma em consideração o elemento religião – não há outra via senão a do conflito. Talvez, e este é um desejo, seja um conflito a se manifestar numa dimensão dialética, democrática e não militar.

O fenômeno documenta um ascenso político das correntes fundamentalistas e integralistas religiosas cristãs na nação mais poderosa do mundo, aquela que governa a política e a economia internacionais. Portanto, estamos confrontados com algo extremamente sério.

A intenção principal era refletir sobre a história religiosa ocidental para não continuar repetindo o erro comumente cometido entre os ocidentais, isto é, o de olhar as outras culturas e religiões de longe e não vendo como as correntes fundamentalistas progridem também no interior da história e da sociedade ocidentais. Naturalmente, uma coisa não nega a outra e a análise comparativa é necessária e instrutiva.

Um amplo olhar dirigido a todas as correntes – dentro e fora do Ocidente – nos adverte que todas as religiões – nas suas expressões ortodoxo/radicais – atualmente são confrontadas com uma profunda crise. Isto nos impõe refletir também sobre a função destrutiva do medo irracional, da desorientação espiritual, das tensões psicoemotivas diante dos desafios socioeconômicos.

Se quisermos salvar os elementos que consideramos mais bem adequados para salvar a paz social e tantas vitórias conquistadas com grandes sacrifícios – democracia, divisão de papéis entre Estado e religião institucionalizada –, devemos avaliá-las e defendê-las intelectualmente, além do comprometimento democrático.

Se quisermos apoiar, junto às outras culturas, a emergência e o fortalecimento das correntes democráticas e das batalhas pelos direitos humanos e civis, devemos começar pela vigilância e reflexão.

Referências

CARTA a Diogneto. Disponível em: <http://www.scribd.com/doc/19410482/Carta-a-Diogneto-Apocrifo>. Acesso em: 07 abr. 2008.

CONCÍLIO VATICANO I. *Pastor Aeternus*. Disponível em: <http://www.paroquiapiedade.com.br/downloads/pastoraeternus.pdf>. Acesso em: 21 dez. 2010.

GEOFFROY, M.; VAILLANCOURT, J.-G. Les groupes catholiques intégristes: un danger pour les institutions sociales. In: DUHAIME, Jean; ST-ARNAUD, Guy-Robert. *La peur des sectes*. Montréal: Fides, 2001. Disponível em: <http://classiques.uqac.ca/contemporains/geoffroy_martin/groupes_catho_integristes/groupes_catho_integristes.html>. Acesso em: 07 abr. 2008.

JOÃO PAULO II. *Mensagem para o Dia Mundial da Paz de 1º de janeiro de 1991*. Disponível em: <http://www.vatican.va/holy_father/john_paul_ii/messages/peace/documents/hf_jp-ii_mes_08121990_xxiv-world-day-for-peace-po.html>. Acesso em: 30 mar. 2008.

LAMCHICHI, Abderrahim. *L'islamisme politique*. Paris: L'Harmattan, 2003. 174p. (Coll. *Pour comprendre*.)

LATHUILIERE, Pierre. *Pour une théologie de la modernité*. Paris: DDB, 1998.

MARTY, Martin E.; APPLEBY, R. S. (eds.). *Fundamentalisms Observed*; The Fundamentalism Project. Chicago: The University Chicago Press, 1991. 890p.

PELCHAT, Marc. L'intégrisme catholique. *Prêtre et Pasteur*, Québec, 99/7, p. 402-409, jul./ago. 1996 – aqui, p. 405.

POULAT, Émile. L'intégrisme: de sa forme catholique à sa généralisation savante. *Les intégrismes - Revue La Pensée et les Hommes*, n. 2, p. 9-18, 1985.

PRIEST, Gerald L. A. C. Dixon, Chicago Liberals, and *The Fundamentals*. DBSJ, Spring, n. 1, p. 113-134, 1996. Disponível em: <http://www.dbts.edu/journals/1996_1/acdixon.pdf>. Acesso em: 07 abr. 2008.

RATZINGER, Joseph. *O sal da terra*. Rio de Janeiro: Imago, 1996.

RÉMOND, René. L'intégrisme catholique: portrait intellectuel. *Études*, Paris: Assans, vol. 370, n. 1, p. 95-105, jan. 1989.

ROSEMBLUM, Nancy L. *Obligations of Citizenship and Demands of Faith*; Religious Accommodation in Pluralist Democracies. New Jersey: Princeton University Press, 2000. 390p. Disponível, em parte, em: <http://books.google.pt/books?id=bzTA9wFiUngC&pg=PP5&vq=Nancy+Rosemblum+('Pluralist+Democracies'&hl=pt-R&source=gbs_search_s&cad=4&sig=VDgrVfhkm4Is7Gm9De428kRJKSM#PPA385,M1>. Acesso em: 07 abr. 2008.

SCALFARI, E. *La Chiesa che piace agli atei devoti*. Disponível em: <http://www.repubblica.it/2006/10/sezioni/politica/convegno-chiesa-italiana/chiesa-piace-atei/chiesa-piace-atei.html>. Acesso em: 07 abr. 2008.

SHAHAK, Israel; MEZVINSKY, Norton. *Jewish Fundamentalism in Israel.* London: Pluto Press, 2004. Inicialmente resenhado em *Washington Report on Middle East Affairs* (disponível em: <http://www.washington-report.org/archives/March_2000/0003105.html>). Disponível em: <http://800pg.co.cc/Jewish_Fundamentalism_in_Israel.pdf>. Acesso em: 07 abr. 2008.

"Bem-aventurados os construtores de paz" (Mt 5,9)

*Mauro Meruzzi**

O tema da paz atualmente se aproxima muito do conceito bíblico de *shalom*, pois toca todas as esferas da vida do homem. Assistimos, de fato, a contínuas guerras convencionais e não convencionais, desequilíbrio político e econômico global, corrupção em todos os níveis que impede uma distribuição equitativa dos recursos, atraso e miséria de Estados inteiros, risco que os arsenais nucleares escapem do controle, desastre ecológico, mudanças climáticas, colonização cultural etc. Tudo isso é devido a grupos de poder político, econômico, militar e de pensamento, as "estruturas sociais de pecado". Chiavacci (2003) nos recorda que hoje toda a comunidade humana vive em estruturas fundamentais globais: uma única estrutura econômica, uma única estrutura de comunicação e um único sistema político-militar. A paz,

---

* Pontifícia Universidade Urbaniana de Roma, Itália. Tradução do italiano: Prof. Dr. Everaldo Cescon.

portanto, está relacionada à sobrevivência e ao crescimento humano global; é luta contra a desumanização. O que o Evangelho tem a dizer a este respeito? Que formas de pensar, que atitudes e ações devemos assumir como seguidores de Cristo? Deixamo-nos iluminar pelas "bem-aventuranças".

"Bem-aventurados os construtores de paz" no contexto das bem-aventuranças (Mt 5,3-12)

Para compreender o significado dos construtores de paz de Mt 5,9, devemos pô-los em relação com os destinatários das outras bem-aventuranças (Mt 5,3-12). As várias bem-aventuranças se equivalem, falam das mesmas pessoas que adotam um único comportamento de fundo visto a partir de ângulos diferentes: o acolhimento do Reino em Jesus.

O texto das bem-aventuranças é uma composição complexa, elaborada de modo a facilitar a sua memorização[1] e, portanto, de modo a fazer com que estruture profundamente o universo conceitual, imaginativo e valorativo dos discípulos. As bem-aventuranças em Mateus são oito, com um desenvolvimento da última, dedicada à perseguição (vv. 10-12). Podemos identificar as quatro primeiras bem-aventuranças (pobreza em espírito, choro, mansidão, fome e sede de justiça) como atitudes fundamentais que preparam a disponibilidade ao Reino, disposições interiores adequadas a acolher Cristo como enviado escatológico de Deus e iniciador do Reino. As atitudes preparatórias ao Reino não desapare-

---

[1] Por exemplo, as primeiras quatro bem-aventuranças apresentam cada uma, no original grego, termos que começam com a letra "p": *ptochoi to pneumati* ("pobres em espírito": v. 3); *penthountes* ("aqueles que estão chorando": v. 4); *praeis* ("mansos": v. 5); *peinontes* ("aqueles que têm fome": v. 6).

cem com o acolhimento deste último, mas devem continuar caracterizando o discípulo, exprimindo, assim, a realidade do Reino já iniciado mas ainda não chegado à plenitude. As duas bem-aventuranças sucessivas (misericórdia e pureza de coração) ainda são atitudes fundamentais, mas referidas ao acolhimento efetivo do Reino em Cristo e na Igreja. A sétima bem-aventurança (edificação da paz) é a ação concreta que, de um lado, nasce das atitudes fundamentais (preparatórias e efetivas) e, de outro, as modifica na direção de uma adesão sempre maior aos valores do Reino. As bem-aventuranças são, portanto, atitudes fundamentais que desembocam em ações concretas e, por outro lado, são ações concretas que nascem de atitudes fundamentais, as quais, por sua vez, as modificam na direção da expansão do Reino, dando origem, assim, a uma espiral virtuosa. A última bem-aventurança (perseguição pela justiça) é a consequência da ação de construir a paz.

Vejamos brevemente o significado das várias bem-aventuranças. A "pobreza em espírito" está na base das atitudes fundamentais preparatórias ao Reino (choro, mansidão, desejo da justiça). De fato, o "espírito" designa o centro e a totalidade da pessoa, como o "coração", no versículo 8. Na Bíblia, a "pobreza" não deve ser entendida em sentido puramente econômico, mas indica a consciência de não poder ter nenhuma vantagem diante de Deus; é uma entrega total a ele. Na tradição evangélica, "pobres" são também os pecadores: "[...] não é a justos que vim chamar, mas a pecadores" (Mt 9,13); "[...] os publicanos e as prostitutas vos precedem no Reino de Deus" (Mt 21,31). Esses são os pobres, porque não conhecem a Deus, e, paradoxalmente, tal condição os torna mais disponíveis à sua ação em relação àqueles que se consideram piedosos. Logo, a pobreza em espírito indica, como a "mansidão" (v. 5), a plena disponibilidade à ação de Deus, a capacidade de admirar-se para as suas ações, a falta de presunção de conhecer as leis de Deus e, portanto, de enjaulá-lo em esquemas prefixados; é a elasticidade de fundo que permite acolher a novidade cristológica (Mt 9,14-17).

A primeira especificação da pobreza em espírito é dada pelo "choro": aqueles que esperam o Messias estão em luto porque o Povo de Deus é como uma viúva sem Esposo;[2] eles são tomados pela tristeza por causa do pecado, sofrem porque Deus ainda não levou o seu Reino à plenitude. A "mansidão" é uma das características mais importantes de Jesus no Evangelho de Mateus: "Tomai sobre vós o meu jugo e sede discípulos meus, porque sou manso e humilde de coração, e encontrareis descanso para vós" (Mt 11,29); "Dizei à filha de Sião: eis que o teu rei vem a ti, manso e montado num jumento, num jumentinho, num potro de jumenta" (Mt 21,5). Manso é aquele que está disposto a acolher o "jugo" de Jesus, a sua interpretação da Torá como definitiva e o seu senhorio como irrupção do Reino escatológico. A terceira especificação da pobreza em espírito é a "fome e sede da justiça", a espera espasmódica da vinda do Reino. As imagens da fome e da sede indicam que a justiça deve ser buscada incessantemente e com todas as forças, como se fosse comida e água; dela depende a vida do homem. Não se trata, porém, de um desejo passivo, mas sim de uma disposição ativa. O que se entende por "justiça"? É a reta conduta do homem para permanecer fiel à aliança com Deus. É agir segundo a Lei do amor cristológico que caracteriza a nova era já iniciada. É a

---

[2] Em Mt 9,15, aqueles que jejuam porque lhes foi tirado o Esposo são designados com o mesmo verbo: *pentheo* ("fazer luto, chorar").

realização da ordem criacionista divina que tende inevitavelmente à plenitude escatológica.

Àqueles que esperam com disponibilidade e ansiedade o Reino ele é prometido como posse: "deles é o Reino dos Céus"; uma realidade de consolação e saciedade (Is 25,8; 35,10; Ap 21,4), de satisfação para além de toda expectativa (Rm 8,18). O mal ainda está presente, mas não tem mais a palavra definitiva na história da humanidade. Além da posse do Reino dos Céus, "herdarão a terra": o par céus-terra indica uma realidade total, o Reino é imanente e transcendente, a Transcendência irrompe na imanência.

As atitudes fundamentais daqueles que não só estão dispostos, mas que de fato também acolhem o Reino, são a "misericórdia" e a "pureza de coração". A "pureza de coração" está em paralelo com a "pobreza em espírito", no sentido que desempenha a mesma função de disposição basilar que permite todas as demais. O coração é o centro da pessoa, a sede das emoções, da vontade e do intelecto e ao mesmo tempo o lugar do encontro com Deus. A pureza de coração indica, portanto, uma vontade estruturada e unida no cumprimento da Lei do amor cristológico, uma correspondência entre a ação exterior e a disposição interior, o querer somente a vontade de Deus com todo o próprio ser. Isto requer um centro a partir do qual organizar todo o restante (a relação com Deus) e um objetivo em direção ao qual tender: o Reino de Deus. A "misericórdia" deriva do coração estruturado segundo a unidade radical de Cristo e se configura como lealdade a uma relação: no amor incondicionado a todos, o discípulo mostra a sua fidelidade à relação que lhe foi oferecida por Deus em Cristo. A misericórdia é a forma fundamental de amor: só Deus é misericordioso.

A organização de todo o ser do homem ao redor de um centro motivado por um objetivo comporta o benefício da misericórdia divina no dia do juízo (o amor é a Lei fundamental do universo) e, portanto, "ver a Deus". A visão de Deus, reservada para o tempo escatológico (1Cor 13,12; Hb 12,14; 1Jo 3,2; Ap 22,4) – nem mesmo Moisés pôde ver a Deus plenamente ainda em vida (Ex 3,6; 19,21; 33,20.23) – indica uma intimidade singular entre os discípulos e o Pai, possível somente em virtude da participação na filiação de Cristo (Jo 1,18). Tal intimidade – visão – corresponde ao conhecimento do plano divino e à realização de todo desejo humano. Além disso, é uma visão-intimidade-conhecimento que concerne ao indivíduo, à comunidade e à criação: a relação filial com Deus em Cristo valoriza o indivíduo, porque amplia a sua faculdade comunional; valoriza a comunidade, pois incentiva os indivíduos; e é revelação do destino da criação, porque amplia a relacionalidade dos indivíduos e das comunidades (Rm 8,18-22).

Das atitudes fundamentais preparatórias e daquelas de acolhimento do Reino, germina a ação central daqueles que entram na intimidade com Cristo: "construir a paz". O termo *eirenopoioi* ("construtores de paz") indica uma disposição ativa, não uma simples inclinação à paz e está relacionado com o amor pelos inimigos (Mt 5,44-48). Os pacificadores "serão chamados", pelo próprio Deus (passivo divino), "filhos de Deus", porque criar a paz significa tornar os homens irmãos e, portanto, filhos do Pai. Esta é a obra de Cristo, o Filho de Deus.

A "consequência" inevitável da ação central do discípulo (construir a paz) é a "perseguição por causa da justiça". Vimos (v. 6) que a "justiça" é uma conduta humana; de fato, podemos ser perseguidos por uma ação, não por um desejo. Logo, a justiça implica a práxis cristã e a profissão de fé em Jesus. Os "perseguidos por causa da justiça" são aqueles que aceitam as consequências que derivam do fato de pôr em primeiro lugar a Lei do amor nos próprios contextos sociais. Também a eles lhes é prometida a posse do Reino dos Céus, como na primeira bem-aventurança (v. 3).[3] Portanto, temos uma inclusão que abraça todo o arco das bem-aventuranças: quem acolhe a Cristo e põe em prática a sua Lei edifica o Reino no tempo presente e antecipa a sua realização escatológica.

A paz no Antigo Testamento: *shalom*

Construir a paz é a ação fundamental do discípulo de Cristo. O que é a paz na tradição bíblica? "Paz", em hebraico, é *shalom*, da raiz *shlm*, que designa o ato do completamento, de levar à plenitude uma realidade carente de algo. A paz no Antigo Testamento apresenta três âmbitos: criacionista, relacional, escatológico.

Criação. O *shalom* é a perfeição da ordem imposta por Deus ao caos na criação. É o projeto divino para a criação (Gn 1). É um estado de bem-estar total, a harmonia do homem com Deus, com os outros, com a criação e consigo mesmo. É uma vida em abundância, na sua dimensão terrena mas também transcendente. Por isso a paz é dom exclusivo de Deus ("o SENHOR é paz": Jz 6,24).[4] No episódio do dilúvio universal, a violência (falta de paz) contra o homem e contra a criação é o único pecado explicitamente indicado como

---

[3] Conceito retomado no versículo 12: "[...] é grande a vossa recompensa nos céus [...]".

[4] Também Salomão (1Cr 22,9) e o messias (Is 9,5; Zc 9,10) são portadores de paz.

causa do arrependimento de Deus por ter criado o homem (Gn 6,11-13).

Relação. Nas relações interpessoais, a paz é a relacionalidade ideal que responde ao projeto do Criador, é a oposição a um estado de desequilíbrio que compromete o bem-estar social do povo, é um reordenamento radical das relações entre os homens, definido como "justiça" ("Praticar a justiça dará a paz": cf. Is 32,17). A justiça é em benefício do "pobre"; ele não necessariamente está sem dinheiro, mas está exposto à opressão porque privado de tutela: o órfão, a viúva, o estrangeiro. A justiça é o empenho contra toda forma de desumanização do homem.

Escatologia. A paz plena é escatológica, dom final de Deus. Em Is 2,1-5[5] está escrito:

> [...] Acontecerá, nos últimos tempos, que a montanha da Casa do SENHOR estará plantada bem firme no [...] Para lá afluirão as nações todas, [...] Pois de Sião sai o ensinamento, de Jerusalém vem a palavra do SENHOR. Às nações ele dará a sentença, decisão para povos numerosos: devem fundir suas espadas, para fazer bicos de arado, fundir as lanças, para delas fazer foices. Nenhuma nação pegará em armas contra a outra e nunca mais se treinarão para a guerra.

A Torá (Lei) é o único ordenamento social que produz uma paz definitiva em todo o mundo. Ela é dom exclusivo de Deus, mediado à humanidade por Israel, à medida que o povo santo o põe em prática. A paz universal não se expande por meio da conquista do mundo por Israel, nem por meio da ação missionária, mas em virtude da sua força de atração. Os povos acorrerão a Sião para aprender os ordenamentos

---

[5] Cf. o paralelo em Mq 4,1-5.

sociais de Israel. A paz é transcendente e terrena, interior e social; é uma paz total, pois não exclui nenhum âmbito da vida do homem. É a realização do desejo de plenitude da humanidade. É uma paz que se realiza no futuro, mas que começa já agora.

A paz de Cristo

O tema da paz no Novo Testamento é dominado por Cristo, o Mediador da paz: com a sua vinda começa o senhorio de Deus, acontece a reconciliação (Rm 5,1; Ef 2,14-18; Cl 1,19-20) e os discípulos, nele, são habilitados a transmitir a paz ao mundo mediante a observância da Lei: o amor pelo inimigo, o dar gratuitamente, o socorro ao pobre, a misericórdia (Lc 6,17-49). Nestes aspectos se baseará o juízo final (Mt 25,31-46). A paz da qual Jesus fala possui as seguintes características: é escatológica; é uma sinergia entre atitude interior e práxis; exige a decisão do indivíduo; só pode ser vivida em comunidade; tem implicações sociais.

A paz é escatológica. Está intimamente ligada à irrupção do Reino de Deus. Os construtores de paz são chamados "bem-aventurados" precisamente porque chegou o tempo em que cada mínima ação de amor não será perdida, mas contribuirá para acelerar a realização do senhorio divino já iniciado em Cristo. A dimensão escatológica da paz de Cristo diz que não se trata somente de um esforço humano, mas a paz verdadeira, definitiva, entendida como a instauração de um ordenamento social que promova a pessoa, já foi posta em Cristo, é um dinamismo irreversível; não pode ser contida. O único anúncio, para o mundo, de que o tempo novo da realização das mais íntimas esperanças de cada homem já começou, apesar de ainda não cumprido, é dado pela presença de pessoas e de comunidades de paz. A paz vivida pelo Povo de Deus é a única força em condições de acelerar o curso da história.

A paz é uma sinergia entre atitude interior e práxis. Vimos em Mt 5,9 que a paz é fundamentalmente práxis e que podemos imaginar a relação entre atitude interior e práxis como uma espiral ascendente. A práxis nasce necessariamente de uma atitude interior e uma atitude interior não pode deixar de se transformar em práxis. A atitude origina a práxis e a práxis modifica a atitude. A atitude deriva da representação do mundo por parte da pessoa, o modo como o sujeito percebe as conexões do real e lhes atribui significados existenciais. O que entendemos por "práxis"? A ação do homem não se limita aos gestos concretos, mas compreende toda a sua realidade comunicativa, todo o seu ser que se transmite ao exterior e que, portanto, exerce um impacto sobre as pessoas que o circundam. Toda forma de comunicação é ação. Então, a forma mais importante de ação é a palavra; a primeira práxis é o dizer. A práxis é, portanto, comunicação eficaz de significados e, por outro lado, toda modalidade comunicativa é práxis.

O texto das bem-aventuranças que examinamos pretende influenciar o leitor crente e inserido em comunidade com um vínculo de comunhão de modo a realizar uma reestruturação do seu universo perceptivo e, portanto, realizar uma comunicação/práxis que seja coerente com os valores do Reino: a edificação de estruturas sociais humanizadoras.

A paz exige a decisão do indivíduo. A paz cristológica é apelo à adesão do indivíduo, mas não se reduz a um fato intimista; só pode ser vivida em comunidade e tem implicações sociais decisivas para o destino de toda a humanidade.

Portanto, a paz só pode ser vivida pelo indivíduo inserido na comunidade, ou, na perspectiva oposta, pela comunidade enquanto composta por indivíduos à medida que constroem uma relação de comunhão. Também aqui podemos imaginar a relação entre indivíduo e comunidade como uma espiral: a exortação a construir a paz é dirigida necessariamente ao indivíduo, só o sujeito pode decidir reprogramar o próprio universo interior segundo as exigências do Reino; não existem conversões de massa. Por outro lado, a própria concepção do Reino não é possível fora da transmissão da mensagem cristológica mediada pela comunidade. Só vivendo em comunidade o indivíduo pode aderir às exigências do Reino e crescer nele e, só porque é composta por indivíduos, a comunidade pode exprimir a comunhão como sinal do Reino.

A paz só pode ser vivida em comunidade porque é práxis, comunicação, precisa de um contexto social. O Ressuscitado, no mandato missionário em Mateus, diz: "Ide, pois, fazer discípulos entre todas as nações, e batizai-os em nome do Pai, do Filho e do Espírito Santo. Ensinai-lhes a observar tudo o que vos tenho ordenado. [...]" (Mt 28,19-20). Os apóstolos são chamados a construir, por todas as partes, comunidades de discípulos nas quais se viva a práxis do Reino de Deus. A comunidade cristã é o Povo de Deus que realiza a comunhão sob o modelo da família e influi no mundo como sociedade alternativa.

Os discípulos de Jesus se tornam uma nova família de irmãos e irmãs como sinal do Reino já iniciado em direção ao cumprimento: "Pois todo aquele que faz a vontade do meu Pai, que está nos céus, esse é meu irmão, minha irmã e minha mãe" (Mt 12,50). Somos irmãos porque filhos no Filho: a comunidade é radicalmente orientada para Cristo. Logo, a comunidade é uma família de irmãos, irmãs e mães. Faltam os pais, pois há um único Pai: "Não chameis a ninguém na terra de 'pai', pois um só é vosso Pai, aquele que está nos céus" (Mt 23,9). Na comunidade há uma autoridade, mas como serviço, não como exploração egoísta, mero exercício de poder; e há o dom da maternidade, a faculdade de gerar o outro para a plenitude de si segundo o desígnio de Deus. A comunidade é autêntica na medida em que vive a comunhão, isto é, a promoção do outro, a valorização dos dons do irmão; cada indivíduo cresce para pôr os próprios dons à disposição de todos.

Então, a fraternidade interna se torna sinal, comunicação, práxis da fraternidade universal: porque estou acostumado a tratar como irmãos aqueles que estão em comunidade, sou habilitado a considerar irmãos todos aqueles que encontro. A comunidade não é uma seita separada do mundo, é imagem do mundo novo que está por chegar, está a serviço de Cristo e da humanidade. Só vivendo a comunhão comunitária posso responder ao mal com o bem, porque sou sustentado pelo amor dos irmãos, manifestação do amor de Deus.

A paz, justamente porque só pode ser vivida em comunidade, *tem implicações sociais*. Lohfink (1990a) escreve que Jesus nunca promoveu uma mudança política da sociedade e, entretanto, a conversão que ele exige como consequência da irrupção do Reino desencadeia um dinamismo em relação ao qual as revoluções normais são insignificantes. A renúncia absoluta à violência, visto que se refere a toda a comunidade, tem um impacto decisivo no mundo. O apelo de Jesus a renunciar ao poder e à não violência comporta a construção de uma sociedade em nítida antítese com as sociedades do mundo, uma "sociedade alternativa".

A comunidade escatológica (mais ou menos identificada com a Igreja, independentemente da disponibilidade dos seus membros à conversão) é uma "sociedade" no sentido que de um lado apresenta traços sociológicos e de outro se põe num nível superior em relação às demais sociedades porque é "escatológica". É, em gérmen, a forma definitiva de organização social prevista pelo projeto criador de Deus, segundo uma ótica evolutiva da criação que tende em direção ao cumprimento do Bem e da Vida.

Toda sociedade humana persegue objetivos de poder por meio da violência; a sociedade do "bom selvagem" não existe. A comunidade escatológica tem a potencialidade de evidenciar a desumanização produzida pelas estruturas de poder e violência e de projetar a única alternativa autenticamente humanizadora: o amor de Cristo. Mais uma vez Lohfink (1990b) nos recorda que a renúncia ao uso da violência é a característica mais marcante da sociedade alternativa do Reino de Deus. Toda sociedade é determinada até nas suas raízes pela violência; segundo a Bíblia, o fundador da primeira cidade é Caim (Gn 4,17). Se, de um lado, a sociedade nasce da tentativa de conter o caos da violência, de outro só pode consegui-lo por meio da própria violência. Assim, a violência se situa nas raízes de toda sociedade humana. Por isso, as bem-aventuranças, e todo o Sermão da Montanha, pretendem reformular os pressupostos originários da sociedade. Lá onde, pela primeira vez na história da humanidade, a violência é extirpada desde as raízes, só pode nascer uma nova forma de sociedade.

> A sociedade alternativa querida por Deus [...] só é possível quando todos pensarem a partir dos interesses de Deus, esquecendo os próprios. Em outros termos, quando todos

fizerem dos interesses dos outros os próprios interesses, fundando unanimemente os próprios pensamentos [...] no Reino de Deus. [...] há um pensar que parte de Deus e do outro homem e que, depois, acaba também, de fato, sendo o melhor para os próprios interesses. [...] Um comportamento social sob o modelo do *do ut des* é fatal para a duração de uma sociedade. Toda sociedade sempre é levada adiante por aqueles que se interessam de modo solidário pelos outros. (Lohfink, 1990b, p. 94-95)

Portanto, o único projeto capaz de construir uma estrutura social promotora é o amor de Cristo vivido nas comunidades dos crentes; o mandamento do amor só é realizável no seguimento de Jesus vivido em comunidade.

Concluindo

A paz bíblica é um conceito total, que não se identifica simplesmente com a harmonia interior, nem com a justiça social, apesar de incluir a ambas, mas abraça todo o arco do real: emoções, pensamentos, ações do indivíduo e da coletividade; o mundo material e o espiritual; o homem e a criação; a história e a escatologia. A paz é a harmonia global de tudo aquilo que existe segundo o projeto criacional de Deus, realizada em Cristo, edificada pacientemente, no curso da história, pelos discípulos de Jesus e pelos homens de boa vontade, e orientada à realização final (escatologia realizada), quando Deus reconduzirá a Cristo, "única Cabeça, todas as coisas" (cf. Ef 1,10); "pois Deus quis fazer habitar nele toda a plenitude e, por ele, reconciliar consigo todos os seres, tanto na terra como no céu, *estabelecendo a paz* (*eirenopoièsas*), por meio dele, por seu sangue derramado na cruz" (Cl 1,19-20). Deus já doou a paz em plenitude, definitivamente, sem arrependimento. A paz é como uma flecha lançada contra o alvo e nada nem ninguém a poderá parar. Não está em questão o "se", mas o "como" e o "quando"; não sabemos o tempo e as modalidades com que chegará à plenitude, mas sabemos que a sua realização está garantida. A paz já atua em Cristo, o Princípio fontal, organizativo e final do real. A peculiaridade da visão cristã consiste no fato de que Cristo não é considerado somente como um grande Mestre, mas como o Centro do universo.

Portanto, a edificação da paz, por parte dos cristãos, não se reduz a louváveis esforços humanos para buscar seguir as orientações do Mestre, mas se configura como *acolhimento atuante da ação daquele que está presente na história como o Vivente*, o Ressuscitado, o Iniciador escatológico do plano de salvação de Deus. Logo, a paz não é resultado dos esforços dos homens, mas é dom gratuito de Deus. Isso não significa que possamos nos permitir o luxo e a inconsciência de não gastar todas as nossas energias pela paz. A paz é garantida por Deus no sentido de que no fim virá, mas o como e o quando estão sob a responsabilidade do homem. O crente não é chamado a fazer coisas admiráveis, mas a viver a própria adesão pessoal a Cristo no cotidiano, a amar com amor total a todos, especialmente aos inimigos e àqueles que lhe são mais próximos, os irmãos. A paz nasce do ato criador de Deus, da protologia, e se cumprirá perfeitamente na escatologia, mas o ponto de ligação entre os dois momentos é dado pelo empenho histórico atual. A paz, portanto, não deve ser somente aguardada no futuro, nem é somente tarefa do indivíduo a ser relegada à dimensão privada. A paz é a realização gradual do projeto criacionista de Deus; é apelo à disponibilidade do indivíduo a fim de que se deixe envolver na comunidade; é construção de um modo de vida social que garanta estímulos de autêntica humanização para cada um.

Referências

ALONSO SCHÖKEL, L. *Bíblia do peregrino.* São Paulo: Paulus, 2002.

BECK, H. Pace/eivrh,nh.... In: COENEN, L.; BEYREUTHER, E.; BIETENHARD, H. (ed.). *Dizionario dei Concetti Biblici del Nuovo Testamento.* 6. ed. Bologna: Dehoniane, 2000.

BUZZETTI, C. Le beatitudini (Mt 5,3-12). In: LÀCONI, M. et al. *Vangeli Sinottici e Atti degli Apostoli.* Torino: Elledici, 1999. (Col. Logos.)

CHIAVACCI, E. Pace. In: BARBAGLIO, G.; BOF, G.; DIANICH, S. *Teologia.* 2. ed. Milano: San Paolo, 2003. v. I. (Dizionari San Paolo.)

DAVIES, W. D.; ALLISON, D. C. *The Gospel According to Saint Matthew.* Edinburgh: T & T Clark, 1988. v. I.

FAUSTI, S. *Una comunità legge il Vangelo di Matteo.* 2. ed. Bologna: Dehoniane, 2001.

LOHFINK, G. *Gesù come voleva la sua comunità?* La Chiesa quale dovrebbe essere. 2. ed. Milano: San Paolo, 1990a.

_____. *Per chi vale il discorso della montagna?* Contributi per un'etica cristiana. Brescia: Queriniana, 1990b.

LOSS, N. M. Pace. In: ROSSANO, P.; RAVASI, G.; GHIRLANDA, A. *Nuovo dizionario di teologia biblica.* Milano: San Paolo, 1988.

LUZ, U. *El Evangelio según san Mateo.* Mt 1-7. Salamanca: Sígueme, 1993. v. I.

MELLO, A. *Evangelo secondo Matteo.* Commento midrashico e narrativo. Vicenza: Qiqajon, 1995. (Col. Spiritualità biblica.)

PENNA, R. *Il DNA del Cristianesimo.* L'identità cristiana allo stato nascente. 2. ed. Milano: San Paolo, 2007.

Impresso na gráfica da
Pia Sociedade Filhas de São Paulo
Via Raposo Tavares, km 19,145
05577-300 - São Paulo, SP - Brasil - 2014